부동산 경매 분야 부동의 베스트셀러!

《부동산 경매 무작정 따라하기》

▲ 지금 바로 QR코드를 스캔해 보세요.

경매 수익률을 높여주는 <임장 노트> PDF를 드립니다.

부동산 경매

무작정 따라하기

부동산 경매 무작정 따라하기

The Cakewalk Series – Real Estate Auction

개정판 1쇄 발행 2022년 10월 26일
개정판 4쇄 발행 2024년 10월 10일
개정2판 1쇄 발행 2026년 1월 30일

지은이 이현정
발행인 이종원
발행처 (주)도서출판 길벗
출판사 등록일 1990년 12월 24일
주소 서울시 마포구 월드컵로 10길 56(서교동)
대표 전화 02)332-0931 | **팩스** 02)323-0586
홈페이지 www.gilbut.co.kr | **이메일** gilbut@gilbut.co.kr

기획 및 책임 편집 이재인(jlee@gilbut.co.kr) | **디자인** 박상희
제작 이준호, 손일순, 이진혁 | **마케팅** 정경원, 김진영, 박민주, 류효정
유통혁신 한준희 | **영업관리** 김명자, 심선숙, 정경화 | **독자지원** 윤정아

교정교열 김동화 | **전산편집** 김정미 | **표지 일러스트** 정민영
CTP 출력 및 인쇄 예림인쇄 | **제본** 예림인쇄

ISBN 979-11-407-1706-4 03320
(길벗도서번호 070559)

정가 25,000원

독자의 1초를 아껴주는 길벗출판사

(주)도서출판 길벗 IT단행본&교재, 성인어학, 교과서, 수험서, 경제경영, 교양, 자녀교육, 취미실용 www.gilbut.co.kr
길벗스쿨 국어학습, 수학학습, 주니어어학, 어린이단행본, 학습단행본 www.gilbutschool.co.kr

부동산 경매

무작정 따라하기

이현정 지음

길벗

부동산은 바다와 같습니다

폭풍이 몰아치는가 싶으면 어느새 잔잔해지고, 평온하다 싶으면 다시 파도가 높아집니다. 이번 개정판을 집필하는 동안 부동산에 폭풍이 몰아쳤습니다. 서울 아파트 상승폭이 커지면서 정부는 강도 높은 규제 정책을 연달아 내놓았습니다.

부동산 시장과 정책의 변화가 커질수록 경매에 주목하세요

규제지역에서 집을 사려면 자금을 어떻게 마련했는지에 대한 계획서를 제출해야 합니다. 경매로 부동산을 취득하면 자금조달계획서 제출 의무가 없습니다. 경매 취득 시 허가를 받지 않아도 되니까요. 규제지역에서 집을 사면 반드시 실거주해야 하지만, 경매는 임대가 가능합니다. 실거주를 해야 하는 의무도 없거든요. 지금처럼 규제가 강할 때일수록 경매가 유리합니다.

오르막이 있으면 내리막이 있는 법입니다

부동산 시장이 과열되면 이를 억제하기 위한 규제가 만들어집니다. 이런 상승기에는 경매의 예외 조항을 이용하고, 하락기에는 저렴하게 낙찰을 받아 수익을 냅니다. 부동산 시장 상황에 따라 다양한 방법으로 경매제도를 이용하세요. 경매는 법으로 정해준 합법적인 투자제도입니다.

경매를 왜 하고 싶으신가요?

전월세를 벗어나 내 집을 마련하고, 월급 같은 월세를 받기 위해 경매를 시작합니다. 종잣돈을 불리려고 경매를 하기도 하죠. 부동산을 이해하기 위해 경매로 시작하는 분도 있습니다. 어떤 이유라도 좋습니다. 저렴하게 내 집을 마련하고, 투자금을 거의 들이지 않고 월세를 받고, 낙찰을 받은 뒤 바로 팔아 단기매도 수익을 얻을 수 있습니다. 경매를 이용해 원하는 것을 하세요.

나만의 돛을 올리고 항해를 시작해볼까요?
경매의 바다에 오신 여러분, 환영합니다!

이현정

경제적 자유를 이루고 싶다면 부동산 경매를 공부하세요!

내 자산을 지키고 불리고 싶다면 경매 지식은 필수!

경매를 한다고 하면 주위 사람들이 "왜 그런 걸 해?"라고 묻던 때가 있었습니다. 지금은 "대단한데? 그거 어떻게 해?"라고 질문합니다. 요즘 경매는 돈을 버는 '꽤 괜찮은 투자 방법'으로 인정받고 있습니다. 하지만 경매는 투자이기 전에 부동산을 처분하는 마지막 수단입니다. 과일 가게에서 과일을 떨이로 사면 저렴하게 살 수 있듯, 부동산도 경매를 통하면 저렴하게 살 수 있습니다. 이때 상한 과일을 고르지 않기 위해 입찰자는 물건을 꼼꼼하게 살펴봐야 합니다. 경매에서는 이익을 보는 사람만큼 손해를 보는 사람도 있습니다. 가장 흔한 피해자는 임차인입니다. 하지만 경매 지식이 있다면 임차인도 자신의 권리를 챙겨 보증금을 지킬 수 있습니다. 투자자가 아닌 전세, 월세로 사는 임차인도 경매를 공부해야 하는 이유입니다.

경매 공부는 돈 공부의 시작!

물려받은 재산이 있으면 세상 살기가 무척 편합니다. 부모님께 받은 집에서 신혼생활을 시작하면 저만치 앞선 출발선에 서 있는 것과 같죠. 물론 출발이 빠르다고 꼭 앞서는 것은 아닙니다. 인생은 아주 긴 마라톤이니까요. 부족하게 시작해도 열심히 노력한다면 출발선 조금 뒤에 있는 것쯤은 아무것도 아닐 수 있습니다. 그런데 왜 부자들은 대가 바뀌어도 계속 부자일까요? 부자

아빠가 자녀에게 물려주는 건 돈만이 아니기 때문입니다. 부자 아빠는 자녀에게 돈에 대한 철학과 지식을 가르칩니다. 그리고 어린 나이의 자녀에게도 주식과 부동산에 대해 가르칩니다. 세상을 살아가기 위한 필수 지식이기 때문이죠. 경매 역시 세상을 살아가기 위한 필수 지식입니다. 그동안 모르고 살았지만 내 재산을 지키는 것을 넘어 불리고 싶다면 지금부터 경매 공부를 시작해야 합니다. 경매는 돈 공부의 시작입니다.

경매로 부의 선을 넘으세요! 이제는 여러분 차례입니다!

과거에는 소수의 사람이 다수의 우량 부동산을 차지했지만 지금은 그렇지 않습니다. 많은 부동산 정보가 인터넷에 공개되어 있고, 정부의 개발계획은 물론 관련 법률까지 클릭 한 번으로 열람할 수 있습니다. 더 이상 정보의 불균형이 핑계가 될 수 없습니다. 요즘은 부자와 가난한 자를 나누던 정보의 경계가 확실히 흐릿해졌습니다. 선을 넘어 부자가 되고 싶은가요? 경매로 부의 선을 넘어보세요. 이 책에는 경매에 대한 방대한 지식이 담겨 있습니다. 저는 여러분의 손을 잡고 하나하나 알려드리는 마음으로 이 책을 집필했습니다. 목적에 맞는 물건을 검색하는 방법부터 권리분석, 현장조사, 입찰, 낙찰, 명도까지 단계별로 설명했습니다. 어려운 법률 용어들은 가능한 한 쉽게 풀어 썼고, 보다 용이하게 이해할 수 있도록 다양한 사진 자료와 예시를 담았습니다. 아무쪼록 여러분의 돈 공부에 작은 도움이 되길 기원합니다.

이현정

차 례

첫째마당 나에게 딱 맞는 물건 찾는 법

넷째마당

실전! 법원 입찰 무작정 따라하기

여섯째마당

경매 성공의 마지막 단계, 명도

준비 마당

부동산 경매 맛보기

경 매 이 야 기

보험사가 경매를 신청한 이유

은진에게 이 집은 두 번째 낙찰이었어요. 명도를 위해 연락처를 남겼고, 얼마 지나지 않아 점유자에게 연락이 왔습니다. 그리고 오늘 첫 만남을 하기로 했죠. 긴장한 마음으로 문 앞에 서자 낡은 현관문 너머로 쓸쓸한 기운이 느껴지는 듯했습니다.

'딩동~' 조심스레 벨을 누르니 50대 초반으로 보이는 여인이 문을 열어주었어요. 그녀의 얼굴에는 깊은 피로감이 느껴졌습니다.

"안녕하세요, 낙찰자입니다. 김수진 님 되시나요?"

여인은 고개를 끄덕였어요.

"네… 들어와 앉으시죠."

여인은 잠시 망설이더니 이야기를 시작했어요.

"사실… 저희가 이렇게 집을 내놓게 될 줄은 몰랐습니다. 제 아들이 이제 막 스물이에요. 친구들과 오토바이를 타다가 교통사고를 냈는데 피해자가 그 자리에서 숨졌어요. 참 이런 일이 다 생기네요."

여인의 목소리는 담담했어요.

"보험사는 피해자 가족에게 피해금을 지급했어요. 그런데 그 돈을 저희가 갚아야 한대요. '구상권 청구[1]'라고 하더군요. 저는 그런 게 있는지도 몰랐어요. 아들은 대학도 못 다니고, 아르바이트만 하고 있었는데 그 돈을 어떻게 감당하겠어요. 제가 가진 거라곤 이 집 하나뿐이었는데…."

책장 위에는 교복을 입은 아들의 사진이 액자에 꽂혀 있었어요.

"집을 급하게 팔려고도 해봤지만 바로 팔리지 않았어요. 그땐 제가 워낙 정신이 없어서 파는 걸 신경 쓰지 못하기도 했고요. 결국 경매 낙찰이 되어 버렸네요. 빚을 갚으려면 방법이 없죠. 사람 사는 게 이렇게 하루아침에 무너질 수 있다는 걸 이제야 알았네요."

점유자는 짐을 다 가져갈 수 없다고 했고, 은진은 점유자의 낡은 짐을 대신 폐기해주는 조건으로 명도를 마무리했어요.

경매는 채권자가 정당하게 회수해야 할 돈을 확보하는 법적 장치입니다. 만약 이런 절차가 없다면 피해자는 보상받지 못하고, 채권자는 법적 권리를 행사할 수 없으며, 집은 시장에서 방치되었을 것입니다. 경매는 단순히 누군가의 집을 빼앗는 제도가 아니라 사회 전체적으로 채권·채무를 정리하고, 자산을 다시 순환시키는 순기능을 가진 제도입니다.

알아두세요

1 **구상권 청구** 보험사가 피해자에게 먼저 보상금을 지급한 뒤 사고를 낸 당사자(또는 가족)에게 그 비용을 되돌려 달라고 요구하는 법적 권리입니다. 당사자가 보상금을 변제하지 못하면 보험사인 채권자는 법원에 강제집행을 신청할 수 있습니다. 경매는 단순한 경제적 실패뿐 아니라 사고, 보증, 의료 사고 등 다양한 원인으로 발생할 수 있습니다.

001

경매 공부가 곧 돈 공부다!

돈 공부, 지금이라도 시작하자

'채무자는 빚진 사람, 채권자는 빌려준 사람…' 저는 처음 부동산을 배울 때 영어를 배우는 사람처럼 공부했습니다. 낯선 용어를 접하고, 낯선 서류를 보는 방법부터 익혔죠. 살면서 배울 것이 참 많지만 특히 돈 공부는 끝이 없습니다.

여러분은 등기부등본[1]을 볼 줄 아나요? 이 서류의 정식 용어는 '등기사항전부증명서'이지만, 이 책에서는 흔하게 통용되는 등기부등본이라고 하겠습니다. 등기부등본은 집에 대한 서류 중 가장 기본이 되는 서류입니다. 그런데 이사를 자주 다녀도 등기부등본을 볼 줄 모르는 사람이 수두룩합니다. 등기부등본을 볼 줄 모른다는 건 거액의 전세금을 그저 주인의 양심에 맡기는 것과 같습니다.

우리가 등기부등본을 볼 줄 모르거나 볼 생각을 하지 않는 것은 어리석어서가 아니라, 배운 적이 없기 때문입니다. 권리를 배운 적이 없는 노동자는 고용주에게 부당한 대우를 받아도 방법을 몰라 대체할 수 없습니다. 마찬가지로 임차인은 임차인의 권리를 배운 적이 없어 전입신고를 생략하기도 하고, 임대인의 갑작스러운 요구에 항변하지 않고 이사를 나가기도 합니다. 이대로는 안 됩니다. 지금의 나에게 꼭 필요한 생존 공부를 시작해야 합니다. 실생활에 필요한 진짜 지식을 배울 때죠.

돈에 관한 공부는 따로 하는 것이 맞습니다. 부동산에 대한 지식을 익히고, 주식에 대한 공

알아두세요

1 **등기부등본** 토지·건물에 대한 권리관계를 일반인에게 알리기 위한 문서입니다.

부를 해야 해요. 돈을 다루는 이들은 경제 용어와 법률 용어를 사용해 대화합니다. 예전에는 특정한 소수만 이런 용어를 이해하고 돈을 좌지우지했어요. 하지만 지금은 많은 정보가 공개되어 있어 누구나 돈 공부를 할 수 있고 전문 용어를 이해할 수 있습니다.

은행 예금이자로는 물가상승률을 이길 수 없다

재테크 열풍인 시대에 아직도 은행 적금만으로 재테크하는 사람이 얼마나 될까 싶지만, 은근히 많은 사람이 여전히 은행에 매달리고 있습니다. 저도 사회초년생일 때는 은행에 적금을 들었습니다. 그때는 예금금리가 꽤 높아 이자를 제법 받았죠. 그러나 이후 저금리 시기가 찾아왔고, 이 시기에는 한동안 예금이자율이 1~2%까지 내려가기도 했습니다. 만약 예금금리가 3%라고 하고 매달 100만 원씩 적금을 부어도 1년 동안 원금 1,200만 원에 대한 이자가 20만 원이 채 안 됩니다. 여기서 이자소득세를 제하고 나면 약 15만 원에 불과하죠. 사실 은행 적금은 이자를 받기 위해서가 아니라, 받은 월급을 홀랑 다 쓸까 봐 보관하는 용도에 더 적합한 것 같습니다.

적금으로 돈을 모으거나 보관하는 이유는 어딘가에 써야 하기 때문이죠. 결혼을 하기 위해, 집을 사기 위해, 투자를 하기 위해 허리띠를 졸라매고 돈을 모읍니다. 그런데 1년간 열심히 모은 돈으로 집을 사려 하면 집값은 1년 전보다 훨씬 올라버린 뒤입니다. 허탈할 뿐이죠. 단순히 돼지저금통에 저금하듯 돈을 모으기만 하면 그동안 물가는 더 높이, 성큼 올라버려 원하는 것을 얻을 수 없게 됩니다. 은행금리보다 물가가 더 빨리 올라 결국 마이너스가 되는 거죠. 그럼에도 적금이 꼭 필요한 사람이 있습니다. 가진 돈이 정말 땡전 한 푼 없어 목돈을 모아야 하거나, 이제 막 직장생활을 시작해 돈을 모아본 경험이 없는 사람들이 그렇습니다.

이런 상황이 아닌데도 무조건 저축만 고집하고 있다면 지금 당장 생각을 바꿔야 합니다. 통장에 적어도 1,000만~2,000만 원 정도가 있고, 직장생활도 꽤 했으며, 낭비벽도 심하지 않은데 안전하다는 이유로 은행 적금만 고집하고 있다면 당신은 금융맹입니다. 당장 서점으로 달려가 재테크 책 몇 권만 사서 읽어보세요.

투자했는데 집값이 떨어지면 어쩌죠?

한동안 일본의 부동산 붕괴나 미국의 서브프라임 모기지[2]사태를 예로 들며 부동산 폭락설을 주장하는 사람들이 있었습니다. 장기 불황으로 집값이 하락한 일본의 전철을 우리나라도 밟을 것이라고 주장했죠.

어떤 이들은 금리 폭등으로 부동산이 폭락해 많은 사람이 신용불량자가 될 거라고도 했습니다. 부동산 버블이 일었던 2007년에 신규 분양하는 대형 평형의 아파트에 무리하게 투자했던 이들이 하우스푸어가 된 예가 있습니다. 그들은 높은 분양가에도 불구하고 시세차익을 기대하고 무리하게 분양을 받았습니다. 폭탄 돌리기의 마지막 선수가 되어버렸던 겁니다.

지금도 부동산 뉴스나 신문을 보면 '서울의 아파트 매매가가 과도하게 폭등하고 있다' 혹은 '수도권 아파트 매매가가 연속 하락하고 있다'라는 말이 들립니다. 뉴스만 보면 당장이라도 무슨 일이 일어날 것 같습니다. 누군가는 더 오른다고 하고, 누군가는 부동산은 이제 끝났다고 합니다. 저마다 나름대로 이유와 근거를 들며 논쟁을 펼칩니다. 누가 맞을까요? 저는 그런 논쟁에 끼어들지 않습니다. 둘 다 맞는 이야기거든요.

첫째, 뉴스는 평균적인 이야기다

거래가 잘되지 않을 때도 누군가는 거래를 해 수익을 냅니다. 부동산 시장이 좋을 때도 어떤 이는 손해를 입기도 합니다. 우리 아이 반의 전체 성적이 매우 좋다고 해서 우리 아이의 성적이 무조건 좋은 게 아닌 것처럼 말이죠.

알아두세요

2 **서브프라임 모기지** 2007년에 발생한 금융위기로 미국의 초대형 대부업체들이 파산하며 생긴 국제 금융시장의 위축이 전 세계 금융위기로 이어진 사건을 말합니다.

둘째, 자신과 관련 있는 정보에 집중한다

9억 원 이상의 주택을 소유하고 있지 않다면 종합부동산세[3]가 인상되어 세금이 늘어난다는 뉴스를 신경 쓰지 않아도 됩니다(단, 1세대 1주택자는 12억 원을 초과할 때 종합부동산세가 부과됩니다). 아직 내 집이 없다면 더더군다나 별 상관이 없는 이슈들이죠. 괜한 '카더라'에 마음이 흔들리기보다는 자신과 관련된 뉴스에 집중하는 것이 낫습니다. 가까이서 보면 매일 무슨 일이 일어나는 것 같지만 멀리서 보면 평화로운 곳이 부동산 시장입니다.

셋째, 부동산 가격은 변동한다

부동산은 평균 거래가가 하락할 때는 조금씩 하락하고, 오를 때는 가파르게 오르는 경향이 있습니다. 평소 물가상승률 이상으로 가격이 상승하면서 가끔 조금 하락하고, 크게 폭등합니다. 때문에 물가상승률보다 낮은 금리의 저축으로 돈을 모아 집을 사는 것은 현실적으로 어렵습니다.

아직 내 집이 없다면 수준에 맞는 집을 마련하는 것이 좋습니다. 우리는 어디선가 살아야 하니까요. 내 집이 없으면 전세금을 마련하거나 월세를 내야 합니다. 월세는 보통 은행이자보다 높습니다. 좋은 직장이 있는 지역의 월세는 세계 어디나 저렴한 법이 없습니다.

왜 부동산 경매일까?

부동산 경매는 만 19세부터 남녀노소 누구나 할 수 있습니다. 경매를 하기 위한 특별한 자격 조건은 없습니다. 경매법정은 모두에게 개방되어 있습니다. 자유롭게 입찰하고, 그에 대한 책임을 지면 됩니다. 일반 매매보다 저렴하게 낙찰받아 살 때부터 수익을 내는 경매,

알아두세요

3 **종합부동산세** 부동산의 보유 정도에 따라 조세에 형평성을 두어 고가 혹은 많은 부동산을 보유한 사람에게 세금을 높게 부과하는 제도입니다. 매년 6월 1일이 과세기준일로, 주택 및 토지의 공시가격 합계가 유형별 공제금액을 초과하는 경우 초과분에 대해 세금이 부과됩니다.

여러분도 할 수 있습니다.

만약 부동산에 대해 전혀 모르는 왕초보라면 경매로 부동산 공부를 시작하세요. 경매는 부동산에 투자하는 방법이기 이전에 내 재산을 지키는 필수 지식입니다. 경매의 권리분석은 등기부등본에서 시작합니다. 전세를 구한다면 이사하려는 전셋집에 어떤 권리가 있는지, 그 권리에는 어떤 위험이 있는지 등기부등본을 보고 판단할 수 있어야 합니다. 임차인의 권리를 알고, 「주택임대차보호법」[4]을 이해하면 소중한 보증금을 안전하게 지킬 수 있습니다.

경매 지식은 내 집을 마련할 때 더욱 빛을 발합니다. 경매를 공부하며 물건의 가치를 판단하는 눈을 가지게 되면 저렴한 급매를 한눈에 알아볼 수 있습니다. 반드시 투자를 하지 않더라도 경매는 살아가는 데 꼭 필요한 지식입니다.

경매는 부동산 지식을 쌓고자 하는 사람에게도 유용하다!

경매에서 물건의 가치를 판단하는 것은 매우 중요합니다. 아무리 초보자라도 스스로 부동산 가치를 파악한 후에 적정한 입찰가를 판단해야 합니다. 이 때문에 부동산의 가치를 제대로 알아보지 못하는 사람은 경매를 어려워합니다. 경매 공부는 부동산의 가치를 파악할 수 있는 능력을 키우는 일입니다. 또 경매를 하면 사람과 사람 사이의 문제를 해결하는 민법부터 세법, 공법까지 법률에도 해박해집니다. 게다가 억지로 하는 공부가 아니라 필요에 의한 공부라 머리에 쏙쏙 들어옵니다.

경매는 부동산을 가장 재미있게 공부할 수 있는 방법 중 하나입니다. 부동산 지식을 쌓고 싶은 초보자라면 경매 공부를 시작하는 것을 추천합니다.

알아두세요

4 **「주택임대차보호법」** 국민의 주거생활 안정을 목적으로 제정된 법률로, 임차인의 보증금과 주거권리 등을 보호합니다.

부동산 경매로 경제적 자유를 이루자!

18년 전 저는 세 아이의 엄마이자 평범한 워킹맘이었습니다. 경매를 알게 된 후 9,000만 원의 전세보증금으로 아파트 경매를 시작했고, 3년 만에 21채의 집주인이 되었죠. 그 이야기를 정리해 《나는 돈이 없어도 경매를 한다》(거인의 정원)라는 책을 출간하기도 했습니다. 지금은 상가, 토지에도 투자하고 있습니다. 둘째 아들이 스물두 살에 종잣돈 700만 원으로 첫 부동산 투자를 시작한 이야기를 담은 책인 《오늘부터, 1000만 원으로 부동산 투자 시작》(길벗)을 내놓기도 했습니다.

가진 돈이 적은 사람도, 평범한 사람도 할 수 있는 것이 경매입니다. 저를 비롯한 많은 사람이 경매로 일반 근로자에서 벗어나 경제적 자유를 이루었습니다. 네, 그렇습니다. 경매는 특별한 재능과 대단한 지식이 없는 일반인이 자산가가 될 수 있는 방법 중 하나입니다. 우리는 지금부터 경매를 기초부터 찬찬히 공부할 것입니다. 자신의 목적에 맞는 물건을 고르는 것부터 시작해 위험을 확인하는 권리분석을 익히고, 인터넷답사와 현장답사를 하는 방법을 배울 것입니다. 법원에서 실수 없이 입찰하고, 최선의 대출 방법을 찾고, 원활하게 명도하고 매도하는 비법까지 알려드리겠습니다. 저만 따라오세요.

002

부동산 경매 한 번에 이해하기

경매에서는 판매자가 아닌 구매자가 가격을 정한다

시장에서 파는 물건의 가격은 판매자가 정하고, 누구나 같은 가격으로 물건을 삽니다. 하지만 어떤 물건은 거래할 때마다 가격이 달라져 판매자가 아니라 구매자가 가격을 정하기도 합니다. 많은 사람이 경쟁적으로 가격을 제시해 판매가격을 정하는 방식을 '경매'라고 합니다. 경매에서는 물건의 원래 가치 외에 희소성이나 구매 희망자의 욕구에 따라 가격이 결정됩니다. 예를 들어볼까요?

① 물건의 가치가 달라지는 경우

방금 수확한 농산물은 품질이 같아도 공급되는 양이 많으면 저렴하게 낙찰되고, 태풍 등으로 농사를 망친 경우에는 물건이 귀해져 비싸게 거래됩니다. 막 잡은 생선도 경매를 통해 거래됩니다. 생선을 원하는 도매상은 경매에 참여해 원하는 가격을 제시하고, 생선은 가장 높은 가격을 제안한 도매상에게 판매됩니다.

② 가치를 정할 수 없거나 희귀한 물건

그림이나 골동품의 가치는 그 가치를 인정하는 사람에 따라 달라집니다. 그림은 가격을 정하기 어렵고, 골동품은 희귀해 여러 사람이 갖고 싶어 합니다. 경매를 통하면 소유자는 높은 가격에 팔 수 있고, 꼭 갖고 싶은 사람은 원하는 물건을 가질 수 있으니 서로에게 이득입니다.

③ 그 외 다양한 경매

요즘에는 미술품, 골동품뿐 아니라 사업권, 골프회원권, 자동차 등 다양한 물건이나 권리도 경매 대상이 됩니다. 온라인을 이용한 경매도 다양한 방법으로 이뤄지고 있습니다. 천원경매는 가격을 1,000원부터 시작하고, 정해진 시간 안에 가장 높은 가격을 제시한 사람이 낙찰받는 방식입니다. 역경매는 소비자가 아닌 판매자가 저렴한 가격을 제시하는 방식입니다. 소비자가 같은 조건의 서비스 중에서 가장 저렴한 가격을 제시한 업체를 선택할 수 있습니다. 이사나 인테리어 등 서비스 업종에서 많이 이용합니다.

부동산 경매란?

부동산 경매는 채권자의 신청에 따라 법원이 최고가를 제시한 사람에게 부동산을 파는 강제적인 방법을 말합니다. 경매는 국가기관이 주체가 되는 공경매와 개인이 주체가 되는 사경매로 나눌 수 있으며, 공경매에는 법원경매와 공매가 있습니다.

법원경매와 공매를 헷갈려 하는 사람이 많은데 간략하게 설명하면 주체가 다릅니다. 둘 다 국가기관이 주체가 되지만 경매는 법원에서, 공매는 법원 이외의 기관에서 처리합니다.

경매를 주체하는 법원은 「민사집행법」[1]에 따라 채권자의 요청이 있을 때 채무자의 물건을 매각해 채권자에게 돈을 돌려줍니다. 공매는 한국자산관리공사(캠코)가 주체가 되어 「국세징수법」에 따라 세금 미납자의 재산을 압류[2]해 공개적으로 매각하는 것을 말합니다. 다시 말하면 경매는 빚을 진 개인이 빚을 갚게 하는 것, 공매는 세금을 내지 않은 국민이 세금을 내게 하는 것이라고 말할 수 있겠네요.

경매는 법원을 통해, 공매는 온비드(onbid.co.kr)를 통해 입찰할 수 있습니다. 온비드는 한국자산관리공사가 운영하는 인터넷 공매 시스템으로 국가가 보유하고 있는 국유 재산, 세금

알아두세요

1 **「민사집행법」과 「국세징수법」** 「민사집행법」은 법원에서 경매 진행과 절차를 규정하기 위한 법률이고, 「국세징수법」은 국세징수에 관한 사항을 규정하기 위한 법률입니다.

2 **압류** 채권자의 신청을 받아 국가기관이 강제로 소유자가 해당 물건을 처분하거나 권리를 행사하지 못하도록 하는 것을 말합니다.

체납으로 인한 압류 재산 등의 물건을 매각합니다(15장 참고).

임의경매와 강제경매

법원경매는 신청하는 방식에 따라 임의경매와 강제경매로 나눌 수 있습니다. 임의경매는 채권자가 채무자로부터 담보로 제공받은 부동산에 설정한 저당권, 근저당권[3], 유치권, 질권, 전세권, 담보가등기 등의 담보권을 실행하는 경매이므로 집행권원[4]이 필요 없는 반면, 강제경매는 실행할 담보가 없으므로 법원의 집행권원을 부여받아야 경매할 수 있습니다. 말이 어렵다고요? 걱정 마세요. 임의경매, 강제경매는 채권자가 어떤 권리로 경매를 신청했느냐에 대한 것일 뿐 입찰자에게는 별 차이가 없습니다.

부동산 경매는 비공개경매다

경매에는 공개입찰과 비공개입찰이 있습니다.

① 공개입찰

다른 말로 '경쟁입찰'이라고 합니다. 진행자가 시작 가격을 정한 뒤 호가를 높이면서 입찰하는 방식입니다. 입찰자는 경쟁적으로 가격을 높여 부릅니다. 영화 속에서 보곤 하는 그림경매가 공개입찰이죠. 공개된 장소에서 호가를 부르면서 경쟁을 유도하는 방식이기에 경쟁이 치열한 나머지, 입찰 전후로 간혹 분쟁이 일어나기도 합니다.

알아두세요

3 **저당권과 근저당권** 저당권은 집을 담보로 빌린 대출의 표시로, 담보금액 자체만 표시합니다. 근저당권은 저당권 중 하나로, 장래 이자까지 포함한 금액입니다.

4 **집행권원** 국가의 강제력에 의해 실현될 청구권의 존재와 범위를 표시하고, 집행력이 부여된 공정증서를 말합니다. 법원의 집행판결, 지급명령 등이 있습니다.

② 비공개입찰

입찰자가 다른 경쟁자의 입찰가를 알 수 없는 방식입니다. 입찰 전에 다른 경쟁자가 얼마에 입찰하는지 알 수 없어 공정하게 경쟁할 수 있습니다. 현재 부동산 경매는 공정한 입찰을 위해 비공개입찰을 원칙으로 하고 있습니다.

법원경매와 법원경매 물건들

보통 부동산 경매라고 하면 법원경매를 말합니다. 법원에서 진행하며, 경매를 개찰[5]하는 곳은 법원 안에 있는 경매법정입니다. 모든 과정은 법원에 소속된 담당 계장과 집행관들이 진행합니다. 법원경매에서는 채권자의 접수를 받아 경매 진행 여부를 결정합니다.
경매는 투명하고 공정하게 진행합니다. 혹 절차상에 미흡한 점이 발견되면 기존 낙찰을 무효화하고 처음부터 다시 진행하기도 합니다. 법원경매에서 다루는 주요 물건은 부동산이 대표적이지만, 그 외에도 여러 가지가 있습니다.

① 자동차도 경매에 나온다

자동차는 소비재이기에 사는 순간 중고가 되죠. 자동차 경매는 중고차를 저렴하게 살 수 있는 방식입니다. 특히 세금 압류로 인한 공매를 통하면, 비싼 고급 자동차를 아주 저렴하게 살 수 있습니다.

② 여러 가지 권리도 경매에 나온다

경매 물건 중에는 물고기를 잡을 수 있는 권리인 어업권, 광물을 캘 수 있는 권리인 광업권도 있습니다. 세월호의 쌍둥이 배로 불렸던 오하마나호도 선박경매 물건으로 나와 헐값에 매각되었습니다.

알아두세요

5 **개찰** 경매 입찰이 끝난 후 집행관이 서류를 취합해 최종 낙찰자를 결정하는 과정을 말합니다.

③ 운영권도 경매 물건 대상이다

학교 매점의 운영권이나 고속도로 휴게소의 식당운영권도 공매로 나옵니다. 국가 혹은 시 소유의 지하철 상가 점포 운영권도 임대 형식으로 경매에 나옵니다. 이때 경매의 주체가 국가라서 공매로 진행됩니다. 이런 물건을 낙찰받으면 소유권을 가지지는 못하지만, 일정 기간 임대해 운영할 수 있는 권리를 가질 수 있습니다.

④ 우리가 관심 있는 물건은 부동산이다

부동산은 크게 땅과 건물로 구분합니다. 땅은 토지 그대로 거래되기도 하고, 그 위에 건물이 있으면 건물과 함께 매각되기도 합니다. 건물은 용도가 다양합니다. 건물에 사람이 살면 주거용이고, 장사를 하면 상가입니다. 물건을 보관하는 곳이면 창고, 물건을 만드는 곳이면 공장이죠. 이 용도는 처음에 건물을 지을 때부터 정해지는데, 한 번 정해진 용도는 쉽게 바뀌지 않습니다. 태생이 주거용이면 주거용으로 쓰이고, 태생이 상업용이면 상가로 계속 쓰이는 것입니다.

주거용 부동산 경매가 가장 쉽다

이 책에서는 주거용 부동산을 기준으로 이야기할 것입니다. 부동산 경매 중에서 주거용이 가장 쉽기 때문이에요. "전 상가가 가장 쉬운데요"라고 말하는 사람도 있을 수 있습니다. 부모님께서 오랫동안 장사를 했거나, 본인이 상가를 잘 알고 있다면 충분히 그럴 수 있습니다. 만약 여러분이 상가와 상권을 잘 알고 있다면 상가입찰을 권합니다. 괜찮은 상가는 주거용보다 임대수익이 훨씬 좋습니다. 작은 편의점도 좋은 길목에 있다면 월 임대료로 수백만 원대를 받을 수 있습니다. 이런 상가는 웬만한 아파트 몇 채를 합친 것보다 수익이 낫죠. 하지만 이제 막 경매에 뛰어든 초보자에게 상가는 어렵습니다. 상가를 잘못 낙찰받았다가는 임대수익은커녕 비싼 관리비까지 부담해야 합니다. 팔고 싶다고 맘대로 팔리나요. 장사가 안 되는 지역에 위치한 상가는 아무리 헐값에 내놓아도 아무도 사주지 않습니다. 상권은 동물과 같아서 살아서 움직이고 이동합니다. 지금은 상권이 좋아도 몇 년 후에 죽은 상권이 되기도 합니다. 상가는 한마디로 다루기가 무척 까다로운 물건입니다.

이에 비하면 집은 쉽습니다. 집과 관련한 정보는 대개 정확하고, 일반에 공개되어 있습니다. 나라에서는 부동산을 사고파는 가격을 신고하도록 법으로 정해놨어요. 실제 거래한 가격을 국토교통부에 신고하고, 이 신고한 내용을 누구나 확인할 수 있도록 했습니다. 2015년부터 분양권 거래가도 투명하게 공개하고 있습니다. 집은 가격 정보가 투명하고 익숙한 물건이기에 처음 부동산 경매에 도전하는 사람도 쉽게 접근할 수 있습니다.

처음으로 경매에 입문한다면 주거용 부동산부터 시작하는 것을 추천합니다.

잠깐만요 경매는 언제부터 시작되었을까?

193년 로마황제 페르티낙스가 살해된 후 귀족들이 로마황제 자리를 경매에 부친 것이 첫 경매 기록입니다. 역사적으로 보면 주로 노예 거래에 경매 방식이 많이 쓰였죠. 미국 노예들도 경매 방식으로 거래되었습니다. 우리나라에서는 1897년 〈독립신문〉에 '중남포와 목포에 조계를 정했고, 땅을 구분해 공박(公拍)한다'라는 기사가 실린 적이 있습니다. 이 기록을 우리나라의 첫 경매로 봅니다. 법원경매가 제대로 시작된 것은 「민사소송법」(현재의 「민사집행법」)이 제정된 1960년입니다.

003

어려운 경매만 피해도 절반은 성공이다

경매를 잘하는 사람

경매투자를 하는 사람들은 정말 각양각색입니다. 다양한 직종에서 일하는, 우리 주변에서 만날 수 있는 평범한 사람들이 경매투자를 하고 있죠. 대학교수, 세무사, 회계사, 연구원 등 전문직도 있지만 대학생, 가정주부, 은퇴자 등 평범한 사람들이 더 많습니다. 그들에게는 공통된 특징이 있습니다.

① 돈을 좋아한다

가장 중요한 특징입니다. 돈은 누구에게나 필요하지만, 절실함은 저마다 다릅니다. 돈에 대해 부정적인 생각을 가진 사람들은 동기부여가 크지 않아 쉽게 그만둡니다. 돈도 자기를 좋아하는 사람을 좋아합니다. 여러분이 돈을 좋아한다면 경매를 잘하는 사람의 가장 중요한 특징을 가지고 있는 것입니다.

② 스스로 해결하려 부단히 노력한다

투자는 스스로 결정하고 스스로 책임지는 일입니다. 모든 일이 순조롭지는 않습니다. 어떤 일은 앞뒤가 꽉 막히고 힘들죠. 그럼에도 스스로 문제를 해결해야 합니다. 다른 사람에게 의지하지 않고 스스로 해결해내는 힘이 있는 사람이 경매에 유리합니다.

③ 상황보다 문제 해결에 집중한다

부동산은 시장 상황과 정부 정책에 민감합니다. 아무리 원해도 상황이 좋지 않다면 부동산 시장은 움직이지 않습니다. 현명한 경매투자자는 마음에 들지 않는 상황을 원망하기보다 해결 방법에 집중합니다.

세입자를 구하기 어렵다면 새로 인테리어를 할 수도 있고, 월세를 낮출 수도 있습니다. 다른 공인중개사무소를 찾아 임대를 내놓기도 하고, 온라인을 통해 세입자를 구하기도 하죠. 계절적 요인이나 정치적 상황이 좋지 않다면 기다리는 것도 방법입니다.

경매를 하면 안 되는 사람

법원에서 개찰을 기다리고 있는데, 옆자리의 신사분이 제게 말을 걸었습니다.

"개찰하면 낙찰을 바로 알 수 있는 건가요?"

초보인데 참관을 오신 듯해 입찰 과정을 간단하게 설명해드렸습니다. 그 신사분은 모든 과정을 처음 들었다는 듯이 고개를 끄덕였죠. 잠시 후 전 매우 놀랐습니다. 집행관이 입찰자들을 호명할 때 신사분이 앞으로 나가셨거든요. 천만다행인지 낙찰은 받지 못하셨더군요.

경매의 기초를 모르면서 입찰을 하는 것은 무모한 용기입니다. 경매는 누구나 할 수 있지만, 아무나 할 수 있는 일은 아닙니다. 법률 용어를 익히고, 물건의 가치를 판단하는 것은 물론이고, 사람을 상대하는 껄끄러운 과정을 거쳐야 합니다. 적당히 하려다가는 큰일 납니다. 준비되지 않은 경매 입찰은 비싼 수업료로 돌아옵니다. 이외에도 경매를 하면 안 되는 사람은 많습니다.

① 걱정이 취미인 사람

경매는 도전의 연속이고, 늘 선택의 기로에 서야 합니다. 걱정을 사서 하는 사람이 경매에 도전하면 스트레스만 쌓입니다.

② 지름신을 신봉하는 사람

경매에는 첫눈에 반하는 물건이 없습니다. 절대 물건에 정을 주지 마세요. 객관적으로 판단해 제대로 된 물건을 골라야 합니다.

③ 한 방을 노리는 사람

경매에는 절대적인 시간과 노력이 필요합니다. 큰 거 한 방을 노릴 생각이라면 도박판으로 가세요.

어려운 경매 쉽게 하는 법

탁월하게 잘하는 것은 어렵겠지만 그냥 경매를 하는 것은 쉽습니다. 몇 가지 필수적인 지식을 익히고, 원하는 물건을 알고, 가진 돈의 크기에 맞추어 경매 입찰을 하면 됩니다.

시작은 법률 용어 습득입니다. 가압류[1], 가등기, 법정지상권[2], 「주택임대차보호법」, 배당 등 알 수 없는 용어들은 법에 문외한인 사람들에게는 그저 글자일 뿐입니다. 그래서 어떤 경매 책은 영자신문같이 낯설게 느껴지기도 하는데, 그렇더라도 읽으면 도움이 됩니다. 다양한 경매투자의 예시를 볼 수 있기 때문입니다.

사람 사는 모습이 각양각색이듯, 경매로 나온 집들의 사연도 다양합니다. 집주인이 집의 대출을 연체해 나오기도 하고, 집을 담보로 사채를 써서 나오기도 하고, 때로는 직원의 월급을 주지 못해 사장의 집이 경매에 나오기도 합니다. 이혼하는 부부들의 재산분할을 이유로 나오기도 하죠. 이런저런 사연이 있는 집들이 법원의 경매 절차를 거쳐 경매에 나오면 투자자인 우리는 "이 집은 아버지가 죽은 뒤 자식들이 싸웠구나" 혹은 "이 집은 정말 땡전 한 푼 없구나" 하고 그 내용을 미리 다 볼 수 있습니다.

알아두세요

1 **가압류** 채무자의 재산을 압류해 현상을 보전하고, 재산의 변경을 금지해 미래의 강제집행을 보전하는 절차를 말합니다. 보통 압류가 결정되기 전에 채무 보존을 위해 가압류를 합니다.

2 **법정지상권** 토지와 토지 위 건물의 소유주가 달라 분쟁이 발생할 때 토지 주인으로부터 건물을 지킬 수 있는 권리를 말합니다. 법정지상권이 성립하지 않는 건물이면 토지 주인에게 건물을 철거당할 수도 있습니다. 초보자라면 피하는 것이 좋습니다.

법원은 이 집의 시세가 얼마인지는 감정평가서에, 이 집의 이러저러한 사연은 등기부등본과 매각물건확인서에 친절하게 표시해 투자자들에게 알려줍니다. 우리는 이 내용을 대법원이나 유료경매사이트에서 미리 확인하고, 자신이 해결할 수 있는 내용인지 아닌지를 판단할 수 있습니다.

경매가 쉬운 집은 어떤 집일까?

경매 초보자라면 간단한 사연을 가진 집들만 골라 입찰하면 됩니다. 초보자가 고를 수 있는 쉬운 집은 어떤 집일까요?

① 잘 아는 지역의 집

어느 지역이 좋을지 모를 때는 한 지역만 마스터해보세요. 그 지역에 익숙해지면 그다음은 쉽습니다. 여러분이 살고 있는 지역, 잘 아는 지역, 집을 꼭 사고 싶은 지역 중에서 고르면 됩니다. 한 지역을 정하고 인터넷을 통해 그 동네의 모든 아파트 시세를 파악해보세요. 그런 다음 현장을 방문합니다. 공인중개사무소에 다니면서 매물이 얼마에 나왔는지, 월세가 잘 나가는지, 전세가 잘 나가는지 물어보세요. 이렇게 한 지역을 조사해 자신만의 데이터를 만들면 그 지역의 전문가가 될 수 있습니다.
경매에서 가장 잦은 실수는 시세를 잘못 파악해 비싸게 낙찰받는 것입니다. 시세 파악을 제대로 해 좋은 집을 싸게 잘 사는 것이 가장 중요합니다. 중요한 건 경매 공부가 아니라 좋은 집을 싸게 사는 것임을 잊지 마세요.

② 말소기준권리보다 앞선 권리가 없는 집

등기부등본에는 집에 관련된 여러 가지 사연이 쓰여 있습니다. 만약 빚이나 유산 분쟁 등 사연 있는 물건을 일반 매매로 사면, 여러 가지 사연을 그대로 인수하게 됩니다. 하지만 경매를 통하면 이런 사항들이 싹 사라집니다. 그야말로 '말소'되는 것입니다. 그 기준이 되는 것을 '말소기준권리'라고 합니다. 말소기준권리를 포함해 그 뒤에 있는 모든 빚은 그냥 다

사라집니다. 집이 1억 원인데, 말소기준권리 뒤에 빚이 10억 원이 있다 해도 완전히 말소되어버린다는 이야기죠. 몇 가지 예외가 있는데 〈둘째마당〉에서 자세히 설명하겠습니다.

문제는 말소기준권리 앞에 있는 것들입니다. 이것은 사라지지 않고 낙찰 후에도 따라오기 때문에 입찰보증금을 날리기도 하고, 추가비용이 생기기도 하죠. 이런 일을 방지하기 위해서라도 경매 공부를 해야 합니다. 처음부터 말소기준권리 앞에 아무것도 없는 것을 고르는 것이 가장 간단합니다.

③ 살고 있는 사람이 잘 나갈 집

집에는 집주인 또는 임차인이 살고 있습니다. 누가 됐든 그 집에 살고 있는 사람을 내보내야 이사를 들어가거나, 새로 임차인을 들일 수 있습니다. 집에 현재 살고 있는 사람을 '점유자'라고 하고, 점유자를 내보내는 것을 '명도'라고 합니다. 점유자가 쉽게 나가는 집이 명도가 쉬운 집입니다.

임차인이 보증금을 배당받는 집은 명도가 쉽습니다. 임차인은 낙찰자의 '명도확인서[3]'가 없으면 법원으로부터 보증금을 반환받지 못합니다. 일부만 배당받는 임차인도 명도확인서 때문에 명도에 협조하는 편입니다.

집주인이 살고 있는 집도 배당금이 얼마라도 남는다면 명도가 쉽습니다. 낙찰가가 1억 원인데 빚이 8,000만 원이라면 경매수수료를 제외하고도 집주인은 약 2,000만 원을 돌려받을 수 있습니다. 경매 용어의 상당수가 명도를 하기 위해 쓰입니다. 명도가 쉬운 집을 골라 낙찰받으면 어려운 용어를 쓸 일이 없습니다. 명도에 대해서는 〈여섯째마당〉에서 자세히 설명하겠습니다.

알아두세요

3 **명도확인서** 임차인이 경매 배당금을 수령하려면 매수인에게 부동산을 넘겼다는 사실을 입증하는 서류가 필요합니다. 이 서류가 명도확인서이며, 낙찰자의 인감도장이 날인되어 있어야 합니다.

004

경매 과정 한눈에 살펴보기

경매 물건이 법원에서 어떤 과정을 거쳐 우리 앞에 나오는지 살펴보겠습니다. 법률 용어에 겁먹지 마세요. 낯선 용어라 어렵게 느껴지겠지만, 알고 보면 별거 아닙니다.

경매 과정은 다음과 같이 6단계로 나눠볼 수 있습니다.

① 경매 신청 접수 및 경매개시결정

▼

② 배당요구의 종기 결정 및 송달

▼

③ 입찰

▼

④ 낙찰

▼

⑤ 배당

▼

⑥ 명도

1. 경매 신청 접수 및 경매개시결정

경매는 채권자가 경매 신청을 하면서부터 시작됩니다. 채권자가 "채무자의 집을 경매로 처분해 제 돈을 받아주세요"라고 법원에 경매 신청 접수를 하면, 법원은 이 물건이 경매로 처리되는 것이 합당한지 여부를 판단합니다. 이를 위해 채권자로부터 근거가 되는 서류를 받고, 서류가 부족하면 추가로 요청해 경매 여부를 결정합니다.

채권자가 은행이라면 신청이 간단합니다. 집주인이 대출을 받을 때 "이자를 갚지 못하면 내 집을 마음대로 경매로 넘기세요"라고 대출 관련 서류에 서명을 했으니까요. 이처럼 은행이 근저당 등으로 경매 신청을 하는 것을 '임의경매'라고 합니다.

반면 채권자가 개인이라면 소송해 판결을 받아 경매 신청을 넣어야 합니다. 이렇게 집행권원으로 경매 신청을 하는 것을 '강제경매'라고 합니다. 임의경매, 강제경매는 경매를 시작하는 절차상의 문제이므로 입찰자들에게는 별 의미가 없습니다.

법원은 채권자의 경매 신청 서류를 접수받고, 경매 진행 여부를 결정합니다. 서류상 문제가 없어 경매 진행이 결정되면, 부동산을 압류하는 경매개시결정이 이루어지고, 해당 집은 경매 예정 물건이 됩니다. 이때부터 법원은 경매 시장에 물건을 내놓기 위해 준비를 합니다. 사람을 보내 현황을 조사하고, 조사 내역을 법원경매정보 사이트(courtauction.go.kr)에 게시합니다. 조사 내역은 크게 다음 세 가지입니다.

현황조사서

집행관 사무원 등을 보내 현황조사서를 만듭니다. 법원 소속 집행관이 직접 현장을 방문해 조사하는데, 기본정보, 부동산현황, 점유관계조사서, 임대차관계조사서로 이루어져 있습니다.

감정평가서

법원이 감정평가회사에 의뢰를 하면, 감정평가회사에서는 감정평가사를 보내 감정평가서를 만듭니다. 감정평가서의 감정가는 근래 거래가와 인근 거래 사례 등을 분석해 만든 부동산 가격입니다. 이때 감정가는 경매 신청 접수 후에 조사한 가격인데, 입찰을 하는 경매기일까지는 6개월 정도 시간 차이가 있습니다. 그래서 시장의 부동산 가격 변동이 클 때는 감정가와 실거래가의 차이가 커지게 됩니다. 또 경매는 채권자에게 돈을 돌려주는 것이 목적이기에 감정가는 실거래가에 비해 후하게 결정되는 편입니다. 참고로 KB국민은행에서 책정하는 부동산 가격은 대출 한도를 정하는 기준이기에 가격이 박한 편입니다.

매각물건명세서

입찰자가 매각 물건에 대한 중요 정보를 알 수 있도록 그 내용을 기록한 문서를 말합니다. 해당 물건에 집주인이 사는지 임차인이 있는지를 확인하고, 임차인이 있다면 임차인에게 전월세계약서 등의 서류를 확인한 후 작성합니다. 임차인의 권리가 기록되는 중요한 서류로, 혹 소멸되지 않는 중요한 내용이 있다면 하단에 따로 기재합니다. 매각물건명세서는 첫 입찰기일 일주일 전에 게시되며, 새로운 접수가 있으면 수정될 수 있습니다.

경매투자자가 이용하는 유료경매사이트(스피드옥션, 태인경매, 리치고 등)의 정보는 법원경매정보 사이트의 내용을 그대로 옮겨온 것입니다. 법원경매정보 사이트는 무료이지만 추가 서류 열람은 유료이기에, 이용료를 사전에 지불하면 서류 열람과 권리분석을 무료로 할 수 있는 유료경매사이트가 유용할 수 있습니다. 또한 유료경매사이트에서는 등기부등본 등을 바로 볼 수 있고, 기본적인 권리분석을 해주어 빠른 물건 검색과 분석이 가능합니다.

2. 배당요구의 종기 결정 및 송달

경매가 시작되면 법원은 채권자들이 배당요구를 할 수 있는 기간을 정하고 배당요구종기일[1]을 공고합니다. 특별한 채권자를 제외하고 모든 채권자는 배당요구종기일 이내에 배당요구를 해야 낙찰 후에 돈을 배당받을 수 있습니다.

알아두세요

1 **배당요구종기일** 경매가 시작된 후 채권자들이 자신의 돈을 돌려받을 수 있도록 배당 신청을 할 수 있는 기간을 말합니다. 쉽게 말해 배당요구를 할 수 있는 마감일입니다.

법원은 경매 진행 과정을 이해관계인들에게 우편으로 계속 알려주는데, 이것을 '송달'이라고 합니다. 이해관계인은 경매를 신청한 채권자, 기타 다른 채권자, 집주인인 채무자, 집에 세 들어 사는 임차인 등입니다. 낙찰을 받게 되면 낙찰자도 이해관계인이 됩니다. 송달할 때 드는 비용 등 경매집행에 필요한 비용은 경매를 신청하는 사람이 미리 납부하는데, 이 비용은 나중에 배당할 때 가장 먼저 배당됩니다.

3. 입찰

경매기일이 되면 관할법원에서 경매가 진행됩니다. 입찰하려는 사람은 정해진 날, 정해진 법원에서 입찰에 참가하면 됩니다. 감정가가 실제 거래가와 비슷하거나 높으면 아무도 입찰에 참가하지 않을 것입니다. 입찰자가 없으면 그 물건은 유찰[2]이 되고, 약 한 달 후에 다시 경매일자가 정해집니다. 이때 감정가보다 20~30% 저렴한 금액으로 최저가가 정해집니다. 패찰[3]이 되면 그 자리에서 입찰보증금을 돌려받고, 낙찰되면 낙찰영수증을 받습니다.

경매 진행 중에 변경, 정지, 취하가 되기도 합니다. 변경은 입찰기일이 변경된다는 뜻인데, 다른 날짜를 다시 잡아 재경매를 실시합니다. 정지는 일단 정지했다가 다시 재경매를 하기도 하고, 취하하기도 합니다. 취하는 집주인이 빚을 갚거나 채권자가 경매를 진행하지 않기로 하여 경매를 철회하는 것입니다.

4. 낙찰

가장 높은 금액을 쓴 입찰자에게 낙찰이 되면 집행관이 이렇게 말합니다.

"2026타경1234의 최고가매수인은 이○○입니다. 차순위매수신고하실 분 계십니까?"

알아두세요

2 유찰 낙찰의 반대말로, 아무도 입찰하지 않아 다음 회차로 입찰이 미루어지는 것을 말합니다.

3 패찰 입찰금액으로 쓴 가격이 낮아 낙찰받지 못하는 경우를 말합니다.

최고가매수인은 낙찰자를 말합니다. 차순위매수신고를 하는 사람은 낙찰자가 잔금을 납부하지 못했을 때 낙찰자가 되고, 낙찰자의 잔금납부일까지 보증금을 돌려받지 못합니다. 때문에 차순위매수신고는 낙찰자가 잔금을 납부하지 못할 것으로 예상되는 경우에만 하는 것이 좋습니다.

차순위매수신고자는 2등을 말하는 것이 아닙니다. 낙찰금액에서 입찰보증금액을 뺀 금액보다 높은 가격으로 입찰가를 쓴 사람이라면 누구나 가능합니다. 예를 들어 감정가가 3억 2,000만 원, 입찰보증금이 3,200만 원인 물건의 낙찰가가 3억 3,320만 원일 때 차순위매수신고자는 3억 120만 원(낙찰가 3억 3,320만 원 – 입찰보증금 3,200만 원) 이상을 쓴 사람이라면 누구나 할 수 있습니다.

5. 배당

낙찰 후 일주일이 지나면 매각허가결정이 납니다. 만약 이해관계인 중 이 매각에 이의가 있는 사람이 있다면 일주일 안에 매각불허가신청[4]을 해야 합니다. 이 기간이 지나 매각허가가 난 이후에는 매각허가결정취소신청을 해야 합니다. 매각불허가도 어렵지만, 매각허가결정취소는 더 어렵습니다. 매각에 이의가 있다면 미리미리 신청하면 좋겠죠? 다만, 매각불허가신청은 낙찰자의 잘못이 아니라 절차상의 문제나 법원도 알지 못한 결정적인 문제가 있을 때 받아들여집니다. 법원은 경매 진행을 방해받는 것을 좋아하지 않습니다.

별다른 문제가 없다면, 낙찰 후 약 4주 전후로 잔금납부일이 정해집니다. 정해진 잔금납부일까지 잔금을 납부하지 못하면, 입찰할 때 냈던 보증금을 법원에서 몰수합니다. 몰수당한 보증금은 이후 배당금에 합해져 채권자들에게 배당되죠. 잔금납부일이 지나고, 재경매가 진행되더라도 재경매일 3일 전까지 잔금을 납부하면 소유권을 가질 수 있는데, 납부 지연

알아두세요

4 **매각불허가신청** 낙찰받은 이후 매각허가결정이 선고되기 7일 전에 신청하여 낙찰을 포기하는 것을 말합니다. 신청이 받아들여지면 입찰보증금을 돌려받으며 낙찰을 포기할 수 있습니다. 그러나 경매 절차에 중대한 잘못이 있을 때, 천재지변, 물건에 중대한 흠이 있을 때 등 인용 조건이 까다롭습니다.

에 따른 벌금으로 잔금의 지연이자 연 20%를 함께 납부해야 합니다.

잔금납부일로부터 약 4주 후에 배당기일이 정해집니다. 배당받을 권리가 있는 채권자, 임차인은 배당기일에 법원에서 배당을 받습니다. 배당을 하고 나면 법원의 경매 일정은 끝이 납니다. 이를 '배당 종결'이라고 합니다.

6. 명도

법원은 배당으로 사건이 종결되지만, 낙찰자에게는 명도가 되어야 진정한 종결입니다. 명도란 해당 물건을 점유하고 있는 집주인 혹은 임차인에게 최종적으로 물건을 넘겨받는 것을 말합니다. 명도 과정에 들어오면 이제 물건번호는 '타경'이 아닌 사건번호 '타인'을 쓰게 됩니다. 경매번호인 타경은 이제 더는 쓸 일이 없는 것이죠. 인도명령결정문에 '2026타인 1234' 같은 형식의 사건번호가 부여되고, 점유이전금지가처분[5]이나 강제집행[6] 때도 이 사건번호를 씁니다.

7. 수익 실현

명도까지 끝났다면 수익을 실현합니다. 경매의 목적은 크게 네 가지, 내 집 마련, 월세 임대, 시세차익, 단기매도로 구분됩니다.

먼저 경매를 이용하면 시세보다 저렴하게 내가 살 집을 구매할 수 있습니다. 살 때부터 벌고 시작하는 거죠. 보통 시세보다 5~10% 저렴하게 낙찰받으면 성공입니다. 10억 원짜리 아파트를 10% 싸게 낙찰받으면 시세보다 1억 원이나 싸게 사는 거니까요.

알아두세요

5 **점유이전금지가처분** 명도 과정에서 점유자가 임의로 부동산에서 퇴거하여 소송이 진행되지 못하는 상황을 막기 위해 점유자가 다른 사람에게 점유를 넘기지 못하도록 막는 제도입니다.

6 **강제집행** 국가가 채무자로 하여금 법을 따르도록 강제로 조치하는 제도입니다.

다음은 월세 임대입니다. 임차인의 월세는 집주인의 수익입니다. 세입자를 들여 매달 안정적인 현금 흐름(월세수익)을 만들 수 있습니다.

시세차익이란 오를 때까지 보유하다가 시세 상승분을 보고 매도해 차익을 얻는 방식입니다. 시간 프리미엄을 기대하죠. 전세 임대를 하다가 시간이 흐르면 매도해요. 단, 전세를 임대하는 것이 점점 까다로워지는 추세입니다.

마지막 단기매도는 낙찰 후 바로 팔아 수익을 내는 방법입니다. 시세보다 싸게 낙찰받거나 리모델링을 통해 물건의 가치를 빠르게 높인 뒤 3~6개월 이내에 매도하는 것을 목표로 합니다.

첫째 마당

나에게 딱 맞는 물건 찾는 법

경 매 이 야 기

연봉 1억 원의 전업주부

인하 님은 전업주부예요. 워킹맘으로 일하다 초등학교 5학년 아들을 잘 키우고 싶어 결국 전업주부가 되었죠. 아이를 키우는 일은 보람찼지만 마음 한 켠에는 늘 공허함이 있었어요.

"남편 혼자 벌어서는 생활이 힘들잖아요. 그래서 안 해본 부업이 없어요. 스마트 스토어, 구매대행, 이것저것 다 시도해봤죠. 그런데 성과가 없더라고요. 다 쉽지 않았어요."

그녀의 미소 뒤에는 지난 시간의 답답함이 배어 있었어요. 그러다가 저를 통해 경매를 알게 되었죠.

"강의를 들어보겠다고 신청하긴 했지만 막막하고 두려웠어요. 종잣돈도 없어서 마이너스 2,000만 원으로 시작했죠. 아파트는 꿈도 꾸지 못해 저렴한 빌라로 눈을 돌렸어요."

인하 님은 공부를 시작한 지 두 달 만에 첫 낙찰을 받았어요. 방 3개짜리 빌라였습니다. 인테리어 비용을 아끼기 위해 남편과 둘이 집을 수리했어요. 도배와 장판은 전문가에게 맡겼지만 그 외에 할 수 있는 것은 모두 직접 했어요. 페인트칠을 하느라 온몸이 더러워지고, 조명을 달다 손가락이 까지기도 했지만 이상하게 힘들지 않았어요. 오히려 두근거렸죠.

"이게 진짜 우리 인생의 전환점이 될 수도 있겠다는 생각이 들었어요."

무엇보다 가장 큰 힘이 되어준 건 아들이었어요.

"엄마 진짜 멋있다. 우리 엄마 최고야!"

아들은 엄마가 읽는 경매 책을 같이 읽고, 엄마가 보는 유튜브를 같이 봤어요. 엄마를 두 팔로 안아주는 아이는 인하 님에게 무엇보다 큰 응원이었어요.

그렇게 단돈 300만 원에 모든 수리를 마쳤고, 깨끗하게 단장한 집은 내놓자마자 바로 팔렸어요. 첫 낙찰에서 얻은 수익은 무려 3,000만 원이나 되었습니다.

"그때 통장에 돈이 들어오는데… 눈물이 핑 돌더라고요. 아, 나도 할 수 있구나. 그 순간이 아직도 잊히지 않아요."

첫 성공은 인하 님에게 날개를 달아주었고, 바로 두 번째 낙찰에 도전했습니다.

"세입자가 시간을 조금만 달라고 해서 한 달 정도 더 기다려줬어요. 솔직히 그 한 달이 참 길었는데 결국 명도를 잘 마쳤죠. 두 번째 집도 수리하고 내놓자마자 바로 팔렸어요."

세 번째 낙찰은 훨씬 더 빨랐어요. 한 달도 되기 전에 명도도 깔끔하게 끝났고, 잔금을 치른 지 두 달 만에 매도에 성공했어요.

8월까지 올해 벌써 세 채를 매도했습니다. 모든 수익을 합치니 연봉이 1억 원을 넘어섰어요. 인하 님 곁에서 항상 인하 님을 지지하는 남편과 아들은 "정말 대단하다"며 여기저기 자랑하고 다닌다고 해요.

"제가 이렇게 재능이 많은지 몰랐어요. 예전에는 '나는 그냥 주부니까' 하고 자신을 작게 봤던 적이 많았거든요. 그런데 이제는 아니에요. 경매 덕분에 제 힘으로 돈을 벌고 아이 앞에서 당당한 엄마가 되었어요."

005

경매 물건에는 무엇이 있을까?

별걸 다 파는 경매 시장

경매 시장에는 정말 다양한 물건이 나옵니다. 자동차를 포함해 오토바이, 선박, 비행기 등 온갖 탈것은 물론이고, 물고기를 잡을 수 있는 어업권, 광물을 캘 수 있는 광업권 등의 권리도 경(공)매로 살 수 있습니다. 한우, 볏짚 등 농축산물부터 중장비, 산업 부품 등 동산(움직일 수 있는 물건)도 경(공)매로 낙찰받을 수 있죠.

우리가 관심 있는 물건은 바로 부동산

부동산은 크게 네 가지로 분류할 수 있습니다. 사람이 먹고 자며 생활하는 주거용, 상업 행위를 하는 상업용, 건물이 없는 토지 그리고 그 밖에 특별한 용도로 정해진 '기타'입니다. 여러분은 다양한 부동산 중에 어떤 물건에 관심이 있나요?

① 다듬어지지 않은 원석, 토지

도시 한복판에 있는 20층짜리 건물의 토지는 아름다운 바닷가 시골 마을의 토지보다 가치가 있습니다. 토지는 위에 어떤 건물이 올라가느냐에 따라 가치가 달라집니다. 나라에서는 토지 위에 아무렇게나 건물을 올릴 수 없도록 법으로 규제하고 있습니다. 건물의 활용도가 높을수록, 건물의 높이가 높을수록 토지의 가치도 높습니다. 또 개발 행위에 따라 토지의 가치가 달라질 수 있습니다. 모든 토지는 개별성이 강해 적당한 가격을 책정하기 어렵습니다. 이런 이유로 토지는 초보자가 평가하기에 조금 어렵습니다.

② 상업 활동을 위한 상업용 물건

상업 활동을 한다는 건 돈을 벌기 위해 무언가를 팔거나 서비스를 제공한다는 것입니다. 영업 행위를 하는 사장님이 돈을 잘 벌어야 월세도 낼 수 있습니다. 손님이 오지 않는 상가는 아무리 번듯하게 인테리어를 해도 아무도 임차인으로 들어오지 않습니다. 상권만 좋으면 물건이 허름하고 별 볼 일 없어도 임차인들이 영업을 할 수 있죠. 물건 자체보다 입지와 상권이 더 중요합니다.

장사가 잘되는 곳이라면 임차인은 비싼 월세를 감수합니다. 심지어 경매 낙찰 물건은 권리금[1]도 없습니다. 상권을 이해할 수 있다면 경매로 상가를 낙찰받을 때 매우 유리합니다. 상가의 임대수익률은 주택과는 비교할 수 없을 정도로 좋습니다. 주택은 월세로 100만 원을 받기 쉽지 않지만, 상가는 1,000만 원도 받을 수 있습니다. 임대수익을 원한다면 상가에 투자해야 합니다. 하지만 경매 공부를 하기 전에 상가 상권을 먼저 이해하는 것이 중요합니다.

③ 가장 쉬운 주거용 부동산

낡은 집, 새집, 아파트, 빌라, 자가, 전세, 월세 등 형태나 방식은 달라도 집은 우리에게 익숙합니다. 어떤 집이 가치 있는지는 어렵지 않게 알 수 있습니다. 주거용은 크게 아파트, 빌라, 오피스텔, 단독주택으로 나눌 수 있어요. 이 중 가장 쉬운 것은 아파트입니다. 아파트는 똑같은 집이 수백, 수천 채가 있습니다. 그래서 비교하기 쉽습니다. 거래가가 투명하고, 전월세가도 예측이 가능합니다. 사기 쉽듯 팔기도 쉽습니다. 부동산을 처음 시작한다면 주거용, 그중에서도 아파트부터 시작하는 것이 좋습니다. 그래서 우리는 이 책에서 주거용을 중심으로 이야기하려 합니다.

알아두세요

1 **권리금** 소유주 및 전 임차인이 영업시설, 비품, 권리 등을 새 임차인에게 양도하거나 이용하게 할 때 보증금, 월세 외에 받는 금전을 말합니다.

④ 기타

특별한 용도로만 쓰이는 부동산입니다. 가축을 기르는 건축물인 축사, 객실 단위로 분양해 구입자가 사용하지 않는 기간에는 관리 회사에 운영권을 맡기고 임대료 수입을 받는 형태의 호텔인 콘도, 학생을 교육하기 위한 학교, 차량을 세워두도록 마련한 장소인 주차장 등이 기타 용도의 부동산에 속합니다.

▼ 경매 물건의 용도 분류

구분	종류
주거용	아파트, 주택, 다세대(빌라), 다가구(원룸 등), 근린주택, 오피스텔, 도시형 생활주택, 빌라형 아파트, 농가주택 등
상업용	근린생활시설, 근린상가, 상가, 상가 점포, 상가 주택, 아파트형 공장, 숙박시설, 주유소, 오피스텔(업무), 병원, 아파트상가, 창고, 상가사우나, 목욕탕, 노유자시설, 장례식장, 공장 등
토지	대지, 임야, 전, 답, 과수원, 잡종지, 공장용지, 도로, 구거, 유지, 목장용지, 수도용지, 철도용지, 체육용지, 창고용지, 제방, 하천, 유원지, 사적지, 광천지 등
기타	축사, 콘도, 학교, 주차장, 묘지, 광업권, 어업권, 농가 관련 시설, 종교시설, 염전, 양어장 등

단독주택은 한 건물에 집주인이 한 명

건물은 목적별로 다른 이름을 갖습니다. 사람이 사는 것이 목적인 주거용 물건을 '주택'이라고 합니다.「건축법」에서 주택은 크게 단독주택과 공동주택으로 나뉩니다.

단독주택의 종류에는 크게 단독주택, 다중주택, 다가구주택이 있습니다.

단독주택

한 집에 한 가구가 사는 집입니다. 도시의 단독주택과 시골의 농가주택이 있습니다. 단독주택은 토지와 건물로 이루어져 있는데, 단독주택에서 중요한 부분은 토지가입니다. 도시의 단독주택은 가격이 높습니다. 땅값이 비싸기 때문이죠. 경매 물건 분류로는 주택 혹은 농가주택에 해당합니다.

다중주택

여인숙, 기숙사와 같이 여러 명이 거주하며 주방과 화장실을 공동으로 사용하는 주택을 말합니다. 「건축법」상 다중주택은 3층 이하, 연면적[2] 330㎡(100평) 이하입니다. 경매 물건 분류에서 여인숙은 숙박시설로, 기숙사는 근린생활시설[3]로 분류됩니다. 경매에서 다중주택은 주거용 물건이라기보다는 상업용 물건에 해당합니다.

다가구주택

주택으로 쓰이는 층수(지하층 제외)가 3개 층 이하이고, 연면적이 660㎡(200평) 이하이며, 19세대 이하가 거주하는 주택을 말합니다. 다가구주택은 구획마다 화장실과 주방이 따로 있어 독립적인 생활이 가능합니다. 독립된 여러 세대가 살지만 집주인은 한 명인 단독주택이죠. 다가구주택은 세대가 많아도 한 채로 치기 때문에 다주택자 중과세를 피할 수 있습니다. 따라서 월세를 받는 수익형 부동산으로 인기 있는 경매 물건입니다.

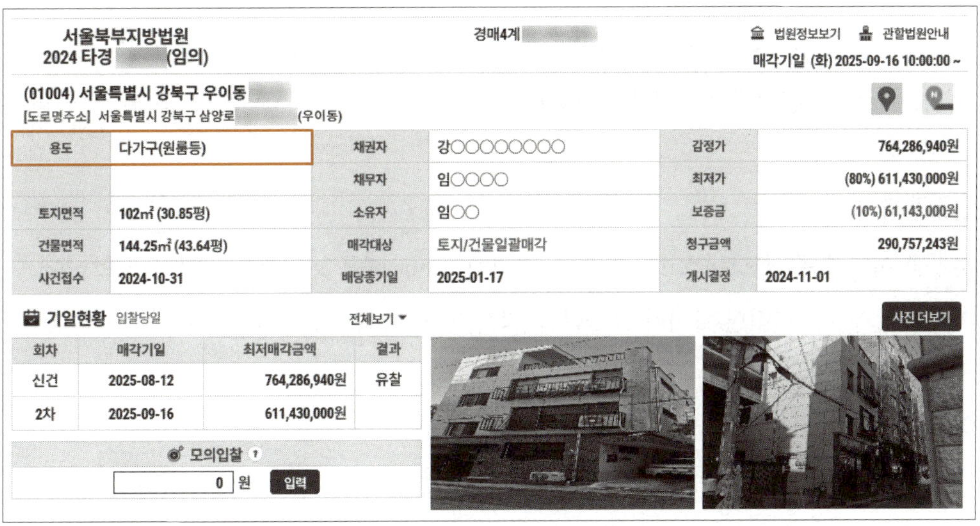
서울북부지방법원
2024 타경 (임의)
경매4계
법원정보보기 관할법원안내
매각기일 (화) 2025-09-16 10:00:00 ~
(01004) 서울특별시 강북구 우이동
[도로명주소] 서울특별시 강북구 삼양로 (우이동)

용도	다가구(원룸등)	채권자	강○○○○○○○○○	감정가	764,286,940원
		채무자	임○○○○	최저가	(80%) 611,430,000원
토지면적	102㎡ (30.85평)	소유자	임○○	보증금	(10%) 61,143,000원
건물면적	144.25㎡ (43.64평)	매각대상	토지/건물일괄매각	청구금액	290,757,243원
사건접수	2024-10-31	배당종기일	2025-01-17	개시결정	2024-11-01

기일현황 입찰당일 전체보기 사진 더보기

회차	매각기일	최저매각금액	결과
신건	2025-08-12	764,286,940원	유찰
2차	2025-09-16	611,430,000원	

모의입찰
0 원 입력

다가구주택 경매 내역서 예시

알아두세요

2 연면적 건물의 모든 층의 바닥면적을 합한 총면적을 말합니다.

3 근린생활시설 「건축법」에 의한 건축물의 용도 중 하나로 보건소, 우체국, 병원 등 일상생활에 필요한 시설을 말합니다.

공동주택은 한 건물에 집주인이 여러 명

공동주택은 주인이 다른 여러 세대가 한 건물에 사는 집을 말합니다. 다세대주택, 연립주택, 아파트, 도시형 생활주택이 이에 속합니다.

주거용 물건 중에서 가장 쉽게 접하는 물건은 아파트와 빌라입니다. 아파트와 빌라는 한 동에 여러 세대가 독립된 형태로 살고 있습니다. 같은 토지 위에 여러 층에 걸쳐 여러 세대가 함께 살고 있죠. 때문에 각 세대는 독립된 토지를 가지지 못하고 토지지분을 갖게 됩니다. 같은 토지면적일 때 건물의 층이 낮으면 세대당 토지지분이 많고, 층이 높으면 적은 지분을 가지게 됩니다. 재개발을 염두에 둔 낡은 빌라라면 토지지분이 얼마나 되는지가 매우 중요합니다. 반면 일반 아파트의 경우에는 토지지분보다 입지와 매매가, 전월세가 등을 중요하게 체크합니다.

다세대주택

4개 층 이하를 주택으로 쓰고, 1개 동의 연면적이 660㎡ 이하인 주택을 말합니다. 보통 '빌라'라고 합니다. 경매에서는 다세대(빌라)로 분류합니다.

연립주택

4개 층 이하를 주택으로 쓰고, 1개 동의 연면적이 660㎡를 초과하는 주택을 말합니다. 다세대주택과는 연면적만 차이가 있습니다. 역시 경매에서는 다세대(빌라)로 분류합니다.

아파트

주택으로 쓰이는 층수가 5개 층 이상인 주택을 말합니다. 일반 아파트와 빌라형 아파트가 있는데, 오래된 아파트보다 새 아파트가 인기가 많습니다. 가장 인기 있는 평형은 59㎡(25평형)입니다. 인기 있는 층은 흔히 '로열층'이라고 부릅니다. 로열층은 아파트마다 달라 어떤 아파트는 정원 딸린 1층이 로열층이고, 어떤 아파트는 복층으로 이루어진 탑층이 로열층입니다. 일반적인 로열층은 전체 층 중에서 중간보다 높은 층입니다.

아파트는 다른 부동산보다 실거래가와 전월세가가 투명하고, 거래 빈도가 높으며, 다운계약서[4] 등의 불법 거래를 하기 어렵습니다. 또한 원하는 사람들, 즉 수요가 많아 환금성이 좋습니다. 대단지 아파트는 경매를 처음 시작하는 초보자가 접근하기에 가장 좋은 물건입니다.

도시형 생활주택

1~2인 가구를 위해 2009년 5월 정부가 도입한 주택 유형입니다. 다른 공동주택보다 완화된 기준으로 지어졌기에 주차장 등의 시설이 부족하고 열악한 편이지만, 최대 50㎡였던 기존의 면적 제한이 최대 60㎡(최대 18평형)로 완화되고 각종 규제에서 자유로워지면서 적은 투자금으로 투자하는 투자자가 늘고 있습니다.

근린생활시설과 오피스텔, 1층 상가주택

근린생활시설과 오피스텔은 상업 물건이지만 주택으로도 사용할 수 있습니다.

근린생활시설

단독주택 중 점포가 함께 있는 집을 말합니다. 1층에 상가(근린생활시설)를 두고, 2~4층은 주거용으로 이용하는 다가구(원룸) 건물은 근린생활시설로 분류합니다. 다가구 건물을 지을 때 1층을 상가로 지으면 됩니다. 월세수익을 내기 좋아 은퇴자에게 인기 있는 주거용 물건입니다.

오피스텔

'오피스 + 호텔'의 개념으로 낮에는 업무를 보고, 밤에는 잠을 잘 수 있는 공간입니다. 원래 업무 용도이지만, 취사가 가능하고 화장실이 있는 오피스텔은 주택으로 인정됩니다. 적은 투자금으로 임대수익을 낼 수 있는 주거용 물건입니다.

알아두세요

4 다운계약서 집을 사는 사람과 파는 사람이 합의해 실제 거래가보다 낮춘 가짜 거래가로 만든 계약서를 말합니다. 대개 세금을 탈세하기(줄이기) 위해 작성하는데, 이는 불법입니다. 반대로 실제 거래가보다 높게 쓴 업계약서도 있습니다.

주택으로 이용하는 근린생활시설 등 1층 상가

근린생활시설, 사무실, 학원, 음식점 등의 용도로 허가받아 지어졌으나 주택으로 이용하는 1층 상가는 법적으로 인정받지 못하는 주택입니다. 건축물대장의 용도가 아닌 다른 용도로 이용하는 것은 불법이니까요. 주택으로 이용하는 상가는 주로 건물의 1층에 위치하고 있으며 일반 집과 같은 구조를 가지지만, 태생이 상가이기에 주택으로 인정받지 못합니다. 취득할 때 세금과 대출은 상가 기준입니다.

그렇다면 이런 집을 왜 지을까요? 「건축법」상 다세대주택은 4개 층까지 주택으로 인정되기에 1층에는 점포를 만들고, 2층에서 5층까지 4개 층을 주택으로 만들 수 있습니다. 그래서 1층의 집을 점포로 허가받았다가, 나중에 주택으로 불법 용도 변경을 하는 경우가 있죠. 상가(주택)는 일반 주택보다 저렴하며 임대수익을 낼 수 있습니다. 하지만 불법이기에 과태료를 물 수 있고, 원상복구를 해야 할 수도 있어 추천하지 않습니다.

006

부동산 경매, 어떤 순서로 시작할까?

왜 경매를 하고 싶나요?

"그냥 돈 되는 물건에 투자하고 싶다"처럼 애매한 목표는 곤란합니다. "임대수익도 얻으면서, 나중에 시세차익을 낼 수 있는 내 집 마련을 하고 싶다"라는 것은 마치 "돈 많고, 잘생기고, 전문직에, 성격도 좋고 게다가 로맨틱하기까지 한 남자와 결혼하고 싶다"라는 것과 같습니다. 세상에 그런 남자가 없진 않겠지만, 그런 완벽남이 남편이 되는 일은 쉬운 일이 아니겠죠. 현실에서는 적당한 타협이 필요합니다.

경매도 마찬가지입니다. 경매 시장에서 위치 좋고, 층 좋고, 방향 좋고, 인테리어 좋고, 명도도 문제없는 완벽한 물건을 찾으면 곤란합니다. 그런 물건이 없진 않지만, 귀하기에 저렴한 가격을 기대하기 어렵습니다. 때문에 물건을 고를 때는 정확하고 현실적인 목표를 가지는 것이 중요합니다.

경매투자 전 생각해보기

경매는 누구나 할 수 있지만 아무나 할 수 있는 일은 아닙니다. 무작정 뛰어들기 전에 먼저 자신을 체크해봅시다.

① 투자금

2,000만 원으로 시작하는 사람과 1억 원으로 시작하는 사람은 선택할 수 있는 물건이 완전히 다릅니다. 누구나 서울 아파트를 낙찰받고 싶지만 2,000만 원으로는 불가능하죠. 내가 가진 자금과 현실적으로 낙찰받을 수 있는 물건의 차이를 인정합시다.

경매도 대출 규제를 받지만 저렴하게 낙찰받으면 낙찰가의 최대 80%까지 대출을 받을 수 있습니다. 그래도 나머지 20%와 세금 등에 쓸 자금이 있어야 하죠. 이때 내 통장의 잔고뿐 아니라 내가 가입한 보험의 약관대출, 다달이 불입 중인 적금에 대한 담보대출까지 포함해 현실적인 투자금을 계산해보세요. 내 주머니 사정에 맞는 투자 전략을 세우는 것이 첫걸음입니다.

② 경매에 쓸 수 있는 시간

경매를 하려면 공부도 해야 하고, 현장답사도 해야 하고, 법원 입찰도 직접 가야 합니다. 그만큼 시간 투자가 필요하죠. 회사 일로 바쁘거나 어린아이를 돌보느라 시간이 많지 않다면 바쁘게 사고파는 단기매도보다는 장기보유형이 적합할 수 있습니다. 반대로 시간이 비교적 자유롭다면 더 자주 발품을 팔며 수익을 극대화할 수도 있겠죠. '나는 경매를 위해 얼마나 시간을 쓸 수 있을까?' 솔직하게 점검해보세요.

③ 감당할 수 있는 희생의 크기

어떤 일이든 새로운 일에는 선택과 집중이 필요합니다. 경매를 시작한다는 건 어떤 부분에서는 희생을 감수한다는 뜻이에요. 주말 나들이 대신 현장답사를 가야 할 수도 있고, 가족과의 시간을 포기해야 할 수도 있습니다. 어떤 일을 새로 시작할 때는 큰 에너지가 필요한 법입니다. 내가 감당할 수 있는 희생의 크기를 미리 정해두면 마음이 더 단단해집니다.

④ 지식 정도

경매는 아는 만큼 보이고 아는 만큼 안전해집니다. 따라서 이 책을 두 번 세 번 읽으며 차근차근 기초 지식을 쌓아야 합니다. 반대로 어느 정도 공부가 되어 있다면 이제 공부는 그만하세요. 실전 입찰에 참여하며 경험을 쌓을 차례입니다. 경매는 이론이 아니에요. 사람이 하는 일이고 현장입니다. 기초 지식은 이 책 한 권으로 충분합니다.

나에게 딱 맞는 경매 물건 고르는 순서

① 목적을 정하는 것이 우선이다

앞서 목적을 분명히 하는 것이 좋다고 이야기했죠. 물론 임대수익을 목적으로 하더라도 시세차익이 날 수도 있습니다. 그리고 실거주용 목적으로 집을 샀는데 시세차익이 날 수도 있죠. 그러나 주가 되는 목적을 하나로 정해야 물건을 고르기가 쉬워집니다.

② 지역도 알아본다

목적에 따라 선택 지역이 달라집니다. 내 집 마련이 목적이라면 물건 선택 범위가 정해져 있습니다. 살고 있는 동네를 떠날 수 없다면 선택의 폭이 좁을 것이고, 이사를 고려한다면 더 넓은 범위의 물건을 비교해 선택할 수 있습니다.

임대수익이 목적이라면 여러분이 사는 동네가 아닌, 월세를 낼 임차인이 있는 곳을 공략해야 합니다. 월세를 내는 임차인 중에는 젊은 직장인, 학생 등 혼자 사는 사람이 많습니다. 그들은 직장이나 학교와 가깝고, 생활이 편리한 곳을 중요하게 생각하되 학군 등은 크게 신경 쓰지 않습니다. 이런 임차인들은 서울 인근 수도권, 지방도시에서 쉽게 찾을 수 있습니다. 특히 지방산업단지 인근 소도시의 저렴한 소형아파트는 임대수익용으로 적합합니다.

시세차익이 목적이라면 서울, 부산 등 대도시가 좋습니다. 개발계획이나 교통 호재가 있다면 더욱 좋습니다. 매매가와 전세가의 차이가 적은 곳을 저렴하게 낙찰받아 전세를 주면 적은 돈으로 투자할 수 있습니다.

③ 목적에 맞는 물건을 찾는다

경매 물건은 창고 개방 세일에 아무렇게나 쌓여 있는 옷 더미와 같습니다. 쇼윈도를 화려하게 꾸미고 아름다운 마네킹을 이용해 보기 좋게 디스플레이한 백화점과는 다르죠. 지금 진행되고 있는 경매 물건만 해도 3만 건이 넘습니다. 아무렇게나 널려 있는 경매 물건을 뒤지는 일은 만만한 작업이 아닙니다. 많은 물건 중에서 고르고 골라 목적에 맞는 물건을 찾아야 합니다.

④ 물건을 고르고 난 뒤 권리분석을 한다

다시 창고 개방 세일의 옷을 예로 들어볼까요? 단추가 떨어진 옷은 적당한 단추를 사서 달아주면 되고, 실밥이 떨어진 옷은 실로 꿰매면 다시 말짱한 물건이 됩니다. 그런데 치명적인 하자가 있다면 어떨까요? 하얀 옷감의 색이 누렇게 바랬거나, 옷의 한쪽이 찢어졌다면 수선 자체가 어렵습니다. 이런 물건은 입을 수도, 제값에 팔 수도 없기에 헐값에 팔거나 폐기 처분해야 합니다. 하지만 얼룩을 제거하는 전문가라면 특별한 기술로 바랜 부분을 다시 하얗게 원상복구할 수 있습니다. 어떤 전문가는 옷감이 찢어진 부분에 예쁜 장식을 달거나, 다른 옷감을 멋들어지게 배치할 수도 있을 것입니다.

이런 치명적인 하자를 해결할 능력을 가진 사람을 '고수'라고 부릅니다. 경매에서는 탐정같이 증거를 모으고 법적 하자를 찾아내 유치권을 해결하는 사람, 사방에 길이 없어 쓸모없는 맹지를 도로 앞 땅주인과 담판을 지어 금싸라기 땅으로 만드는 사람, 재개발 예정 지역의 정보를 미리 알아내 일찌감치 알박기를 하는 사람을 '고수'라 여기죠.

해결할 수 있는 능력에 따라 취할 수 있는 물건의 범위가 달라집니다. 도전정신이 남다르지 않고 위험이 싫다면 중간 정도도 나쁘지 않습니다. 배당받는 임차인이 사는 집을 낙찰받아 명도하는 건 멋진 재킷을 골라 그저 단추만 새로 다는 것과 비슷해 고수가 아니어도 얼마든지 할 수 있습니다. 약간의 수고를 더하면, 백화점 품질의 물건을 보다 저렴하게 살 수 있죠.

경매 물건의 권리분석은 내가 해결할 수준인지 아닌지 체크하는 것입니다. 대부분의 사람이 경매 물건은 하자가 많을 거라고 생각합니다. 하지만 자세히 들여다보면 그리 대단한 하자가 아닌 경우도 많습니다. 살고 있는 임차인을 적당한 협상으로 내보내고, 페인트칠이나 도배를 하는 정도로 해결할 수 있는 경우가 많습니다.

내게 맞는 물건을 선택한 후 권리분석을 하면 시간을 절약할 수 있습니다. 권리분석에 대한 자세한 이야기는 〈둘째마당〉에서 소개하겠습니다.

007

경매의 목적 ①
나도 내 집을 갖고 싶다!

왜 우리는 세입자로 머물러 있을까?

집을 사용하는 방법은 두 가지입니다. 돈을 주고 사거나, 빌려 쓰거나. 먹고 자야 할 집이 필요하다면, 기왕이면 내 집을 가지는 것이 맞습니다. 비싼 월세를 내거나, 2년에 한 번씩 힘들게 전세보증금을 올려주지 않고 말이죠. 그런데 왜 많은 사람이 내 집 마련을 하지 못하고 세입자로 머물러 있을까요?

집이 너무 비싸요

맞습니다. 하지만 모든 집이 비싼 건 아닙니다. 마음에 드는 집이 비싼 것이죠. 혹시 저렴하고 낡은 자가가 아닌, 비싸고 마음에 드는 집의 임차인으로 머무르길 원하나요? 물려받을 재산이 있고, 안정적인 전문직이며, 부양할 가족이 없다면 평생 부유한 임차인으로 사는 것도 좋겠죠. 그게 아니라면 가능한 한 빨리 내 집을 마련하는 것이 좋습니다.

괜히 샀다가 집값이 떨어질까봐 두려워요

주택가격이 하락하던 2009~2010년에는 과도한 주택담보대출의 원리금 상환 부담으로 고통받는 하우스푸어[1]가 사회적·경제적 문제였습니다. 강남 재건축 단지, 1기 신도시와 2기 신도시, 서울 도심의 뉴타운, 경제자유구역 그리고 수도권 분양 시장에서 무리하게 대출을

알아두세요

1 **하우스푸어** 집을 가지고 있지만 무리한 대출로 인한 이자 부담으로 빈곤한 삶을 사는 사람을 말합니다.

받아 집을 산 이들의 이야기로 언론이 시끄러웠죠. 가격이 오를 것을 기대하며 비싼 가격에 분양받은 아파트는 시세차익은커녕 대출밖에 남지 않은 깡통아파트[2]가 되었습니다.

2010년에 출간된 《하우스푸어》(김재영, 더팩트)에 따르면 기존 주택과 신규 분양 물량 매입을 통해 발생한 하우스푸어가 수도권에만 95만 가구, 전국적으로는 198만 가구에 이른다고 합니다. 이런 상황을 지켜본 사람들은 자신에게도 그런 일이 생길까 두려워했고, '집을 사면 망한다'라고 생각하는 사람들까지 생겼습니다. 그리고 이들이 임차인으로 머물러 있는 동안 부동산 가격은 폭등했습니다.

왜 이런 일이 발생한 걸까요? 집은 없으면 안 되는 필수재이기 때문입니다. 평소에는 물가 수준으로 상승하고, 가끔 하락하다, 오를 때는 거침없이 오릅니다. 전세로 살던 사람들은 재계약 시기가 되어서야 문득 깨닫습니다. 2년 전 매매가가 지금의 전세가가 된 것을 말이죠. 힘겹게 저축한 돈으로 전세금을 올려줄 것이 아니라, 무리하지 않는 선에서 내 집 마련을 해야 합니다.

주택가격은 수요와 공급, 정치, 경제 상황에 따라 오르기도 하고, 내리기도 합니다. 2019년부터 약 3년간 부동산 가격이 급격히 상승했고, 2023년부터 부동산 가격이 하락하기 시작했습니다. 2025년에는 서울은 물론이고 경기까지 규제를 할 정도로 상승기운이 빨랐습니다. 부동산 시장은 생물처럼 움직입니다. 신규 분양한 아파트일수록 부침이 심한 편입니다. 하지만 평범한 소시민이 사는 주택의 가격이 폭락하는 일은 흔치 않습니다.

경매로 내 집 마련할 때 이것만 알아두자!

요즘 예비부부들, 신혼부부들, 젊은 엄마 아빠들은 경매로 내 집 마련을 하는 것에 거리낌이 없습니다. 이들은 경제적으로도 준비가 되어 있고, 살고 싶은 집의 모습도 구체적입니다. 저는 경매로 내 집 마련을 하는 것에 찬성합니다. 다만, 주의할 점이 있습니다. 다음 사례를 먼저 볼까요?

알아두세요

2 깡통아파트 전세를 끼거나 과도하게 대출을 받아서 샀는데, 가격이 떨어지거나 분양가보다 시세가 낮아진 아파트를 말합니다.

일산에 사는 유○○ 씨는 경매로 내 집 마련을 하겠다고 결심했습니다. 그래서 몇 개월간 인근 경매 물건을 계속 찾아봤죠. 하지만 마음에 드는 물건은 쉽게 나타나지 않았습니다. 그러던 와중에 같은 단지 내에서 마음에 드는 물건을 발견한 유○○ 씨는 몹시 기뻤습니다. 권리분석을 하고, 현장에 가서 특이사항은 없는지 확인했습니다. 그리고 입찰 당일 회사에 휴가를 내고 법원을 찾아가 시세보다 저렴하게 정한 입찰가를 쓰고 입찰에 참가했죠. 그런데 개찰을 할 때 깜짝 놀랐습니다. 입찰자가 자그마치 스무 명이 넘는 데다 낙찰가도 96%였습니다. 일반 매매가와 비슷한 낙찰가에 입찰하는 사람들은 도대체 왜 그러는 것일까요? 유○○ 씨는 크게 낙담했습니다. 내 집 마련을 위한 경매는 어떻게 해야 할까요?

경매로 내 집 마련을 하고 싶은 사람들의 목적은 하나입니다. 일반 매매가보다 싸게 내 집을 구하고 싶다는 것이죠. 그렇기에 다소 복잡한 권리분석 과정을 거치고 휴가를 내면서까지 법원을 찾아 입찰하는 것입니다. 하지만 이런 과정을 거쳤음에도 일반 매매가와 비슷한 가격에 낙찰을 받는다면 허탈할 수밖에 없겠죠? 그렇다면 내 집 마련을 목적으로 하는 경매에는 어떤 자세로 참여해야 할까요?

실수요자라면 경매만 고집하지 말자!

내 집 마련을 하고 싶어 하는 실수요자가 선호하는 곳은 대단지 아파트가 밀집해 있고, 교통이 편리하며, 생활 여건이 쾌적합니다. 모두에게 인기가 있는 대중적인 곳이죠. 내 집 마련을 하고자 하는 실수요자들끼리 경쟁하게 되고, 경쟁이 치열하다 보니 경매낙찰가와 매매가의 차이가 크지 않은 경우가 많습니다. 때로는 낙찰가가 단지 내 아파트의 매매가보다 높기도 합니다. 매매가보다 높은 가격으로 낙찰을 받을 특별한 이유가 없다면 이러한 낙찰은 잘못된 것입니다.

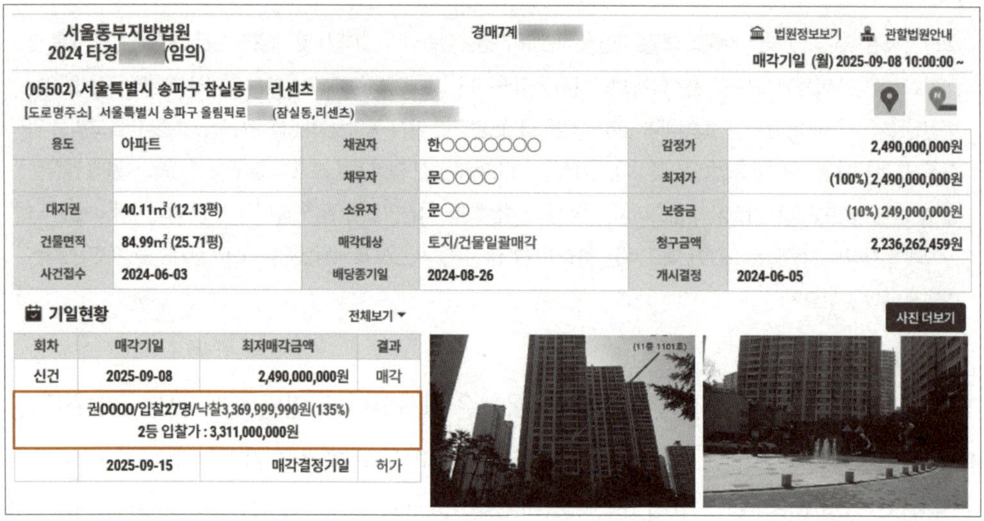

서울동부지방법원
2024 타경 (임의)

경매7계

법원정보보기 관할법원안내

매각기일 (월) 2025-09-08 10:00:00 ~

(05502) 서울특별시 송파구 잠실동 리센츠
[도로명주소] 서울특별시 송파구 올림픽로 (잠실동,리센츠)

용도	아파트	채권자	한○○○○○○○	감정가	2,490,000,000원
		채무자	문○○○○	최저가	(100%) 2,490,000,000원
대지권	40.11㎡ (12.13평)	소유자	문○○	보증금	(10%) 249,000,000원
건물면적	84.99㎡ (25.71평)	매각대상	토지/건물일괄매각	청구금액	2,236,262,459원
사건접수	2024-06-03	배당종기일	2024-08-26	개시결정	2024-06-05

기일현황 전체보기 ▾

사진 더보기

회차	매각기일	최저매각금액	결과
신건	2025-09-08	2,490,000,000원	매각
권0000/입찰27명/낙찰3,369,999,990원(135%) 2등 입찰가 : 3,311,000,000원			
	2025-09-15	매각결정기일	허가

대다수의 실수요자가 원하는 대단지 아파트의 물건은 낙찰가가 높다.

경매는 집을 싸게 사는 수단으로 이용해야 합니다. 몇 억짜리 집을 10%만 싸게 살 수 있어도 몇천만 원을 아낄 수 있습니다. 하지만 경매에만 이런 물건이 있는 것은 아닙니다. 일반 매매에도 급하게 내놓는 물건이 있습니다. 시세보다 저렴한 급매라면 경매보다 나을 수 있습니다.

경매 물건의 낙찰가와 비교하면서 급매 물건을 보면 일반 매매에서도 남들보다 저렴하게 살 수 있습니다. 경매를 아는 사람이 급매를 알아볼 수 있습니다. 이때 경매의 인근 낙찰가를 알지 못하면 진짜 좋은 급매가 나와도 놓치고 말죠. 내 집 마련을 원한다면 경매는 경매대로 알아보고, 인근 부동산 공인중개사들에게 집을 구하고 있다는 것을 어필하며 저렴한 급매가 나오면 소개해달라고 부탁해보세요.

실수요자의 한계를 인정하자

투자자는 정해진 투자수익률대로 움직입니다. 투자자 개인의 목표수익률이 있고, 그 이상으로 입찰가를 높여 쓰지 않아 고가 낙찰을 피합니다. 원하는 가격으로 낙찰받을 수 없는 지역이라면 다른 지역으로 갑니다. 정해진 집의 형태나 조건도 없습니다.

하지만 실수요자는 다른 지역으로 갈 수 없습니다. 필요한 조건이 정해져 있기 때문에 투자자보다 싸게 살 수 없죠. 급한 사람이 돈을 더 지불하게 마련입니다. 투자자가 30% 저렴하게 낙찰받을 때, 실수요자는 10%만 저렴하게 낙찰받아도 괜찮습니다. 일반 매매보다 몇천만 원만 싸더라도 괜찮습니다. 다만 이때 명도비와 기타비용을 포함해 계산하세요.

평생 살 집이 아니다

실수요자는 완벽한 물건을 기대합니다. 교통도 좋고, 아이들 학군도 좋아야 합니다. 해도 잘 들고, 기왕이면 이웃도 좋은 곳이면 좋겠습니다. 마치 잘 포장되어 진열된 백화점 상품 같은 물건을 기대하죠.

하지만 경매는 부동산의 창고 개방 세일 매장입니다. 실수요자 마음에 완벽하게 드는 경매 물건은 그리 많지 않습니다. 마음에 드는 물건을 겨우 찾으면, 다른 실수요자들과 경쟁을 해야 합니다. 여러분에게 괜찮은 물건이면 남들 눈에도 그렇습니다.

완벽한 물건을 낙찰받으려는 마음을 내려놓으면, 실수요자들끼리의 경쟁에서 벗어날 수 있습니다. 조금 낡은 집은 수리해 가치를 높일 수 있습니다. 현재 살고 있는 지역에서 조금 벗어나면 더 좋은 조건의 집을 낙찰받을 수 있습니다. 시간이 지나면 팔고 이사하면 됩니다. 평생 살 집이 아닙니다.

내 집을 마련하고 싶다면 꾸준히 도전하자!

부자들은 시간을 돈으로 환산하는 법을 잘 알고 있습니다. 2,000만 원은 10개월간 200만 원씩 저축해야 겨우 모을 수 있는 큰돈입니다. 200만 원을 더 벌기 위해 아르바이트를 한다면 얼마나 많은 시간을 들여야 할까요. 10개월간 200만 원씩 모은다는 마음으로 경매를 해보세요. 매매가보다 2,000만 원 저렴한 금액으로 낙찰받기 위해 꾸준히 입찰에 도전하세요. 한계가 있더라도 경매로 내 집을 마련하는 것은 분명 괜찮은 일입니다.

008

경매의 목적 ② 월세 받는 집주인이 되려면?

임대수익용 물건은 임대수익이 나야 한다

경매의 목적이 임대수익이라면 과연 임대수익이 얼마나 나는가가 가장 중요합니다. 임대수익률을 계산하는 법을 살펴볼까요?

임대수익률은 '집에서 나오는 돈 ÷ 집에 들어간 돈 × 100%'로 계산할 수 있습니다. 임대수익이 100만 원 나오는 집에 내 돈 200만 원이 들어갔다면 임대수익은 50%가 됩니다. 1억 원짜리 집을 낙찰받아 보증금 2,000만 원, 월세 50만 원에 세입자를 들였다고 가정해 볼까요? 다음은 집을 관리하고 유지하는 비용과 공실 기간은 반영하지 않은 간단한 임대수익률 계산법입니다.

집에 들어간 돈(연간)

= 낙찰가(입찰보증금 + 잔금) 1억 원 − 은행대출금(70%) 7,000만 원 + 취득세 110만 원(1.1%로 계산 시)
+ 법무비, 수리비, 명도비 등 490만 원 − 보증금 2,000만 원
= 1,600만 원

집에서 나오는 돈(연간)

= 월세 600만 원(50만 원 × 12개월) − 대출이자 280만 원(7,000만 원 × 이자율 4%)
= 320만 원

이 상황에서 임대수익률을 계산하면 '320만 원 ÷ 1,600만 원 = 0.2'로, 20%입니다. 조금 더 간단하게 정리하면 연간 임대수익률은 '[(월 임대료 × 12) - 연 은행이자] ÷ (낙찰가 - 대출금 - 임대보증금 + 취득세, 법무비, 수리비 등) × 100'입니다. 경매 초보자에게 20% 정도의 수익률이면 훌륭합니다.

내 돈이 들어가지 않아도 임대수익을 얻을 수 있다?

앞의 상황에서 만약 대출을 1,000만 원 더 받고(이자가 늘어남), 세입자에게 보증금을 1,000만 원 더 받으면(월세를 낮춤) 내가 투자한 금액 없이 도리어 400만 원을 되돌려 받습니다(간단한 임대수익 계산법이기에 보유하는 동안의 세금과 유지비용 등은 고려하지 않았습니다). 이것을 '무피투자'라고 합니다. 내 돈을 하나도 들이지 않고 임대수익을 낼 수 있다는 것은 상당히 매력적입니다. 하지만 임대수입이 적고, 임차인 관리는 여느 물건과 같이 해야 하니 번거로울 수 있습니다.

물건을 선택할 때 수익률을 비교한다

간단한 임대수익률 계산법을 알아두면 물건을 선택할 때 도움이 됩니다. 예상 낙찰가와 임대가가 다른 A물건과 B물건 중 어느 물건을 선택하면 좋을지 판단하기 어려울 때가 있습니다. 그럴 때 임대수익률을 계산한 뒤 숫자로 나타내보면 정확한 판단을 할 수 있습니다. 하지만 임대수익률은 숫자에 불과할 뿐, 그 자체가 수익을 나타내는 것은 아닙니다. 임대수익률 계산법 외에 다른 요건도 함께 보아야 합니다. 투자금이 많아 임대수익률이 낮아도 시세차익을 낼 수 있는 물건도 있고, 투자금이 들지 않아 무피투자가 되었지만 시세차익을 전혀 기대할 수 없는 물건도 있습니다.

임대수익률 이외에 고려해야 할 것들

임대수익을 내기 위한 물건은 임대수익률 이외에 임대 자체에 관련된 사항도 꼼꼼히 확인해야 합니다. 어떤 임차인이 어떤 이유로 내 집에 들어올까요?

① 누가 들어올까?

임차인이 대학생, 직장인 등 어디에 속하느냐에 따라 임대 상황이 달라집니다. 임차인이 대학생이라면 학기가 시작되기 직전인 2월, 8월에는 임대가 잘 나가지만, 3월 이후부터 7월까지, 9월 이후부터 다음 해 1월까지는 공실이 될 수도 있습니다. 학기 중에 낙찰을 받는다면 한동안 공실일 수도 있다는 것을 염두에 두어야 합니다. 대학교의 신축 기숙사가 내 물건의 공실을 유도할 수도 있습니다. 학교 앞 임대용 물건은 기숙사가 학생 수보다 적을수록, 학교 기숙사비보다 월세가 저렴할수록 임대하기 유리합니다.

임차인이 직장인이라면 어떤 일을 하는 사람일지 미리 예상해보아야 합니다. 아이가 있는 일반 가정은 보통 월세보다 전세를 선호합니다. 월세로 사는 세입자는 주로 혼자 사는 경우가 많습니다. 제가 가지고 있는 지방 소형아파트의 임차인은 가족과 떨어져 일하는 산업단지 근로자인데, 7년째 살고 있습니다. 안정된 근로자가 있는 지역은 임차인 전출입이 많지 않아 관리하기가 편합니다. 도심 유흥가에 위치한 오피스텔이라면 유흥업소에서 일하는 사람들이 세입자가 될 수도 있다는 마음의 준비를 해야 합니다. 임차인이 오피스텔에서 불법 행위를 하다 적발되어 뉴스에 나오는 일은 피하는 것이 좋겠죠? 걱정 마세요. 흔치 않은 일입니다.

② 임차인은 왜 내 집을 선택할까?

임차인 입장에서 생각해보세요. 내 집 말고 옆집을 계약하는 것이 낫지 않을까요? 임대용 물건을 고를 때는 주변의 다른 임대 물건 상황도 함께 파악해야 합니다. 주변의 오피스텔이 모두 풀옵션[1]이라면 내 집도 같은 수준으로 만들어야 하고, 다른 원룸에 경비실이 있다

알아두세요

1 **풀옵션** 에어컨, 세탁기, 냉장고 등 생활에 필요한 가전기구가 일체 포함된 주거 형태를 말합니다.

면 내 집에도 경비실이 있어야 합니다. 만약 그렇지 않다면, 인근의 임대가보다 내 집의 임대가가 저렴해야 합니다. 임차인 입장에서 내 집에 들어오고 싶은 이유를 찾아보세요. 없으면 만들어야 합니다.

③ 단기임대 물건은 어떨까?

단기임대를 선호하는 사람은 외국인, 타지방에서 출장온 직원, 그 외 6개월 이하 단기간만 쓰고자 하는 사람들입니다. 단기임대는 보증금을 받지 않거나 최소한만 받는 대신, 월세는 기존 가격보다 높게 책정하고 일시에 받습니다. 과거에는 이태원의 고액 외국인 임차인만 단기임대를 했는데, 최근에는 단기임대를 원하는 사람이 많아졌습니다.
삼삼엠투, 리브애니웨어 등 전문 플랫폼과 에어비앤비, 부킹닷컴, 야놀자, 여기어때 같은 숙박 플랫폼을 통해 임대를 합니다.

④ 월세, 전세랑 뭐가 다를까?

전세는 이사 들어오면 계약 기간이 끝날 때까지 전화 통화를 할 일이 거의 없지만, 월세입자는 이것저것 요구가 많습니다. 수도꼭지가 고장 나거나, 전등이 나가도 집주인에게 연락합니다. 그래서 월세 물건은 전세 물건보다 신경 써서 관리해야 합니다. 임대를 내기 전에 수리를 꼼꼼하게 해두면, 임차인이 전화할 일이 줄어듭니다. 방충망, 개수대까지 말끔하게 수리하는 것은 임차인을 위하는 일이면서 동시에 집주인 자신을 위한 일입니다.
한편, 월세 임차인은 집주인에게 임대수익을 주는 소중한 고객이기도 합니다. 집주인은 임차인이 편안하게 살 수 있도록 집과 서비스를 제공하고 임대수익을 얻는 것이죠. 전세는 나중에 집을 팔아 시세차익이 났을 때 비로소 수익이 난다면, 월세는 임대한 다음 달부터 수익이 납니다. 임대료는 집주인에게 매달 나오는 월급과 같습니다.

⑤ 임대사업 전에 대출 가능 금액을 꼭 확인하자

한 채 임대한다고 임대사업자를 낼 필요는 없습니다. 임대사업을 본격적으로 시작하려고 할 때 임대사업자를 내면 됩니다.
민간 임대주택은 취득 유형에 따라 민간건설, 민간매입임대주택으로 구분되며, 임대 의무

기간에 따라 공공지원, 장기일반, 단기민간임대주택으로 구분됩니다. 민간 임대사업자의 대출은 개인별로 복잡하고 다양합니다. 현시점에서 가능한 대출금액을 꼭 확인하세요.

▼ 민간임대주택의 구분

구분	취득 유형	임대 의무 기간
종류	· 민간건설임대주택 · 민간매입임대주택	· 공공지원민간임대주택(10년) · 장기일반민간임대주택(10년) · 단기민간임대주택(6년)

2025년 6월 4일 기준

무작정 따라하기

임대수익률 계산하기

문제 **다음 Ⓐ, Ⓑ 중 어느 아파트에 투자하는 것이 좋을까요?**

Ⓐ 낙찰가 1억 2,000만 원 / 보증금 1,500만 원, 월세 50만 원

Ⓑ 낙찰가 8,000만 원 / 보증금 300만 원, 월세 35만 원

정답 및 해설

정답: Ⓐ

해설: 두 물건의 임대수익이 어떻게 다른지 계산해보겠습니다. 대출 70%(조정대상지역 외 지방 소도시는 70%까지 대출 가능), 대출이자 4%라고 가정했습니다. 편의상 세금과 명도비, 수리비는 제외합니다.

Ⓐ 물건의 임대수익률은 다음과 같습니다.

· 집에 들어간 돈(연간)

= 낙찰가(입찰보증금 + 잔금) 1억 2,000만 원 – 은행대출금(70%) 8,400만 원 – 보증금 1,500만 원

= 2,100만 원

· 집에서 나오는 돈(연간)

= 월세 600만 원(50만 원 × 12개월) – 대출이자 336만 원(8,400만 원 × 이자율 4%) = 264만 원

· 임대수익률(연간)

나오는 돈 264만 원 ÷ 들어간 돈 2,100만 원 = 약 0.13

∴ Ⓐ 물건의 임대수익률은 약 13%입니다.

Ⓑ 물건의 임대수익률은 다음과 같습니다.

· 집에 들어간 돈(연간)

= 낙찰가(입찰보증금 + 잔금) 8,000만 원 – 은행대출금(70%) 5,600만 원 – 보증금 300만 원

= 2,100만 원

· 집에서 나오는 돈(연간)

= 월세 420만 원(35만 원 × 12개월) – 대출이자 224만 원(5,600만 원 × 이자율 4%) = 196만 원

· 임대수익률(연간)

나오는 돈 196만 원 ÷ 들어간 돈 2,100만 원 = 약 0.09

∴ Ⓑ 물건의 임대수익률은 약 9%입니다.

여러 물건 중 어느 물건의 낙찰가와 보증금, 월세 조건이 나은지 판단이 서지 않을 때, 이와 같이 간단하게 임대수익률을 계산하면 비교하기가 쉽습니다.

009

경매의 목적 ③ 시세차익으로 돈 벌자!

시세차익을 노리는 투자는 시간에 투자하는 것입니다. 낙찰받은 물건을 전세로 주고 가격이 오르기를 기다리는 것이죠. 그럼 시세차익을 기대할 수 있는 물건은 어떤 것일까요?

오를 만한 곳의 물건을 고른다

세계 어느 나라나 중심이 되는 도시는 물가 이상으로 부동산 가격이 오릅니다. 대한민국에서도 서울 부동산이 대장입니다. 서울 아파트를 사면 시세차익을 볼 수 있다는 사실은 누구나 알지만, 서민이 평생을 벌어도 살 수 없을 정도로 비쌉니다.

하지만 서울만큼은 아니어도 다른 지역에서도 시세차익을 볼 수 있습니다. 서울 강남으로 향하는 도로가 개통되는 지역, 새로운 일자리가 생기는 지역, 공급이 부족한 지역이 그렇습니다. 전세가율이 높은 지역은 매매가 상승으로 이어지는 경우가 많습니다. 평소 뉴스를 볼 때 새로운 교통망이나 대규모 산업단지를 눈여겨볼 필요가 있습니다.

잠깐만요 상승하는 전세가율을 활용해 시세차익을 낼 수 있다

전세가율은 주택 매매가 대비 전세가의 비율을 말합니다. 집 가격이 1억 원일 때 전세가가 9,000만 원이면 전세가율은 90%입니다. 이 경우 전세입자는 1,000만 원을 보태 집을 살 수 있습니다. 이렇게 전세가율이 높은 집은 투자자의 필요자금을 최소화합니다.

1억 원짜리 아파트를 낙찰받아 전세 9,000만 원에 임대하면 단돈 1,000만 원으로 투자를 할 수 있습니다. 2년의 전세 기간이 지난 뒤 집 가격이 1억 2,000만 원으로 오르면 9,000만 원의 전세금을 반환하고 3,000만 원을 회수하게 됩니다. 단돈 1,000만 원을 투자해 2,000만 원의 수익을 내게 되는 것이죠.

전세를 이용한 시세차익용 투자 방법은 부동산 시장이 상승세일 때 효과적입니다. 반면 부동산 시장이 하락세일 때는 매매가와 전세가의 하락으로 손해를 볼 수도 있습니다.

한국부동산원은 매달 전국주택가격동향조사를 실시하여 전국 아파트, 연립, 단독주택의 매매·전세·월세가 동향을 공시합니다. 이 조사는 주택시장 평균 가격 변화와 정책 참고 자료로 활용되며, 공표는 다음 달 15일(발표일이 휴일인 경우 다음 날)에 이뤄집니다.

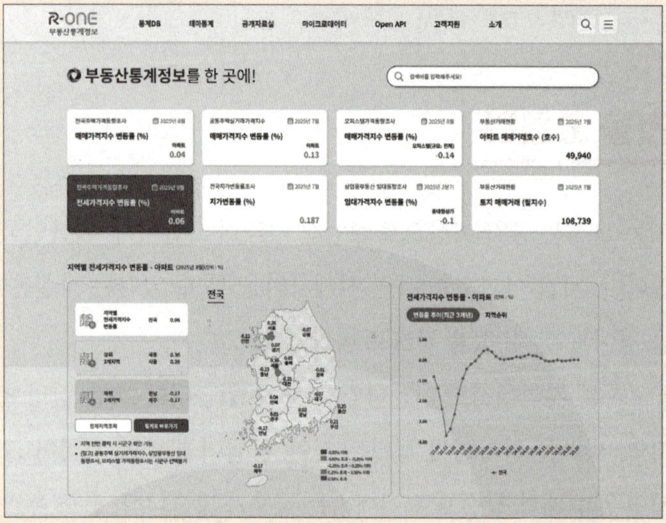

출처: R-ONE 부동산통계뷰어(reb.or.kr)

매도시점은 미리 계획한다

보통 시세차익용 물건은 전세로 임대를 줍니다. 일반 매매 시 전세 계약 기간이 남은 집은 저렴하게 매도해야 하기에 보통 전세 만기시점에 맞춰 매도합니다. 전세 임차인은 2년 단위로 계약하므로 매도시점은 최소 2년 후 혹은 4년이나 6년 후입니다. 부동산 시장이 활황일 때는 낙찰 후 바로 단기에 매도하기도 합니다. 단, 단기매도 시 양도소득세는 1년 이내면 70%, 2년 이내면 60%로 중과됩니다. 이때 단기에 사고파는 일을 하는 매매사업자로 등록하면 일반과세로 낼 수 있습니다

세금 플랜을 꼼꼼히 세워야 한다

부동산 투자 시 세전보다 세후 수익이 중요합니다. 1주택자라면 비과세 혜택을 받을 수 있습니다. 단, 2년간 보유해야 하며, 주택이 조정대상지역[1]에 있다면 2년간 실거주해야 합니다. 고가주택(양도가액이 정해진 기준을 넘는 주택)이라면 부부 공동명의로 하는 것이 유리합니다. 일정 금액 이상 주택 소유자에게 부과되는 종합부동산세는 개인별 과세이기에 부부가 나누면 부과 대상에서 제외될 수 있습니다. 또한 양도차익 세율도 부부 공동명의일 때 더 낮습니다.

다주택자는 비용 증빙 서류를 잘 챙겨 양도차익을 줄일 수 있습니다. 양도소득세는 시세차익이 높을수록 세율도 높아지는 누진세율[2]이기 때문에 비용이 늘면 차익이 줄어듭니다. 양도차익이 10억 원을 초과하면 세율이 45%로, 절반에 가까운 금액을 세금으로 내야 합니다. 때문에 한 해에 여러 물건을 팔기보다 매년 나누어 팔면 양도세율이 낮아집니다. 양도차익의 크기에 맞춰 적절하게 매도시기를 조절하는 것이 좋습니다.

알아두세요

1 **조정대상지역** 주택가격상승률이 물가상승률의 2배 이상, 청약경쟁률이 5 대 1 이상 되는 등 주택시장이 과열된 지역을 말합니다. 주택 안정을 위해 정부가 각종 규제를 가하는 지역으로, 이외에 투기과열지구, 투기지역이 있습니다(44장 참고).

2 **누진세** 소득금액이 커질수록 높은 세율을 적용하는 제도를 말합니다.

세금 계획은 처음 입찰할 때부터 세워야 합니다. 이때 아내 혹은 남편 명의로 할 것인지, 부부 공동명의로 할 것인지부터 정해야 해요. 부부 공동명의로 낙찰받은 부동산을 팔 경우 발생하는 차익은 지분 비율에 따라 세율이 적용됩니다. 예를 들어 5,000만 원의 시세차익이 났을 때 단독명의라면 24%의 세율이 적용되지만, 공동명의라면 2,500만 원씩 15%의 세율이 적용되어 세금을 줄일 수 있습니다.

▼ 양도소득세 기본세율

과세표준	세율	누진공세
1,400만 원 이하	6%	–
5,000만 원 이하	15%	126만 원
8,800만 원 이하	24%	576만 원
1억 5,000만 원 이하	35%	1,544만 원
3억 원 이하	38%	1,994만 원
5억 원 이하	40%	2,594만 원
10억 원 이하	42%	3,594만 원
10억 원 초과	45%	6,594만 원

2025년 9월 16일 기준(출처: 국세청)

무작정 따라하기

네이버페이 부동산에서 전세가율 검색하기

네이버페이 부동산에서 관심 있는 지역의 전세가율을 검색할 수 있습니다.

① 네이버(naver.com)에서 상단의 [부동산] 탭을 클릭하거나 검색 창에 '네이버페이 부동산'을 검색해 접속합니다.

② 메인에 나오는 지도에서 원하는 지역을 클릭하거나 지역 정보를 입력합니다.

③ 첫 화면에 나타나는 정보는 매매평당가입니다. 상단 오른쪽 [단지]를 클릭한 뒤 [전세가율]로 설정을 바꿔줍니다.

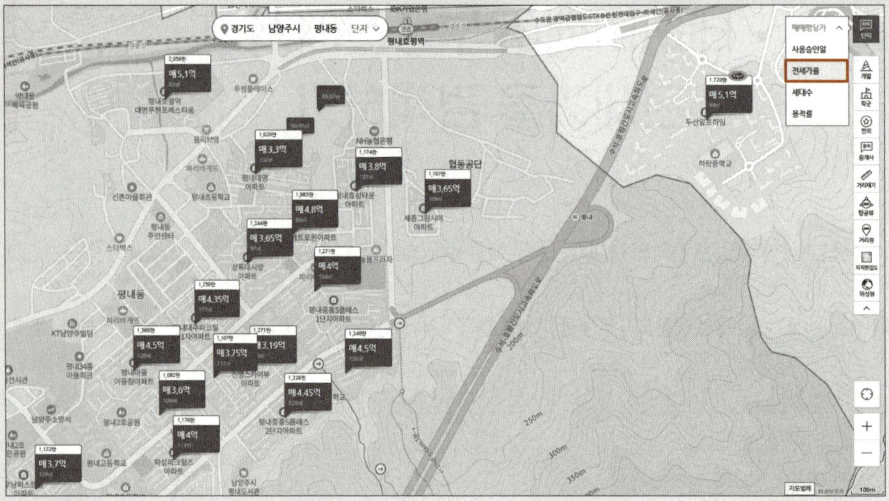

④ 매매평당가 전세가율로 바뀌어 나타납니다. 마찬가지로 준공년도, 세대수, 용적률에 따른 분류도 할 수 있습니다. 그 외에도 인근 공인중개사무소 정보, 학군, 편의시설, 항공뷰, 거리뷰, 지적편집도, 위성뷰를 확인할 수 있고, 거리도 잴 수 있습니다.

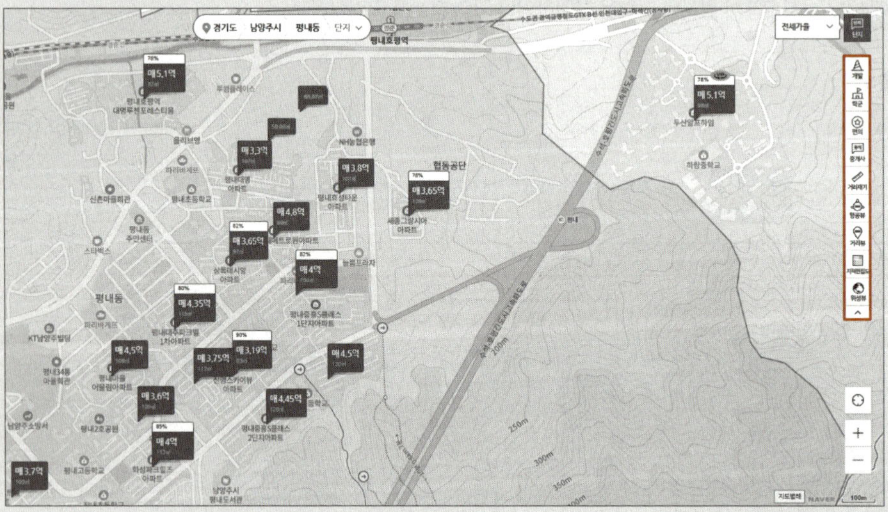

010

경매의 목적 ④ 빠르게 자주 버는 단기매도!

3개월에서 1년 사이에 파는 것이 목표

단기매도란 낙찰받은 물건을 3개월에서 1년 사이에 빠르게 파는 전략을 말합니다. 흔히 '단타'라고도 부르죠. 부동산을 사고 1년 이내에 팔면 양도소득세가 70%입니다. 단기매도는 매매사업자로 등록하고, 사업자 자격으로 하는 투자 방식입니다. 사업처럼 반복적으로 부동산을 매수·매도하며 수익을 내는 것이죠.

매매사업자를 시작한 지 9개월이 된 전업주부 이○○ 님은 종잣돈 3,000만 원으로 경매를 시작했습니다. 1억 5,000만 원에 첫 낙찰을 받고 모자란 비용은 대출을 이용해 잔금을 치렀습니다. 집 상태가 괜찮아 도배와 장판만 바꿨더니 400만 원으로 수리를 끝낼 수 있었죠. 이 집은 경매 잔금 납부 후 3개월 만에 매도했고, 매도차익으로 세후 3,000만 원을 얻었습니다.

"한 번 수익을 내고 나니 방법을 알겠더라고요."

이○○ 님은 바로 두 번째, 세 번째 집을 연달아 낙찰받았습니다. 두 번째 집은 명도에 2개월이 걸렸고, 매도까지 총 3개월이 걸렸습니다. 세 번째 집은 명도가 바로 진행되어 잔금 납부 후 2개월 만에 매도했습니다. 이로써 2~3번째 집을 낙찰받으면서 치른 잔금을 회수할 수 있었습니다.

이○○ 님은 같은 전략으로 1년에 3건을 반복하며 안정적인 현금 흐름을 만들었고, 세 번의 낙찰로 총 9,000만 원의 단기 시세차익을 얻었습니다. 그리고 한 해 5건을 목표로 입찰을 하고 있습니다.

단기매도가 가능한 물건의 특징

단기매도는 빠르게 자주 수익을 내는 것이 목표인 만큼 어떤 물건을 고르느냐가 매우 중요합니다. 단기매도를 할 수 있는 물건의 특징에는 어떤 것들이 있을까요?

① 바로 팔리는 물건을 고른다

거래가 살아 있는 지역에 실수요가 꾸준한 물건을 선택해야 합니다. 최근 1~2개월 내 거래가 활발한 단지의 아파트나 빌라를 선택합니다.

② 시세보다 저렴하게 낙찰받아야 한다

경쟁이 심한 인기 물건은 낙찰가가 높아 단기매도로는 수익을 낼 수 없습니다. 실수요자가 입찰에 잘 들어오지 않는 틈새 물건을 고릅니다. 입지는 좋지만 낡은 부동산이 단기매도에 유리합니다.

③ 인테리어로 매수자의 마음을 얻는다

단기매도를 할 때는 이 집을 사줄 사람들이 누구인지를 반드시 확인해야 합니다. 예를 들어 실제 입주를 하기 위해 내 집 마련용으로 집을 사는 사람이 많다면, 이들은 수리할 걱정이 없는 집을 찾습니다. 벽지와 장판만 바꿔도 집 분위기가 달라지고, 주방이나 욕실을 리모델링하면 더욱 잘 팔립니다. 수리가 필요한 집은 인테리어 비용만큼 더욱 저렴하게 낙찰받습니다.

단기매도할 때 주의할 점

① 매매사업자등록은 필수

단기매도를 반복한다면 반드시 매매사업자로 등록해야 합니다. 개인 자격으로 단기매도를 하면 양도소득세가 70%나 되기 때문입니다. 반면 매매사업자는 단기매도 시 양도소득세 중과세가 되지 않고 구간별 과세(5,000만 원 이하 15%)가 되기 때문에 유리합니다. 단기매도는 사업으로 운영하는 투자라는 것을 꼭 기억하세요.

② 사업소득세 구조 이해하기

매매사업자로 활동하면 종합소득세를 납부합니다. 근로자에게 부과되는 원천징수와는 세금 구조와 다르기 때문에 세무 지식이 필수입니다. 사업자이기에 국민주택 규모(85m²) 이상의 집을 낙찰받으면 건물분에 대한 부가가치세도 납부해야 합니다. 매매사업자 전문 세무사와 함께하거나, 그렇지 않다면 기본적인 세금 구조를 반드시 공부해야 합니다.

③ 다주택자의 규제지역 내 비교과세

다주택자는 비교과세 대상입니다. 규제지역에서 매매사업과 양도소득세 중 높은 세율로 세금이 부과되므로 결국 70%를 내야 하기 때문입니다. 집이 한 채라도 있으면 규제지역 내에서는 단기매도로 수익을 내기 어렵습니다. 집이 하나도 없는 무주택자는 비교과세의 영향을 받지 않기에 단기매도를 할 수 있습니다. 또한 부동산 거래가 꽁꽁 얼어붙은 시기에도 단기매도가 어렵습니다. 내놓으면 바로 팔리는 시기를 노리세요. 지역별로 편차가 크니 거래량이 꾸준히 유지되는 지역 위주로 접근해야 합니다.

단기매도는 싸게 낙찰받고 조금 고쳐서 빨리 파는 전략입니다. 그리고 단순한 개인투자가 아닌 사업입니다. 세금, 시장, 자금 관리까지 꼼꼼히 챙길 때 안전하고 성공적인 투자가 된다는 것을 명심하세요.

011

자금은 얼마나 필요할까?

자금은 상황에 따라 달라진다

"경매를 시작하려면 얼마의 자금이 있어야 할까요?"
경매를 시작하는 분들이 가장 많이 하는 질문입니다. 필요자금은 원하는 지역에 따라, 대출 상황에 따라, 경매 목적에 따라 달라집니다. 가진 돈이 적다면 자금 크기에 맞춰 지역을 선택할 수 있습니다. 내 집 마련이 아닌 투자용이라면 은행대출과 임차인의 보증금을 이용하여 소액으로 집을 살 수도 있습니다.

대출 말고도 신경 써야 할 돈이 많다

조정대상지역이 아닌 지역에서 낙찰을 받으면 1주택자는 낙찰가의 80%, 다주택자는 최대 60%까지 대출이 가능합니다. 그렇다면 대출금액 외에 얼마의 자본이 필요할까요? 경기도 이천시는 비규제지역으로, 최대 낙찰가의 80%를 대출받을 수 있는 지역입니다.
예를 들어 경기도 이천시에 있는 2억 6,000만 원짜리 30평대 아파트를 2억 원에 낙찰받으면, 대출을 빼고 최소 4,450만 원[잔금 4,000만 원 + 세금 220만 원(11%) + 예비비(명도, 수리 등에 필요) 약 230만 원]의 추가 자금이 필요합니다.

서울도 생애최초 주택구입자는 70%까지 대출 가능

서울 아파트 가격이 상승하는 동안에는 경쟁이 치열해 저렴한 낙찰가를 보기 어려웠습니다. 서울이 투기지역으로 지정된 기간에는 낙찰가의 40%까지만 대출을 받을 수 있었습니다. 본인 자본금이 어느 정도 있어야 했죠. 생애최초 주택구입자[1]라면 70%까지 대출을 받을 수 있습니다. 서민 실수요자[2]는 60% 대출이 가능합니다. 최대 대출금액의 한도가 있기도 합니다.

서민 실수요자가 내 집 마련을 위해 6억 1,800만 원에 면목동의 소형아파트를 낙찰받았다고 가정해봅시다. 이때 대출 60%를 제외하고 약 2억 원(잔금 1억 8,500만 원 + 세금 680만 원 + 예비비 약 820만 원)이 필요합니다. 생애최초 주택 구입 자격을 갖췄다면 저렴한 이자로 대출이 가능합니다. 이미 서울에 주택담보대출을 가지고 있다면, 새로 낙찰받은 집에 추가 대출이 나오지 않을 수도 있습니다.

서울북부지방법원
2024 타경 (강제)

경매6계

법원정보보기 관할법원안내

매각기일 (화) 2025-09-16 10:00:00 ~

(02258) 서울특별시 중랑구 면목동 면목현대아파트
[도로명주소] 서울특별시 중랑구 용마산로 (면목동,면목현대아파트)

용도	아파트	채권자	한○○	감정가	744,000,000원
		채무자	유○○○○	최저가	(80%) 595,200,000원
대지권	34.12㎡ (10.32평)	소유자	유○○	보증금	(10%) 59,520,000원
건물면적	84.81㎡ (25.65평)	매각대상	토지/건물일괄매각	청구금액	280,000,000원
사건접수	2024-10-16	배당종기일	2025-01-06	개시결정	2024-10-21

기일현황 입찰당일 전체보기 ▾ 사진 더보기

회차	매각기일	최저매각금액	결과
신건	2025-08-12	744,000,000원	유찰
2차	2025-09-16	595,200,000원	매각
신0000/입찰7명/낙찰618,000,000원(83%) 2등 입찰가 : 610,010,000원			
	2025-09-23	매각결정기일	

알아두세요

1 생애최초 주택구입자 세대원 모두 과거 주택을 소유한 사실이 없는 경우를 말합니다.

2 서민 실수요자 부부합산 연소득 9,000만 원 이하의 무주택 세대주를 말합니다.

자금이 적다면 지방 아파트로 눈을 돌리자

전북특별자치도 군산시는 비규제지역으로, 낙찰가의 80%까지 대출을 받을 수 있는 지역입니다. 다음 물건은 감정가가 9,100만 원인 군산시 소룡동의 25평 소형아파트입니다. 8,600만 원에 낙찰받으면 최소 1,940만 원(잔금 1,720만 원 + 세금 95만 원 + 예비비 약 125만 원)이 필요합니다. 이 집을 보증금 2,500만 원, 월세 40만 원에 임대하면 총 필요자금은 없으며, 오히려 560만 원이 생깁니다. 임대수익용 물건은 임차인의 보증금을 받을 수 있기에 필요자금이 더 적습니다.

창원지방법원
2024 타경 (임의)

경매3계

법원정보보기 관할법원안내

매각기일 (수) 2025-08-20 10:00:00 ~

(50833) 경상남도 김해시 어방동 어방화인아파트
[도로명주소] 경상남도 김해시 인제로 (어방동,어방화인아파트)

용도	아파트	채권자	한○○○○○	감정가	98,000,000원
		채무자	유○○○○	최저가	(64%) 62,720,000원
대지권	29.03㎡ (8.78평)	소유자	유○○	보증금	(10%) 6,272,000원
건물면적	59.84㎡ (18.1평)	매각대상	토지/건물일괄매각	청구금액	60,937,412원
사건접수	2024-09-22	배당종기일	2024-12-26	개시결정	2024-09-23

기일현황 전체보기 ▾

회차	매각기일	최저매각금액	결과
신건	2025-06-11	98,000,000원	유찰
2차	2025-07-16	78,400,000원	유찰
3차	2025-08-20	62,720,000원	매각
김0000/입찰13명/낙찰71,120,000원(73%) 2등 입찰가 : 70,500,000원			
	2025-08-27	매각결정기일	허가
	2025-09-22	대금지급기한	

사진 더보기

자금이 넉넉하다면 어떤 지역을 노려야 할까?

자금이 넉넉하다면 역시 서울입니다. 서울 중에서도 강남에 있는 물건이면 더욱 좋겠죠? 서울 강남의 아파트는 꾸준히 가격이 상승하는 우량 물건입니다. 강남에 있는 원룸 또한 월세수익까지 만들 수 있는 탁월한 물건입니다.

물건 하나를 예시로 살펴볼까요? 선릉역 도보 5분 거리에 위치한 근린생활시설 건물이고, 감정가는 73억 4,000만 원입니다. 대지 357㎡, 총 5개층 건물로 연면적은 1,130㎡죠. 토지의 감정가만 34억 원에 달합니다. 매각물건명세서에 따르면 임차인 보증금 합계는 2억 원, 월 임대료는 약 1,200만 원입니다. 경매에 나오는 상가건물은 관리 소홀로 노후화돼 임대료가 낮은 경우가 많습니다. 고액 대출은 대표자와 사업체 신용에 따라 대출 가능 금액이 다르기에 입찰 전에 꼭 체크해야 합니다.

이 물건을 80억 원에 낙찰받고, 70% 대출을 받으면 최소 32억 원(잔금 24억 원 + 세금 3억 6,800만 원 + 예비비 4억~5억 원)이 필요합니다. 확인한 인근 건물의 평균 임대료는 보증금 1억~2억 원에 월세 1,000만~2,000만 원 정도입니다. 5명의 임차인에게 2억 원씩 보증금을 받으면 10억 원을 회수하여 총 투자금은 22억 원이 됩니다. 매달 발생하는 월세수익은 약 5,000만 원입니다. 보증금의 크기에 따라 임대료도 달라지고, 임대수익도 달라집니다. 참고로 원룸 건물보다 근린생활시설이 투자금이 적게 들어갑니다. 고가주택 구입 시에는 자금력이 더 필요합니다. 실제 투자시기에 대출 상황을 다시 한번 체크하세요.

1,000만 원은 사회초년생에게는 30만 원씩 3년간 저축해야 하는 큰돈이지만, 가족들의 보금자리를 준비하려는 가장에게는 적은 금액입니다. 같은 금액이라도 개인에 따라 돈의 크기가 매우 다릅니다. 분명한 건 여러분 각자의 기준에서 적은 금액으로 경매를 시작할 수 있다는 것입니다. 자금이 많으면 투자를 시작하기 유리한 것은 사실이지만, 적은 자금으로도 얼마든지 경매투자를 시작할 수 있습니다. 가진 돈이 적으면 조금 더 작고, 낡고, 먼 지역의 물건부터 시작하면 됩니다.

012

법원경매정보 사이트에서 알 수 있는 정보들

경매 물건을 검색할 때는 법원경매정보 사이트를 이용하는 것이 좋습니다. 무료로 경매 물건을 열람할 수 있어 이제 막 경매를 시작하는 초보자라면 꼭 즐겨찾기에 추가해두어야 하는 사이트입니다. 어떤 정보를 얻을 수 있는지 알아볼까요?

법원경매정보 사이트에 접속한다

메인화면에서 볼 수 있는 것들은 다음과 같습니다.

① 상단메뉴바

- 경매공고: 공지사항, 배당요구종기공고, 부동산매각공고, 동산매각공고, 최고공고로 구성되어 있으며, 서비스 안내 및 법률 개정과 각종 공고 내역을 검색할 수 있습니다.
- 경매물건: 가장 많이 찾는 메뉴입니다. 물건상세검색, 지도검색, 기일별검색, 자동차·중기검색, 다수조회물건, 다수관심물건, 매각예정물건, 매각결과검색, 경매사건검색으로 구성되어 있습니다. 경매 물건을 다양한 조건으로 검색할 수 있어 내가 원하는 정보만 선별해서 볼 수 있습니다.
- 매각통계: 연도별매각통계, 법원별매각통계, 지역별매각통계, 용도별매각통계로 구성되어 있으며, 경매 물건의 매각통계를 다양한 조건으로 검색할 수 있습니다.
- 경매지식: 경매절차, 경매용어, 경매서식, 입찰안내, 매수신청대리안내, 경매비용, 관련 법률로 구성되어 있으며, 부동산/동산경매 전반에 대한 지식 및 관련 법률을 알려줍니다. 기초 지식을 쌓고 싶다면 들어가보세요.
- 이용안내: 제공서비스, 집행기관, 사이트이용안내, FAQ, 사이트맵으로 구성되어 있습니다. 제공하는 서비스 및 이용 안내를 볼 수 있고, 집행기관을 검색할 수 있습니다.
- 나의경매: 회원정보관리, 일정관리, 관심물건, 관심사건, 자주쓰는검색, 나의설정, 나의동산집행정보, 나의경매정보이관으로 구성되어 있으며, 회원가입을 하면 나에게 맞는 물건을 저장해 주기적으로 찾아볼 수 있습니다. 회원가입은 무료입니다.

② 빠른물건 검색

물건상세검색, 지도검색, 자동차 중기검색, 경매사건검색으로 경매 물건을 검색할 수 있습니다.

③ 금주의 경매일정

- 공고: 전국 법원에 매각공고된 경매 물건의 일정을 검색할 수 있습니다.
- 정정: 전국 법원에 정정공고된 경매 물건의 일정을 검색할 수 있습니다.

• 취하취소: 전국 법원에 취하/취소공고된 경매 물건을 검색할 수 있습니다.

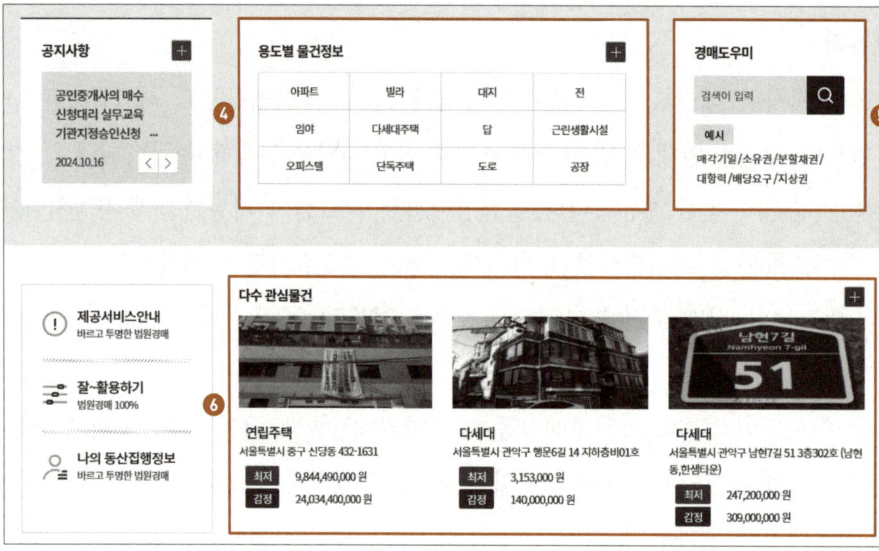

④ 용도별 물건 정보

용도별로 경매 물건을 검색할 수 있습니다.

⑤ 경매도우미

경매와 관련된 용어를 검색할 수 있습니다.

⑥ 다수 관심물건

현재 회원 다수가 관심 물건으로 등록한 경매 물건을 검색할 수 있습니다.

‘물건상세검색’에서 내가 원하는 물건을 검색한다

물건상세검색에서는 지역과 용도를 정한 뒤 금액을 설정해 내가 원하는 물건을 쉽게 찾을 수 있습니다. 경기도 광명시의 아파트를 검색해볼까요?

① 법원/소재지

[소재지]를 체크하고 내가 원하는 지역을 설정합니다.

② 용도

건물, 주거용, 아파트를 차례로 설정합니다.

③ 감정평가액 혹은 최저매각가격

[감정평가액]이나 [최저매각가격] 중 하나를 설정합니다. 예에서는 최저 매각가격을 5억원 이하로 설정했습니다.

④ 검색

하단의 [검색]을 클릭합니다. 이외에도 다양한 방법으로 검색할 수 있습니다.

경매 물건의 간략한 내용을 확인한다

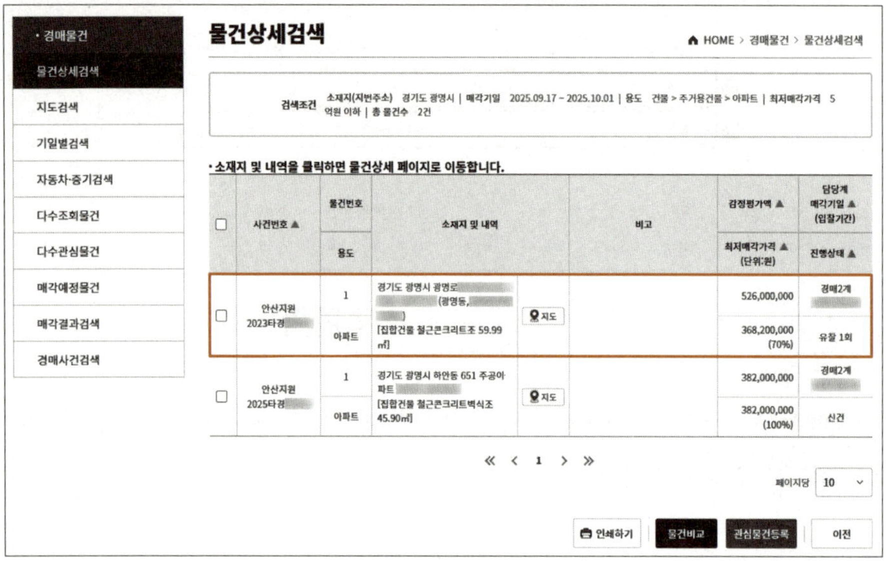

해당 조건으로 검색한 결과 2개의 물건이 나왔습니다. 그중 사건번호 '2023'으로 시작하는 물건을 간단히 살펴볼게요. 관할법원은 안산지원이고, 주소는 광명동 제일풍경채아파트, 면적은 59.99m²입니다. 이 집의 감정가는 5억 2,600만 원이고, 한 번 유찰되었네요. 주소를 클릭하면 상세페이지로 이동합니다.

경매 물건의 상세한 내용을 확인한다

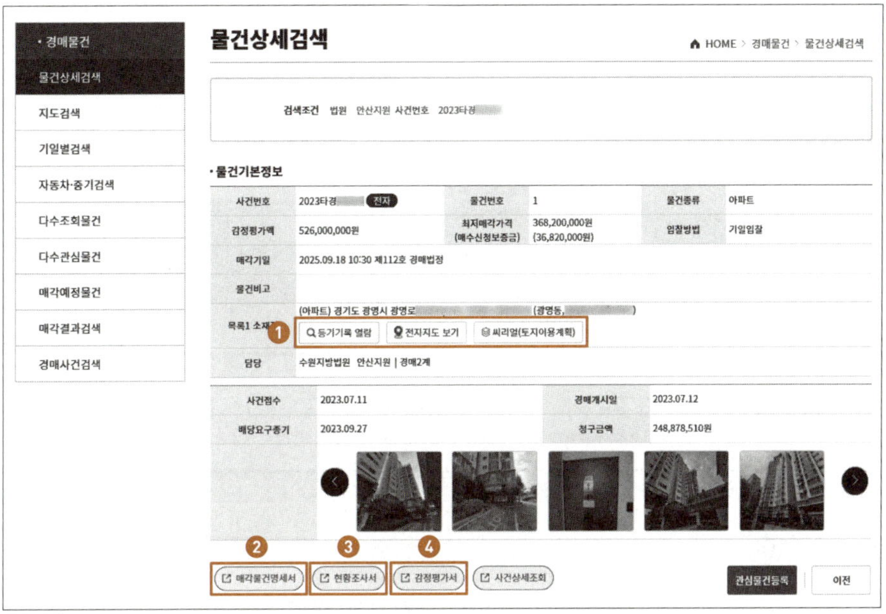

① 등기기록 열람, 전자지도 보기, 씨:리얼(토지이용계획)

각각의 버튼을 클릭하면 해당 사이트로 이동할 수 있습니다.

- 등기기록 열람: 인터넷등기소(iros.go.kr)로 연결되어 등기부등본을 열람하거나 출력할 수 있습니다(열람 700원, 발급 1,000원).
- 전자지도 보기: 전자지도를 팝업창에서 볼 수 있습니다.
- 씨:리얼(토지이용계획): 국토교통부 '씨:리얼 부동산 정보 통합포털(seereal.lh.or.kr)'의 토지 이용규제 내용을 확인할 수 있습니다.

② 매각물건명세서

법원이 입찰자 등이 매각 물건의 중요한 정보를 볼 수 있도록 그 명세를 기록하여 비치한 문서를 말합니다. 임차인의 권리가 기록되는 중요한 서류입니다. 소멸되지 않는 중요한 내용이 있다면 하단에 기재됩니다.

수원지방법원 안산지원

매각물건명세서

사건	2023타경[illegible] 부동산임의경매	매각 물건번호	1	작성 일자	2025. 8. 8.	담임법관 (사법보좌관)	[illegible] 전자서명완료
부동산 및 감정평가액 최저매각가격의 표시	별지 기재와 같음	최선순위 설정	2021.05.14.근저당			배당요구종기	2023. 9. 27.

부동산의 점유자와 점유의 권원, 점유할 수 있는 기간, 차임 또는 보증금에 관한 관계인의 진술 및 임차인이 있는 경우 배당요구 여부와 그 일자, 전입신고일자 또는 사업자등록신청일자와 확정일자의 유무와 그 일자

점유자 성 명	점유 부분	정보출처 구 분	점유의 권 원	임대차기간 (점유기간)	보 증 금	차 임	전입신고일자·외국인등록(체류지변경신고)일자·사업자등록 신청일자	확정일자	배당 요구여부 (배당요구일자)
조사된 임차내역없음									

〈비고〉

※ 최선순위 설정일자보다 대항요건을 먼저 갖춘 주택·상가건물 임차인의 임차보증금은 매수인에게 인수되는 경우가 발생 할 수 있고, 대항력과 우선변제권이 있는 주택·상가건물 임차인이 배당요구를 하였으나 보증금 전액에 관하여 배당을 받지 아니한 경우에는 배당받지 못한 잔액이 매수인에게 인수되게 됨을 주의하시기 바랍니다.

등기된 부동산에 관한 권리 또는 가처분으로 매각으로 그 효력이 소멸되지 아니하는 것

매각에 따라 설정된 것으로 보는 지상권의 개요

비고란

※1: 매각목적물에서 제외되는 미등기건물 등이 있을 경우에는 그 취지를 명확히 기재한다.
2: 매각으로 소멸되는 가등기담보권, 가압류, 전세권의 등기일자가 최선순위 저당권등기일자보다 빠른 경우에는 그 등기일자를 기재한다.

매각물건명세서는 업데이트될 수 있으니 입찰 전에 반드시 재확인해야 합니다. 매각물건명세서는 매각기일이 열리기 일주일 전부터, 현황조사서와 감정평가서는 2주일 전부터 매각기일까지 조회할 수 있습니다.

③ 현황조사서

법원 소속 집행관이 직접 현장을 방문해 조사한 내용으로 기본정보, 부동산의 현황 및 점유관계 조사서, 임대차관계 조사서로 이루어져 있습니다.

법원	안산지원	명령회차	1 회

현황조사내역 부동산표시목록

• 기본정보

사건번호	2023타경 부동산임의경매
조사일시	2023년07월24일16시20분

부동산임대차정보

번호	소재지	임대차관계
1	경기도 광명시 광명로 (광명동,)	0명

사진정보 전경도 3건 사진보기

• 부동산의 현황 및 점유관계 조사서

1. 부동산의 점유관계

소재지	1. 경기도 광명시 광명로 (광명동,)
점유관계	미상
기타	현장을 방문하였으나 소유자 기타 점유자를 만나지 못하였고, 전입세대확인서에는 소유자 겸 채무자가 등재되어 있고, 외국인체류확인서에는 등재사항이 없음

2. 부동산의 현황

1, 2, 3호의 아파트가 복도로 연결되어 있음

④ 감정평가서

토지 및 건물 등 부동산을 평가하고 평가자의 감정평가 내용을 작성한 문서입니다. 감정평가서는 공인된 감정평가사가 작성하는데, 이때 정해진 감정가가 첫 입찰기일의 기준가가 됩니다.

⑤ 기일내역과 목록내역

화면 하단에는 기일내역이 있어 매각기일(입찰일)과 매각결정기일[1]을 알 수 있습니다. 목록내역에는 등기부등본상의 주요 내용이 나옵니다.

알아두세요

1 **매각결정기일** 입찰 후 최고가를 쓴 입찰자에 대한 낙찰 허가 여부를 결정하는 날로, 보통 경매 낙찰 이후 일주일 이내에 결정됩니다.

• 기일내역

기일	기일종류	기일장소	최저매각가격	기일결과
2023.12.07 (10:30)	매각기일	제112호 경매법정	526,000,000원	유찰
2025.09.18 (10:30)	매각기일	제112호 경매법정	368,200,000원	
2025.09.25 (14:00)	매각결정기일	제112호 경매법정		

• 목록내역

목록번호	목록구분	상세내역
1	집합건물	1동의 건물의 표시 경기도 광명시 광명동 [도로명 주소] 경기도 광명시 광명로 철근콘크리트구조 (철근)콘크리트평스라브지붕 15층 아파트 1층 46.03㎡ 2층 237.56㎡ 3층 237.56㎡ 4층 237.56㎡ 5층 237.56㎡ 6층 237.56㎡ 7층 237.56㎡ 8층 237.56㎡ 9층 237.56㎡ 10층 237.56㎡ 11층 172.14㎡ 12층 172.14㎡ 13층 172.14㎡ 14층 172.14㎡ 15층 172.14㎡ 전유부분의 건물의 표시 건물의 번호 : 구 조 : 철근콘크리트조 59.99㎡ 대지권의 목적인 토지의 표시 토 지 의 표시 : 1. 경기도광명시광명동 대 7864.3㎡ 대지권의 종류:1. 소유권 대지권의 비율:1. 7864.3 분의 28.5083

• 목록구분이 집합건물 혹은 건물이고 도로명주소가 부여된 목록의 경우 상세내역 주소표기는 지번주소와 도로명주소 병기표기를 원칙으로 하며, 이는 부동산등기기록의 표기형식을 준용한 것입니다.

⑥ 감정평가요항표 요약

감정평가서상의 내용을 요약한 표입니다. 해당 물건의 위치와 주위 환경, 교통 상황을 소개하고, 건물의 구조, 이용 상태, 설비 내역 등 건축물에 대한 내용이 기재됩니다. 토지의 형태와 이용 상태, 인접 도로 상태, 토지 이용 계획, 토지 제한 상태도 표시됩니다.

· 감정평가요항표 요약

1. 구분건물감정평가요항표

1) 위치 및 주위환경
본건은 경기도 광명시 광명동 소재 "초등학교" 남측에 위치하는 부동산으로 주변은 아파트단지, 학교, 공원 및 생활편의시설 등이 소재하는 지역으로서, 제반 입지여건은 대체로 보통시됩니다.

2) 교통상황
본건까지 차량접근이 가능하며, 인근에 버스정류장이 소재하는 등 대중교통수단이용은 보통시됩니다.

3) 건물의 구조
철근콘크리트구조 (철근)콘크리트평스라브지붕 15층 건물 내 로서,
외벽 : 몰탈 위 페인팅 마감 등
내벽 : 벽지마감 및 일부 타일붙임 등
창호 : 샷시 이중창 마감 등으로 관리상태는 대체로 무난시됩니다.

4) 이용상태
아파트(방3, 거실 겸 주방, 욕실2, 발코니 등)으로 이용 중입니다.

5) 설비내역
위생설비, 급배수설비, 난방설비, 승강기설비, 화재관련설비, 주차장 등이 구비되어 있습니다.

6) 토지의 형상 및 이용상태
대체로 사다리형 토지로서, 아파트 건부지로 이용중입니다.

7) 인접 도로상태등
아파트단지내 포장도로 되어 있으며 이 도로를 통해 주요 간선도로에 출입합니다.

8) 토지이용계획 및 제한상태
제2종일반주거지역, 소로2류(폭 8m-10m)(국지도로)(접합), 중로1류(폭 20m-25m)(보조간선도로)(저촉), 중로1류(폭 20m-25m)(집산도로)(접합), 재정비촉진지구(재정비촉진지구)<도시재정비 촉진을 위한 특별법>, 과밀억제권역<수도권정비계획법>

9) 공부와의 차이
-

10) 기타참고사항(임대관례 및 기타)
1) 임대관계 : 미상입니다.

2) 기 타 : -

⑦ 인근매각물건사례

[인근매각통계]는 인근에서 낙찰된 물건에 대한 통계, [인근매각물건]은 최근에 낙찰된 물건, [인근진행물건]은 지금 입찰할 수 있는 물건을 나타냅니다.

[인근매각통계]를 보면 최근 3개월 동안 근처에서 매각된 물건은 12건이고, 평균감정가는 7억 142만 원이며, 평균매각가는 6억 3,396만 원입니다. 최근 3개월의 평균감정가가 12개월의 평균감정가보다 높은 것을 보면 최근에 고가의 물건이 진행되었음을 알 수 있습니다. 혹은 인근의 가격이 급등했을 수도 있습니다. 해당 지역은 평균 유찰 횟수가 1회로, 인기 있는 지역임을 알 수 있습니다.

- **인근매각물건사례**

인근매각통계 인근매각물건 인근진행물건

기간	매각건수	평균감정가	평균매각가	매각가율	평균유찰횟수
3개월	12건	701,416,667원	633,956,833원	90%	1회
6개월	27건	672,962,963원	608,027,481원	90%	1회
12개월	69건	697,768,116원	622,010,975원	89%	1회

- 인근매각통계에서 12개월간의 매각건수는 6개월, 3개월간의 매각건수가 포함된 통계입니다.
- 유사매각물건사례는 '경기도 광명시 중 아파트'를 조건으로 하는 물건을 대상으로 작성되었습니다.

013

스피드옥션으로 경매 물건 검색하기

유료경매사이트는 뭐가 다를까?

법원경매정보 사이트는 모든 정보를 무료로 볼 수 있고, 어떤 물건에 대해 세부적인 내용을 확인하기에는 좋습니다. 하지만 법원경매정보 사이트만으로는 완벽하게 물건을 분석할 수 없습니다. 매번 등기부등본을 확인하기 위해 인터넷등기소를 방문해야 하고, 여러 물건을 확인하려면 수수료도 만만치 않죠.

정기 결제로 정보를 얻을 수 있는 여러 유료경매사이트가 있습니다. 유료경매사이트는 등기부등본을 포함한 정보를 제공하기에 등기부등본을 보기 위해 매번 결제할 필요가 없습니다. 초보자라면 물건 검색용으로 무료 사이트를 이용하다가 꼭 필요하다고 판단될 때 유료경매사이트를 이용하는 것을 추천합니다.

다음은 대표적인 유료경매사이트와 특징입니다.

▼ 유료경매사이트별 특징

구분	특징
스피드옥션 (speedauction.co.kr)	경매와 공매 정보를 제공합니다. PC 버전보다는 관심 물건의 알림 서비스를 제공하는 스마트폰 앱이 더 편리합니다(전국 검색 1년 이용료 65만 원).
태인경매 (taein.co.kr)	다양한 방식의 경매를 검색할 수 있습니다. 경매 지식, 전문가 칼럼 등 볼거리가 많습니다(전국 검색 1년 이용료 74만 원).
리치고경매 (m.richgo.ai)	부동산 빅데이터 플랫폼으로, 경매 물건 검색 서비스도 제공합니다(전국 검색 1년 이용료 39만 원).

2026년 1월 기준

이러한 유료경매사이트는 검색이 편하고, 간단한 권리분석까지 제공하고 있어 빠른 시간에 많은 물건을 살펴볼 수 있습니다. 이 책에서는 첨부된 스피드옥션 체험권을 이용한 물건 검색법을 설명하겠습니다.

잠깐만요 스피드옥션 체험권 등록하기

이 책에 첨부된 스피드옥션 체험권을 등록하면 30일 동안 무료로 경매 정보를 열람할 수 있습니다. 스피드옥션 홈페이지에 접속하여 회원가입 후 로그인을 합니다. 상단에 [요금결제]를 클릭한 뒤 [쿠폰결제]에 들어가 첨부된 쿠폰번호를 입력 후 등록하세요. 여러 권을 구매해도 한 번만 등록이 가능합니다.

스피드옥션으로 경매 정보 얻기

스피드옥션 홈페이지를 방문합니다. 화면 상단 좌측에서 직접 지역을 검색하거나 사건번호를 입력하면 원하는 물건을 빠르게 찾을 수 있습니다. 메뉴 중에는 주로 [경매검색]과 [마이페이지]를 이용합니다.

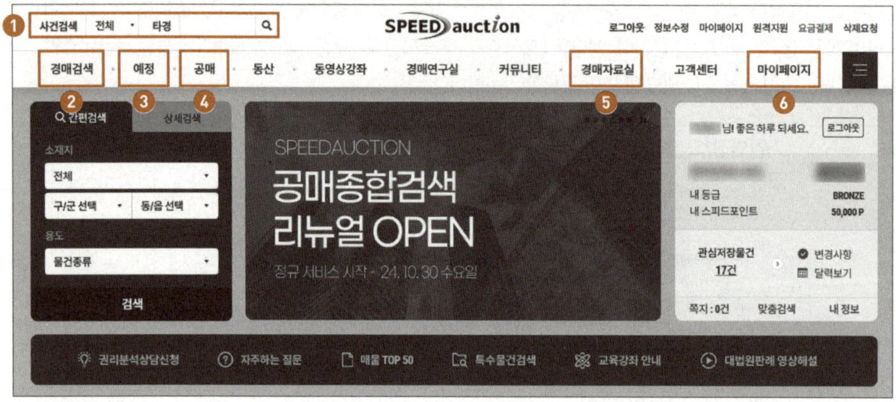

① 사건검색

사건번호로 물건을 검색합니다.

② 경매검색

상세물건 검색을 합니다. 주로 이용하는 메뉴입니다.

③ 예정

준비 중인 예정 물건을 검색할 수 있습니다.

④ 공매

온비드 공매의 정보를 검색한 뒤 상세 내용을 열람할 수 있습니다.

⑤ 경매자료실

입찰서 등 경매 관련 자료가 있습니다.

⑥ 마이페이지

관심 물건으로 담아두고 경매 결과를 확인할 수 있습니다.

⑦ 기타

동산, 동영상강좌, 커뮤니티는 기타 내용입니다.

나에게 맞는 물건만 쏙쏙 찾자

경매 시장에 나온 물건은 대략 1만 개가 넘습니다. 이 많은 물건 중에서 나에게 딱 맞는 물건을 찾는 일은 모래밭에서 진주를 찾는 것과 같죠. 원하는 물건에 대한 조사를 끝내고, 해당 조건을 선택해 선별 검색하는 것이 유리합니다. 조건은 소재지, 용도, 가격을 적절하게 설정해 정합니다. 상단에 있는 [경매검색] → [종합검색]을 클릭하면 다음 화면이 뜹니다.

① 법원, 소재지

둘 중 하나를 설정합니다.

② 현황용도

주거용 전체를 체크하기도 하고, 아파트, 빌라 등 몇 가지만 체크하기도 합니다.

③ 감정가, 최저가

둘 중 하나를 설정합니다.

④ 기타

유찰수, 건물면적 등 기타 옵션은 기본으로 그대로 둡니다.

한 줄로 알아보는 경매 물건

조건을 입력한 뒤 하단에 있는 [검색하기]를 클릭하면 설정한 옵션에 해당하는 물건의 리스트가 나옵니다. 서울에 있는 주거용 물건을 검색하니 총 2,388건이 있는 것으로 뜨네요.

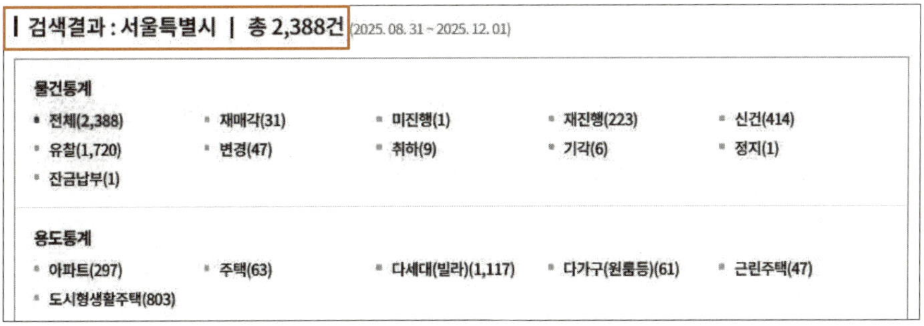

리스트에 나타난 한 줄 정보만 봐도 해당 경매 물건의 특징을 대략적으로 알 수 있습니다. 한번 살펴볼까요?

선택	① 법원명 사건번호 물건번호		② 소재지	③ 용도	④ 감정가 최저가 [낙찰가]	⑤ 매각기일 (개찰기일) [입찰인원]	⑥ 결과 유찰수 %	⑦ 조회
□	서울중앙 4계 2024-		서울특별시 관악구 봉천동 대지권 21.13m^2 (6.39평) / 전용 28.85m^2 (8.73평) [전입세대확인서] [대항력있는임차인,선순위임차권,관련사건]	다세대 (빌라)	357,000,000 357,000,000	2025-09-17 (입찰 당일)	유찰 6회 (100%)	355
□	서울중앙 7계 2022- 물번[1]		서울특별시 강남구 삼성동 대지권 19.37m^2 (5.86평) / 전용 40.76m^2 (12.33평) [전입세대확인서] [대항력있는임차인,병합사건,관련사건,공동담보]	아파트	1,600,000,000 1,280,000,000	2025-09-18 (입찰 1일전)	유찰 2회 (80%)	1,257
□	서울중앙 7계 2023- 물번[1]		서울특별시 관악구 남현 대지권 21.17m^2 (6.40평) / 전용 37.83m^2 (11.44평) [위반건축물]	다세대 (빌라)	309,000,000 197,760,000	2025-09-18 (입찰 1일전)	유찰 2회 (64%)	526
□	서울중앙 7계 2023- 물번[3]		서울특별시 관악구 남현 대지권 37.16m^2 (11.24평) / 전용 66.40m^2 (20.09평) [공동담보]	다세대 (빌라)	543,000,000 434,400,000	2025-09-18 (입찰 1일전)	유찰 1회 (80%)	226
□	서울중앙 7계 2023-		서울특별시 관악구 신림로 대지권 4.57m^2 (1.38평) / 전용 13.41m^2 (4.06평) [대항력있는임차인,선순위임차권,관련사건]	아파트	140,000,000 7,697,000	2025-09-18 (입찰 1일전)	유찰 13회 (5%)	1,467

① 법원명, 사건번호, 물건번호

'서울중앙'은 관할법원입니다. 사건번호는 '2024-1234'처럼 숫자로 이루어져 있으며, 해당 물건을 부를 때 사건번호로 부릅니다. 같은 사건에 여러 물건이 있을 때는 물건번호가 부여됩니다. '물번[1]'이라고 적힌 것이 물건번호입니다.

② 소재지

물건의 주소입니다. 지번 주소를 사용합니다. 아파트 등 집합물건은 대지권[1]과 전용면적이 표시됩니다. 대항력이 있는 임차인, 지분 매각, 중복 사건, 재매각 등 경매 물건의 특이사항도 이곳에 표시됩니다.

③ 용도

물건의 용도가 표시됩니다. 주거용이라면 아파트, 빌라, 오피스텔, 주상복합 등으로 표시

알아두세요

1 **대지권** 공동건물의 구분소유자가 자신의 전유 부분(독립하여 개별적으로 소유하는 부분)을 소유하기 위하여 건물의 대지에 대해 가지는 권리를 말합니다.

되며, 상업용은 공장, 창고, 학원 등으로 표시됩니다.

④ 감정가, 최저가

최초 감정가와 현재 최저가를 표시합니다. 저렴한 물건만 찾기보다는 신건부터 지켜보다가 적당한 가격으로 유찰되면 입찰하는 것도 좋습니다.

⑤ 매각기일

입찰하는 날짜가 표시됩니다. 해당 물건에 입찰하고 싶다면 이 날짜에 해당 법원을 방문하면 됩니다.

⑥ 결과, 유찰수

첫 입찰은 감정가로 진행합니다. 이때 아무도 입찰하지 않으면 20~30% 저렴한 가격으로 재경매를 진행하는데, 이것을 '유찰'이라고 합니다. 감정가 대비 현재 유찰가를 퍼센트로 나타냅니다. 낙찰이 되면 결과도 퍼센트로 표시합니다.

⑦ 조회

스피드옥션에서 이 물건을 조회한 숫자입니다. 많은 사람이 조회한 물건은 경쟁이 치열할 것을 예상할 수 있습니다.

물건상세페이지

리스트에서 [소재지]를 클릭하면 다음과 같이 물건을 상세하게 볼 수 있는 페이지가 뜹니다.

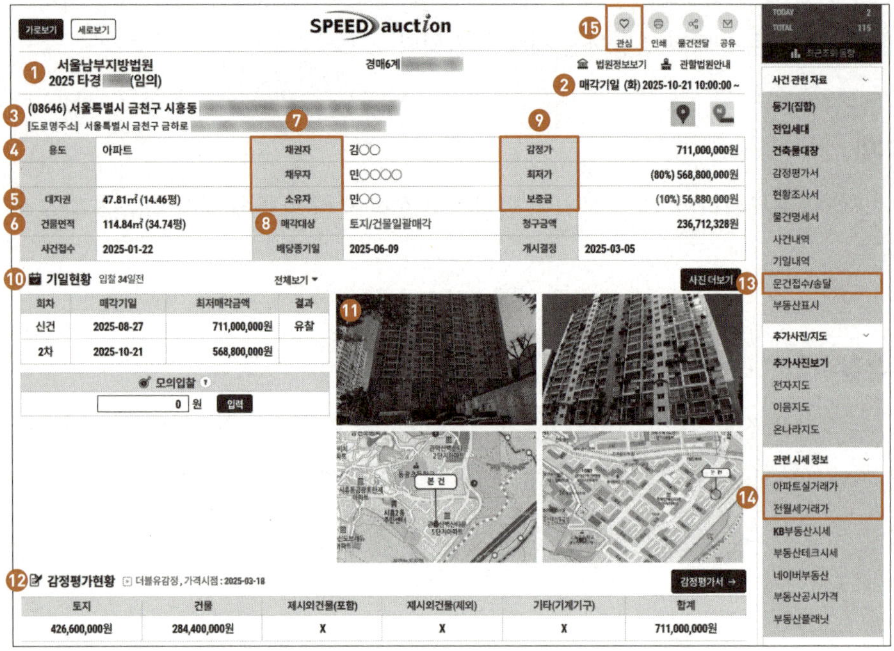

① 관할법원

이 물건의 관할법원은 서울남부지방법원입니다. 우측의 [관할법원안내]를 클릭하면 서울남부지방법원의 자세한 위치와 입찰서 접수 시간을 확인할 수 있습니다.

② 매각기일

입찰하는 날짜입니다.

③ 소재지

대표 주소는 지번 주소를 사용합니다. 하단에 도로명 주소가 표시됩니다.

④ 용도

아파트, 상가 등 건물의 용도를 표시합니다.

⑤ 대지권

집합건물은 대지권으로 표시합니다.

⑥ 건물면적

건물면적은 전용면적으로 표시합니다. 59㎡는 분양면적 25평형, 84㎡는 분양면적 32평형입니다. 여러 물건의 가격을 비교할 때 꼭 확인합니다.

⑦ 채권자, 채무자, 소유자

채무자와 소유자가 같은 것이 일반적이나, 다른 경우도 있습니다. 아버지 소유의 집을 담보로 아들이 대출을 받으면 아들이 채무자, 아버지가 소유자입니다.

⑧ 매각대상

토지건물 일괄매각이 일반적입니다. 다른 공유자가 있는 지분매각이나, 건물만 매각, 토지만 매각 등의 경우는 낙찰 후 부가적으로 돈이 들거나 법적 해결이 필요한 특수물건이니 초보자는 피하세요.

⑨ 감정가, 최저가, 보증금

감정가는 감정평가로 정한 가격입니다. 재경매가 아닌 첫 경매에는 감정가 이상으로 입찰해야 합니다. 첫 번째 매각기일에 아무도 입찰하지 않으면, 약 1개월 후에 다시 경매가 진행되며, 최저 입찰가는 감정가의 80% 혹은 70% 가격으로 낮아집니다. 이때 입찰하고자 하는 사람은 최저가 이상 가격으로 입찰해야 합니다.

입찰보증금은 입찰 시 내야 하는 돈으로, 보통 최저가의 10%입니다. 미납 등으로 인한 재경매 시에는 입찰보증금이 20~30%로 달라지니 입찰 전에 꼭 확인하세요.

잠깐만요 최저가는 언제까지 낮아질까?

최저가는 얼마나 낮아질 수 있을까요? 이를 알기 위해서는 먼저 '무잉여'의 개념을 이해해야 합니다. 무잉여란 경매로 부동산을 팔아도, 경매비용과 선순위 채권(먼저 받을 권리 있는 돈)을 모두 갚고 나면 경매를 신청한 채권자에게 배당할 돈(잉여금)이 전혀 없는 상황입니다. 즉 낙찰가가 낮아 경매를 신청한 채권자가 한 푼도 받지 못하는 상황이죠.

상황이 이러하면 법원은 경매 자체를 시작하지 않거나, 시작된 경매를 취소합니다. 이를 '무잉여 기각'이라고 하죠. 채권자가 돈을 받을 가능성이 없는데 경매를 억지로 진행할 필요가 없으니까요.

그럼 최저 경매가는 왜 계속 떨어질까요? 물건의 가격이 비싸다고 느껴지면 아무도 입찰하지 않아 유찰이 됩니다. 유찰이 되면 다음 기일에 최저가가 20~30%씩 낮아집니다. 최저가가 낮아지면 많은 사람이 입찰에 참여할 가능성이 커져 낙찰 확률이 높아지기 때문입니다.

최저가는 채권자 배당과 경매비용을 충당할 수 있을 정도까지만 떨어집니다. 만약 계속 떨어져 낙찰가가 경매비용조차 내지 못하는 수준(예: 몇백만 원 이하)까지 내려가면, 법원은 무잉여 사유로 경매를 취소합니다.

⑩ 기일현황

첫 경매는 '신건'이라고 표시합니다. 아무도 입찰하지 않아 유찰이 되면 다음 매각기일과 최저 매각금액이 표시됩니다.

⑪ 사진

클릭하면 법원에서 공개한 사진들을 볼 수 있습니다. 해당 물건의 사진과 지도를 통해 주변 환경을 분석할 수 있습니다. [사진 더보기]를 클릭하면 이음편집도, 온나라지도, 전자지도 등을 볼 수 있습니다.

⑫ 감정평가현황

감정평가서의 주요 내용이 표시됩니다. 감정평가서 아이콘을 클릭하면 감정평가서를 팝업으로 볼 수 있습니다.

⑬ 문건접수/송달

페이지 우측의 [사건 관련 자료] → [문건접수/송달]을 클릭하면 경매 진행을 위한 각종 송달과 열람, 접수 기록을 볼 수 있습니다. 잔금 미납으로 재경매에 나온 물건이라면 특히 이 부분을 살펴 미납 이유를 알아봐야 합니다. 전 낙찰자가 서류를 열람하고 불허가 요청을 했다면 그 이유를 알아야 합니다. 단순한 이유일 수도 있지만 명도에 문제가 있을 수 있으니 현장조사에서 꼼꼼히 확인하세요. 채권자의 서류 접수가 있었다면 단순히 경매 절차상의 문제일 가능성이 높습니다. 그 외 탭에서 여러 서류를 살펴볼 수 있습니다.

⑭ 아파트실거래가, 전월세거래가

페이지 우측의 [관련 시세 정보] → [아파트실거래가]와 [전월세거래가]를 통해 국토교통부의 가격 정보를 확인할 수 있습니다.

⑮ 관심

쇼핑몰의 장바구니와 같은 기능입니다. 담아두면 낙찰 여부와 변동사항을 알림으로 받을 수 있습니다.

⑯ 건물현황 ▸ 소유권 보존등기일 : 2005-02-04

건축물대장 →

번호	소재지	층별	구조	전용면적	감정가격	비고
1	시흥동	제7층제704호	철근콘크리트조	114.84㎡(34.74평)	284,400,000원	20층 건중 7층
기타	이용상태(방4, 욕실2, 거실, 주방 등) / 위생, 급배수시설, 개별난방, 도시가스설비, 승강기설비, 옥내소화전, 화재탐지설비,공동현관 보안설비					

⑰ 대지권현황

부동산통합정보이음 ↗

번호	지번	용도	대지권비율	면적	감정가격	비고
1	시흥동	대지권	107,560.8㎡ 분의 47.81㎡	47.81㎡(14.46평)	426,600,000원	
기타	"초등학교" 남측 인근에 위치 / 주변은 대단지 아파트 밀집한 주택지대 / 간선, 지선, 일반, 마을버스 등이 정차하는 버스정류장이 인접하는 등 교통상황 보통 / 단지 북측과 남동측으로 각각 중로(폭 20m)에 접함 / 제3종일반주거지역					

⑱ 임차인현황 ▸ 건물소멸기준 : 2015-06-03 / 배당종기일 : 2025-06-09

매각물건명세서 → 예상배당표 →

순위	성립일자	권리자	권리종류 (점유부분)	보증금금액	신고	대항	참조용 예상배당여부 (최저가기준)
조사된 임차내역없음							

⑲ 건물 등기 사항 ▸ 건물열람일 : 2025-03-19

채권총액 : 1,664,483,438원 등기사항증명서 →

구분	성립일자	권리종류	권리자	권리금액	상태	비고
갑5	2013-04-15	소유권	민○○		이전	증여
을11	2015-06-03	(근)저당	우○○○	275,000,000원	소멸기준	
을16	2021-03-22	(근)저당	김○○	260,000,000원	소멸	
갑6	2021-04-05	가압류	송○○	518,000,000원	소멸	
갑11	2024-01-16	소유권	민○○		이전	상속
갑12	2024-02-01	가압류	신○○○○○	327,100,000원	소멸	
갑13	2024-07-10	가압류	하○○○	60,327,024원	소멸	
갑14	2024-08-08	가압류	농○○○	9,656,120원	소멸	
갑15	2024-08-12	가압류	국○○○○○	14,400,294원	소멸	
갑16	2024-08-26	가압류	서○○○○○	200,000,000원	소멸	
갑17	2025-01-06	압류	금○○		소멸	(세무관리과-0106)
갑18	2025-03-05	임의경매	김○○	청구: 236,712,328원	소멸	

⑳ 명세서 요약사항 ▸ 2015.06.03. 근저당

소멸되지 않는 등기부권리	
설정된 것으로 보는 지상권	
주의사항 / 법원문건접수 요약	* 관리비 조사일자 2025-08-13 관리비미납 없음

⑯ 건물현황

건물의 소유권보존등기일이나 총 층수 등 건축물대장의 주요 내용이 표시됩니다. [건축물대장]을 클릭하면 해당 서류를 볼 수 있습니다.

⑰ 대지권현황

토지이용계획/공시지가[2]와 부동산 정보 통합 열람의 내용 중 주요 내용입니다.

알아두세요

2 공시지가 국토교통부가 조사와 평가를 진행하여 지정한 토지의 m²당 가격을 말합니다. 법적으로 공시되는 땅값으로, 실거래가와는 차이가 있습니다.

⑱ 임차인현황

임차인에 대한 내용입니다. 임차인이 있으면 임차인의 정보가 있고, 임차인이 없으면 별다른 표시가 없습니다. 임차인의 성명, 전입, 확정일자, 배당 여부에 대한 정보는 [매각물건명세서]와 [예상배당표]에서 확인할 수 있습니다.

⑲ 건물 등기 사항

권리분석을 할 때 매우 중요한 내용입니다. 등기부등본에서 말소된 권리를 제외하고 효력이 있는 권리만을 성립일자별로 배열한 것입니다. 말소기준권리는 '소멸기준'이라고 표시되며, 소멸기준 이하의 권리는 소멸합니다. 비고란에 해당 시기와 지역의 「주택임대차보호법」의 기준가가 표시됩니다.

⑳ 명세서 요약사항

매각물건명세서의 중요 내용이 표시됩니다. 소멸되지 않는 등기부등본상의 권리와 설정된 것으로 보는 지상권[3]이 있으면 이곳에 기재됩니다. 주의사항 및 법원문건접수도 이 부분에 나옵니다.

㉑ 관련사건내역

서울서부지방법원	2016타인	인도명령	관련사건보기 ↗
서울서부지방법원	2016타인	인도명령	관련사건보기 ↗

㉑ 관련사건내역

본 건과 관련된 법적 조치, 판결 등을 나타냅니다. 관련 사건이 없을 경우 표시되지 않습니다.

알아두세요

3 **지상권** 타인의 토지에 건물, 공작물 등을 소유하기 위해 그 토지를 사용할 수 있는 권리를 말합니다. 쉽게 말해 자신의 땅이 아닌 곳을 빌리는 것으로, 당사자 간의 계약에 의해 설정됩니다.

㉒ 부동산종합공부 요약

지번		지목/면적	대(107,560.8㎡)	공시지가	기준일 : 2025/01 → 3,778,000원 / ㎡

연도별 공시지가

도시지역 * 가축사육제한구역

㉓ 단지현황 내부구조도 보기

건설사		입주년도	2002.09	관리사무소	
총세대수	2,810 세대	총 동수	25 개동	최저~최고	18층 ~ 20층
주차대수	3,091 대	난방	개별	난방연료	도시가스
공급면적	138.84m² (42평)	전용면적	114.84m² (34.74평)	구조	계단식
방수	4개	욕실수	2개	동일평형	800세대

㉔ 실거래가 정보 (최근 거래내역 10건) ⦿ 매매 ○ 전월세 | 시세 → | 매매 실거래가 → | 전월세 실거래가 → | KB부동산 → | 부동산테크 →

명칭(매매)	전용면적(㎡)	거래년월	계약일	해당층	거래금액
관악산	59㎡	2025.8	(21~31)	14	442,000,000원
관악산	85㎡	2025.8	(21~31)	10	565,000,000원
관악산	59㎡	2025.8	(11~20)	13	430,000,000원
관악산	85㎡	2025.8	(11~20)	11	545,000,000원
관악산	59㎡	2025.8	(11~20)	14	435,000,000원
관악산	115㎡	2025.8	(1~10)	2	620,000,000원
관악산	59㎡	2025.7	(21~31)	20	460,000,000원
관악산	85㎡	2025.7	(21~31)	15	568,000,000원
관악산	59㎡	2025.7	(21~31)	13	420,000,000원
관악산	59㎡	2025.7	(21~31)	20	487,000,000원

㉕ 인근 통계 아파트(14건) | 해당번지 경매사례 → | 인근 진행물건 → | 인근 공매진행물건 → | 인근 매각물건 →

기간	매각건수	평균감정가	평균매각가	매각가율	유찰횟수	예상분석가
3개월	3건	542,000,000원	454,370,367원	83.83%	1.33회	590,130,000원
6개월	3건	542,000,000원	454,370,367원	83.83%	1.33회	590,130,000원
9개월	8건	523,375,000원	455,167,277원	86.97%	1.13회	611,460,000원
12개월	14건	532,357,143원	468,404,952원	87.99%	1.07회	618,570,000원

㉒ 부동산종합공부 요약

해당 부동산의 내역을 요약 표시합니다.

㉓ 단지현황

대형 아파트단지는 단지 현황 내용이 정리되어 있지만, 현장과 다른 부분이 있을 수 있습니다. 따라서 현장조사를 하며 관리사무소와 인근 공인중개사무소를 통해 직접 확인해야 합니다.

㉔ 실거래가 정보

국토교통부 실거래가 정보를 확인할 수 있습니다. 특히 최근 거래 내역 10건을 첫 페이지에서 볼 수 있기에 물건을 선택할 때 편리합니다. 거래년월과 거래금액을 직접 확인할 수 있습니다. 임대용 주택이라면 전월세 실거래가를 확인합니다.

㉕ 인근 통계

3개월, 6개월, 9개월, 12개월 전 인근에서 매각된 물건을 보면 낙찰가율이 오르는지 내리는지 알 수 있습니다. [해당번지 경매사례]를 클릭하면 같은 번지 아파트들의 낙찰 사례를 볼 수 있고, [인근 진행물건]을 클릭하면 가까운 곳에서 진행 중인 다른 경매 물건을 한번에 볼 수 있습니다.

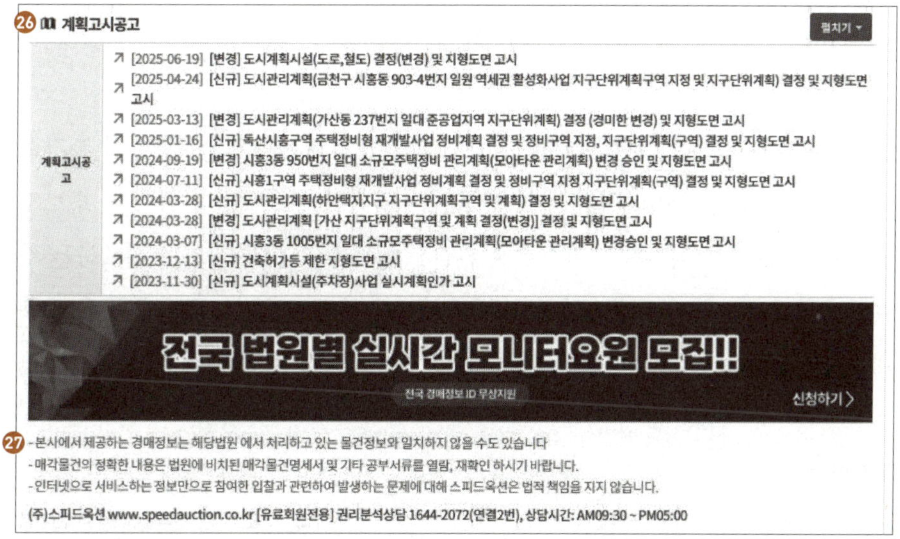

㉖ 계획고시공고

도시관리계획 등 계획되거나 변경된 도시계획을 알 수 있습니다.

㉗ 주의사항

유료경매사이트의 내용은 물건을 검색하고 선택할 때 매우 도움이 되지만, 그 내용의 사실 여부는 반드시 직접 확인해야 합니다.

014

내게 맞는 단계별 경매 무작정 따라하기

초급자

경매 초보자를 위한 무작정 따라하기 코스

이제 막 경매를 시작한 초보자라면 권리관계가 모호하거나, 낙찰받고 난 뒤 돈이 추가로 들거나, 법적 분쟁 등을 해결해야 하는 어려운 물건은 쳐다보지도 말아야 합니다. 초보자는 권리관계가 간단하고, 손쉬운 명도만으로 소유권을 행사할 수 있는 물건을 선택하는 것이 좋습니다. 초보자일수록 경매의 목적을 확실히 정해야 하고, 실수를 하지 않기 위해 꼼꼼히 조사해야 합니다. 첫 낙찰을 목표로 다음 6단계 코스를 무작정 따라해봅시다.

1단계 | 목표 설정

경매의 목표가 무엇인가요? 내 집 마련? 시세차익? 임대수익? 목표가 없다면 목표부터 정하세요. 잘못된 목표를 정했다면, 목표를 바꾸세요. 가장 중요하게 생각하는 목표를 정하면 물건을 찾기 편리합니다.

2단계 | 권리분석

무슨 일이든 기초가 튼튼해야 마지막이 아름답습니다. 수익도 중요하지만, 안전이 먼저이기에 쉬운 경매만을 대상으로 합니다. 너무 어려운 물건은 패스하세요.

3단계 | 현장답사

실제 현장에 가기 전에 인터넷조사를 먼저 해야 합니다. 현장에 방문해서는 조사한 내용이 맞는지 확인합니다. 현장답사에서 다음 세 가지 확인은 필수입니다. 첫째, 입찰가 결정을 위한 실제 가격 확인, 둘째, 물건의 상태와 하자 확인, 셋째, 점유자의 상태에 따른 명도의 난이도 확인입니다. 자세한 현장답사 방법은 〈셋째마당〉에서 다시 설명할게요.

4단계 | 법원 입찰

관할법원에서 입찰합니다. 입찰가는 신중하게 결정하고, 입찰서는 실수 없이 작성합니다.

5단계 | 잔금 납부

본인의 소득과 신용도를 파악하고, 입찰 전에 잔금 준비 계획을 미리 세워둡니다. 부동산 시장에 따라 대출 상황이 바뀌므로 현재 상황을 다시 체크합니다.

6단계 | 명도

법과 대화로 점유자에게 명도받습니다. 명도가 쉬운 집을 고르면 경매가 쉽습니다. 처음부터 명도하기 쉬운 집을 골라 입찰하세요.

중급자

미래의 임대사업자를 위한 경매 코스

월급처럼 꼬박꼬박 입금되는 월세수익을 원하나요? 경매를 이용해 임대사업자가 될 수 있습니다.

1단계 | 물건 찾기

임대수익용 경매에서 가장 중요한 부분입니다. 임대용 물건은 내 집 마련용 물건과 다릅니다. 월세를 내는 임차인이 원하는 물건이어야 합니다. 소형이 좋고, 업무시설 밀집지역과 가까울수록 좋습니다. 대중교통이 편리한 지역도 적합합니다. 대출을 이용하면 임대수익이 높아지기 때문에 대출 한도가 높은 지역이 유리합니다. 같은 자금으로 더 많은 임대수익을 내는 물건을 찾아야 합니다.

2단계 | 권리분석과 현장답사

중급 단계가 되면 권리분석은 쉬워지지만, 현장답사는 더 어려워집니다. 최소 비용으로 최대 임대수익이 나올 수 있는지를 면밀히 검토해야 하기 때문입니다. 임차인의 수요가 많은 곳이 맞는지 현장에서 다시 확인합니다.

3단계 | 잔금 납부

임대수익은 월세를 받아 대출이자를 내고 남는 수익입니다. 잔금 납부를 할 때 대출 가능 여부를 반드시 확인하세요. 2주택 이상을 보유하고 있다면, 비규제지역이어야 대출이 가능합니다. 기존 대출금액이 많으면 DSR(총부채원리금상환비율)의 한도로 추가 대출이 어려울 수 있습니다. 잔금 납부와 함께 명도를 진행합니다.

4단계 | 인테리어와 임차인 모집

실거주가 아닌 임차인을 위한 집수리는 인근의 다른 집보다 수준이 약간 높은 것이 좋습니다. 과도한 인테리어는 비용 부담이 생기고, 저렴한 집수리는 임차인의 외면을 받을 확률이 큽니다. 에어컨, 냉장고, 세탁기 등의 옵션 배치도 필요할 수 있습니다.

5단계 | 임대와 사후 관리

임대사업을 하면 적은 돈으로 월급 같은 임대수익을 만들 수 있습니다. 적게 일하고 수익을 낼 수 있는 매우 매력적인 일입니다. 하지만 오해는 하지 마세요. 임대사업자의 소득은 불로소득이 아닙니다. 그냥 주어지는 열매는 없습니다.

주택임대사업자는 마이홈포털(myhome.go.kr)에 등록한 뒤 지자체와 세무서에 추가로 등록해야 합니다. 임대사업자는 10년간 의무 임대를 해야 하며, 임대보증금 증액은 5% 내에서만 가능합니다. 또한 임대보증보험에 의무적으로 가입해야 합니다.

임대 물건을 관리하는 일도 그리 만만하지 않습니다. 사업자현황신고, 임대사업소득세납부, 종합부동산세납부, 임대사항신고 등 임대사업자의 의무를 다해야 합니다. 또한 임차인의 월세 납부 확인은 물론이고, 이사를 들어오고 나갈 때 점검 및 수리 등 사후 관리도 해야 합니다. 세법상으로는 사업소득이지만, 실제로는 열심히 일한 대가인 근로소득입니다. 현재 임대사업자는 의무가 늘고, 혜택이 많이 축소된 상황입니다. 경매로 임대사업에 뛰어들고 싶다면 좀 더 신중하게 접근하기 바랍니다.

고급자

까다로운 물건도 알차게 낙찰받는 고수

탐정파 | 낙찰 좀 받아본 당신, 모험심 가득한 현장조사의 달인

일반 물건을 5개 정도 낙찰받으면 쉬운 경매가 슬슬 지겨워집니다. 고만고만한 수익만 나는 일반 물건보다 점차 고수익이 나는 물건에 눈을 돌리게 됩니다. 권리분석이 어려워 모두 피하지만 조금만 파헤치면 수익이 나는 물건이 있습니다. 한 예가 가짜 선순위임차인이 있는 물건이죠. 임차인이 진짜 임차인이 아니라 소유자의 가족이라는 것을 밝혀낸다면, 낙찰자는 가짜 임차인의 보증금을 인수하지 않아도 되고 쏠쏠한 수익을 내게 되겠죠. 반대로 예상과 달리 진짜 선순위임차인이라면 낙찰자는 입찰보증금을 포기하거나 임차인에게 보증금을 내주어야 할 수도 있습니다. 가짜 선순위임차인 물건에 투자하려면 제대로 된 현장답사와 증거 수집이 필수입니다.

협상파 | 강인한 정신력과 협상에 자신 있는 당신

낙찰받기는 쉽지만, 낙찰 후에 할 일이 더 많은 물건들이 있습니다. 지분권(공유자가 여러 명인 경우), 법정지상권(땅 혹은 건물만 나온 경우), 유치권(공사비를 받지 못한 공사업자가 점유한 경우) 같은 권리가 있는 물건이죠. 이런 물건에는 초보자가 감히 접근하지 못합니다. 고수들만의 세계예요. 하지만 그들은 뭐 처음부터 고수였을까요? 협상을 좋아한다면 여러분에게도 고수의 피가 흐르고 있을지도 모릅니다.

은퇴파 | 은퇴자금으로 상가나 토지를 갖고 싶은 당신

부동산, 특히 경매는 은퇴가 없습니다. 평생 할 수 있는 직업이죠. 가진 돈이 넉넉하면 할 수 있는 것이 많습니다. 매달 연금처럼 나오는 임대수익을 원한다면, 수익형 부동산을 낙찰받을 수 있습니다. 주거용보다 상가가 임대수익이 더 높습니다. 시세차익을 노려 토지를 낙찰받을 수도 있죠. 토지는 시간에 투자하는 것으로, 후세에 물려줄 재산이 됩니다.

토지는 용도에 따라 가치가 다릅니다. 전원주택을 짓는다면 집을 지을 수 있는 땅이어야 하고, 상가건물을 지으려면 상가건물을 지을 수 있는 땅이어야 합니다. 우리나라의 토지는 공공의 성격이 있어 그 용도가 이미 다 정해져 있습니다. 토지에 대한 규제인 부동산 공법과 건축에 대한 규제인「건축법」을 확인해야 합니다.

015

주체가 다르면 경매도 다르다, 경매와 공매

경매와 공매는 나라에서 집행하는 공(公)경매

한국자산관리공사(캠코)에서 집행하는 공매에서는 나라와 관련이 있는 물건들이 거래됩니다. 주로 세금을 체납한 사람들의 부동산이지만, 여러 가지 종류의 동산도 있습니다. 기계, 가전제품, 요트도 있고, 가끔은 반려견이 나오기도 합니다. 어떤 종류의 물건은 임대만 가능합니다. 공립학교 매점, 터미널의 휴게소 등 공적 자산은 매각하지 않고 운영권만 임대합니다. 국가의 부동산을 임대할 때는 투명하고 공정한 거래를 위해 사적인 공인중개사를 거치지 않고, 전자자산처분시스템인 온비드를 통해야 합니다.

공매는 경매부터 익히고 난 뒤에 하는 편이 좋습니다. 공매 역시 부동산에 대한 시세 파악은 물론이고, 권리분석을 스스로 할 수 있어야 하니까요. 경매를 먼저 시작하고 경매가 익숙해지면 공매를 함께 하세요. 경매는 물건이 많지만 경쟁이 치열하고, 공매는 물건이 적지만 경쟁이 덜하니 둘을 잘 섞으면 금상첨화입니다. 어렵고 낯설지만, 매력 가득한 공매를 놓치지 마세요.

공매, 경매와 어떻게 다를까?

① 공매는 기본적으로 온라인으로 입찰한다

이용기관에 따라 현장 입찰을 하는 경우도 있지만, 대개 입찰일에 직접 법원으로 가지 않고 인터넷으로 입찰을 하니 시간이 절약됩니다. 외출이 절대 허락되지 않는 직장인 투자자라면 공매를 집중 공략해도 좋습니다. 온라인으로 입찰하기에 현장 분위기에 휩쓸리지 않고 객관적인 결정을 할 수 있습니다. 반면 컴퓨터가 낯선 사람은 입찰하기 어렵습니다.

② 공매는 법원경매보다 경쟁률이 낮다

누구나 쉽게 접근할 수 있고, 경매컨설턴트가 많은 법원경매에 비해 공매는 물건에 대한 정보가 적습니다. 법원경매는 유료사이트에서 기본적인 권리분석을 해주지만, 공매는 입찰자 스스로 권리분석을 해야 합니다. 요즘에는 유료사이트에서 공매 물건의 정보를 올려주고 있지만, 여전히 미흡합니다. 연령대 높은 경매 고수들은 입찰 방법이 생소한 공매를 좋아하지 않습니다. 이런저런 이유로 경쟁이 덜하니 경매보다 수익이 높습니다.

③ 잔금 납부를 빨리 할 수 있다

세금과 다른 채권이 동시에 있는 경우, 경매와 공매가 함께 진행되기도 합니다. 이때 공매로 낙찰받은 사람이 유리합니다. 경매는 매각허가결정이 일주일 후에 나오고 잔금납부일이 정해지는데, 공매는 낙찰된 바로 다음 주 월요일부터 잔금 납부를 할 수 있습니다. 공매로 낙찰받은 사람이 잔금을 납부해버리면, 경매는 매각이 취소되어 낙찰자에게 보증금을 돌려줍니다.

④ 물건 수가 적고, 취하되는 경우가 많다

공매로 나오는 물건의 수량은 경매의 1/10 수준으로 매우 적습니다. 적은 금액의 세금 체납으로 공매에 들어간 물건은 집주인이 세금을 내버리고 취하하는 경우가 많습니다. 때문에 공매 물건은 종종 취하되기도 합니다.

⑤ 공매에는 인도명령제도가 없다

경매는 인도명령으로 간단하게 점유자를 내보낼 수 있지만, 공매는 명도소송으로 내보내야 합니다. 배당금을 받지 못하는 임차인이 점유하고 있다면 명도소송을 하는 시간과 수고도 고려해야 합니다. 공매도 대화와 협상으로 명도를 하는 것이 좋습니다.

무작정 따라하기

온비드로 공매 물건 검색하기

공매는 온비드를 통해 알아보고 입찰할 수 있습니다. 물건 검색은 공인인증서 없이도 가능하지만, 입찰할 때는 반드시 공인인증서가 있어야 합니다. 온비드 전용 공인인증서를 만들려면 우체국에 서류를 제출해야 하므로 입찰 전에 미리 만들어놓는 것이 좋습니다. 처음에는 시간이 걸리겠지만, 익숙해지면 온비드가 쉽게 느껴질 것입니다.

그럼 공매 물건을 검색해볼까요?

1. 온비드 홈페이지를 방문합니다.

2. 상단의 [부동산]을 클릭합니다.

③ [상세조건검색]을 통해 원하는 조건의 물건을 찾아볼 수 있습니다.

④ 해당 물건을 클릭하면 물건에 대한 정보를 볼 수 있습니다. [관심물건 등록]을 클릭하면 관심 물건을 수시로 등록할 수 있고, [입찰]을 클릭하면 인터넷으로 편하게 입찰할 수 있습니다.

둘째 마당

권리분석, 핵심만 알면 누워서 떡 먹기!

경매이야기

고소득자의 투자법

정하 님은 연봉이 1억 원이 넘는 고소득 직장인입니다. 게다가 정년도 보장되는 안정적인 직장에 다니고 있죠. 정하 님은 은퇴 이후를 위해 경매투자를 하기로 마음먹었는데 고민이 있었습니다.

"낙찰 후 바로 파는 매매사업자 방식이 저한테는 맞지 않았어요. 고소득자라 세금 구간이 이미 높거든요. 단기로 사고팔면 남들보다 세금이 더 많아요. 종합소득세는 모든 세금을 다 포함하니까요. 그래서 단기매도보다는 기본 2년 정도 보유한 뒤에 팔고 싶었어요. 1년에 한 건 정도만 해도 충분하다 싶었거든요."

정하 님은 계획대로 장기 보유 전략을 선택했고, 지방의 한 아파트를 낙찰받았어요. 규모가 큰 단지는 아니었지만 입지가 좋았고, 무엇보다 시세 대비 가격이 저렴했어요. 투자처로써의 매력이 충분한 물건이었죠.

정하 님은 이 아파트를 전세 임대로 내놓았어요. 안정적으로 세입자를 들이고 2년 뒤에 매도해 양도차익을 실현하려는 계획이었습니다. 그런데 예상치 못한 상황이 벌어졌어요.

"전세로 들어오겠다는 사람보다 집을 사고 싶어 하는 매수 문의가 더 많았어요. 집을 보는 사람마다 사고 싶어 했죠. 지금 팔면 세금 때문에 곤란한데 사려는 사람만 오니 참 난감했어요."

그런데 한 세입자가 뜻밖의 제안을 했어요.

"세입자가 그러더라고요. '저희가 2년 동안 전세로 살 테니, 매도할 때가 되면 저희한테 파실래요?'라고요. 매매예약 특약[1]이었죠. 저는 깜짝 놀랐어요. 전세 계약을 하면서 동시에 2년 후 매도까지 약속이 된 거니까요."

이 특약은 정하 님에게 완벽한 해결책이 됐습니다. 원래 계획대로 전세 임대를 하면서도 2년 뒤 매도에 대한 불확실성까지 제거된 셈이었죠. 이 집은 아직 전세 임대 중이지만 곧 2년이 다 되어 가요. 정하 님은 매수자를 따로 찾을 필요 없이 깔끔하게 거래를 마무리할 수 있을 거예요.

"결국 이 한 건으로 세후 4,700만 원의 수익을 얻었어요. 남들 따라 단기매도로 뛰어들지 않고 저한테 맞는 방식으로 투자했기에 가능한 결과였죠. 저는 이 경험을 통해 '투자에는 정답이 없다. 다만 내 상황에 맞는 해답이 있을 뿐이다!'라는 것을 깨달았어요."

알아두세요

1 **매매예약 특약** 매매예약은 「민법」에 근거한 계약 형태 중 하나로, 현재는 매매가 성립하지 않았지만 특정한 조건이나 시기가 되면 매매계약이 이루어지도록 미리 약속하는 것을 말합니다. 법적으로는 '예약' 단계이기 때문에 추후에 당사자가 예약완결권을 행사해야 본 매매계약이 성립합니다. 실무적으로는 전세계약서에 별도 조항(특약)을 넣어 임차인이 일정 기간 거주 후 매수를 원할 경우 우선 매수할 수 있는 권리를 명시합니다.

016

집의 이력을 한눈에 파악하는 권리분석은 필수다!

이리 보고 저리 보고 꼼꼼히 판단하기!

우리는 모두 집에 살고 있습니다. 자신의 집이 아니라면, 집주인에게 일정 금액의 보증금을 내고 전세나 월세로 살게 됩니다. 공인중개사를 통해 집을 구하면 등기부등본을 프린트해 이런저런 설명해주지만, 이 내용을 제대로 알아듣는 사람은 별로 없습니다. 고개만 끄덕일 뿐이죠. 법률 용어로 이루어져 있는 등기부등본은 낯설고, 공인중개사의 설명은 빠르기만 합니다. 중개수수료가 아까워 직거래도 많이 하죠.

경매에서는 배당 순서대로 배당을 하는데, 집에 앞선 다른 권리가 있다면, 남는 배당금이 없어 임차인은 보증금을 받지 못할 수도 있습니다. 소중한 보증금을 집주인에게 건네면서 등기부등본에 어떤 권리가 있는지 살펴보지 않는 건 차도에 아이를 내놓은 것과 마찬가지로 위험합니다.

살던 집의 전세 재계약을 할 때도 보증금을 올려주기 전에 최근 등기부등본을 확인해야 합니다. 재계약 시 보증금을 올려주는 것을 '증액'이라고 하는데, 증액한 보증금과 첫 보증금은 각각 다른 우선변제권[1]을 갖습니다. 등기부등본을 살펴보지 않고 몇천만 원씩 올려줬다가 보증금을 잃는 임차인을 경매에서 흔하게 만납니다.

알아두세요

1 **우선변제권** 경매에 넘어갈 시 우선하여 변제받을 수 있는 권리를 말합니다.

권리분석, 누구나 할 수 있다

권리분석은 부동산의 권리 상태를 파악하는 작업을 말합니다. 등기부등본을 해석할 수 있는 정도의 권리분석은 경매투자자라면 누구나 알아야 하는 기본 지식입니다.

등기부등본에는 집과 집주인에 대한 이야기가 고스란히 적혀 있습니다. 집주인이 몇 살에 누구와 함께(공유지분) 얼마에 집을 샀고, 대출은 얼마를 받았는지(근저당), 집주인이 밀린 카드 연체액은 얼마나 되며(압류), 가족관계(상속, 공유물분할[2])는 어떤지 알 수 있습니다. 임차인의 보증금을 돌려주지 않아 생긴 분쟁(임차권 설정)도 등기부등본에 나오죠. 이미 끝난 일이라도 등기부등본에는 기록이 남습니다. 효력이 없어진 권리는 빨간 줄로 표시됩니다. 등기부등본이 깨끗하다면 집주인의 성격도 깔끔하다고 봐도 좋을 것 같네요.

권리분석을 할 줄 아는 임차인은 보증금을 잃을 위험이 있는 집을 피할 수 있습니다. 내 집 마련을 할 때는 말로만 급매가 아닌, 집주인이 집을 빨리 팔아야 하는 진짜 급매를 알아볼 수도 있습니다. 압류와 가압류가 물밀듯이 들어온 집이라면 시세보다 낮은 가격으로 살 수 있습니다. 이때 모든 권리를 합한 금액이 집 가격보다는 적어야겠죠.

경매에서 권리분석은 더욱 중요하다

경매로 나오는 물건들은 어딘가 문제가 있습니다. 돈을 받지 못한 누군가가 경매를 신청한 것이니까요. 문제가 없었다면 일반 부동산 시장에서 거래되었을 것입니다. 어떤 물건은 낙찰받기는 쉬운데, 낙찰 후 여러 명의 이해관계인과 해결해야 할 문제가 있어 곤란한 경우가 있습니다. 사전에 제대로 권리분석을 하지 못해 소유권 이전을 끝낸 후에 낙찰금액 외에 임차인의 임대보증금을 또 내야 한다면 큰일이겠죠. 원하는 물건에 돈이 더 든다면(다른 채권자들의 권리를 없애기 위해 낙찰자가 별도로 내야 하는 금액이 있다면), 당연히 그 금액만큼 저렴하게 낙찰받아야 합니다.

알아두세요

2 **공유물분할** 공동으로 소유한 물건이나 재산을 각각의 공유자에게 분할하는 것을 말합니다.

권리분석이 제대로 되지 않으면 수익을 내려고 시작한 경매에서 자칫 손해를 볼 수도 있습니다. 하지만 거꾸로 생각하면 까다로운 권리를 가진 물건을 저렴하게 낙찰받아 문제를 해결하면 높은 수익을 낼 수 있습니다.

어떤 물건은 단순히 낙찰받는 것만으로 복잡한 문제가 해결됩니다. 어려운 경매가 두려운 사람은 쉽고 간단한 경매만 골라서 하면 됩니다. 자신이 감당할 수 있는 수준의 물건을 제대로 파악하는 것이 진짜 권리분석입니다.

등기부등본은 경매 필수 서류

집을 사고팔 때, 전세나 월세로 들어가기 전에 반드시 확인하는 등기부등본은 집의 히스토리와 현재 상황 등을 한번에 보여주는 서류입니다.

등기부등본은 모두에게 공개되어 있습니다. 부동산 거래를 할 때 누구나 정보를 확인할 수 있도록 하는 거죠. 공인중개사를 통해 매매를 할 때는 공인중개사가 대신 등기부등본을 확인해서 보여주지만, 경매에서는 입찰자가 직접 등기부등본을 보고 권리분석을 할 수 있어야 합니다.

건물현황 소유권 보존등기일 : 1988-09-23 건축물대장 →

번호	소재지	층별	구조	전용면적	감정가격	비고
1	상계동 외 1필지	8층	철근콘크리트벽식조	60.50㎡(18.3평)	58,100,000원	15층 건중 8층
기타	이용상태 (방2, 거실 및 주방1, 화장실1, 다용도실1 등) / 위생설비 및 급배수설비, 난방설비, 승강기 설비, 소화전 등					

대지권현황 부동산통합정보이음 ↗

번호	지번	용도	대지권비율	면적	감정가격	비고
1	상계동 외 1필지	대지권	80,281㎡ 분의 44.62㎡	44.62㎡(13.5평)	522,900,000원	
기타	"초등학교" 북측 인근에 위치 / 주변은 아파트단지, 학교 및 근린생활시설 등이 혼재 / 인근에 전철역(7호선 '중계역') 및 버스승강장이 소재하여, 대중 교통 사정 보통 / 단지내 도로와 외곽 공도 연계되어 있음 / 제3종일반주거지역					

임차인현황 건물소멸기준 : 2021-04-19 / 배당종기일 : 2025-05-26 매각물건명세서 → 예상배당표 →

순위	성립일자	권리자	권리종류 (점유부분)	보증금금액	신고	대항	참조용 예상배당여부 (최저가기준)
조사된 임차내역없음							

건물 등기 사항 건물열람일 : 2025-03-26 채권총액 : 841,087,922원 등기사항증명서 →

구분	성립일자	권리종류	권리자	권리금액	상태	비고
갑3	1997-08-11	소유권	안○○		이전	매매 등 기 원 인
갑4	2014-11-17	소유권	강○○	(거래가) 226,000,000원	이전	매매
을23	2021-04-19	(근)저당	애○○○○○○	97,200,000원	소멸기준	
을24	2021-07-02	(근)저당	애○○○○○○	92,400,000원	소멸	
을25	2021-11-30	(근)저당	애○○○○○○	598,800,000원	소멸	
갑5	2022-06-07	압류	국○○○○○○○○○		소멸	(체납징세과-티41005)
갑7	2023-01-18	압류	노○○		소멸	(세무1과-28456)
갑9	2024-05-20	압류	강○○		소멸	(세무관리과-9369)
갑11	2024-10-10	가압류	우○○○	12,957,632원	소멸	
갑12	2024-11-25	가압류	근○○○○○	39,730,290원	소멸	
갑14	2025-03-14	임의경매	에 ○○○○○○○○○○○○○	청구: 693,568,861원	소멸	

스피드옥션에서 확인할 수 있는 등기부등본 내용들

스피드옥션에서는 물건 정보 첫 페이지에 건물등기사항의 권리를 한눈에 보여줍니다. 이 페이지만으로도 초보자는 간단한 권리분석을 할 수 있습니다. 그럼에도 입찰자라면 반드시 스스로 권리분석을 할 줄 알아야 합니다. 투자에 대한 책임은 오로지 입찰자에게 있으니까요.

물건상세페이지에서 [등기사항증명서]를 클릭하면 스피드옥션에서 열람한 등기부등본을 볼 수 있습니다. 유료사이트를 이용하지 않는다면, 인터넷등기소에서 따로 수수료를 지불한 뒤 등기부등본을 열람할 수 있습니다.

무작정 따라하기

등기부등본 발급받는 법

① 인터넷등기소 홈페이지에 방문합니다.

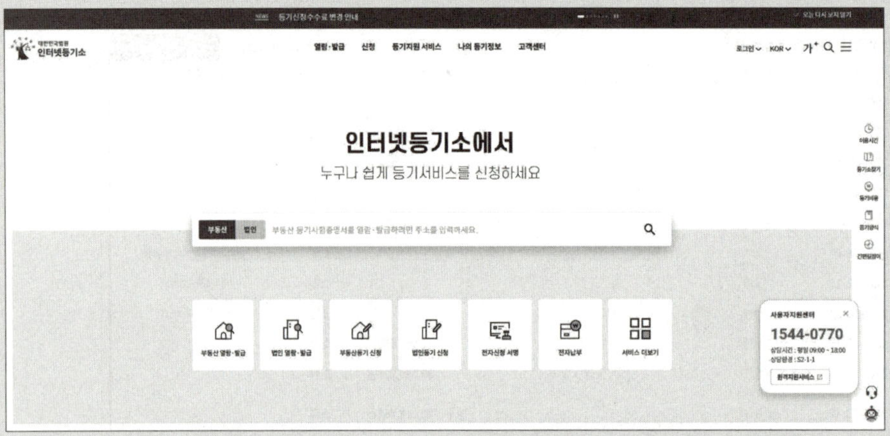

② 상단의 [열람·발급] → [부동산] → [열람·발급]을 클릭합니다.

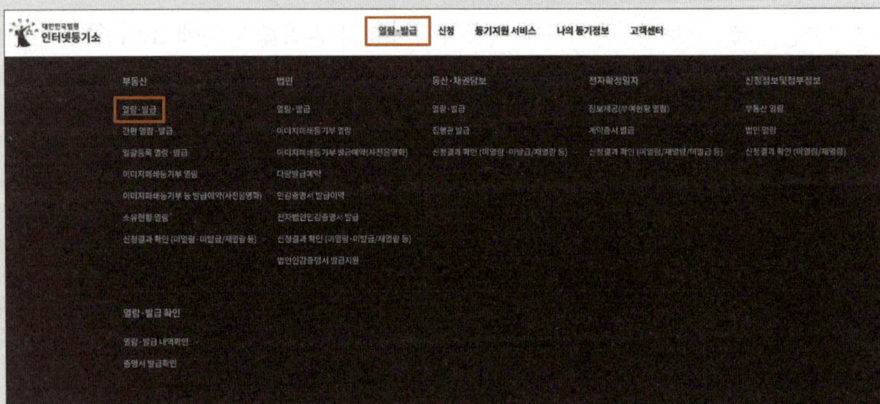

③ [부동산 등기사항증명서 열람·발급 신청]에서 [간편검색], [소재지번검색], [도로명주소검색], [고유번호검색]으로 등기부등본 열람과 발급을 신청할 수 있습니다.

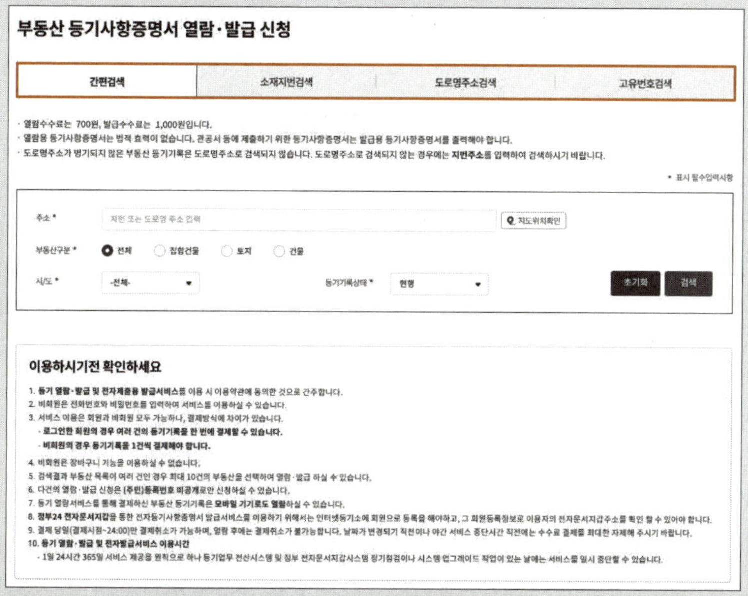

④ 해당 주소지를 입력하고 [부동산 소재지번 검색 결과]를 확인한 뒤 [다음]을 클릭합니다.

⑤ 열람 또는 발급을 원하는 부동산을 선택하고 [다음]을 클릭합니다. 이때 [등기상태]의 [현행]은 현재 유효한 등기사항증명서라는 뜻입니다.

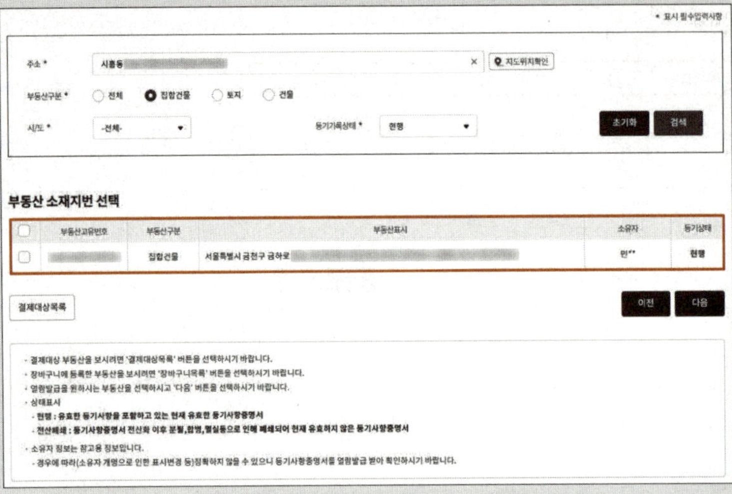

⑥ 필요에 따라 [열람]이나 [발급] 등에 체크합니다. 열람수수료는 700원, 발급수수료는 1,000원입니다. 열람용 등기사항증명서는 법적 효력이 없습니다. 따라서 관공서 등에 제출하기 위한 등기사항증명서는 발급용 등기사항증명서를 출력해야 합니다.

또한 경매에서 등기부등본은 [말소사항포함]으로 열람합니다. 말소된 사항을 포함한 모든 등기사항이 기록된 대로 공시됩니다.

⑦ 결제를 하면 등기부등본을 열람·발급받을 수 있습니다.

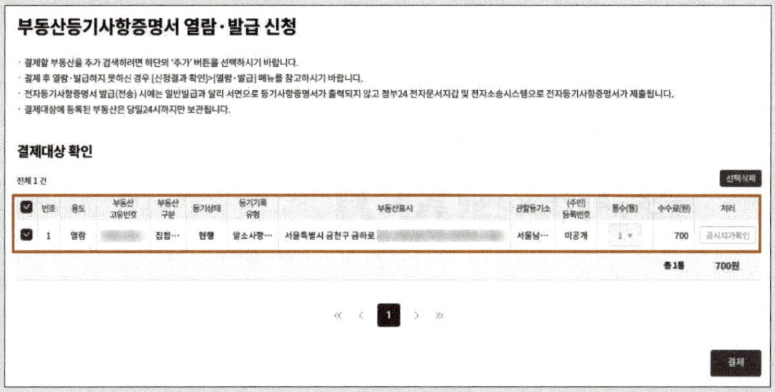

017

등기부등본으로 권리분석하기

부동산의 이름표, 등기부등본

모든 부동산에는 각각의 등기부등본이 있습니다. 토지에는 토지등기부가 있고, 건물에는 건물등기부가 있습니다. 그래서 단독주택에는 토지와 건물, 2개의 등기부가 있습니다.

그런데 아파트에는 토지와 건물의 등기가 합쳐져 있습니다. 아파트는 집합건물로 분류되기 때문이죠. 집합건물은 아파트와 빌라같이 층마다 다른 주인이 있는 건물을 말합니다. 같은 땅 위에 1층, 2층, 3층 집주인이 모두 다르기 때문에 온전히 땅을 소유한다고 말하기 어렵습니다. 그래서 집합건물은 토지의 지분권만을 가지게 됩니다. 집합건물에서 토지의 지분권이 문제가 될 때 '대지권 없음', '토지별도등기' 등의 특별한 문구를 볼 수 있습니다. 땅주인이 따로 있어 대지권이 없는 물건은 토지별도등기, 집합건물등기로 표시되는데, 이는 토지등기가 별도로 있는 것을 말합니다.

등기부등본은 크게 표제부, 갑구, 을구로 나뉘어 있습니다. 하나하나 살펴보겠습니다. 표제부는 부동산의 주소, 면적 등 기본적인 것들을 소개하는 부분입니다. 사람으로 치면 인적사항이죠. 갑구는 집주인이 주인공입니다. 집주인이 카드대금을 연체하면 갑구에 표시됩니다. 을구는 부동산이 주인공입니다. 부동산을 담보로 한 근저당이 여기에 표시됩니다.

1. 표제부

집의 주소와 면적, 어떤 구조로 이루어진 건물인가 등 전체적인 내용이 나옵니다. 집합건물 등기부등본의 표제부는 2개로 나뉘어 있습니다.

첫 번째 표제부는 '1동의 건물의 표시'입니다. 건물 전체, 즉 한 동에 대해 층별로 면적이 다 나오죠. 대지권도 건물 전체에 대한 면적이 표시됩니다. 참고로 등기부등본에서 빨간 줄로 그어진 것은 말소된 것을 뜻합니다.

등기사항전부증명서(말소사항 포함)
- 집합건물 -

고유번호 1101-2018-001080

[집합건물] 서울특별시 강남구 청담동 청담린든그로브

【 표 제 부 】 (1동의 건물의 표시)

표시번호	접 수	소재지번,건물명칭 및 번호	건 물 내 역	등기원인 및 기타사항
1	2018년1월30일	서울특별시 강남구 청담동 청담린든그로브 [도로명주소] 서울특별시 강남구 학동로	철근콘크리트구조 (철근)콘크리트지붕 7층 공동주택(아파트) 1층 698.383㎡ 2층 668.7571㎡ 3층 668.7571㎡ 4층 668.7571㎡ 5층 668.7571㎡ 6층 668.7571㎡ 7층 530.8202㎡	도시및주거환경정비사업시행으로 인하여 등기

(대지권의 목적인 토지의 표시)

표시번호	소 재 지 번	지 목	면 적	등기원인 및 기타사항
1	1. 서울특별시 강남구 청담동	대	9224.9㎡	2018년1월30일 등기

열 람 용

두 번째 표제부는 '전유부분의 건물의 표시'입니다. 해당 물건에 대한 층, 호수, 면적과 대지권 지분이 표시됩니다.

【 표 제 부 】 (전유부분의 건물의 표시)				
표시번호	접 수	건 물 번 호	건 물 내 역	등기원인 및 기타사항
1	2018년1월30일	제1층	철근콘크리트구조 84.9979㎡	
(대지권의 표시)				
표시번호	대지권종류		대지권비율	등기원인 및 기타사항
1	1 소유권대지권		9224.9분의 59.3528	2018년1월6일 대지권 2018년1월30일 등기

표제부를 보면 해당 건물은 서울 강남구 청담동에 있고, 건물은 총 7층이며, 해당 물건은 1층에 있습니다. 건물 전체 면적은 9,224.9㎡이고, 해당 물건은 84.9979㎡입니다. 아파트의 구조는 철근 콘크리트 구조로 이루어져 있습니다.

2. 갑구

갑구에는 소유권과 관련된 내용이 기재됩니다. 이 집이 어떤 집주인을 거쳐 현재 집주인의 소유가 되었는지 알 수 있습니다. 소유주의 성명, 생년월일, 주소가 기재되어 있습니다. 과거에는 주민등록번호의 뒷자리 중 첫자리까지 나왔으나 현재는 주민등록번호 뒷자리는 모두 '*'로 표시됩니다.

이 집은 2018년에 건설되어 박○○ 씨가 분양받아 한 번도 팔지 않고 현재까지 살고 있는 것으로 보입니다.

또한 갑구에는 소유자에 대한 압류, 세금, 기타 권리사항이 함께 기재됩니다. 집에 대한 문제가 아니라 집주인이 누군가에게 갚을 빚이 있을 때 갑구에 기재됩니다.

이 집을 보면 2020년 유○ 씨로부터 가압류가 설정되었습니다. 등기원인을 보니 서울가정법원이네요. 둘은 부부인데, 이혼 과정 중 재산분할 문제로 가압류가 설정된 것으로 추측할 수 있습니다. 그리고 법원은 2024년에 강제경매를 결정했군요.

【 갑 구 】 (소유권에 관한 사항)				
순위번호	등 기 목 적	접 수	등 기 원 인	권리자 및 기타사항
1	소유권보존	2018년1월30일 제15980호		소유자 청담진흥빌라주택재건축정비사업조합 - 서울특별시 강남구 도산대로 , 5층 (청담동,)
2	소유권이전	2018년3월28일 제56848호	2015년11월3일 매매	소유자 박 -******* 서울특별시 노원구 중계로 , (중계동)
3	가압류	2020년7월7일 제117285호	2020년7월7일 서울가정법원의 가압류 결정(2020즈단)	청구금액 금620,073,060 원 채권자 유 -******* 서울특별시 노원구 노원로 ,
4	강제경매개시결정(3 번가압류의 본압류로의 이행)	2024년11월20일 제199502호	2024년11월20일 서울중앙지방법 원의 강제경매개시결 정(2024타경)	채권자 유 -******* 서울특별시 노원구 노원로 , (공릉동,)

3. 을구

을구(소유권 이외의 권리에 대한 사항)에는 집에 대한 내용이 기재됩니다. 집을 담보로 대출을 받으면 을구에 표시됩니다.

등기부등본에 있는 권리들 중 빨간 줄이 있는 것은 말소된 권리이고, 빨간 줄이 없는 것은 권리가 살아 있는, 즉 유효한 권리입니다. 일반 매매를 하면 살아 있는 권리가 그대로 다음 집주인에게 넘어갑니다. 은행대출로 인한 근저당이라면 말소 후에 매매하는 조건으로 거래가 가능하지만, 기타 권리를 가진 채권자가 말소를 동의해주지 않는 경우도 있어요. 이런 집은 일반 매매가 어렵습니다.

하지만 경매는 이야기가 다릅니다. 몇 가지 예외는 있지만 말소가 되는 기준 이하로 모두 말소됩니다. 덕분에 경매를 통하면 집에 딸린 지저분한 권리들이 모두 사라질 수 있어요.

【 을 구 】 (소유권 이외의 권리에 관한 사항)				
순위번호	등 기 목 적	접 수	등 기 원 인	권리자 및 기타사항
1	근저당권설정	2018년3월28일 제56849호	2017년11월24일 설정계약	채권최고액 금901,340,000원 채무자 박 서울특별시 노원구 중계로 , (중계동) 근저당권자 은행 - 서울특별시 중구 소공로 ,(회현동1가) ( )

을구 등기부등본상에 근저당권자의 임의경매가 없는 것으로 보아 박○○ 씨는 대출이자를 연체 없이 잘 내고 있던 것으로 보입니다. 이 물건은 압류나 근저당 연체 없이 한 명의 채권자만 있는 집입니다. 집주인의 재정 상태가 그리 나쁘지 않을 것으로 예상됩니다.

참고로 집주인의 재정 상태가 아주 어려운 집의 등기부등본은 자잘한 압류가 여러 건 들어와 있어 지저분합니다. 그런 집은 아무래도 집주인의 심리 상태가 좋지 않을 가능성이 있죠. 오랫동안 여러 채권자의 독촉에 시달렸을 테니까요. 경제적 궁핍은 심리적인 압박을 불러옵니다.

018

배당 순위를 알면 경매가 쉬워진다

기본적인 배당을 알면 경매가 보인다

경매의 목적은 자금의 선순환입니다. 그 과정에서 가장 중요한 것이 배당이죠. 배당 순서는 채무자의 부동산을 경매로 팔아 생기는 매각대금으로 빚을 갚는 순서를 말합니다. 이 순서는 각각의 권리에 따라 달라집니다. 어떤 사람들이 가장 먼저 배당을 받는지, 각각 얼마를 배당받는지를 알아야 안전하게 낙찰받을 수 있습니다. 각각의 배당 순위에 대해 알아볼까요?

0순위: 경매실행비용

경매법원에서 공고하고, 현황 조사를 하고, 감정평가를 하고, 송달하는 과정에는 비용이 듭니다. 경매를 신청한 채권자가 이 비용을 미리 내는데, 이를 '경매실행비용(경매 신청비용 + 예납금)'이라 하고, 0순위로 가장 먼저 배당합니다. 법원이 경매를 진행하는 데 드는 비용은 낙찰가의 2~5% 정도입니다. 금액이 크지 않기에 입찰 시 크게 고려하지 않아도 됩니다.

1순위: 필요비, 유익비

필요비는 집을 보존하기 위해 드는 비용이고, 유익비는 집의 가치를 높이기 위해 드는 비용입니다. 필요비와 유익비는 공사비의 일종이지만, 인테리어 수리비는 포함하지 않습니다. 간혹 임차인이 공사비용을 이유로 유치권을 주장하기도 하지만, 임차인의 필요비나 유익비는 법적으로 인정받기 쉽지 않습니다. 따라서 입찰 시 필요비, 유익비는 크게 신경 쓰지 않아도 됩니다.

2순위: 임금채권과 최우선변제권

일명 '새치기 권리'라 불리는 2순위는 매우 중요합니다. 다른 권리보다 앞서 올 수 있는 특별한 순위죠. 이 권리에는 소액임차인을 위한 최우선변제권[1]과 근로자의 임금채권[2]이 있습니다. 공장 등 회사 소유의 물건이 경매에 나온 경우 임금을 받지 못한 근로자의 임금채권이 걸려 있는 것을 쉽게 볼 수 있습니다. 회사 사장이 소유한 주거용 물건이 경매로 나온 경우에도 임금채권이 걸려 있는 경우가 종종 있습니다.

2순위 권리들은 안분배당을 합니다. 안분배당이란 순서가 중요하지 않고, 각각 비율별로 공평하게 나누어 받는 것을 말합니다. 990만 원의 배당금이 있고 A채권이 1,000만 원, B채권이 500만 원인 경우 2 대 1의 비율로 배당을 하는 것이 공평합니다. 안분배당으로 배당하면 A는 660만 원, B는 330만 원을 배당받게 됩니다.

알아두세요

1 **최우선변제권** 소액임차인을 보호하기 위한 특별법으로, 지역마다 기준금액이 다릅니다. 최우선변제권이 있는 세입자는 다른 권리보다 우선적으로 보증금의 전액 또는 일부 금액을 배당받을 수 있습니다(23장 참고).

2 **임금채권** 노동자가 정해진 노동을 제공함으로써 받는 임금을 지급하지 않았을 때 강제 지급을 청구할 수 있는 권리를 말합니다.

3순위: 당해세

당해세는 그 물건에 대한 세금을 말합니다. 국세인 상속세, 증여세, 종합부동산세와 지방세인 재산세, 도시계획세, 공동시설세, 지방교육세가 있습니다. 지방세는 주소가 있는 지역의 지자체에서 부과합니다. 경기도 용인시의 물건이라면 용인시의 압류가 당해세죠. 다른 지역의 세금 압류는 당해세가 될 수 없습니다.

부동산 경매에서 주로 만날 수 있는 당해세는 재산세 혹은 종합부동산세입니다. 주거용 물건은 재산세가 그리 크지 않지만, 공장이나 상가는 금액이 적지 않기에 주의해야 합니다. 따로 고지가 없다면 관할 시·군·구청을 통해 당해세 금액을 확인해야 합니다.

임차인보다 빠른 배당인 당해세로 인해 선량한 임차인이 보증금을 배당받지 못하는 일이 종종 발행했습니다. 그래서 임차인 보호를 위해 2023년 4월 이후 매각부터 확정일자가 빠른 임차인의 임차보증금이 당해세(국세)보다 먼저 배당받게 되었습니다.

단, 국세의 경우 임차권이 조세채권보다 앞설 수 있도록 예외 규정을 마련했지만, 지방세는 아직 예외 규정이 없습니다. 따라서 국세인 종합부동산세만 적용되며, 지방세인 재산세는 적용되지 않습니다.

또한 당해세의 발생일의 기준(소득세·법인세·부가가치세 등의 '신고일', 상속세·증여세·종합부동산세 등의 '납세고지서발송일')이 각기 달라 문제의 소지가 있었습니다. 이를 막기 위해 현재 임차인은 임대차계약 체결 전 집주인에게 납세증명서를 요구할 수 있습니다[「주택임대차보호법」 제 3조의 7(임대인의 조세 체납 여부 정보 제시)].

4순위: 우선변제권

경매에서 배당은 주로 우선변제권에 의해 이루어집니다. 보증금을 비롯해 근저당권, 전세권, 담보가등기, 임차권등기, 당해세를 제외한 세금 등은 우선변제권을 가집니다. 이들 권리들은 접수 날짜에 따라 순서대로 배당을 받습니다. 순서가 빠른 우선변제권이 먼저 배당을 받기에 순서가 늦으면 배당을 받지 못할 수도 있습니다. 우선변제권의 배당 순위는 다음과 같습니다.

① 우선변제권이 같은 날짜라면 접수번호 순서대로 배당합니다.
② 접수 순서를 구분할 수 없거나, 임차권과 근저당이 같은 순위거나, 가압류라면 안분배당합니다.
③ 임차인의 우선변제권이 생기는 날은 전입일자과 확정일자 중 늦은 날짜 기준입니다.

5순위 이하

알고만 가도 좋습니다. 5순위는 앞에서 2순위로 받은 임금 외의 임금채권 혹은 퇴직금입니다. 6순위는 당해세가 아닌 저당권보다 순위가 늦은 국세, 지방세입니다. 7순위는 산업재해보상금, 건강보험금, 연금보험금 등 각종 공과금입니다. 8순위는 우선변제권이 없는 가압류채권, 일반채권, 과태료입니다.

잠깐만요 조세채권의 법정기일을 주의하세요

당해세 이외의 세금을 체납해 발생한 조세채권은 우선변제권을 갖습니다. 원래 우선변제권은 등기부등본상의 접수 순서대로 배당하지만, 조세채권은 '조세채권 우선의 원칙'에 따라 법정기일을 기준으로 배당합니다. 경매에서 조세채권이 발생한 법정기일은 세금신고일, 고지서발송일, 납세의무확정일 등으로, 등기부등본에 나타나지 않기에 입찰자는 그 날짜를 확인할 수 없습니다. 접수일자가 늦더라도 조세채권의 법정기일이 임차인의 전입일자보다 빠르다면 임차인의 보증금보다 배당순위에서 앞서게 됩니다. 만약 임차인이 대항력 있는 선순위임차인이라면, 임차인은 조세채권보다 배당 순서가 늦어 받지 못한 보증금을 낙찰자에게 요구할 것입니다. 낙찰자는 꼼짝없이 임차인의 보증금을 인수해야 하기에 피해금액이 크면 차라리 입찰보증금을 포기하기도 합니다. 경매가 아닌 공매로 올라온 조세채권이라면 온비드를 통해 공매재산명세서에 기재된 법정기일을 확인할 수 있습니다.

019

난이도 하 - 집주인이 사는 집은 말소기준권리만 확인!

돈에 대한 권리와 그 밖의 권리

경매는 집주인의 빚 때문에 일어나는 일이에요. 법원은 집주인의 집을 처분해 채권자에게 돈을 돌려주기 위해 경매를 진행합니다. 채권자는 당연히 받아야 할 돈이 있어 경매를 신청하지만, 그 과정에서 그 집에 관련된 다른 이해관계인에게 피해가 갈 수도 있습니다. 그래서 집에 얽힌 이해관계인들의 권리를 따져봐야 합니다.

경매는 채권자의 신청으로 시작합니다. 신청한 채권자 외에도 은행이나 카드사 등 금융기관, 개인, 세무서, 사업상 채권자, 이혼한 전처 등 집주인에게 받을 돈이 있는 채권자가 더 있을 수 있습니다. 채권자들은 자신의 권리 순서대로 배당을 받습니다. 등기부등본이나 전입신고처럼 명확한 순서가 있는 권리도 있고, 가처분[1], 유치권처럼 배당 여부가 애매한 권리도 있습니다. 한편, 선순위임차권처럼 자칫하면 낙찰자가 인수해야 하는 권리도 있죠.

법원 입장에서는 신청이 들어왔으니 되도록 빠르게 경매를 진행해야 합니다. 일일이 다른 이들의 권리관계를 파악할 시간적 여유가 없습니다. 그래서 법원은 명확하지 않은 권리에 대해 파악하지 않고 입찰자가 스스로 판단하게 합니다. 이런저런 사연이 있는 여러 가지 권리를 다 파악한 뒤 경매를 진행하면 시간이 마냥 지체되니까요. 따라서 최소한의 정보는 법원이 관리하지만, 세세한 부분은 입찰자가 직접 권리분석을 해야 합니다.

알아두세요

1 **가처분** 가처분을 신청한 사람의 동의 없이는 물건을 처분하지 못하도록 하는 것을 말합니다. 이러한 권리를 가진 사람을 가처분 권자라고 합니다.

경매 물건은 권리가 명확한 것이 있는 반면, 애매한 경우도 종종 있습니다. 그래서 권리분석은 크게 2단계로 진행할 수 있습니다.

① 어떤 것이 명확한 권리이고, 애매한 권리인지 판단하기(소멸권리와 인수권리 파악)
② 인수권리 중 내가 해결할 수 있는 수준 판단하기

'소멸권리', '인수권리'는 법률 용어가 아닙니다. 이해를 돕기 위해 제가 만든 용어입니다. 경매 후 없어지는, 즉 소멸되는 권리를 소멸권리라고 하고, 반대로 낙찰자가 떠안아야 하는, 즉 인수해야 하는 권리를 인수권리라고 하겠습니다.

인수권리라고 무조건 피할 필요는 없어요. '소멸인가, 인수인가'의 문제는 권리가 사라지는가의 여부에 달려 있습니다. 배당과는 별개 문제죠. 인수권리이지만, 배당으로 해결이 되기도 합니다. 예를 들어 인수권리를 가진 가처분권자에게 전액 배당이 되면 낙찰자에게는 위험이 없습니다.

권리는 말소되는 것이 좋다

경매에 나오는 집은 모두 문제가 있는 집입니다. 어떤 집은 복잡한 문제가 있고, 어떤 집은 간단한 문제가 있죠. 그 문제들은 등기부등본에 표시되는데, 이것을 '권리'라고 합니다. 권리의 힘이 사라지면, 등기부등본상에 빨간색으로 줄이 그어지고 "권리가 소멸되었다" 혹은 "말소되었다"라고 합니다. 경매에서는 일정 기준 이하로 채권자의 권리가 사라지는데, 이때 말소의 기준이 되는 권리를 '말소기준권리'라고 합니다.

경매에서 권리가 말소되는 궁극적인 이유는 채권자들에게 신속하게 배당하기 위해서입니다. 권리가 말소되기에 입찰자는 복잡한 권리 걱정 없이 입찰할 수 있고, 법원은 낙찰자의 잔금으로 채권자에게 배당할 수 있습니다. 빚이 많아 일반 매매로 매매하기 어려운 물건도 경매를 통하면 새 주인을 만날 수 있습니다.

권리가 소멸한다는 것은 그 과정에서 누군가는 돈을 받지 못할 수도 있다는 뜻입니다. 권리가 말소되는 과정에서 억울한 사람도 생깁니다. 배당 순서가 늦어 돈을 돌려받지 못하더라도 별다른 방법이 없습니다. 집은 이미 새 주인을 찾았고, 권리는 소멸했으니까요. 말소기준권리보다 전입이 늦어 대항력이 없는 임차인은 보증금을 모두 잃어도 별도리 없이 이사를 나가야 합니다. 그렇기 때문에 애초에 월세 혹은 전세로 집을 구할 때 등기부등본을 확인해 과도한 대출이 껴 있는 집은 피하는 것이 좋습니다.

말소기준권리는 말 그대로 말소가 되는 기준입니다. 말소기준권리를 포함해 아래의 권리들은 모두 힘을 잃고 사라집니다. 회개하면 모든 죄를 용서해주듯 복잡한 과거가 사라지는 거죠. 말소기준권리를 찾는 것은 권리분석의 시작입니다.

여러분이 임차인이라면 반드시 말소기준권리보다 먼저 전입을 해야 하고, 입찰자라면 말소기준권리보다 빠른 권리가 있는 물건은 피하는 것이 좋습니다. 그러니 누군가에게 돈을 빌려줄 때는 말소기준권리가 이미 있는 물건을 담보로 삼는 일은 피해야 합니다.

말소기준권리만 찾으면 권리분석 90% 해결!

말소기준권리는 돈으로 해결되는 권리 중 가장 먼저 설정된 권리입니다. '돈에 관한 권리'는 경매를 통해 깨끗하고 명확하게 해결할 수 있습니다. 모두 소멸하죠. 배당 순서가 늦은 채권자의 경우 돈을 한 푼도 돌려받지 못하더라도 그 돈을 낙찰자에게 요구할 수 없습니다. 덕분에 입찰자는 마음 놓고 입찰에 참여할 수 있습니다. 경매에서 가장 손해를 보는 사람은 순서가 늦어 배당을 받지 못하는 채권자죠.

하지만 '돈이 목적이 아닌 권리'는 상황이 다릅니다. 진짜 집주인이 누구인지에 대한 다툼이 있어 소송이 진행 중인 집이라면, 낙찰받은 후에 소유권을 빼앗길 수도 있습니다. 또 토지를 이용할 수 있는 권리가 명확하지 않은 집이라면, 낙찰받은 후에 건물을 철거해야 할 수도 있죠. 돈으로 해결할 수 없는 문제가 있는 물건은 권리분석이 까다롭습니다. 다행히도 경매 물건 중 대부분은 돈으로 해결이 됩니다. 초보자는 이런 물건만 골라서 입찰하면 됩니다.

말소기준권리가 되는 다섯 가지

말소기준권리 이후의 권리는 몇 가지 예외를 제외하고 모두 말소됩니다. 말소기준권리가 되는 권리는 다섯 가지가 있습니다.

① 근저당권, 저당권

근저당권과 저당권 모두 돈을 빌려줄 때 발생하는 권리입니다. 부동산을 담보로 한 대출을 채무자가 갚을 수 없을 때는 법원에 해당 부동산에 대한 경매를 신청해 돈을 받을 수 있습니다. 저당권은 개인 간 거래에서 많이 발생하는 반면, 근저당권은 은행에서 대출을 받을 때 설정되는 권리입니다. 근저당권은 채무자가 미래에 상황이 안 좋아져 대출을 갚지 못할 것을 대비해 실제 빌린 금액보다 더 높게(약 120~130%) 채권액을 설정하는 것을 말합니다. 근저당권은 주거용 물건의 주된 말소기준권리입니다.

② 압류, 가압류

채권자가 채무자에게 받을 돈이 있을 때 채무자가 임의로 자신의 재산을 처분하지 못하도록 국가에 신청하는 것을 말합니다.

③ 경매개시결정

앞선 다른 권리가 없을 때 경매 시작을 알리는 경매개시결정이 말소기준권리가 됩니다.

④ 담보가등기

근저당 대신 설정하는 권리입니다. 돈을 빌려주고 담보가등기를 설정하면 경매를 신청할 수 있고 배당도 받을 수 있습니다. 개인 간의 거래에서 발생하며, 근저당과 비슷한 효력이 있습니다. 등기부등본 비고란에 '담보가등기'라고 쓰여 있는 물건이 그러합니다. 최근에는 찾아보기 어렵습니다.

⑤ 선순위전세권

등기부등본에서 다른 권리보다 가장 앞선 전세권을 말합니다. 선순위전세권은 '소멸기준인가, 아닌가'가 중요합니다. 선순위전세권이 소멸기준, 즉 말소기준권리가 되지 못하면 낙찰자가 인수해야 할 수 있으니 꼼꼼히 확인해야 합니다. 전세권 중에서 ① 가장 먼저 설정되고, ② 건물 전체에 해당하며, ③ 배당요구를 했거나 경매 신청을 한 것이 소멸기준이 됩니다(20장 참고).

이 다섯 가지 권리 중 가장 먼저 설정된 권리가 말소기준권리가 됩니다. 반대로 말하면 다섯 가지 외의 다른 권리는 말소기준권리가 될 수 없겠죠. 권리분석을 하기 위해서는 가장 먼저 말소기준권리를 찾을 수 있어야 합니다. 때문에 다섯 가지 권리는 외워둘 필요가 있습니다. 참고로 스피드옥션에서는 말소기준권리를 '소멸기준'으로 표시하고 있습니다.

건물 등기 사항 건물열람일 : 2025-04-14 채권총액 : 185,586,828원 등기사항증명서 →

구분	성립일자	권리종류	권리자	권리금액	상태	비고
갑2	2006-10-26	소유권이전	유○○○○○	(거래가) 48,290,000원	이전	매매 신탁재산의처분
갑3	2014-07-07	소유권	서○○	(거래가) 90,300,000원	이전	매매
을8	2017-01-24	(근)저당	담○○○○○○○	84,000,000원	소멸기준	
을10	2022-05-04	(근)저당	넥○○○○○○○○	39,000,000원	소멸	
갑4	2024-07-11	소유권(지분)	서○○○○○○		이전	상속
갑6	2024-10-15	가압류	제○○○○○○○○	62,586,828원	소멸	
갑8	2025-04-10	임의경매	담○○○○○○○	청구: 57,114,146원	소멸	

명세서 요약사항 2017.01.24. 근저당권

소멸되지 않는 등기부권리	
설정된 것으로 보는 지상권	
주의사항 / 법원문건접수 요약	현황보고서상 2024. 4월부터 관리비 미납 상태임. * 관리비 조사일자 2025-09-10 16개월 관리비미납금 약1,800,000 원

스피드옥션에 표시된 소멸기준

말소기준권리 이하지만 소멸되지 않는 예외권리

모든 법칙이 그러하듯, 말소기준권리에도 예외가 있습니다. 예고등기, 가처분등기, 유치권, 지상권은 언제 설정되었느냐와 상관없이 낙찰자에게 인수될 수도 있습니다. 어떤 권리는 인수되고, 어떤 권리는 인수되지 않기에 인수 여부를 일일이 확인해야 합니다.

예고등기

등기 자체에 문제가 있다는 것을 알리는 법원의 경고입니다. 이 집에 심각한 소송이 진행 중이라는 의미이기도 합니다. 지금은 예고등기가 폐지되었으므로 과거 등기된 경우만 가끔 있습니다.

가처분등기

집을 사는 사람의 권리를 보호하기 위해 집주인이 함부로 부동산을 처분하지 못하도록 등기부등본에 금지사항을 적어 넣은 것을 말합니다. 소유권에 관련된 가처분, 효력이 살아있는 가처분만이 문제가 됩니다. 근저당에 가처분이 딸려있다면 본등기인 근저당이 말소되면 부기등기인 가처분은 함께 말소됩니다.

유치권

공사업체가 공사대금을 받기 위해 집을 점유하는 권리를 말합니다. 경매법원은 유치권 성립 여부를 판단하지 않고 유치권 접수 사실만 고지합니다. 주거용 부동산에 대한 유치권은 성립되지 않는 경우가 많지만, 입찰자가 직접 판단해야 하는 권리입니다.

(법정)지상권

집주인과 땅주인이 다를 때 생기는 권리입니다. 법원은 법정지상권 성립 여부를 판단하지 않고 '법정지상권이 성립할 수도 있음'이라고 고지합니다. 이 역시 입찰자가 개인적으로 판단해야 합니다.

앞서 소개한 권리 외에 미상임차인, 선순위 가등기, 대지권 미등기 등의 권리가 붙는 물건을 경매에서는 '특수물건'이라고 합니다. 특수물건은 권리분석이 복잡하고 낙찰자가 인수해야 하는 무시무시한 권리가 많아 초보자들이 접근하기 어렵습니다. 특수물건은 입찰자가 적어 낙찰률이 낮습니다. 그래서 몇몇 고수는 이러한 물건에만 접근해 높은 수익을 얻기도 하죠. 하지만 잘 모르는 상태에서 섣불리 낙찰받았다가 수익은커녕 손해만 볼 수도 있으니 신중하게 접근해야 합니다.

"모르고 입찰했어요!"라고 하는 경우는 거의 없습니다. '등기'라는 표시가 붙는 예고등기, 가처분등기는 등기부등본에 기재되고, 유치권과 법정지상권은 매각물건명세서에 기재되니 실수로 못 보고 지나칠 일은 없습니다. 그러니 위험을 판단하기 어려운 초보자는 이런 물건은 그냥 패스하길 권합니다.

무작정 따라하기

집주인이 사는 집의 말소기준권리 찾기

집주인이 사는 집은 말소기준권리를 찾으면 권리분석이 끝납니다. 인수해야 할 예외가 있는지 확인만 하면 됩니다. 집주인이 배당을 받을 수 있는지 여부를 판단할 필요가 없으니 권리분석이 쉽고 간단합니다.

① 근저당이 말소기준권리인 간단한 물건

임차인현황 건물소멸기준 : 2014-01-29 / 배당종기일 : 2024-10-07 　매각물건명세서 → 　예상배당표 →

순위	성립일자	권리자	권리종류(점유부분)	보증금금액	신고	대항	참조용 예상배당여부(최저가기준)
조사된 임차내역없음							

건물 등기 사항 건물열람일 : 2024-07-15 　채권총액 : 218,509,600원 　등기사항증명서 →

구분	성립일자	권리종류	권리자	권리금액	상태	비고
갑2	2004-02-24	소유권	김○○		이전	매매
갑3	2014-01-29	소유권	신○○	(거래가) 113,000,000원	이전	매매
을5	2014-01-29	(근)저당	국○○○	59,200,000원	소멸기준	
을6	2017-07-20	(근)저당	국○○○	22,800,000원	소멸	
갑4	2022-03-04	가압류	국○○○	116,365,509원	소멸	
갑5	2022-03-08	가압류	신○○○	20,144,091원	소멸	
갑6	2024-07-05	임의경매	국○○○	청구: 64,589,175원	소멸	

명세서 요약사항 2014. 01. 29. 근저당권

소멸되지 않는 등기부권리	
설정된 것으로 보는 지상권	
주의사항 / 법원문건접수 요약	●미납관리비(공용)를 인수할수 있으니 입찰전에 확인 하시기 바랍니다.

집주인이 사는 집의 말소기준권리는 성립일자별로 나열했을 때 가장 먼저 설정된 권리입니다. 말소기준권리 이하 권리들은 소멸합니다. 여기서 소유권은 빚이 아니니 넘어가고, 가장 앞선 권리인 2014년 1월 29일에 설정된 국○○○의 근저당이 말소기준권리군요. 소유권이 이전된 날짜와 동일한 것을 보니 매매일에 맞춰 실행된 담보대출인 것으로 보입니다. 2017년에 추가 대출이 이루어졌고, 2024년에 근저당권자인 국○○○이 임의경매를 신청했습니다.

저당권으로 경매가 시작되면 임의경매, 그 외 압류 등으로 경매가 시작되면 강제경매로 표시됩니다. 위 물건은 근저당이 말소기준권리로, 권리분석이 매우 간단한 물건입니다. 말소기준권리 이하는 모두 소멸하기에 초보자가 도전해도 좋습니다. 주거용 물건의 일반적인 패턴이죠.

② 가압류가 말소기준권리인 간단한 물건

건물 등기 사항 건물열람일 : 2024-12-20 채권총액 : 34,003,448원 등기사항증명서 →

구분	성립일자	권리종류	권리자	권리금액	상태	비고
갑1	2001-08-14	소유권	윤○○		이전	증여
갑4	2022-10-20	가압류	인○○○○○○○	15,388,204원	소멸기준	
갑5	2022-12-01	가압류	신 ○○○○○○○○○○○○○○○	18,615,244원	소멸	
갑6	2024-04-23	가처분	강○○	대구지방법원안동지원 (2024카단38)	소멸	가처분등기보기
갑7	2024-12-11	강제경매	강○○	청구: 20,276,164원	소멸	

명세서 요약사항 2022.10.20. 가압류

소멸되지 않는 등기부권리	
설정된 것으로 보는 지상권	
주의사항 / 법원문건접수 요약	

가압류, 압류도 말소기준권리가 될 수 있습니다. 경북 영주시에 있는 이 아파트는 소유권 이전이 된 후 가장 먼저 설정된 권리가 인○○○○○○○의 가압류입니다. 경매는 강○○ 씨에 의해 2024년 4월 23일에 개시되었습니다. 2022년 10월에 설정된 가압류가 말소기준권리가 되고, 말소기준권리 이하 권리들은 채권액이 얼마든 상관없이 낙찰 후 모두 소멸됩니다.

③ 경매개시결정이 말소기준권리인 간단한 물건

건물 등기 사항 건물열람일 : 2023-12-06 채권총액 : 42,000,000원 등기사항증명서 →

구분	성립일자	권리종류	권리자	권리금액	상태	비고
갑1		소유권	박○○		이전	보존
갑4	2011-01-24	소유권	김○○	(거래가 2건) 300,000,000원	이전	매매
을1	2011-01-31	전세권	박○○	42,000,000원	소멸	
갑9	2023-11-22	강제경매	박○○	청구: 34,114,755원	소멸기준	

이 물건은 소유권 설정 이후 별다른 권리 없이 바로 경매가 진행되었습니다. 앞선 다른 권리가 없을 때는 경매의 시작, 경매개시결정 그 자체도 말소기준권리가 됩니다.

④ 예외권리가 있는 물건

건물 등기 사항 건물열람일 : 2023-03-01 채권총액 : 9,652,543원 등기사항증명서 →

구분	성립일자	권리종류	권리자	권리금액	상태	비고
갑3	2008-10-01	소유권	장○○	(거래가 16건) 1,728,000,000원	이전	매매
갑24	2017-06-09	소유권	유○○		이전	강제경매로 인한 매각
갑27	2018-07-25	가처분	미○○○○	서울중앙지방법원	인수	토지 소유권에 기한 건물철거 청구권 가처분등기보기
갑29	2020-01-08	가압류	미○○○○	9,652,543원	소멸기준	
갑34	2023-02-16	강제경매	미○○○○	청구: 14,593,355원	소멸	

해당 물건은 대지권 없이 건물만 경매에 나온 물건입니다. 「건축법」상 사용 승인을 받지 않은 건축물로 대지사용권이 없습니다. 토지 소유자로부터 건물 철거 및 부당 이득 반환을 명하는 확정 판결이 있으며, 이로 인한 가처분이 있습니다. 가처분은 말소되지 않고 낙찰자에게 인수됩니다. 초보자라면 이런 종류의 물건은 뒤도 돌아보지 말고 패스하는 것이 좋습니다.

020
난이도 중 - 세 가지 조건만 확인하면 전세권 완전 정복!

전세권은 특별하다

「민법」에서 전세권은 임차인이 전세금을 지급하고 다른 사람의 부동산을 일정 기간 용도에 따라 사용·수익한 뒤 그 부동산을 반환하고 전세금을 반환받는 권리를 말합니다. 전세입자는 집주인의 부동산을 사용할 수 있고, 보증금을 돌려받지 못하면 경매를 신청할 수도 있으며, 가장 먼저 배당받을 수 있는 우선변제권을 가집니다. 특별한 특약이 없다면 전세권자는 전세권 자체를 다른 사람에게 양도할 수 있고, 전전세, 임대를 할 수도 있습니다(「민법」 제303조 제1항).

우리가 이 책에서 말하는 전세권은 엄밀히 말하면 '전세권 설정등기'를 뜻합니다. 등기소에 가서 전세권 등기를 설정하면 등기부등본상에 '전세권'이라고 등기됩니다. 이때 집주인의 동의서가 필요하고, 비용은 임차인이 부담합니다. 막강한 권리인 전세권, 과연 만능일까요?

과거 대항력이 없던 시절, 임차인은 전세권이 있어야만 보증금을 지킬 수 있었습니다. 하지만 전세권을 설정하는 데 비용이 들고, 집주인의 동의를 받아야 하는 등 과정이 번거로워 전세권을 가지기 어려웠습니다. 1981년에 「주택임대차보호법」이 생기고 난 뒤 임차인은 전입신고와 확정일자만으로도 대항력과 우선변제권을 가지게 되었습니다. 현재는 전세권이 없어도 '임차권'만으로 임차인의 권리를 가질 수 있습니다.

하지만 특별한 사정으로 임차권을 가질 수 없는 상황이라면 전세권이 반드시 필요합니다. 직장이나 학업 등의 이유로 주소를 이전할 수 없거나, 집주인이 전입을 허락하지 않을 때는 임차권을 가질 수 없으니 전세권을 설정해야 합니다. 안정지향적 임차인은 전입으로 임차권을 갖추고 전세권도 설정해 임차권과 전세권을 모두 가지기도 합니다.

전세권에는 다른 권리들처럼 법원에서 먼저 배당받을 우선변제권이 있습니다. 우선변제권은 접수 순서대로 배당됩니다. 말소기준권리 아래에 있는 전세권은 순서가 밀려 보증금을 전부 배당받지 못할 수도 있습니다.

전세권은 돈과 관련이 있는 권리이기에 지금부터 설명할 세 가지 특별한 조건에 해당하면 말소기준권리가 될 수 있습니다. 조건을 충족하지 않는 전세권은 말소기준권리가 되지 못하고, 다음 권리가 말소기준권리가 됩니다. 그렇게 되면 전세권은 말소기준권리 앞에 자리하는 선순위전세권이 되어 낙찰자에게 인수됩니다. 낙찰자 입장에서 볼 때 전세권을 인수한다는 것은 법원에 잔금을 내고도, 임차인에게 전세금을 따로 내주어야 한다는 뜻입니다. 정말 무시무시하죠.

전세권도 말소기준권리가 될 수 있는 세 가지 조건

전세권이 말소기준권리가 되기 위해서는 세 가지 조건이 모두 충족되어야 합니다.

① 가장 먼저: 제일 처음으로 설정되어야 합니다.
② 건물 전체: 전세권이 해당 물건 전체에 설정되어야 합니다. 물건 일부의 전세권은 해당되지 않습니다.
③ 배당요구 또는 경매 신청: 전세권자가 배당요구를 했거나 경매 신청을 해야 합니다. 이는 전세권자가 돈을 받아 가겠다는 의사 표시입니다.

만약 이 조건 중 하나라도 충족하지 못하면 전세권은 말소기준권리가 되지 못하고, 바로 뒤에 오는 권리가 말소기준권리가 됩니다. 이 세 가지 조건만 머릿속에 입력해둔다면 권리 분석이 쉬워집니다. 예시를 통해 하나하나 알아볼까요?

예시 1 | 말소기준권리가 되는 전세권

임차인현황 건물소멸기준 : 2021-02-03 / 배당종기일 : 2024-11-15 매각물건명세서 → 예상배당표 →

순위	성립일자	권리자	권리종류(점유부분)	보증금금액	신고	대항	참조용 예상배당여부(최저가기준)
1	전입 없음 확정 없음 배당 2025-03-05	손○○	② 주거전세권자 전부	보 160,000,000원	○	없음	경매신청채권자로 경매신청기입일로 배당요구한것으로 봄 경매신청채권자
③ 비고	손 :경매신청채권자 및 전세권자로서 전세권설정등기일은 2021. 2. 3.이고, 배당요구일은 경매신청일 (2024. 8. 16.)임						

건물 등기 사항 건물열람일 : 2024-09-13 채권총액 : 417,075,021원 등기사항증명서 →

구분	성립일자	권리종류	권리자	권리금액	상태	비고
갑1	2016-07-15	소유권	김○○		이전	보존
① 을3	2021-02-03	전세권	손○○	160,000,000원	소멸기준	
갑3	2022-05-04	가압류	서○○○○○	185,295,057원	소멸	
갑4	2022-09-27	가압류	대○○○○○○○	60,206,041원	소멸	
갑5	2022-10-04	압류	국○○○○○○○○○○○		소멸	(체납징세과-티44822)
갑6	2022-10-13	압류	달○○		소멸	(징수과-17426)
갑7	2022-10-27	가압류	케○○○○○○	11,573,923원	소멸	
갑9	2023-10-20	압류	남○		소멸	(세무과-12323)
갑10	2024-09-04	임의경매	손○○	청구: 160,000,000원	소멸	

위 등기부등본에서 손○○ 씨의 전세권을 앞서 말한 세 가지 조건으로 분석해봅시다.

① 가장 먼저: 2021년 2월 3일로, 다른 권리보다 빠릅니다.

② 건물 전체: 건물의 전부에 설정되어 있습니다.

③ 배당요구 또는 경매 신청: 임차인은 배당요구를 했고, 경매 신청을 했습니다.

▶ 결론: 임차인의 전세권은 세 가지 요건을 충족하여 말소기준권리가 됩니다. 낙찰 후 법원은 전세권자인 손○○ 씨에게 가장 먼저 배당을 할 것입니다.

해당 사례의 경우 전세권자가 이사를 오고 3개월 뒤 가압류가 설정되었습니다. 2024년 9월, 전세권자인 손○○ 씨는 직접 경매 신청을 했습니다. 돈을 돌려받지 못해 채권자들과 전세권자가 곤란한 상황을 겪었지만, 낙찰이 되면 그들의 채권은 배당으로 소멸될 것입니다. 일부 채권자가 배당을 받지 못한다 해도 소멸합니다. 입찰하기에 안전한 물건입니다.

예시 2 | 배당신청을 하지 않아 말소기준권리가 되지 못하는 전세권

임차인현황 건물소멸기준 : 2023-09-08 / 배당종기일 : 2024-08-20 매각물건명세서 → 예상배당표 →

순위	성립일자	권리자	권리종류(점유부분)	보증금금액	신고	대항	참조용 예상배당여부(최저가기준)
③ 1	전입 없음 확정 없음 배당 2024-08-19	오○○	② 주거전세권자 건물의 전부	보 440,000,000원	○	없음	
비고	현황조사서 : 임차인(별지) 점유 오 :전세권자로서 전세권설정 등기일은 2023. 4. 7.임						

건물 등기 사항 건물열람일 : 2024-05-30 채권총액 : 471,989,024원 등기사항증명서 →

구분	성립일자	권리종류	권리자	권리금액	상태	비고
갑1	2019-11-08	소유권	유○○○○○○○		이전	보존
갑2	2020-01-17	소유권	김○○	(거래가) 284,500,000원	이전	매매
① 을5	2023-04-07	전세권	오○○	440,000,000원	인수	특별매각조건에의한 인수
갑10	2023-09-08	가압류	하○○○	31,989,024원	소멸기준	
갑13	2024-05-13	압류	국○○○○○○○		소멸	(징수팀-902609)
갑14	2024-05-20	강제경매	하○○○	청구: 35,772,403원	소멸	

명세서 요약사항 최선순위 설정일자 2023.09.08. 가압류

소멸되지 않는 등기부권리	을구 순위 5번 전세권설정등기 (2023.4.7. 접수번호 제9865호)는 말소되지 않고 매수인에게 인수됨
설정된 것으로 보는 지상권	
주의사항 / 법원문건접수 요약	-을구순위 5번 전세권설정등기 (2023.4.7. 접수번호 제9865호)는 말소되지 않고 매수인에게 인수됨 2024-11-18 임차인 권리신고 및 배당요구 철회 제출 * 관리비 조사일자 2025-01-06 관리비미납 없음

이 물건에는 오○○ 씨가 전세보증금 4억 4,000만 원을 내고 임차인으로 거주 중입니다.

① 가장 먼저: 2023년 4월 7일, 다른 채권자보다 오○○ 씨가 먼저 전세권 설정을 했습니다.

② 건물 전체: 오○○ 씨는 건물의 전부에 대해 전세권 설정을 했습니다.

③ 배당요구 또는 경매 신청: 2024년 8월 19일 오○○ 씨가 배당요구를 했던 것으로 보입니다. 그러나 명세서 요약사항을 보면 같은 해 11월 18일 배당요구를 철회했습니다.

세 번째 조건이 충족되지 않았기에 오○○ 씨의 전세권은 말소기준권리가 될 수 없습니다. 바로 아래에 있는 가압류가 말소기준권리가 되면서, 전세권은 말소기준권리 앞에 위치해 인수권리가 되었습니다. 이 물건을 낙찰받은 임차인은 잔금을 납부하고, 별개로 오○○ 씨에게 전세금을 내주어야 합니다. 조심해야 할 물건입니다.

그렇다면 이런 물건은 절대 낙찰받으면 안 될까요? 꼭 그렇지는 않습니다. 인수해야 하는 오○○ 씨의 전세금만큼 저렴하게 낙찰받으면 됩니다. 보증금이 4억 4,000만 원인 전세가 있으니 이 금액을 감안해 입찰가를 낮추어 낙찰받고 추후 오○○ 씨에게 보증금을 내주면

됩니다. 경매투자자 입장에서 볼 때 결과는 같습니다. 다만, 대출은 낙찰가에 비례해 받고, 전세입자에게 전세금은 현금으로 내주어야 합니다. 이런 이유로 '인수해야 하는 선순위전세권'이 있는 물건은 낙찰가가 낮습니다. 현금이 넉넉히 있다면 인수해야 하는 선순위전세권이 있는 집을 골라 저렴한 가격으로 입찰을 시도해도 좋습니다.

참고로 인수해야 하는 전세금만큼 저렴하게 낙찰을 받았더라도, 인수해야 할 전세금을 포함한 금액을 취득가액으로 보아 취득세를 내야 합니다(조세심판판례-조심2014지1424, 2014. 12. 1.).

예시 3 | 건물 전체에 설정되지 않아 말소기준권리가 되지 못하는 전세권

임차인현황 건물소멸기준 : 2011-12-02 / 배당종기일 : 2024-10-14 매각물건명세서 → 예상배당표 →

순위	성립일자	권리자	권리종류 (점유부분)	보증금금액	신고	대항	참조용 예상배당여부 (최저가기준)
1	전입 2023-05-31 확정 없음 배당 2023-10-10	K○○○○○○○○○○○○○	주거임차인 옥탑1층 502호	보 1,000,000원 월 300,000원	○	없음	
2	전입 2017-03-22 확정 없음 배당 없음	이○○	주거임차인	보 미상	X	없음	현황조사 권리내역
3	전입 2018-06-15 확정 없음 배당 없음	박○○	주거임차인	보 미상	X	없음	현황조사 권리내역
❸ 4	전입 없음 확정 없음 배당 2023-10-23	이○○	주거전세권자 ❷ 건물 지1층 중 남쪽 56.46㎡	보 140,000,000원	○	없음	
5	전입 2021-05-10 확정 2021-05-10 배당 2024-09-09	강○○	주거임차인 101호	보 50,000,000원	○	없음	
6	전입 2016-06-24 확정 2016-04-08 배당 2024-08-04	정○○	주거임차인 102호	보 50,000,000원	○	없음	확정일자가 전입일보다 빠를 경우 가족전입여부 확인 바랍니다.
7	전입 2021-12-15 확정 없음 배당 없음	정○○	주거임차인 103호	보 미상	X	없음	현황조사 권리내역
8	전입 2018-08-23 확정 없음 배당 없음	심○○	주거임차인 104호	보 미상	X	없음	현황조사 권리내역
9	전입 없음 확정 없음 배당 없음	남○○	주거임차인 104호	보 미상	X	없음	현황조사 권리내역
10	전입 2018-06-29 확정 없음 배당 없음	진○○	주거임차인 201호	보 미상	X	없음	현황조사 권리내역
11	전입 2022-03-14 확정 없음 배당 없음	박○○	주거임차인 204호	보 미상	X	없음	현황조사 권리내역
12	전입 2013-10-11 확정 없음 배당 없음	국○○	주거임차인 301호	보 미상	X	없음	현황조사 권리내역

13	전입 2019-12-16 확정 2019-12-16 배당 2024-10-14	김○○	주택임차권자 301호	보 38,000,000원	○	없음	
14	전입 2019-08-01 확정 2019-08-01 배당 2023-09-27	김○○	주택임차권자 302호	보 35,000,000원	○	없음	
15	전입 2017-03-16 확정 없음 배당 없음	노○○	주거임차인 303호	보 미상	X	없음	현황조사 권리내역
16	전입 2020-03-03 확정 2020-02-11 배당 2023-08-11	권○○	주거임차인 304호	보 45,000,000원	○	없음	경매신청채권자 확정일자가 전입일보다 빠를 경우 가족전입여부 확인 바랍니다.
17	전입 2022-09-08 확정 없음 배당 없음	이○○	주거임차인 401호	보 미상	X	없음	현황조사 권리내역
18	전입 2022-01-10 확정 2021-12-24 배당 2024-10-02	지○○	주거임차인 402호	보 45,000,000원	○	없음	확정일자가 전입일보다 빠를 경우 가족전입여부 확인 바랍니다.
19	전입 2021-09-23 확정 2021-08-26 배당 2023-09-22	최○○	주택임차권자 403호	보 55,000,000원	○	없음	
20	전입 2020-03-16 확정 2020-02-07 배당 2023-10-04	이○○	주거임차인 404호	보 45,000,000원	○	없음	확정일자가 전입일보다 빠를 경우 가족전입여부 확인 바랍니다.
비고	현황조사서 : 임차인(별지) 점유 권 :신청채권자로 경매신청일은 2023.08.11. 임 이 :전세권자이며, 전세권자로 배당요구함						보증금합계 : 504,000,000원 월세합계 : 300,000원

건물 등기 사항 건물열람일 : 2024-10-24 채권총액 : 884,755,758원 등기사항증명서 →

구분	성립일자	권리종류	권리자	권리금액	상태	비고
갑1	2011-05-06	소유권	조○○		이전	보존
❶ 을1	2011-05-25	전세권	이○○	140,000,000원	소멸	최선순위 설정일자임
을2	2011-12-02	(근)저당	관○○○○○○○	403,000,000원	소멸기준	
을14	2016-06-24 (2024-04-29)	주택임차권	정○○	50,000,000원	소멸	전입 : 2016-06-24 확정 : 2016-04-08
을11	2019-08-01 (2023-08-10)	주택임차권	김○○	35,000,000원	소멸	전입 : 2019-08-01 확정 : 2019-08-01
을10	2019-12-16 (2022-05-13)	주택임차권	김○○	38,000,000원	소멸	전입 : 2019-12-16 확정 : 2019-12-16
을9	2020-03-03 (2022-03-29)	주택임차권	권○○	45,000,000원	소멸	전입 : 2020-03-03 확정 : 2020-02-11
을12	2021-09-23 (2023-09-22)	주택임차권	최○○	55,000,000원	소멸	전입 : 2021-09-23 확정 : 2021-08-26
을13	2022-01-10 (2024-02-01)	주택임차권	지○○	45,000,000원	소멸	전입 : 2022-01-10 확정 : 2021-12-24
갑8	2023-08-11	가압류	송○○○○○○	20,266,890원	소멸	
갑9	2023-08-14	강제경매	권○○	청구: 50,720,546원	소멸	
갑10	2023-12-01	임의경매	관○○○○○○○	청구: 341,564,859원	소멸	
갑11	2024-09-26	가압류	강○○	53,488,868원	소멸	

이 사례에서 임차인은 총 18명입니다. 세 가지 조건이 충족되는지 살펴볼까요?

> ① 가장 먼저: 2011년 5월 25일, 이○○ 씨의 전세권이 가장 먼저 설정되었습니다.
> ② 건물 전체: 한 지붕 아래에 여러 명이 사는 다가구 물건입니다. 이○○ 씨는 건물 지1층 중 남쪽에 거주하는 전세권자로 집의 일부입니다. 말소기준권리가 될 수 없습니다.
> ③ 배당요구 또는 경매 신청: 이○○ 씨는 배당요구를 했습니다.

전체가 아닌 일부에 대한 전세권은 말소기준권리가 될 수 없기에 다음 권리인 근저당이 말소기준권리가 되었습니다. 말소기준권리보다 앞서는 전세권은 낙찰자가 인수해야 합니다. 다행히도 예시 물건의 임차인은 배당요구를 했군요. 임차인은 가장 먼저 보증금 전액을 배당받을 수 있습니다.

다가구 물건의 일부 전세권은 종종 임차권과 전세권을 동시에 가지고 있는 경우가 많습니다. 이때 전세권은 소멸이더라도 임차권으로 인해 인수될 수 있으니 주의해야 합니다.

무작정 따라하기

선순위전세권 권리분석 따라하기

문제 다음 등기부등본을 분석해 문제의 답을 찾아보세요.

임차인현황 건물소멸기준 : 2022-08-30 / 배당종기일 : 2023-08-28 [매각물건명세서 →] [예상배당표 →]

순위	성립일자	권리자	권리종류 (점유부분)	보증금금액	신고	대항	참조용 예상배당여부 (최저가기준)
1	전입 없음 확정 없음 배당 없음	미○○○○○○	주거전세권자 902호 전부	보 235,000,000원	○	없음	
비고	현황조사서 : 임차인(별지) 점유						

건물 등기 사항 건물열람일 : 2024-06-18 채권총액 : 274,557,734원 [등기사항증명서 →]

구분	성립일자	권리종류	권리자	권리금액	상태	비고
갑2	2018-05-30	소유권	생○○○○○○		이전	신탁
갑3	2019-04-18	소유권이전	곽○○		이전	신탁재산의귀속
갑4	2019-04-18	소유권	전○○		이전	매매
을2	2021-06-14	전세권	미○○○○○○	235,000,000원	인수	특별매각조건에의한 인수
갑5	2021-06-25	소유권	박○○	(거래가)235,000,000원	이전	매매
갑6	2022-08-30	가압류	현○○○○	39,557,734원	소멸기준	
갑7	2023-06-01	강제경매	현○○○○	청구: 47,897,158원	소멸	
갑8	2023-11-15	압류	남○○		소멸	(세무2과-14967)

1. 말소기준권리를 찾아보세요.

① 2021년 6월 14일 미○○○○○○
② 2022년 8월 30일 현○○○○
③ 2023년 6월 1일 현○○○○
④ 2023년 11월 15일 남○○

2. 미○○○○○○의 전세권은 말소기준권리가 되지 못합니다. 그 이유는 무엇일까요?

① 두 번째로 설정되었다.
② 건물 일부에 설정되었다.
③ 배당요구 혹은 경매 신청을 하지 않았다.
④ 배당요구를 하였다.

3. 미○○○○○○은 보증금을 돌려받을 권리가 있습니다. 누구에게 받을까요?

① 법원 ② 낙찰자

정답 및 해설

1. 정답: ②

해설: 2021년 미○○○○○○는 말소기준권리가 되지 못하는 전세권입니다. 말소기준권리가 될 수 있는 권리 중 가장 빠른 2009년 현○○○○의 가압류가 말소기준권리가 됩니다.

2. 정답: ③

해설: 선순위전세권이 말소기준권리가 되기 위해서는 세 가지 조건이 충족되어야 합니다. 미○○○○○○의 전세권은 가장 먼저, 건물 전체에 설정되었으나, 배당요구 혹은 경매 신청을 하지 않았습니다.

3. 정답: ②

해설: 미○○○○○○은 선순위전세권자이지만, 배당요구를 하지 않았기에 법원에서 배당받을 수 없습니다. 미○○○○○○은 낙찰자에게 보증금 반환을 요구할 수 있고, 적법하게 낙찰자에게 대항할 수 있어 보증금 반환 시까지 명도를 거절할 수 있습니다.

021

법원이 주는 특급 힌트, 매각물건명세서 보는 법

임차인의 권리는 매각물건명세서로 확인한다

매각물건명세서는 경매 대상 물건의 현황과 권리관계를 나타내기 위해 법원이 만들어주는 공적 서류입니다. 법원은 매각물건명세서로 입찰자에게 꼭 필요한 정보를 제공해 예측하지 못한 손해를 입지 않도록 합니다. 매각물건명세서에는 부동산의 소재지 및 기본사항, 점유한 사람과의 권리관계, 보증금에 대한 관계자의 진술, 등기된 부동산에 관한 권리 혹은 사라지지 않는 권리, 지상권 등의 내용이 기록되어 있습니다. 특히 주택경매에서 중요한 임차인의 권리를 매각물건명세서상에 있는 정보로 확인합니다.

법원은 매각하는 부동산에 대한 정보를 매각물건명세서로 작성한 다음 첫 매각기일 일주일 전까지 비치해 누구나 볼 수 있게 합니다. 법원경매정보 사이트에서도 볼 수 있습니다. 스피드옥션에서 확인하더라도 입찰 전에 법원경매정보 사이트에서 다시 한번 확인하세요. 매각물건명세서는 변경될 수 있으니 입찰 전에 반드시 재확인해야 합니다.

매각물건명세서로 알 수 있는 내용들

의정부지방법원 고양지원

매각물건명세서

① 사건	2024타경 부동산강제경매	② 매각 물건번호	1	③ 작성 일자	2025. 8. 11.	④ 담임법관 (사법보좌관)	강 전자서명완료
⑤ 부동산 및 감정평가액 최저매각가격의 표시	별지 기재와 같음	⑥ 최선순위 설정	2023.04.06. 근저당		⑦ 배당요구종기	2025. 3. 17.	
부동산의 점유자와 점유의 권원, 점유할 수 있는 기간, 차임 또는 보증금에 관한 관계인의 진술 및 임차인이 있는 경우 배당요구 여부와 그 일자, 전입신고일자 또는 사업자등록신청일자와 확정일자의 유무와 그 일자							

① 사건

부동산의 사건번호를 나타냅니다. 이 물건은 '2024타경****' 부동산강제경매로 신청되었습니다.

② 매각물건번호

물건번호가 여러 개 있는 물건은 번호가 기재되고, 물건번호가 하나만 있으면 1로 기재됩니다. 이 물건은 물건번호가 하나로, 1로 표기되어 있는 것을 확인할 수 있습니다.

③ 작성일자

매각물건명세서의 작성일자를 나타냅니다.

④ 담임법관(사법보좌관)

담당법관의 이름입니다. 공란일 때도 있습니다.

⑤ 부동산 및 감정평가액, 최저매각가격의 표시

'별지 기재와 같음'으로 표시됩니다.

⑥ 최선순위 설정

말소기준권리가 되는 가장 먼저 설정된 권리입니다. 이 매각물건명세서에는 '2023. 04. 06. 근저당'으로 표기되어 있습니다.

⑦ 배당요구종기

배당받을 임차인은 배당요구종기일 이내에 배당요구를 해야 합니다. 이 매각물건명세서에서는 2025년 3월 17일이 배당요구종기일입니다.

부동산의 점유자와 점유의 권원, 점유할 수 있는 기간, 차임 또는 보증금에 관한 관계인의 진술 및 임차인이 있는 경우 배당요구 여부와 그 일자, 전입신고일자 또는 사업자등록신청일자와 확정일자의 유무와 그 일자

⑧

점유자 성명	점유 부분	정보출처 구분	점유의 권원	임대차기간 (점유기간)	보증금	차임	전입신고일자·외국인등록(체류지변경신고) 일자·사업자등록 신청일자	확정일자	배당 요구여부 (배당요구일자)
임		현황조사	주거 임차인				2022.01.14		
	1801호 전부	권리신고	주거 임차인	2022.01.14. 부터 현재까지	550,000,000		2022.01.14.	2021.11.29.	2025.1.8.

<비고>
임 :경매신청채권자임

⑨ ※ 최선순위 설정일자보다 대항요건을 먼저 갖춘 주택·상가건물 임차인의 임차보증금은 매수인에게 인수되는 경우가 발생 할 수 있고, 대항력과 우선변제권이 있는 주택·상가건물 임차인이 배당요구를 하였으나 보증금 전액에 관하여 배당을 받지 아니한 경우에는 배당받지 못한 잔액이 매수인에게 인수되게 됨을 주의하시기 바랍니다.

⑩ 등기된 부동산에 관한 권리 또는 가처분으로 매각으로 그 효력이 소멸되지 아니하는 것

⑪ 매각에 따라 설정된 것으로 보는 지상권의 개요

⑫ 비고란

※1: 매각목적물에서 제외되는 미등기건물 등이 있을 경우에는 그 취지를 명확히 기재한다.
2: 매각으로 소멸되는 가등기담보권, 가압류, 전세권의 등기일자가 최선순위 저당권등기일자보다 빠른 경우에는 그 등기일자를 기재한다.

⑧ 점유관계확인

부동산 점유자와 점유 기간, 보증금, 임차인이 있는 경우 배당요구 여부와 그 일자, 전입신고일자 또는 사업자등록 신청일자와 확정일자의 유무 등이 기재됩니다. 집주인이 살고 있거나 아무도 살지 않으면 '조사된 임차 내역 없음'으로 표시됩니다. 특이사항이나 참고사

항이 있으면 비고에 기재됩니다.

이 물건은 특이하게 점유 부분이 둘로 나뉘어 있는데, 윗부분은 현황 조사 내용이고, 아랫부분은 권리신고 내용입니다.

현황 조사는 전입세대열람을 했을 때 임차인 임○○ 씨가 전입되어 있다는 사실을 파악하는 것입니다. 법원 배당요구를 위한 권리신고를 했기에 권리신고 부분도 있습니다. 이런 경우, 일반적으로 권리신고된 내용을 참고하여 임차인 분석을 합니다.

이 물건의 임차인 임○○ 씨는 2022년 1월 14일부터 현재까지 점유하고 있습니다. 5억 5,000만 원의 보증금을 냈고, 전입신고는 2022년 1월 14일에 했으며, 확정일자는 그보다 전인 2021년 11월 29일에 받았습니다. 계약을 먼저 하고 이사를 나중에 한 것 같습니다. 배당요구종기일은 2025년 3월 17일이었고, 배당요구종기일 이내인 2025년 1월 8일에 배당요구를 했습니다.

〈비고〉에는 '임○○: 경매신청채권자임'이라고 기재되어 있습니다. 권리상 큰 변화는 없으나 참고할 만한 내용을 비고란에 기재합니다.

⑨ 대항력 확인

비고란 아래에는 늘 '최선순위 설정일자보다 대항 요건을 먼저 갖춘 주택·상가건물 임차인의 임차보증금은 매수인에게 인수되는 경우가 발생할 수 있고, 대항력과 우선변제권이 있는 주택·상가건물 임차인이 배당요구를 했으나 보증금 전액에 관하여 배당을 받지 아니한 경우에는 배당받지 못한 잔액이 매수인에게 인수되게 됨을 주의하시기 바랍니다'라는 문구가 있습니다. 이는 대항력이 있는 임차인으로 인해 낙찰자에게 인수금액이 발생할 수 있음을 경고하는 문구입니다. 임차인 권리 확인은 권리분석에서 매우 중요합니다.

⑩ 부동산의 권리

'등기된 부동산에 관한 권리 또는 가처분으로 매각으로 그 효력이 소멸되지 아니하는 것' 문구 아래에는 낙찰 후에 소멸하지 않는 특이한 권리가 기재됩니다. 일반적인 물건은 빈칸이거나 '해당사항 없음'으로 기재됩니다.

⑪ 매각에 따라 설정된 것으로 보는 지상권의 개요

법정지상권이 있거나 있을 수 있는 경우 기재됩니다. '법정지상권 성립 여지 있음'이라고 표시되었다면 입찰자가 법정지상권이 성립하는지 확인해야 합니다. 일반적인 물건은 빈칸이거나 '해당사항 없음'으로 기재됩니다.

⑫ 비고란

기타 특이사항이 기재됩니다.

스피드옥션 담당자가 매각물건명세서를 확인해 올린 시간과 실제 입찰기일과는 차이가 있습니다. 이후 변경된 내용이 있는 경우 적용되지 않을 수도 있으므로 입찰하기 전에 반드시 법원경매정보 사이트에서 매각물건명세서를 다시 한번 확인해야 합니다. 매각물건명세서의 내용은 신뢰해도 좋습니다. 만약 기재된 사항이 실제와 달라 낙찰자가 피해를 입게 되면 법원은 낙찰을 불허가할 수 있습니다.

매각물건명세서 인쇄하기

① 스피드옥션 물건 목록에서 확인하고 싶은 물건을 클릭합니다. 고양시 일산동구의 아파트를 클릭해볼까요?

선택	법원명 사건번호 물건번호		소재지	용도	감정가 최저가 [낙찰가]	매각기일 (개찰기일) [입찰인원]	결과 유찰수 %	조회
☐	고양 5계 2025-		경기도 고양시 일산동구 대지권 68.28m^2 (20.65평) / 전용 134.89m^2 (40.80평) [전입세대확인서]	아파트	704,000,000 704,000,000	2025-09-09 (입찰 9일전)	신건 (100%)	19
☐	고양 6계 2024-		경기도 고양시 일산동구 대지권 20.88m^2 (6.32평) / 전용 84.49m^2 (25.56평)	아파트	1,040,000,000 1,040,000,000	2025-09-10 (입찰 10일전)	재진행 (100%)	100
☐	고양 6계 2024-		경기도 고양시 일산동구 대지권 49.33m^2 (14.92평) / 전용 69.09m^2 (20.90평)	아파트	482,000,000 482,000,000	2025-09-10 (입찰 10일전)	재진행 (100%)	47
☐	고양 8계 2024-		경기도 고양시 일산동구	아파트	902,000,000 902,000,000	2025-09-16 (입찰 16일전)	신건 (100%)	3
☐	고양 10계 2024-		경기도 고양시 일산동구 대지권 77.79m^2 (23.53평) / 전용 132.33m^2 (40.03평)	아파트	864,000,000 604,800,000	2025-09-17 (입찰 17일전)	유찰 1회 (70%)	100
☐	고양 11계 2024-		경기도 고양시 일산동구 대지권 105.32m^2 (31.86평) / 전용 84.69m^2 (25.62평) [전입세대확인서]	아파트	380,000,000 266,000,000	2025-09-23 (입찰 23일전)	유찰 1회 (70%)	50
☐	고양 13계 2024-		경기도 고양시 일산동구 대지권 72.98m^2 (22.08평) / 전용 59.84m^2 (18.10평) [전입세대확인서]	아파트	253,000,000 177,100,000	2025-09-24 (입찰 24일전)	유찰 1회 (70%)	77

② 경매 물건의 상세페이지를 열어 오른쪽 메뉴의 [사건 관련 자료] → [물건명세서]를 클릭하거나 하단 [임차인현황] 부분의 [매각물건명세서]를 클릭하세요.

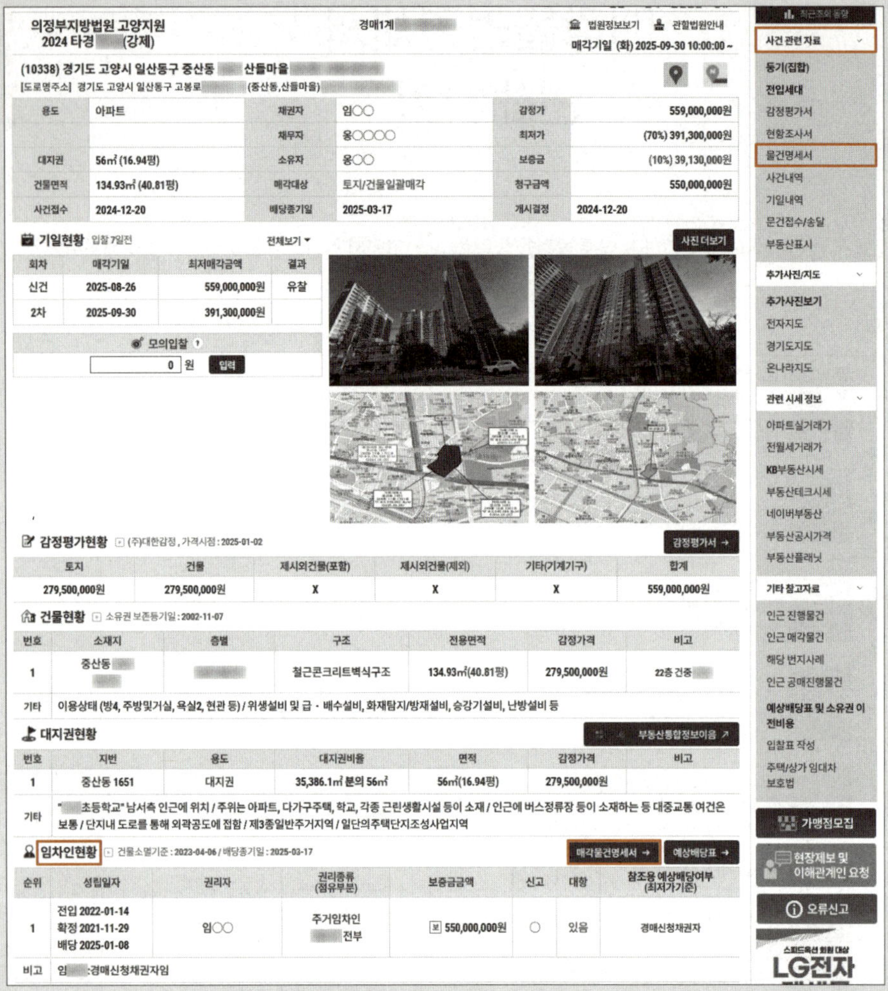

③ '물건명세서' 페이지가 별도 창으로 나타납니다. [인쇄] 아이콘을 클릭해 인쇄합니다. 이외에 다른 서류들도 인쇄할 수 있습니다.

022

난이도 중 - 임차인이 있는 집은 대항력 확인!

임차인의 보증금, 내가 줘야 할까?

집주인만 사는 집의 권리분석은 말소기준권리만 확인하면 됩니다. 등기부등본의 모든 권리를 접수 날짜 순으로 나열하면 어렵지 않게 말소기준권리를 찾을 수 있습니다. 말소기준권리보다 앞선 권리는 인수하고, 말소기준권리 이하의 권리는 소멸하는 것이 원칙입니다. 몇 가지 예외에 속하는 권리가 있는지만 확인하면 됩니다. 아주 간단하죠.

하지만 임차인이 사는 집은 조금 더 까다롭습니다. 임차인은 당연히 집주인에게 전세나 월세의 보증금을 맡겨두었겠죠. 임차인이 전월세보증금을 돌려받을 수 있을까요? 받는다면 전액 돌려받을까요, 일부만 받을까요? 법원에서 배당받을까요, 낙찰자가 줘야 할까요?

정당한 권리가 있는 임차인은 법원에서 받지 못한 보증금을 낙찰자에게 요구할 수도 있습니다. 자칫 잘못해 낙찰자가 보증금을 내주어야 하는 물건을 낙찰받으면 일반 매매보다 비싼 값을 치러야 할 수도 있습니다. 때문에 권리분석에서 임차인의 권리를 제대로 판단하는 것은 매우 중요합니다.

임차인의 권리는 대항력에서 시작한다

법률에서 대항력은 '임차인이 제3자에게 자신의 임대차관계를 주장하며 버티는 힘'을 말합니다. '이미 유효하게 성립한 권리관계를 제3자가 부인하는 경우, 그 부인을 물리칠 수 없는 법률상의 권능'이라고도 합니다. 대항력이 있는 임차인은 계약 기간 중에는 당당하게 그 집에 살 권리가 있습니다. 집주인의 부당한 이사 요구에 응하지 않아도 되고, 심지어 계약 기간 중에 집주인이 바뀌어도 이사를 하지 않아도 됩니다. 막강한 대항력이 있기에 임차인은 계약 기간 동안 안심하고 살 수 있습니다.

법률상의 대항력과 경매에서의 대항력은 의미가 조금 다릅니다. 「주택임대차보호법」에서 대항력은 전입신고를 한 모든 임차인에게 있습니다. 하지만 경매에서는 '말소기준권리보다 전입이 빠른 임차인'만을 대항력 있는 임차인이라고 하며, 이 임차인은 법원배당으로 받지 못한 보증금을 낙찰자에게 요구할 수 있습니다.

말소기준권리보다 전입이 빠른 임차인은 '대항력 있는 임차인' 혹은 '선순위임차인'이라고 합니다. 말소기준권리보다 전입이 늦은 임차인은 '대항력 없는 임차인' 혹은 '후순위임차인'이라고 합니다.

이렇게 강력한 대항력은 아주 간단하게 만들 수 있습니다. 이사 후 전입신고를 하고 확정일자만 받으면 되니까요. 임차인이 이사를 하고(인도), 주민센터에 전입신고를 하면(전입), 다음 날 0시부터 대항력이 발생합니다.

그런데 만약 같은 날에 전입과 다른 권리가 있으면 임차인의 대항력은 어떻게 될까요? 임차인이 이사하고 전입신고한 날에 못된 마음을 먹은 집주인이 은행에서 대출을 받았습니다. 근저당은 접수한 당일 기준이고, 임차인의 대항력은 전입한 다음 날 0시부터 효력이 발생하기에 근저당 설정 순서가 더 빠릅니다. 하루 차이로 순위가 밀려 대항력이 없어진 임차인은 너무 억울하겠죠. 법적으로 근저당권자에게 우선순위가 있는 것은 어쩔 수 없습니다. 법의 사각지대에서 간간이 생기는 사건입니다.

임차인의 권리 중 대항력을 먼저 확인한다

임차인의 권리는 크게 두 가지로 이루어져 있습니다.

① 대항력이 있는가?
② 집주인에게 맡긴 보증금을 돌려받을 권리가 있는가?

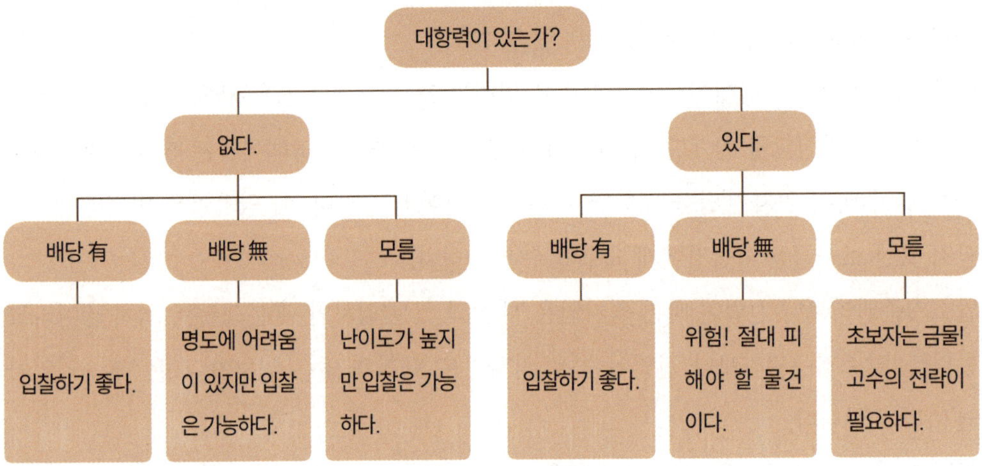

대항력과 배당은 다르다

대항력이 있는 임차인이라도 배당을 받지 못할 수 있고, 대항력이 없는 임차인이라도 배당을 받을 수 있습니다. 낙찰자에게 대항해 버티는 힘이 대항력이고, 법원에서 보증금을 돌려받는 것은 배당이므로 대항력과 배당은 완전히 다른 이야기죠.

임차인의 지위에서 배당을 받을 수 있는 권리는 세 가지입니다. 우선변제권, 최우선변제권, 주택임차권이 바로 그것이죠. 참고로 전세권은 임차권자가 아닌 전세권자의 지위로 받는 배당입니다. 전세권과 임차권은 다른 권리이고, 임차인은 두 가지 권리를 각각 가질 수도 있습니다(20장 참고).

경매 입찰자에게 임차인이 배당받는 물건은 편합니다. 대항력 있는 임차인이 배당을 받으면 낙찰자가 인수할 권리가 없고, 대항력 없는 임차인이 배당을 받으면 명도도 걱정할 게 없습니다. 반대로 배당을 받지 못하는 임차인이 있는 물건은 불편합니다. 또 대항력 있는 임차인이 배당을 받지 못하면 낙찰자가 임차인의 보증금을 인수해야 합니다.

임차인의 배당 여부가 불분명한 때도 있다

권리가 명확하지 않은 경우도 있습니다. 대항력 없는 임차인의 배당 여부가 불분명한 때는 그저 명도가 까다로울 수 있지만, 대항력 있는 임차인의 배당 여부가 불분명하면 권리분석이 매우 까다롭습니다. 매우 주의해야 할 물건 유형입니다. 점유자인 임차인의 정체 자체가 불분명한 물건은 더더욱 어렵습니다. 유료경매사이트에서는 이런 임차인을 '임차인 미상', '임대차관계 알 수 없음' 등으로 표시합니다.

임차인현황 건물소멸기준 : 2022-06-23 / 배당종기일 : 2022-12-29 매각물건명세서 → 예상배당표 →

순위	성립일자	권리자	권리종류 (점유부분)	보증금금액	신고	대항	참조용 예상배당여부 (최저가기준)
1	전입 2020-04-09 확정 없음 배당 없음	장○○	주거임차인 미상	보 미상	X	있음	현황조사 권리내역
2	전입 2022-01-28 확정 2022-01-17 배당 2022-12-13	주○○○○○○○	주거임차인 전부 (오)	보 220,000,000원	○	있음	
비고	현황조사서 : 임차인(별지) 점유						보증금합계 : 220,000,000원

이런 경우 여러 가지 정황으로 임차인의 정체와 배당 여부를 유추할 수 있습니다. 유추는 어디까지나 추측일 뿐이죠. 당연히 현장 확인이 필수입니다.

023

임차인의 배당권리 ① 가장 먼저 배당받는 최우선변제권

소액임차인의 특별한 권리, 최우선변제권

우선변제권이 다른 채권보다 먼저 배당을 받는 권리라면, 최우선변제권은 다른 우선변제권보다 먼저 배당받는 권리입니다. 등기 접수 순서와 상관없이 먼저 배당받는 새치기 권리죠. 법원은 특별히 보증금이 소액인 임차인에게는 접수 날짜와 상관없이 가장 먼저 배당합니다. 보증금이 소액이면 집에 딸린 다른 빚이 많아도 보증금을 떼일 걱정을 할 필요가 없습니다. 덕분에 임대인은 대출을 받고 나서도 임차인을 들일 수 있습니다.

막강한 최우선변제권을 가지려면 세 가지 조건이 필요합니다. ① 보증금이 소액이어야 하고, ② 대항력(전입신고)을 갖추어야 하고, ③ 배당요구를 해야 합니다.

① 소액보증금의 기준을 충족해야 한다

소액이란 얼마일까요? 어떤 이에게는 1,000만 원이, 어떤 이에게는 1억 원이 소액일 수 있습니다. 범위가 매우 다르죠. 이에 법에서는 소액보증금의 명확한 기준을 제시하고 있습니다.

▼ 최우선변제권 기준표

기준시점	지역	임차인 보증금 범위	보증금 중 일정액의 범위
1990년 2월 19일~	서울특별시, 직할시	2,000만 원 이하	700만 원
	기타 지역	1,500만 원 이하	500만 원

1995년 10월 19일~	특별시 및 광역시(군 지역 제외)	3,000만 원 이하	1,200만 원
	기타 지역	2,000만 원 이하	800만 원
2001년 9월 15일~	「수도권정비계획법」에 따른 수도권 중 과밀억제권역	4,000만 원 이하	1,600만 원
	광역시(군 지역과 인천광역시 지역 제외)	3,500만 원 이하	1,400만 원
	그 밖의 지역	3,000만 원 이하	1,200만 원
2008년 8월 21일~	「수도권정비계획법」에 따른 수도권 중 과밀억제권역	6,000만 원 이하	2,000만 원
	광역시(군 지역과 인천광역시 지역 제외)	5,000만 원 이하	1,700만 원
	그 밖의 지역	4,000만 원 이하	1,400만 원
2010년 7월 26일~	서울특별시	7,500만 원 이하	2,500만 원
	「수도권정비계획법」에 따른 과밀억제권역(서울특별시 제외)	6,500만 원 이하	2,200만 원
	광역시(「수도권정비계획법」에 따른 과밀억제권역에 포함된 지역과 군 지역 제외), 안산시, 용인시, 김포시 및 광주시	5,500만 원 이하	1,900만 원
	그 밖의 지역	4,000만 원 이하	1,400만 원
2014년 1월 1일~	서울특별시	9,500만 원 이하	3,200만 원
	「수도권정비계획법」에 따른 과밀억제권역(서울특별시 제외)	8,000만 원 이하	2,700만 원
	광역시(「수도권정비계획법」에 따른 과밀억제권역에 포함된 지역과 군 지역 제외), 안산시, 용인시, 김포시 및 광주시	6,000만 원 이하	2,000만 원
	그 밖의 지역	4,500만 원 이하	1,500만 원
2016년 3월 31일~	서울특별시	1억 원 이하	3,400만 원
	「수도권정비계획법」에 따른 과밀억제권역(서울특별시 제외)	8,000만 원 이하	2,700만 원
	광역시(「수도권정비계획법」에 따른 과밀억제권역에 포함된 지역과 군 지역 제외), 세종특별자치시, 안산시, 용인시, 김포시 및 광주시	6,000만 원 이하	2,000만 원
	그 밖의 지역	5,000만 원 이하	1,700만 원
2018년 9월 18일~	서울특별시	1억 1,000만 원 이하	3,700만 원
	「수도권정비계획법」에 따른 과밀억제권역(서울특별시 제외), 용인시, 세종특별자치시, 화성시	1억 원 이하	3,400만 원
	광역시(「수도권정비계획법」에 따른 과밀억제권역에 포함된 지역과 군 지역 제외), 안산시, 김포시, 광주시 및 파주시	6,000만 원 이하	2,000만 원
	그 밖의 지역	5,000만 원 이하	1,700만 원
2021년 5월 11일~	서울특별시	1억 5,000만 원 이하	5,000만 원
	「수도권정비계획법」에 따른 과밀억제권역(서울특별시 제외), 세종특별자치시, 용인시, 화성시 및 김포시	1억 3,000만 원 이하	4,300만 원
	광역시(「수도권정비계획법」에 따른 과밀억제권역에 포함된 지역과 군 지역 제외), 안산시, 광주시, 파주시, 이천시 및 평택시	7,000만 원 이하	2,300만 원
	그 밖의 지역	6,000만 원 이하	2,000만 원

2023년 2월 21일~	서울특별시	1억 6,500만 원 이하	5,500만 원
	「수도권정비계획법」에 따른 과밀억제권역(서울특별시 제외), 세종특별자치시, 용인시, 화성시 및 김포시	1억 4,500만 원 이하	4,800만 원
	광역시(「수도권정비계획법」에 따른 과밀억제권역에 포함된 지역과 군 지역 제외), 안산시, 광주시, 파주시, 이천시 및 평택시	8,500만 원 이하	2,800만 원
	그 밖의 지역	7,500만 원 이하	2,500만 원

2025년 9월 기준

잠깐만요 과밀억제권역이란?

과밀억제권역은 수도권 중 인구와 산업이 지나치게 집중되었거나, 그럴 우려가 있어 인프라 이전 및 정비를 할 필요가 있는 지역을 말합니다.

기준시점	지역
2001년 1월 29일~	서울특별시
	인천광역시(강화군, 옹진군, 중구 운남동·운북동·운서동·중산동·남북동·덕교동·을왕동·무의동, 서구 대곡동 불로동·마전동·금곡동·오류동·왕길동·당하동·원당동, 연수구 송도매립지[인천광역시장이 송도신시가지 조성을 위하여 1990년 11월 12일 송도 앞 공유수면매립공사면허를 받은 지역], 남동 유치지역은 제외)
	경기도 중 의정부시, 구리시, 남양주시(호평동, 평내동, 금곡동, 일패동, 이패동, 삼패동, 가운동, 수석동, 지금동, 도농동만 해당), 하남시, 고양시, 수원시, 성남시, 안양시, 부천시, 광명시, 과천시, 의왕시, 군포시, 시흥시(반월특수지역 제외)
2009년 1월 16일~	서울특별시
	인천광역시(강화군, 옹진군, 서구 대곡동·불로동·마전동·금곡동·오류동·왕길동·당하동·원당동, 인천경제자유구역 및 남동 국가산업단지는 제외)
	경기도 중 의정부시, 구리시, 남양주시(호평동, 평내동, 금곡동, 일패동, 이패동, 삼패동, 가운동, 수석동, 지금동, 도농동만 해당), 하남시, 고양시, 수원시, 성남시, 안양시, 부천시, 광명시, 과천시, 의왕시, 군포시, 시흥시(반월특수지역 제외)
2010년 7월 26일~	인천광역시(강화군, 옹진군, 서구 대곡동·불로동·마전동·금곡동·오류동·왕길동·당하동·원당동, 인천경제자유구역 및 남동 국가산업단지는 제외)
	경기도 중 의정부시, 구리시, 남양주시(호평동, 평내동, 금곡동, 일패동, 이패동, 삼패동, 가운동, 수석동, 지금동, 도농동만 해당), 하남시, 고양시, 수원시, 성남시, 안양시, 부천시, 광명시, 과천시, 의왕시, 군포시, 시흥시(반월특수지역 제외)
2011년 3월 9일~	인천광역시(강화군, 옹진군, 서구 대곡동·불로동·마전동·금곡동·오류동·왕길동·당하동·원당동, 인천경제자유구역 및 남동 국가산업단지는 제외)
	경기도 중 의정부시, 구리시, 남양주시(호평동, 평내동, 금곡동, 일패동, 이패동, 삼패동, 가운동, 수석동, 지금동, 도농동만 해당), 하남시, 고양시, 수원시, 성남시, 안양시, 부천시, 광명시, 과천시, 의왕시, 군포시, 시흥시[반월특수지역(반월특수지역에서 해제된 지역 포함) 제외]

2017년 6월 20일~	서울특별시
	인천광역시[강화군, 옹진군, 서구 대곡동·불로동·마전동·금곡동·오류동·왕길동·당하동·원당동, 인천경제자유구역(경제자유구역에서 해제된 지역 포함) 및 남동 국가산업단지는 제외]
	경기도 중 의정부시, 구리시, 남양주시(호평동, 평내동, 금곡동, 일패동, 이패동, 삼패동, 가운동, 수석동, 지금동, 도농동만 해당), 하남시, 고양시, 수원시, 성남시, 안양시, 부천시, 광명시, 과천시, 의왕시, 군포시, 시흥시[반월특수지역(반월특수지역에서 해제된 지역 포함) 제외]

2025년 9월 기준

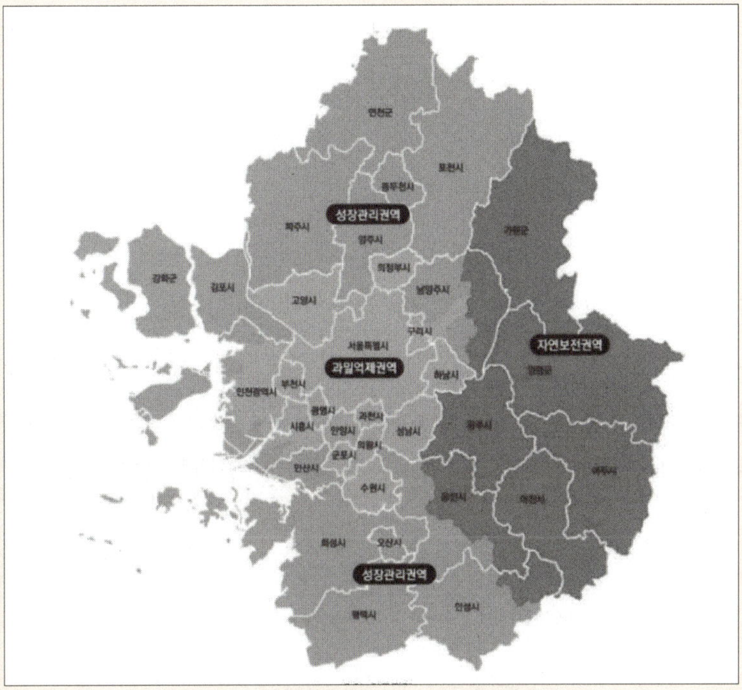

- 기준시점: 최우선변제권의 기준시점은 담보 물건 설정일자입니다. 주거용 물건은 주로 최초 근저당이 설정된 날입니다. 저당권, 가등기담보도 기준일자가 될 수 있긴 합니다. 압류는 기준일자가 되지 않습니다. 기준일자가 임차인이 이사를 온 날(전입일)이 아니라는 것에 주의하세요.
- 지역: 지역의 기준도 시기마다 다릅니다. 「수도권정비계획법」에 따라 과밀억제권역이 지정되었고, 해당 지역에는 다른 기준의 최우선변제금액을 설정했습니다.
- 보증금 범위와 일정액의 범위: 부동산 시장의 변화와 소득 수준의 변화에 따라 소액의 기

준이 달라졌습니다. 1990년 기준으로 서울에서 보증금 2,000만 원 이하인 사람은 소액임차인이고, 보증금 중 700만 원을 최우선으로 배당받았습니다. 2025년 서울 기준으로는 보증금 1억 6,500만 원 이하인 사람이 소액임차인이고, 경매가 발생했을 때 5,500만 원을 최우선으로 배당받을 수 있습니다. 소액임차인의 최우선변제금액의 범위를 정해둔 것은 다른 채권자들에게도 배당을 하기 위해서입니다. 소액임차인이 받지 못한 나머지 보증금은 최우선변제권이 아닌 우선변제권으로 배당받을 수 있습니다. 이때는 다른 우선변제권자들과 같이 접수 순서대로 배당받게 됩니다. 이로 인해 낙찰자에게 오는 불이익은 없습니다. 다만 최우선변제권과 우선변제권으로 나누어 배당받는 임차인은 우선변제권을 받을 때 배당 순서가 늦으면 보증금을 일부 받지 못할 수도 있습니다. 임차인이 보증금을 받지 못하면 명도가 수월하지 않을 수 있습니다.

담보 기준시점과 지역을 확인하고, 보증금의 크기를 확인하면 최우선변제권이 있는지 알 수 있습니다. 인터넷등기소에서 하단의 [소액임차인안내]를 클릭하면 최우선변제보증금의 범위와 최우선배당금액을 확인할 수 있습니다. 또는 스피드옥션에서 물건 상세페이지에 들어가 화면 오른쪽에 보이는 [기타 참고자료] → [주택/상가 임대차보호법]을 클릭하면 확인할 수 있습니다.

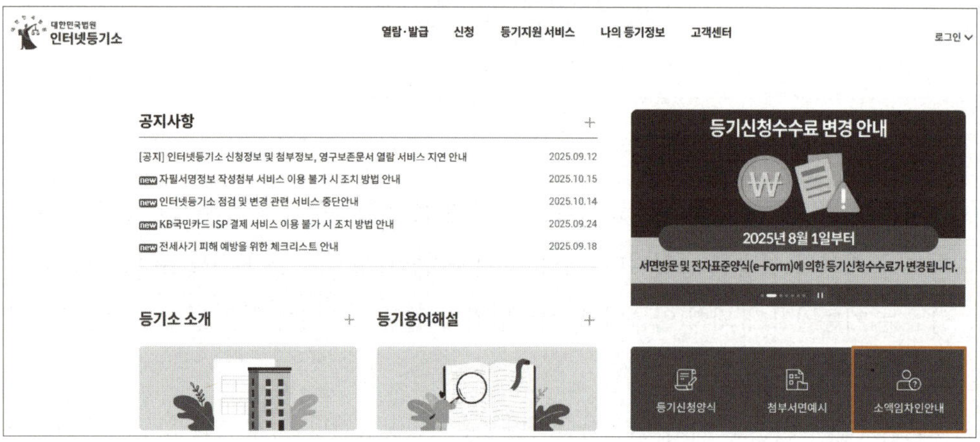

② 전입신고가 되어 있어야 한다

임차인이 최우선변제권을 가지려면 반드시 전입신고가 되어 있어야 합니다. 이때 전입은 경매가 시작되기 전, 즉 경매개시결정 전까지 되어야 하고 배당요구종기일까지 유지되어야 합니다.

③ 배당요구를 해야 한다

배당요구는 반드시 배당요구종기일 이내에 해야 합니다. 임차인 중에서 배당요구를 하지 않아도 되는 사람은 단 두 사람뿐입니다. 첫 번째는 경매 신청을 한 임차인, 두 번째는 임차권등기를 한 임차인입니다. 그 외 모든 임차인은 반드시 배당요구를 해야 합니다. 임차권등기는 뒤에서 자세히 소개하겠습니다(25장 참고).

잠깐만요 실전 경매에서 대항력은 전입과 같은 의미!

「주택임대차보호법」에서는 후순위임차인도 포함하여 전입신고를 하고 이사(인도)를 해 살고 있으면 모두 대항력이 있는 임차인으로 인정합니다. 하지만 경매 실무에서는 '말소기준권리보다 먼저 전입'한 임차인만을 '대항력 있는 임차인'이라고 해요. 이 책에서 대항력은 경매 실무의 대항력을 이야기하기에, 혼돈을 피하기 위해 대항력 대신 전입으로 표기했습니다.

최우선변제권은 1/2까지, 확정일자는 없어도 OK!

최우선변제권은 낙찰가(토지가 포함)의 1/2에 해당하는 금액까지만 배당됩니다. 최우선변제권자 외 다른 채권자의 권리를 보호하기 위해서입니다. 또한 최우선변제권에는 확정일자가 필요하지 않습니다.

무작정 따라하기

권리분석을 통해 최우선변제권 배당 알아보기

문제 **앞에서 소개한 최우선변제권 기준표를 참고해 다음 등기부등본을 권리분석하여 입찰해도 되는 안전한 물건인지 확인해보세요. 해당 물건은 경남 김해시의 아파트입니다.**

임차인현황 건물소멸기준 : 2015-04-27 / 배당종기일 : 2024-07-15 매각물건명세서 → 예상배당표 →

순위	성립일자	권리자	권리종류 (점유부분)	보증금금액	신고	대항	참조용 예상배당여부 (최저가기준)
1	전입 2021-06-28 확정 2021-06-15 배당 2024-05-07	여○○	주거임차인 903호 전부	보 10,000,000원 월 400,000원	○	없음	확정일자가 전입일보다 빠를 경우 가족전입여부 확인 바랍니다.
비고	현황조사서 : 임차인(별지) 점유						

건물 등기 사항 건물열람일 : 2024-04-23 채권총액 : 142,646,305원 등기사항증명서 →

구분	성립일자	권리종류	권리자	권리금액	상태	비고
갑4	2012-12-21	소유권	김○○	(거래가) 75,966,000원	이전	매매
갑5	2015-04-27	소유권	유○○	(거래가) 138,000,000원	이전	매매
을5	2015-04-27	(근)저당	농○○○	110,400,000원	소멸기준	
갑6	2023-12-12	가압류	비○○○○○○	32,246,305원	소멸	
갑7	2024-04-11	임의경매	농○○○	청구: 78,672,212원	소멸	

명세서 요약사항 최선순위 설정일자 2015.04.27. 근저당권

소멸되지 않는 등기부권리	
설정된 것으로 보는 지상권	
주의사항 / 법원문건접수 요약	* 관리비 조사일자 2024-11-19 관리비미납 없음

정답 및 해설 안전한 물건인지 판단하기 위해 먼저 말소기준권리를 찾은 뒤 임차인의 권리를 확인합니다.

① 말소기준권리

이 물건의 말소기준권리는 2015년 4월 27일에 설정된 농○○○의 근저당입니다. 근저당 설정일 기준 김해시의 소액임차인은 보증금 4,500만 원 이하인 사람이고, 이때 최우선변제금은 1,500만 원입니다.

② 임차인의 권리 확인

임차인 여○○ 씨는 말소기준권리보다 늦은 2021년 6월 28일에 전입신고를 하여 대항력이 없는 후순위임차인입니다. 임차인은 전입신고를 하고, 확정일자를 받았으며, 배당요구를 했으므로 우선변제권을 가집니다. 해당 사례

에서 우선변제권의 기준일은 확정일자보다 늦은 날짜인 전입신고를 한 다음 날인 2021년 6월 29일입니다. 우선변제권은 다음 장에서 설명하겠습니다.

해당 물건의 최우선변제권 기준일자는 가장 먼저 근저당이 잡힌 2015년 4월 27일입니다. 설정일 기준으로 보증금이 4,500만 원 이하면 소액임차인으로 분류되는데, 1,500만 원을 최우선으로 배당받을 수 있습니다. 여○○씨의 보증금은 1,000만 원이므로 소액임차인에 해당하고, 최우선변제금으로 전액 배당받습니다.

낙찰자가 인수해야 할 권리도 없고, 임차인이 보증금을 전액 배당받을 수 있기에 권리분석상 깨끗하고 안전한 물건입니다.

024

임차인의 배당권리 ② 접수 순서대로 배당받는 우선변제권

우선변제권이란?

우선변제권은 「주택임대차보호법」상 임차인이 보증금을 우선적으로 변제(배당)받을 수 있는 권리를 말합니다. 우선변제권을 가진 임차인은 법원에서 보증금을 배당받을 수 있습니다. 하지만 등기부등본상에 있는 다른 채권들도 우선변제권을 가졌기에 등기부등본의 접수 순서대로 배당되죠. 진짜 우선하는 권리는 최우선변제권이라고 앞서 이야기했습니다. 여기서 우선변제권은 '접수 순서대로 줄 서서 배당을 받는 권리', 최우선변제권은 순서와 상관없이 우선변제권보다 먼저 배당받는 '새치기 권리'라고 이해하면 쉽습니다.

우선변제권은 순서가 매우 중요합니다. 등기부등본상의 접수 날짜가 빠른 우선변제권이 유리합니다. 임차인이 우선변제권을 가지는 방법은 간단합니다. 이사하면 바로 전입신고를 하고, 확정일자를 받고, 정해진 날짜(배당요구종기일)까지 배당요구를 하면 됩니다. 여기서 우선변제권의 기준일은 전입신고일과 확정일자 중 늦은 날짜를 기준으로 합니다. 우선변제권은 접수 순서가 중요하기에 가능한 한 빨리 전입신고와 확정일자를 받는 것이 임차인에게 유리합니다.

대항력 있는 임차인의 우선변제권은 OK!

대항력이 있는 임차인은 법원에서 배당을 받지 못하면 낙찰자에게 보증금 반환을 요구할 수 있습니다. 대항력 있는 물건이라도 법원에서 전액 배당이 되면 낙찰자에게는 위험이 없습니다. 경매 물건의 가치에 따라 임차인이 법원에서 전액 배당을 받을 수도 있고, 낙찰자가 일정 금액을 인수해야 할 수도 있습니다. 그래서 '대항력 있는 임차인'이 있는 물건은 가치를 더욱 잘 판단해야 합니다.

임차인현황 건물소멸기준 : 2021-12-16 / 배당종기일 : 2024-04-01 매각물건명세서 → 예상배당표 →

순위	성립일자	권리자	권리종류(점유부분)	보증금금액	신고	대항	참조용 예상배당여부(최저가기준)
1	전입 2021-02-23 확정 2021-02-01 배당 2023-03-14	정○○	주거임차인 전부	보 330,000,000원	○	있음	
비고	현황조사서 : 임차인(별지) 점유						

건물 등기 사항 건물열람일 : 2024-01-18 채권총액 : 328,300,000원 등기사항증명서 →

구분	성립일자	권리종류	권리자	권리금액	상태	비고
갑1	2020-12-21	소유권	아○○○○		이전	보존
갑2	2021-03-19	소유권이전	박○○	(거래가) 350,270,000원	이전	매매 신탁재산의처분
을1	2021-12-16	(근)저당	오○○○○○○○○○	211,900,000원	소멸기준	
을2	2022-04-04	(근)저당	에○○○○○○○○	116,400,000원	소멸	
갑4	2024-01-02	임의경매	오○○○○○○○○○	청구: 186,824,792원	소멸	

먼저 말소기준권리를 찾아볼까요? 해당 사례에서 '소멸기준'이라고 적힌, 2021년 12월 16일 오○○○○○○○○○○의 근저당이 말소기준권리가 됩니다. 이후 근저당권자 오○○○○○○○○○○가 임의경매를 신청했습니다. 말소기준권리 이하는 모두 소멸입니다.

잠깐만요 왜 우선변제권 기준일은 전입신고와 확정일자 중 늦은 날짜일까?

전입신고일은 대항력 기준일이고, 확정일자는 보증금을 확인하는 날입니다. 우선변제권은 배당을 받는 우선순위이기에 대항력을 갖추고 보증금을 확정해야 합니다. 그래서 둘 다 갖추는 늦은 날짜를 기준일로 삼습니다. 그렇기에 이사를 하면 즉시 전입신고와 확정일자를 받아야 합니다. 앞선 다른 우선변제권이 배당을 받아 남는 배당금이 없으면 순서가 늦은 우선변제권자는 배당을 받지 못할 수도 있습니다.

다음으로 임차인현황을 살펴보세요. 임차인 정○○ 씨는 2021년 2월 23일에 전입해 말소기준권리보다 빠른 선순위임차인입니다. 2021년 2월 1일에 확정일자를 먼저 받았고, 배당요구종기일 이내인 2023년 3월 14일에 배당요구를 해 우선변제권도 있습니다. 우선변제권 기준일은 전입신고일과 확정일자 중 늦은, 전입신고를 한 다음 날인 2021년 2월 24일입니다.
이 물건의 감정가는 5억 3,500만 원이며, 배당 순서는 다음과 같습니다.

① 경매집행비용과 필요비, 유익비를 먼저 제합니다. 하지만 여기서는 임차인 권리분석을 설명하기 위해 일단 생략합니다.
② 2021년 2월 23일에 설정된 임차인 정○○ 씨의 보증금은 3억 3,000만 원입니다.
③ 정○○ 씨의 보증금이 배당된 후 남는 배당금이 있으면 근저당권자들에게 순서대로 배당될 것입니다.

임차인에게 대항력이 있어도 보증금을 법원에서 전액 배당받는 물건이라면 낙찰자에게는 위험이 없습니다. 이 물건의 낙찰가가 3억 3,000만 원 이상이라면 임차인은 보증금을 전액 배당받을 것이므로, 낙찰자는 임차인의 보증금을 인수하지 않습니다. 이 물건의 가치가 3억 3,000만 원 이하라면 이 물건에 입찰하면 안 됩니다. 임차인의 미배당금액을 낙찰자가 인수해야 하니까요.

대항력은 있지만 순서가 늦은 우선변제권자는 NO!

절대 입찰하면 안 되는 물건입니다. 대항력이 있으면서 순서가 늦은 우선변제권이 있는 물건은 입찰하기에 위험합니다.
우선변제권자는 다른 채권자들과 순서대로 줄을 서서 배당을 받습니다. 순서가 늦으면 배당을 받지 못할 수도 있습니다. 하지만 말소기준권리보다 빠른 전입으로 대항력을 갖춘 선순위임차인이 우선변제권 순서가 늦어 법원배당을 받지 못하면 그 보증금을 낙찰자가 인수해야 합니다. 예시를 하나 살펴볼까요?

임차인현황 건물소멸기준 : 2020-11-09 / 배당종기일 : 2023-03-22

대법원 2016다228215 판결 → 매각물건명세서 → 예상배당표 →

순위	성립일자	권리자	권리종류 (점유부분)	보증금금액	신고	대항	참조용 예상배당여부 (최저가기준)
1	전입 2008-02-18 확정 2022-09-14 배당 2023-03-15	권○○	주거임차인	보 150,000,000원	○	있음	
2	전입 2008-02-18 확정 없음 배당 없음	김○○	주거임차인		X	있음	현황조사 권리내역
비고							보증금합계 : 150,000,000원

건물 등기 사항 건물열람일 : 2023-01-18

채권총액 : 590,200,000원 등기사항증명서 →

구분	성립일자	권리종류	권리자	권리금액	상태	비고
갑3	2002-01-24	소유권이전	유○○○○○		이전	신탁계약해지
갑6	2003-06-20	소유권	하○○		이전	매매
갑9	2010-12-23	소유권	김○○	(거래가) 255,000,000원	이전	매매
을11	2020-11-09	(근)저당	삼○○○○○	156,200,000원	소멸기준	
을13	2020-11-12	(근)저당	삼○○○○○	110,000,000원	소멸	
을14	2021-05-21	(근)저당	아○○○○○○	120,000,000원	소멸	
을16	2022-02-23	(근)저당	오○○○○○○	204,000,000원	소멸	
갑10	2023-01-02	강제경매	현○○○○	청구: 24,166,927원	소멸	
갑11	2023-01-12	임의경매	아○○○○○○	청구: 106,578,480원	소멸	

해당 물건은 부산광역시의 한 아파트입니다. 2023년 1월 2일 현○○○○이 강제경매를 신청했고, 이어 같은 달 12일에 아○○○○○○이 임의경매를 신청했습니다. 이렇게 한 건물에 여러 채권자가 각각 경매를 신청해 여러 개의 경매 사건번호가 부여되는 것을 '중복사건'이라고 합니다. 이런 경우 법원은 각각의 경매로 진행하지 않고, 먼저 신청한 사건을 중심으로 하나의 경매 절차로 병합해 진행합니다. 복잡한 것 같지만 그냥 하나의 사건으로 보면 됩니다.

권리분석을 해보겠습니다. 먼저 말소기준권리는 2020년 11월 9일에 설정된 삼○○○○○의 근저당입니다. 말소기준권리 이하는 소멸합니다. 다음으로 임차인의 권리를 확인합니다. 임차인 권○○ 씨는 2008년 2월 18일에 전입해 말소기준권리보다 빠른 대항력을 갖춘 선순위임차인입니다.

우선변제권은 어떨까요? 임차인 권○○ 씨는 전입신고를 하고, 확정일자를 받고, 배당요구를 했습니다. 우선변제권의 기준일은 전입신고일과 확정일자 중 늦은 날짜이기에 2022년 9월 15일입니다. 우선변제권 기준일이 앞선 근저당 설정일보다 늦습니다. 따라서 임차인 권○○ 씨는 우선변제권은 늦지만 대항력은 있는 선순위임차인입니다.

이 물건의 배당 순서는 다음과 같습니다.

① 경매집행비용과 필요비, 유익비를 제합니다.
② 2020년 11월 9일 설정된 삼○○○○○의 근저당을 시작으로 2022년 2월 23일 설정된 오○○○○○○의 근저당까지 배당합니다.
③ 2022년 9월 14일이 우선변제권 기준일이고, 임차인의 보증금은 1억 5,000만 원입니다. 우선변제권이 다른 근저당보다 후순위로 미배당 시 소멸하지만, 대항력 있는 임차인이라 보증금 전액을 배당받지 못하는 경우 나머지를 낙찰자가 인수해야 합니다.

이 물건의 낙찰가가 근저당권자들의 채권액을 모두 배당하고도 마지막 배당 순위인 선순위임차인인 권○○ 씨의 보증금 1억 5,000만 원까지 전액 배당할 수 있다면 상관없습니다. 그러나 그 금액이 충분하지 못해 권○○ 씨의 보증금을 전액 배당할 수 없다면 미배당된 금액은 낙찰자에게 인수됩니다.

이 물건의 최초 감정가는 6억 7,500만 원이었지만 5차까지 유찰되어 최초 감정가의 49%인 3억 2,880만 원에 낙찰되었습니다. 낙찰가를 보았을 때 낙찰금은 임차인의 우선변제권보다 앞선 근저당권자들의 배당금을 갚느라 전부 소진되었겠네요. 따라서 임차인 권○○ 씨가 배당받지 못한 보증금 1억 5,000만 원은 낙찰자에게 인수되었을 것입니다.

따라서 낙찰가는 3억 2,880만 원이었지만 실제 낙찰가는 임차인의 보증금을 더한 4억 7,880만 원이라고 할 수 있습니다.

잠깐만요 중복 사건은 왜 발생할까?

중복 사건, 즉 중복 경매는 같은 부동산에 대해 여러 채권자가 각각 별도로 경매 신청을 한 경우 발생합니다. 채권자의 경매 신청에 따라 각각 사건번호가 부여되지만, 실제로는 하나의 사건번호로 진행합니다.

대항력 없는 우선변제권자

다음 물건 같은 경우는 입찰자가 보증금을 인수해야 할 위험이 없습니다. 말소기준권리보다 전입일자가 늦은 임차인이 있는 집입니다. 남은 배당금이 없어 보증금이 전액 배당되지 않더라도 임차인은 낙찰자에게 보증금을 요구할 수 없습니다.

임차인현황 건물소멸기준 : 2013-04-15 / 배당종기일 : 2022-12-05 매각물건명세서 → 예상배당표 →

순위	성립일자	권리자	권리종류(점유부분)	보증금금액	신고	대항	참조용 예상배당여부(최저가기준)
1	전입 2017-03-20 확정 2017-03-20 배당 2022-10-24	이○○	주거임차인 전부	보 78,000,000원	○	없음	
비고	현황조사서 : 임차인(별지) 점유						

건물 등기 사항 건물열람일 : 2023-09-21 채권총액 : 136,500,000원 등기사항증명서 →

구분	성립일자	권리종류	권리자	권리금액	상태	비고
갑1	2012-06-11	소유권	오○○		이전	보존
갑2	2013-04-15	소유권	박○○		이전	매매
을3	2013-04-15	(근)저당	상○○○○○○	136,500,000원	소멸기준	
갑3	2022-09-13	임의경매	상○○○○○○	청구: 93,281,720원	소멸	
갑4	2023-09-08	압류	국○○○○○○○○○		소멸	(징세과-티103678)

해당 물건은 인천광역시의 한 빌라입니다. 말소기준권리는 2013년 4월 15일에 설정된 상○○○○○○○의 근저당입니다. 이하의 권리는 소멸합니다. 인천광역시의 압류가 하나 있지만 임차인의 우선변제권이 압류 설정일보다 빠르므로 임차인의 보증금이 먼저 배당됩니다.

임차인 이○○ 씨의 전입일과 우선변제권 기준일은 2017년 3월 20일입니다. 전입일이 말소기준권리보다 늦어 후순위임차인입니다. 대항력이 없죠. 배당요구는 배당종기일 이내에 했습니다.

스피드옥션으로 확인한 이 물건의 감정가는 1억 1,830만 원입니다. 배당 순서는 다음과 같습니다.

① 경매집행비용과 필요비, 유익비를 제합니다.
② 2013년 4월 15일에 설정된 상○○○○○○○의 근저당권은 1억 3,650만 원이지만, 실제 청구금액은 9,328만 원 정도입니다.
③ 2017년 3월 20일이 우선변제권 기준일이고, 임차인의 보증금은 7,800만 원입니다.
④ 임차인 아래 압류는 신경 쓰지 않아도 됩니다. 낙찰자는 임차인의 배당 여부만 확인하면 됩니다.

낙찰가가 1억 7,129만 원(근저당권자의 청구액 약 9,329만 원 + 임차인의 보증금 7,800만 원) 이상이면 임차인은 보증금 전액을 낙찰받을 수 있습니다. 그 이하로 낙찰되면 임차인은 보증금을 일부만 배당받거나 또는 배당받을 수 없습니다. 이 경우 안타깝지만 임차인은 돌려받지 못한 보증금을 낙찰자에게 요구할 수 없습니다. 입찰자 입장에서는 안심하고 입찰해도 괜찮은 물건입니다. 실제로 이 물건은 1억 2,120만 원에 낙찰되었으니, 임차인은 보증금의 일부만 배당받았을 것입니다.

잠깐만요 근저당과 실제 청구액이 다른 이유

경매 물건들을 보면 채권자가 설정한 근저당금액과 실제 청구액이 다른 경우를 쉽게 볼 수 있습니다. 왜 그럴까요?

먼저 청구액이 실제 근저당보다 큰 이유입니다. 은행은 돈을 빌려줄 때 연체이자를 고려하여 채권최고액을 설정해 등기를 합니다. 실제 빌려준 돈보다 20~30% 정도 여유 있게 근저당금액(채권최고액)을 정하는 것이죠. 1억 원을 빌려주면 근저당은 120%인 1억 2,000만 원입니다. 연체로 인해 빚이 불어날 경우를 대비하는 안전장치입니다.

다음은 청구액이 실제 근저당보다 작은 이유입니다. 주택담보대출은 장기 대출입니다. 시간이 지나면서 채무자가 원금을 갚아나가면, 실제 남은 빚(청구액)은 줄어듭니다. 하지만 등기부등본에 적힌 근저당금액을 수정하지 않는 한, 처음 설정금액으로 남아 있습니다. 근저당이 1억 2,000만 원인데, 채권자의 청구액이 6,000만 원이라면 실제 갚아야 하는 금액은 6,000만 원이 맞습니다. 이때 1억 2,000만 원은 처음 설정해둔 한도금액입니다.

잠깐만요 예상 배당금액과 실제 배당금액에는 차이가 있습니다

스피드옥션은 초보자의 배당 계산을 돕기 위해 참조용 예상배당표를 제공합니다. 다음 사례를 볼까요? 임차인 현황에서 참조용 예상배당표를 보면 임차인은 2,700만 원 이상 배당받지 못하는 것으로 나오네요. 하지만 실제 배당액은 이와 차이가 있습니다.

성립순위	권리내역				소멸권리 및 대항여부	비고
	성립일자	권리종류	권리자	권리금액		
1	설정 2022-03-25	(근)저당	은행	채 352,800,000	소멸기준	
2	전입 2022-03-30 확정 2022-03-30 배당 2025-01-09	주거임차인	황	보 50,000,000 월 1,500,000	없음	
3	설정 2024-10-25	임의경매	은행	청 297,411,614	소멸	

예상배당순위표

· 잔금미납으로 인한 몰취된 입찰보증금을 추가하였으나 정확하지 않을수 있으니 참고바랍니다. 경매신청비용계산

매각 예상가격(배당할 총 금액) 318,000,000 원(매각가) 적용 초기화 * 배당할 총 금액 = 매각대금 + 몰수된 보증금

배당순위	권리종류	권리자	채권금액	배당할금액	배당금액	미배당금액	실제배당할 총 금액
0순위	경매신청비용	은행	0	0	4,150,584	0	313,849,416
1순위	주택소액임차인	황	50,000,000	23,000,000	23,000,000	27,000,000	290,849,416
2순위	(근)저당	은행	352,800,000	352,800,000	290,849,416	61,950,584	0
3순위	확정일자주택임차인	황	50,000,000	27,000,000	0	27,000,000	0
4순위	임의경매	은행	297,411,614	0	0	0	0

예상배당내역표 해당 사건 모든 권리의 채권최고액 기준으로 배당받을금액과 미배당금액을 보실 수 있습니다.

권리종류	권리자	채권최고액	배당액	미배당액	소멸/대항 여부	비고
(근)저당	은행	352,800,000	290,849,400	61,950,600	소멸기준	일부배당(미배당금 소멸예상)
주거임차인	황	50,000,000	23,000,000	27,000,000	소멸	일부배당(미배당금 소멸예상)

스피드옥션의 예상배당표

그 이유는 첫째, 참조용 예상배당표의 배당액과 미배당액은 공고 중인 당시 최저가 기준의 금액이라 낙찰가와 차이가 있기 때문입니다. 둘째, 남은 대출 잔액을 정확히 파악하기 어렵기 때문입니다. 실제 대출 잔액은 근저당이 설정된 금액보다 적을 수도 있고, 많을 수도 있습니다. 정확한 배당액은 낙찰 이후 법원 경매계를 통해 배당기일 3일 전에 알 수 있습니다.

무작정 따라하기

권리분석하여 우선변제권 배당 알아보기

문제 **다음 등기부등본을 권리분석해 입찰해도 되는 안전한 물건인지 확인해보세요. 경기도 안산시에 있는 감정가 1억 4,300만 원의 한 아파트입니다. 한국토지주택공사에서 저소득층 무주택자의 주거 안정을 위해 지원한 물건으로, 실제 거주 임차인은 권○○ 씨입니다.**

임차인현황 건물소멸기준 : 2022-05-31 / 배당종기일 : 2023-10-25 매각물건명세서 → 예상배당표 →

순위	성립일자	권리자	권리종류 (점유부분)	보증금금액	신고	대항	참조용 예상배당여부 (최저가기준)
1	전입 2021-11-17 확정 없음 배당 없음	권○○	주거임차인 미상	보 미상	X	있음	현황조사 권리내역
2	전입 2021-11-17 확정 2021-11-11 배당 없음	한○○○○○○○	주거임차인 708호 (입주자 권[illegible])	보 120,000,000원	○	있음	
비고	현황조사서 : 임차인(별지) 점유						보증금합계 : 120,000,000원

건물 등기 사항 건물열람일 : 2024-08-22 채권총액 : 76,066,846원 등기사항증명서 →

구분	성립일자	권리종류	권리자	권리금액	상태	비고
갑5	2018-12-13	소유권	이○○	(거래가) 92,000,000원	이전	매매
갑6	2021-10-21	소유권	박○○	(거래가) 170,000,000원	이전	매매
을5	2022-05-31	(근)저당	에○○○○○○○○	57,600,000원	소멸기준	
갑8	2023-06-07	가압류	케○○○○○○	18,466,846원	소멸	
갑9	2023-08-10	임의경매	에○○○○○○○○	청구: 50,191,995원	소멸	
갑10	2023-11-20	압류	국○○○○○○○○○○		소멸	(징세과-티105442)

정답 및 해설 안전한 물건인지 판단하기 위해 먼저 말소기준권리를 찾은 뒤 임차인의 권리를 확인합니다.

① 말소기준권리

이 물건의 말소기준권리는 2022년 5월 31일에 설정된 에○○○○○○○○의 근저당입니다. 그리고 경매 신청채권자이기도 하네요. 근저당권자는 저축은행으로, 제2금융권에 해당합니다. 제2금융권의 근저당 설정 비율은 120%로, 실제 대출금은 약 4,430만 원일 것으로 예상됩니다.

② 임차인의 권리 확인

임차인의 전입이 말소기준권리보다 빠르면 대항력이 있고, 늦으면 대항력이 없습니다. 임차인 권○○ 씨의 전입일은 2021년 11월 17일이므로 말소기준권리보다 빠르네요. 대항력이 있는 임차인입니다. 우선변제권 기준일은 전입일과 확정일자 중 늦은 날짜를 기준으로 합니다. 따라서 우선변제권 기준일은 전입일 다음 날인 2021년 11월 18일이네요. 역시 말소기준권리보다 빠릅니다.

이 물건이 낙찰된 뒤 일반적인 배당 순서는 다음과 같습니다.

① 2021년 11월 17일에 전입한 임차인 권○○ 씨의 보증금 1억 2,000만 원
② 2022년 5월 31일에 설정된 에○○○○○○○○의 근저당권 청구액 약 5,020만 원
③ 남은 금액이 있다면 권리 설정 순서에 따른 케○○○○○○의 가압류와 국○○○○○○○○○○○의 압류

그러나 여기서 주목해야 할 부분은 임차인의 배당요구입니다. 대항력과 우선변제권을 갖춘 임차인이 배당요구종기일까지 배당요구를 하지 않았습니다. 이에 임차인의 보증금 1억 2,000만 원은 낙찰자에게 전액 인수됩니다.

③ 위험 여부는 물건의 적정 낙찰가에 따라 다릅니다

이 물건의 최근 매매 실거래가를 조사해보니 1억 3,000만 원 정도입니다. 낙찰 후 인수해야 하는 보증금이 1억 2,000만 원이니 빠른 시일 내에 매도할 예정이라면 최소 낙찰가는 1,000만 원 이하가 되겠네요.

최저가가 1,000만 원 이하로 떨어지면 경매신청비용 등을 제외하고 경매신청채권자인 에○○○○○○○○가 받을 수 있는 배당금은 거의 없을 것입니다. 에○○○○○○○○는 직접 경매에 참가해 낙찰받거나 또는 얼마 안 되는 금액이라도 배당을 받고 끝낼 것입니다.

실제 이 물건은 9차까지 유찰되어 최초 감정가의 6%인 889만 원가량에 낙찰되었습니다. 실제 낙찰금액은 임차인의 보증금을 더한 1억 2,889만 원이네요. 에○○○○○○○○는 아주 적은 배당금이라도 회수하는 것을 택했나 봅니다.

025

임차인의 배당권리 ③ 돌려받지 못한 임차보증금을 위한 주택임차권

보증금을 받지 못한 임차인도 이사할 수 있다

등기부등본에 '주택임차권'이 표시되어 있으면 현재 혹은 과거 임차인이 집주인에게 보증금을 돌려받지 못했다는 것을 의미합니다. 임대차계약 기간이 끝났는데 집주인이 보증금을 돌려주지 않으면, 임차인은 법원에 임차권등기명령을 신청할 수 있습니다. 임차인의 신청에 따라 법원이 임차권등기명령을 결정하면, 임차인은 임대인의 동의가 없어도 임차권을 등기할 수 있습니다. 깡통전세[1]로 제때 보증금을 반환하지 못하는 임대인이 늘어나면서 경매에서도 임차권등기를 자주 볼 수 있습니다. 임차권등기는 임대차계약의 만기가 지났는데도 임대인이 보증금을 반환하지 않는 경우에만 가능합니다.

원칙상 임차인은 전입신고로 대항력을 만들고 유지해야 권리를 갖습니다. 하지만 주택임차권등기가 되면 임차인은 전입 여부에 상관없이 대항력, 우선변제권 등 임차인의 권리를 가집니다. 이때 임차권등기의 기준일은 임차권등기일이 아닌 초기 전입일입니다. 예를 들어 2019년 10월에 전입한 임차인이 2021년 1월에 임차권등기를 신청하고 이사를 갔다면, 이 임차인은 2019년 10월 기준으로 권리를 가집니다. 임차권등기가 설정된 집에 다른 임차인이 전입했을 때에도 대항력이 인정되므로 주의해야 합니다(대법원 2023.9.27. 선고, 2022다246610 판결).

알아두세요

1 **깡통전세** 주택 대출금과 전세금의 합계가 집값과 엇비슷해 집값 하락 시 세입자가 전세금을 받지 못할 수도 있는 위험 주택을 말합니다.

임차인현황 건물소멸기준 : 2019-03-29 / 배당종기일 : 2024-05-08 매각물건명세서 → 예상배당표 →

순위	성립일자	권리자	권리종류 (점유부분)	보증금금액	신고	대항	참조용 예상배당여부 (최저가기준)
1	전입 2018-03-27 확정 2018-03-27 배당 2024-04-29	한○○○○○○○	주택임차권자 409호 (입주자 송　)	보 65,000,000원	○	있음	
비고							

건물 등기 사항 건물열람일 : 2024-02-15 채권총액 : 185,000,000원 등기사항증명서 →

구분	성립일자	권리종류	권리자	권리금액	상태	비고
갑4	2015-10-28	소유권	김○○	(거래가) 73,500,000원	이전	매매
을14	2018-03-27 (2022-03-17)	주택임차권	한○○○○○○○	65,000,000원	있음	전입 : 2018-03-27 확정 : 2018-03-27
갑5	2019-02-14	소유권	원○○	(거래가) 68,000,000원	이전	매매
① 을13	2019-03-29	(근)저당	참○○○○	120,000,000원	소멸기준	
② 갑12	2024-02-06	강제경매	서○○○○○	청구: 71,581,037원	소멸	

명세서 요약사항 최선순위 설정일자 2019.03.29. 근저당권

소멸되지 않는 등기부권리	매수인에게 대항할 수 있는 을구 순위 14번 임차권등기 (2022.03.17. 등기)있으며 배당에서 보증금이 전액변제되지 아니하면 잔 액을 매수인이 인수함.
설정된 것으로 보는 지상권	
주의사항 / 법원문건접수 요약	주택임차권자 한국토지주택공사의 채권 양수인인 서울보증보험 주식회사에서 최저 매각가격이 최초감정가 대비 60% 이상일 경우, 임차보증금의 우선변제권자로서 배당금을 수령하고 남은 잔여금액에 대한 대항력을 포기하겠다는 서류(2025.02.10. 자)가 제출됨. 2025-02-10 채권자 대항력 포기 제출 ◈미납관리비(공용)를 인수할수 있으니 입찰전에 확인 하시기 바랍니다.

① 말소기준권리

먼저 말소기준권리를 찾아보겠습니다. 말소기준권리는 2019년 3월 29일에 설정된 참○○○○의 근저당입니다.

② 임차인의 권리

해당 물건은 한국토지주택공사에서 주거 안정을 위해 제공한 물건이고, 실제 임차인은 송○○ 씨입니다. 경매 신청은 서울보증보험에서 했는데, 한국토지주택공사의 채권을 양수했기 때문입니다. [명세서 요약사항]을 보니 한국토지주택공사는 최저 매각금액이 최초 감정가 대비 60% 이상일 경우 미배당금은 포기하겠다는 서류를 썼네요. 즉 보증금 전액을 받는 것보다 60%라도 빨리 회수하는 방법을 선택했습니다.

말소기준권리 위에 주택임차권이 있습니다. 말소기준권리 위에 있으므로 이는 낙찰자가 인수해야 하는 권리입니다. 앞선 권리가 있는데도 참○○○○이 대출을 해준 것이 이상하지 않나요? 일반적으로 은행은 등기부등본상 다른 권리가 있는 집에 대출을 해주지 않습니다. 근저당권자인 참○○○○이 대출을 실행한 2019년에는 주택임차권등기가 없었습

니다. 뒷장의 등기부등본을 확인하면 주택임차권의 등기접수일은 2022년 3월 17일이지만, 주택임차권의 우선변제권 기준일은 임차인의 확정일자인 2018년 3월 27일이기 때문에 근저당권보다 앞에 위치합니다.

13	근저당권설정	2019년3월29일 제15011호	2019년3월29일 설정계약	채권최고액 금120,000,000원 채무자 김 경상북도 포항시 북구 장량중앙로 (양덕동) 근저당권자 주식회사참 171111- 대구광역시 수성구 달구벌대로 (범어동)
14	주택임차권	2022년3월17일 제9132호	2022년3월7일 대전지방법원의 임차권등기명령 (2022카)	임차보증금 금65,000,000원 범 위 건물의 전부 임대차계약일자 2018년3월26일 주민등록일자 2018년3월27일 점유개시일자 2018년4월10일 확정일자 2018년3월27일 임차권자 한국토지주택공사 135671- 경상남도 진주시 충의로 (충무공동)
14-1				14번 등기는 건물만에 관한 것임 2022년3월17일 부기

임차인 송○○ 씨는 2018년 3월 27일에 전입했습니다. 말소기준권리보다 빠른 전입으로 대항력이 있는 선순위임차인입니다. 확정일자도 받고, 배당요구종기일 이내에 배당요구를 했으므로 우선변제권도 있습니다. 보증금이 소액이 아니기에 최우선변제권은 없습니다.

③ 결론

선순위임차인이면서 주택임차권자인 송○○ 씨는 가장 먼저 배당을 받습니다. 그런데 앞서 주의사항을 통해 최저 매각가격이 최초 감정가 대비 60% 이상일 경우 임차인의 대항력을 포기한다는 사실을 알았습니다. 이 물건의 최초 감정가는 8,500만 원이고, 이 금액의 60%는 5,100만 원입니다. 따라서 이 물건이 5,100만 원 이상의 가치가 있는 집이라면 입찰해도 좋습니다. 실제 이 물건은 한 번 유찰되어 최초 감정가의 85%인 7,190만 원에 낙찰되었습니다.

마음에 드는 물건에 주택임차권등기가 설정되었다면, 지금 이 집에 사람이 살고 있는지 확인해볼 필요가 있습니다. 집이 오래 비어 있었다면 망가졌을 가능성이 있습니다. 단순히 보증금 반환을 목적으로 주택임차권등기를 설정한 것이 아닌, 다른 특별한 이유(누수, 소음, 이웃 등)가 있지는 않은지 현장에서 꼭 확인하세요.

무작정 따라하기

권리분석하여 주택임차권 배당 알아보기

문제 **다음 등기부등본을 권리분석해 입찰해도 되는 안전한 물건인지 확인해보세요. 이 물건은 전북특별자치도 군산시의 한 아파트입니다.**

임차인현황 건물소멸기준 : 2024-06-04 / 배당종기일 : 2024-08-28 매각물건명세서 → 예상배당표 →

순위	성립일자	권리자	권리종류(점유부분)	보증금금액	신고	대항	참조용 예상배당여부(최저가기준)
1	전입 2021-06-28 확정 2021-06-29- 배당 2024-07-08	김○○	주택임차권자 전부	보 110,000,000원	○	있음	경매신청채권자
비고	현황조사서 : 임차인(별지) 점유						

건물 등기 사항 건물열람일 : 2024-06-12 채권총액 : 110,000,000원 등기사항증명서 →

구분	성립일자	권리종류	권리자	권리금액	상태	비고
갑5	2007-08-30	소유권	백○○	(거래가)64,500,000원	이전	매매
갑6	2021-06-10	소유권	임○○	(거래가)92,000,000원	이전	매매
을15	2021-06-28 (2023-07-21)	주택임차권	김○○	110,000,000원	있음	경매신청채권자 전입 : 2021-06-28 확정 : 2021-06-29
갑7	2024-06-04	강제경매	김○○	청구: 110,000,000원	소멸기준	

명세서 요약사항 최선순위 설정일자 2024.06.04. 강제경매개시결정

소멸되지 않는 등기부권리	매수인에게 대항할 수 있는 을구15번 임차권등기 (임차보증금 110,000,000 원, 전입일자 2021.6.28. 확정일자 2021.6.29.) 가 있으므로 배당에서 전액 변제되지 아니하면 잔액을 매수인이 인수함
설정된 것으로 보는 지상권	해당사항없음
주의사항 / 법원문건접수 요약	* 관리비 조사일자 2024-11-25 관리비미납 없음

정답 및 해설 대항력과 주택임차권을 가진 막강한 임차인인지 아닌지를 권리분석을 통해 확인합니다.

① 말소기준권리

이 물건의 말소기준권리는 2021년 6월 28일에 임차인이 신청한 강제경매, 즉 경매개시결정입니다. 앞선 어떤 권리도 없이 바로 경매가 진행될 때는 경매 신청 자체가 말소기준권리가 됩니다. 말소기준권리보다 앞선 권리는 낙찰자가 인수해야 하므로 주택임차권은 낙찰자가 인수해야 합니다.

② 임차인의 권리 확인

임차인은 2021년 6월 28일에 전입해 대항력이 있습니다. 우선변제권 기준일은 확정일자인 2021년 6월 29일입니다. 임차인 김○○ 씨는 배당요구종기일 이내에 배당요구도 했습니다. 그러나 김○○ 씨가 배당요구를 하지 않았더라도 자동으로 배당되었을 것입니다. 김○○ 씨는 배당요구를 하지 않아도 배당을 받는 특별한 임차인이기 때문입니다. 주택임차권을 가지고 있고, 경매를 신청했기 때문이죠. 임차인 중에서 배당요구를 하지 않아도 당연하게 배당을 받는 임차인은 딱 두 사람뿐입니다. 첫 번째는 주택임차권을 가진 임차인이고, 두 번째는 경매를 신청한 임차인입니다.

이 물건의 채권은 2021년 6월 28일에 전입한 임차인 김○○ 씨의 보증금 1억 1,000만 원뿐입니다.

③ 위험 여부는 물건의 적정 낙찰가에 따라 다릅니다

이 물건의 적정 낙찰가가 1억 1,000만 원 이상이라면 편안한 물건입니다. 임차인이 보증금을 전액 배당받을 수 있으니까요. 이 물건의 낙찰가가 1억 1,000만 원 이하라면 대항력 있는 임차인이 배당받지 못한 나머지 보증금을 낙찰자가 내주어야 합니다. 대항력 있는 임차인이 있는 집은 임차인이 전액 배당을 받을 수 있는지 확인하는 것이 가장 중요합니다.

026 난이도 중 - 임차인이 있는 집 권리분석하기

임차인이 있는 물건은 세 가지만 확인하자

이 책에서 대항력을 가진 임차인이란 말소기준권리보다 앞서 전입한 임차인만을 말합니다. 임차인이 있는 물건의 권리분석을 하는 기준은 다음 세 가지입니다. 이 기준에 따라 임차인이 있는 집을 권리분석해볼까요?

① 말소기준권리를 확인한다

집주인만 있으면 여기까지만 하면 됩니다. 집주인은 임차인이 아니기에 임차인에 대한 권리분석을 하지 않아도 되고, 배당도 신경 쓰지 않아도 됩니다.

② 임차인의 대항력을 확인한다

임차인이 말소기준권리보다 늦게 전입신고한 후순위임차인이라면 여기까지 확인하면 됩니다. 후순위임차인의 경우 대항력이 없고, 따라서 배당받지 못하는 보증금을 낙찰자가 인수할 의무가 없기 때문이죠. 임차인 입장에서는 억울하겠죠. 억울한 세입자로 인해 명도가 어려울 수 있으니 명도의 난이도 파악을 위해 임차인의 배당 유무와 배당금 액수를 미리 확인하는 것이 좋습니다.

③ 배당 순위를 확인한다

선순위임차인이 있으면 여기까지 확인해야 끝입니다. 선순위임차인이 있는 물건은 임차인이 보증금을 전액 배당받는지 확인해야 합니다. 선순위임차인이 배당받지 못하는 보증금은 낙찰자가 인수해야 하기 때문이죠. 또한 선순위임차인이 받을 배당금을 가로채는 새치기 배당도 조심하세요.

대항력 없는 물건은 보증금 인수의 위험이 없다

예시 1 | 대항력이 없으면서 배당받는 물건

대항력이 없는 임차인이 있는 물건은 일단 보증금 인수의 위험이 없습니다. 여기에 임차인이 보증금을 배당받으면 명도도 쉽겠죠. 가장 편안한 패턴의 물건입니다. 순서대로 권리분석을 해볼까요?

임차인현황 건물소멸기준 : 2022-01-27 / 배당종기일 : 2024-06-03 매각물건명세서 → 예상배당표 →

순위	성립일자	권리자	권리종류 (점유부분)	보증금금액	신고	대항	참조용 예상배당여부 (최저가기준)
1	전입 2023-04-04 확정 2024-03-05 배당 2024-03-21	박○○	주거임차인 201호(62.63㎡)	보 15,000,000원 월 400,000원	○	없음	
비고							

건물 등기 사항 건물열람일 : 2024-03-21 채권총액 : 111,377,790원 등기사항증명서 →

구분	성립일자	권리종류	권리자	권리금액	상태	비고
갑7	2022-01-24	소유권	우○		이전	강제경매로 인한 매각
을7	2022-01-27	(근)저당	경○○○○○○○○○	105,600,000원	소멸기준	
갑9	2022-05-26	소유권	이○○	(거래가) 117,000,000원	이전	매매
갑10	2024-02-05	가압류	롯○○○	5,777,790원	소멸	
갑11	2024-03-08	임의경매	경○○○○○○○○○	청구: 88,515,100원	소멸	

① 말소기준권리: 2022년 1월 27일에 설정된 경○○○○○○○○○○의 근저당입니다. 말소기준권리 아래의 롯○○○의 가압류는 소멸합니다.

② 임차인의 대항력: 임차인 박○○ 씨는 2023년 4월 4일에 전입신고를 했습니다. 말소기준권리보다 늦게 전입신고를 해 대항력이 없습니다.

③ 배당 여부: 대항력이 없는 임차인이지만 배당을 받습니다. 해당 물건은 울산광역시의 한 빌라로 임차인 박○○ 씨는 소액임차인에 해당하기 때문입니다. 소액임차인은 최우선변제권으로 배당됩니다(23장 참고).

④ 결론: 권리에 이상이 없는 깨끗한 물건입니다.

예시 2 | 대항력이 없으면서 배당받지 못하는 물건

소액임차인이지만 보증금을 배당받지 못하는 임차인의 예입니다. 대항력이 없는 임차인은 배당받지 못하는 보증금을 낙찰자에게 요구할 수 없습니다.

임차인현황 건물소멸기준 : 2020-06-04 / 배당종기일 : 2023-03-27 매각물건명세서 → 예상배당표 →

순위	성립일자	권리자	권리종류(점유부분)	보증금금액	신고	대항	참조용 예상배당여부(최저가기준)
1	전입 2022-01-26 확정 없음 배당 없음	이○○	주거임차인 104호 전부	보 5,000,000원 월 400,000원	X	없음	현황조사 권리내역
비고	현황조사서 : 임차인(별지) 점유						

건물 등기 사항 건물열람일 : 2024-11-22 채권총액 : 18,000,000원 등기사항증명서 →

구분	성립일자	권리종류	권리자	권리금액	상태	비고
갑22	2014-05-26	소유권	박○○○○○○	(거래가)68,000,000원	이전	매매
을6	2020-06-04	(근)저당	청○○○○○○○	18,000,000원	소멸기준	
갑28	2022-11-29	소유권(지분)	김○○○○○○		이전	상속
갑29	2023-01-05	임의경매	청○○○○○○○	청구: 14,299,040원	소멸	

명세서 요약사항 최선순위 설정일자 2020.06.04. 근저당권

소멸되지 않는 등기부권리	
설정된 것으로 보는 지상권	
주의사항 / 법원문건접수 요약	- 연립주택 (집합건축물대장 건축물현황도상 방3, 거실, 주방, 욕실2)으로 이용 중

① 말소기준권리: 2020년 6월 4일에 설정된 청○○○○○○○의 근저당입니다. 이 물건에는 하나의 채권만 있네요.

② 임차인의 대항력: 임차인 이○○ 씨는 2022년 1월 26일에 전입신고를 했습니다. 말소기준권리보다 늦게 전입신고를 해 대항력이 없습니다.

③ 배당 여부: 확정일자가 없어 우선변제권의 조건이 되지 않습니다. 해당 물건은 충남 보령시의 한 빌라로 임차인 이○○ 씨는 소액임차인에 해당합니다. 그러나 배당요구종기일까지 배당요구를 하지 않아 임차인은 배당을 받지 못합니다.

④ 결론: 인수할 권리는 없는 물건이지만, 임차인의 미배당금이 있어 명도 저항이 있을 수 있습니다. 미배당금이 클수록 명도가 어려워지겠죠?

대항력이 있어도 배당받는 물건은 안전하다

예시 1 | 대항력이 있으면서 배당받는 물건

대항력이 있어도 임차인이 보증금을 배당받을 수 있으면 입찰자에게 안전한 물건입니다. 해당 물건은 부산광역시 해운대구에 있는 아파트로, 최초 감정가는 1억 7,000만 원입니다.

임차인현황 건물소멸기준 : 2022-02-14 / 배당종기일 : 2023-04-26 매각물건명세서 → 예상배당표 →

순위	성립일자	권리자	권리종류(점유부분)	보증금금액	신고	대항	참조용 예상배당여부(최저가기준)
1	전입 2012-05-18 확정 2012-05-18 배당 2023-03-15	천○○○○	주거전세권자 1503호 전부	보 110,000,000원	○	있음	
2	계약 2016-05-11 확정 2016-05-12 배당 2023-03-15	천○○○○○○	주거임차인 1503호 전부	보 130,000,000원	○	있음	증액(20,000,000)
비고	현황조사서 : 임차인(별지) 점유						보증금합계 : 240,000,000원

건물 등기 사항 건물열람일 : 2023-02-22 채권총액 : 243,604,380원 등기사항증명서 →

구분	성립일자	권리종류	권리자	권리금액	상태	비고
갑13	2011-04-12	소유권	정○○	(거래가) 130,000,000원	이전	매매
을14	2012-05-18	전세권	천○○○○	110,000,000원	소멸	최선순위 설정일자임
갑14	2014-05-19	소유권	이○○	(거래가) 120,000,000원	이전	매매
을18	2022-02-14	(근)저당	한○○○○	57,000,000원	소멸기준	
갑15	2022-12-12	가압류	메○○○○○	22,604,380원	소멸	
갑16	2022-12-26	가압류	부○○○○○○○	54,000,000원	소멸	
갑17	2023-02-09	임의경매	한○○○○	청구: 45,539,652원	소멸	

① 말소기준권리: 2022년 2월 14일에 설정된 한○○○○의 근저당입니다. 말소기준권리 이하는 모두 소멸됩니다.

② 임차인의 대항력: 임차인 천○○○○ 씨는 보증금 증액을 하며 총 두 번의 전입신고를 했습니다. 이렇게 별도의 전입신고가 있는 경우 각각의 신고일에 따라 대항력이 달라질 수 있습니다. 다행히 임차인 천○○○○ 씨의 전입일은 모두 말소기준권리보다 앞서 있으므로 대항력 있는 임차인입니다. 만약 2차 전입신고일이 말소기준권리보다 늦었다면, 1차 전입신고에 해당하는 보증금은 대항력이 있어 미배당 시 낙찰자에게 인수되지만 2차 보증금은 낙찰자에게 요구할 수 없습니다.

③ 배당 여부: 배당받을 권리인 우선변제권의 조건이 되어 배당을 받습니다.

④ 결론: 경매는 경매신청채권자의 이익이 보장될 경우에만 진행됩니다. 경매신청채권자

에게 배당될 금액이 전혀 없는 경우 무잉여로 보아 경매를 취소합니다. 따라서 이 물건의 경매가 진행되는 이유는 경매신청채권자의 이익이 보장된다고 법원이 판단했기 때문입니다. 쉽게 말하면 배당 순서에 따라 임차인의 보증금 전액을 배당하고도 경매신청자에게 돌아갈 배당금이 남는다는 의미죠. 따라서 이렇게 대항력이 있는 물건이라도 임차인에게 보증금이 전액 배당되면 명도가 수월해 입찰하기 좋은 물건이라고 판단할 수 있습니다.

예시 2 | 대항력이 있으면서 배당받지 못하는 물건

전세가가 하락하는 시장에서 보이는 패턴입니다. 전세가가 하락해 이전 가격에 전세로 들어올 다른 임차인이 없으면 집주인은 전세금 반환을 하지 못하게 되고, 임차인은 어쩔 수 없이 경매를 신청하게 됩니다.

다음 물건은 임차인이 대항력 있는 선순위임차인이면서 다른 채권이 없는 집입니다. 전세보증금이 집의 가격보다 낮을 경우에는 입찰에 문제가 없지만, 돌려줘야 할 전세보증금이 집의 가치보다 높을 경우에는 아무도 입찰하지 않을 것입니다. 선순위임차인의 보증금을 인수해야 하니까요.

임차인현황 건물소멸기준 : 2023-06-19 / 배당종기일 : 2024-06-24 매각물건명세서 → 예상배당표 →

순위	성립일자	권리자	권리종류 (점유부분)	보증금금액	신고	대항	참조용 예상배당여부 (최저가기준)
1	전입 2019-06-03 확정 2019-05-14 배당 2024-06-24	정○○	주거임차인 전부	보 110,000,000원	○	있음	경매신청채권자
비고	현황조사서 : 임차인(별지) 점유						

건물 등기 사항 건물열람일 : 2024-04-23 채권총액 : 110,000,000원 등기사항증명서 →

구분	성립일자	권리종류	권리자	권리금액	상태	비고
갑3	2010-01-08	소유권	김○○	(거래가) 140,000,000원	이전	매매
갑4	2019-10-22	소유권	최○○	(거래가) 130,000,000원	이전	매매
갑5	2023-06-19	가압류	정○○	110,000,000원	소멸기준	
갑6	2024-04-11	강제경매	정○○	청구: 110,000,000원	소멸	

① 말소기준권리: 2023년 6월 19일에 임차인 정○○ 씨가 설정한 가압류가 말소기준권리가 됩니다. 정○○ 씨는 해당 물건의 임차인이면서 경매신청채권자이기도 합니다.

② 임차인의 대항력: 임차인 정○○ 씨는 2019년 6월 3일에 전입신고를 했습니다. 말소기

준권리보다 앞서 전입신고를 했으므로 대항력이 있는 임차인입니다.

③ 배당 여부: 배당받을 권리인 우선변제권의 조건을 만족하고, 배당요구를 했으므로 전액 배당을 받습니다. 하지만 전액 배당되지 않으면 낙찰자가 나머지 전세보증금을 인수해야 합니다.

④ 결론: 적정 낙찰가에 따라 안전도가 달라지는 물건입니다. 적정 낙찰가가 임차인의 보증금인 1억 1,000만 원보다 높다면 임차인은 보증금 전액을 배당받으므로 보증금 인수는 없을 것입니다. 그러나 1억 1,000만 원보다 낮다면 미배당된 금액만큼 낙찰자에게 인수됩니다. 집의 적정 낙찰가가 선순위보증금에 미치지 않으면 입찰하면 안 되는 물건입니다.

HUG의 인수조건변경 물건

HUG(주택도시보증공사)는 전세보증금반환보증, 임대보증금보증, 분양보증 등 주택보증에 관한 업무를 하는 기관입니다. 최근 큰 문제가 됐던 전세 사기와 같은 일이 일어나면 HUG가 임차인의 권리를 양도받기도 합니다. 즉 임차인으로부터 임대차보증금반환채권을 양수받고 「주택임대차보호법」 제3조의2 제7항에 의거하여 우선변제권을 승계받는 것이죠.

원래 대항력 있는 임차권은 낙찰자에게 인수됩니다. 하지만 대규모 전세 사기 사건으로 아무도 입찰할 수 없는 물건이 과다해졌습니다. 따라서 HUG가 일부 물건에 대해 낙찰자가 임차권을 인수하지 않는 조건으로 경매를 매각하는 것을 허락했습니다. 이렇게 HUG의 인수조건변경 물건은 임차인의 보증금을 인수하지 않고 임차권이 소멸하기 때문에 임차인의 권리에 대해 신경쓰지 않고 경매에 입찰할 수 있습니다.

다음 물건의 감정평가현황을 보면 대항력 있는 임차인의 권리를 HUG가 승계했음을 알 수 있습니다. 기존 임차인 박○○ 씨는 HUG로부터 보증금을 돌려받고, 이미 이사를 나갔을 수도 있습니다. HUG는 박○○ 씨에게 승계받은 임대차보증금반환청구권을 포기했기 때문에 이 물건의 낙찰자는 임차인의 보증금을 인수하지 않아도 됩니다.

감정평가현황 (주)정토감정 , 가격시점 : 2024-09-20 감정평가서 →

토지	건물	제시외건물(포함)	제시외건물(제외)	기타(기계기구)	합계
200,900,000원	86,100,000원	X	X	X	287,000,000원
비고	임차인 및 임차권승계인 주택도시보증공사는 매수인에 대하여 배당받지 못하는 잔액에 대한 임대차보증금 반환 청구권을 포기하고, 임차권등기를 말소하는 것을 조건으로 매각				

건물현황 소유권 보존등기일 : 2020-11-11 건축물대장 →

번호	소재지	층별	구조	전용면적	감정가격	비고
1	화곡동		철근콘크리트구조	25.39㎡(7.68평)	86,100,000원	8층 건중 8층
기타	이용상태(단지형다세대주택) / 위생 및 급배수시설, 난방설비, 승강기, 주차설비 등					

대지권현황 부동산통합정보이음 ↗

번호	지번	용도	대지권비율	면적	감정가격	비고
1	화곡동	대지권	272㎡ 분의 9.74㎡	9.74㎡(2.95평)	200,900,000원	
기타	"초등학교" 북측 인근에 위치 / 인근은 다세대주택, 오피스텔 및 근린생활시설 등이 소재 / 인근에 노선버스 정류장 등이 소재하여 제반 교통상황은 보통인 편임 / 북서측으로 로폭 약 4-5미터 내외의 포장도로에 접함 / 일반상업지역 / 가로구역별 최고높이 제한지역					

임차인현황 건물소멸기준 : 2022-09-14 / 배당종기일 : 2024-12-11 매각물건명세서 → 예상배당표 →

순위	성립일자	권리자	권리종류(점유부분)	보증금금액	신고	대항	참조용 예상배당여부(최저가기준)
1	전입 2021-01-29 확정 2021-01-13 배당 2024-12-11	주○○○○○○○	주택임차권자 전부 (박)	보 305,000,000원	○	없음	특별매각조건 : 대항력 포기
비고	주택도시보증공사 :경매신청채권자이고 , 주택임차권자 의 임차보증금반환채권을 승계함.						

건물 등기 사항 건물열람일 : 2024-09-13 채권총액 : 305,000,000원 등기사항증명서 →

구분	성립일자	권리종류	권리자	권리금액	상태	비고
갑1	2020-11-11	소유권	동○○○○○○		이전	보존
갑2	2021-01-29	소유권	고○○	(거래가) 305,000,000원	이전	매매
을3	2021-01-29 (2023-03-08)	주택임차권	주○○○○○○○	305,000,000원	소멸	말소동의서 제출
갑3	2022-09-14	압류	국○○○○○○○○○		소멸기준	(체납징세과-티53473)
갑4	2024-09-10	강제경매	주○○○○○○○	청구: 305,000,000원	소멸	

명세서 요약사항 2022.09.14. 압류

소멸되지 않는 등기부권리	
설정된 것으로 보는 지상권	
주의사항 / 법원문건접수 요약	임차인 및 임차권승계인 주택도시보증공사는 매수인에 대하여 배당받지 못하는 잔액에 대한 임대차보증금 반환 청구권을 포기 하고, 임차권등기를 말소하는 것을 조건으로 매각

HUG는 전 소유자에게 구상권을 청구해 받지 못한 채권을 받을 수 있기는 합니다. 그러나 이렇게 HUG의 인수금액이 커져가면서 재정 악화가 우려되는 상황이죠. 전세 사기 사건의 피해자는 우선매수청구권이 있는데, 때로는 HUG가 이 권리를 승계해 직접 낙찰을 받기도 합니다.

매각물건명세서에도 '임차인 및 임차권승계인 주택도시보증공사는 매수인에 대하여 배당받지 못하는 잔액에 대한 임대차보증금반환청구권을 포기하고, 임차권등기를 말소하는 것을 조건으로 매각'이라고 기재된 것을 확인할 수 있습니다.

서 울 남 부 지 방 법 원

매각물건명세서

사건	2024타경 부동산강제경매	매각 물건번호	1	작성 일자	2025. 5. 16.	담임법관 (사법보좌관)	황 전자서명완료
부동산 및 감정평가액 최저매각가격의 표시	별지 기재와 같음	최선순위 설정	2022.09.14. 압류			배당요구종기	2024. 12. 11.

부동산의 점유자와 점유의 권원, 점유할 수 있는 기간, 차임 또는 보증금에 관한 관계인의 진술 및 임차인이 있는 경우 배당요구 여부와 그 일자, 전입신고일자 또는 사업자등록신청일자와 확정일자의 유무와 그 일자

점유자 성명	점유 부분	정보출처 구분	점유의 권원	임대차기간 (점유기간)	보 증 금	차 임	전입신고일자·외국인등록(체류지변경신고)일자·사업자등록 신청일자	확정일자	배당 요구여부 (배당요구일자)
박	전부	등기사항전부증명서	주거 주택임차권자	2021.01.29.~	305,000,000		2021.01.29	2021.01.13.	
주택도시보증공사	전부	권리신고	주거 주택임차권자	2021.01.29.~ 2023.02.19.	305,000,000		2021.01.29	2021.01.13.	2024.12.11.

<비고>

주택도시보증공사:경매신청채권자이고, 주택임차권자 박 의 임차보증금반환채권을 승계함.

※ 최선순위 설정일자보다 대항요건을 먼저 갖춘 주택·상가건물 임차인의 임차보증금은 매수인에게 인수되는 경우가 발생 할 수 있고, 대항력과 우선변제권이 있는 주택·상가건물 임차인이 배당요구를 하였으나 보증금 전액에 관하여 배당을 받지 아니한 경우에는 배당받지 못한 잔액이 매수인에게 인수되게 됨을 주의하시기 바랍니다.

등기된 부동산에 관한 권리 또는 가처분으로 매각으로 그 효력이 소멸되지 아니하는 것

매각에 따라 설정된 것으로 보는 지상권의 개요

비고란
임차인 및 임차권승계인 주택도시보증공사는 매수인에 대하여 배당받지 못하는 잔액에 대한 임대차보증금 반환 청구권을 포기하고, 임차권등기를 말소하는 것을 조건으로 매각

027

난이도 상 - 진짜 임차인이 맞을까?

법원이 모르는 사실도 있다

법원은 임차인이 법원에 제출한 내용을 기초로 매각물건명세서상에 임차인의 정보를 작성합니다. 임차인의 임대차계약서를 기준으로 확정일자, 보증금, 월세를 기재하고, 배당요구를 한 날짜를 기록합니다. 또한 임차인과의 대화에서 특이사항이 있으면 비고란에 기록합니다.

하지만 점유자가 별다른 신고를 하지 않는 한, 법원은 임차인의 상황을 알 수 없습니다. 그저 전입세대열람으로 전입일자와 성명을 기재하고, 점유 부분에는 '주거임차인 미상' 혹은 '알 수 없음'으로 표시합니다. 단순히 임차인의 전입일자가 말소기준권리보다 빠르면 유료 경매사이트의 대항력란에 '대항력 있음'으로 표시합니다. 때문에 미상 임차인인 경우 '대항력 있음'은 정확한 정보가 아닐 수도 있습니다.

임차인이 권리신고를 하지 않으면, 법원은 그가 진정한 임차인인지 여부를 알 수 없습니다. 보통 권리신고가 되어 있지 않은 임차인은 집주인의 가족인 경우가 많지만, 무조건 집주인의 가족으로 유추하고 입찰하는 것은 위험합니다. 권리신고가 되어 있지 않지만 대항력 있는 임차인이 집주인과 함께 살고 있는 조카라면 보증금 인수를 염려하지 않아도 될 것입니다. 하지만 그 조카가 집주인인 삼촌에게 보증금을 내고 살고 있다면 진정한 임차인이니 조심해야 합니다.

또한 특별한 이유로 진짜 임차인이 법원에 권리신고를 하지 않을 수도 있습니다. 예를 들어 대항력 있는 임차인이 직접 낙찰받기 위해 일부러 법원에 권리신고를 하지 않기도 합니다. 선순위임차인의 보증금이 얼마인지 알 수 없는 상태에서 입찰을 하는 사람은 거의 없으니, 임차인은 자신이 살고 있는 집을 저렴하게 낙찰받을 수 있습니다.

대항력은 있지만 보이지 않는 임차인

이 물건은 남양주시에 있는 감정가 5억 원의 아파트입니다. 임차인현황을 보면 대항력은 있지만 진짜인지 가짜인지 알 수 없는 임차인이 있습니다. 이 물건의 임차인은 진짜 임차인일까요?

임차인현황 건물소멸기준 : 2017-06-12 | 배당종기일 : 2018-08-13 매각물건명세서 예상배당표

순위	성립일자	권리자	권리종류(점유부분)	보증금금액	신고	대항	참조용 예상배당여부 (최저가 기준)
1	전입 2017-03-15 확정 없음 배당 없음	정	주거임차인		X	있음	현황조사 권리내역

● 임차인(별지)점유

위 임차인은 주민등록표 등본에 등재되어 있는 사람임.

건물 등기 사항 건물열람일 : 2018-06-06 등기사항증명서

구분	성립일자	권리종류	권리자	권리금액	상태	비고
갑2	2002-10-29	소유권	정		이전	매매
갑3	2006-06-02	소유권	전	(거래가) 465,000,000원	이전	매매
을4	2017-06-12	(근)저당	캐피탈	50,000,000원	소멸기준	(주택) 소액배당 8000 이하 2700 (상가) 소액배당 5500 이하 1900
갑4	2017-11-13	압류	남양주시		소멸	(징수과-24161)
을5	2018-04-03	(근)저당	장	50,000,000원	소멸	
갑5	2018-05-24	임의경매	캐피탈	청구: 45,779,966원	소멸	

① 말소기준권리: 2017년 6월 12일에 설정된 근저당입니다. 근저당권자가 일반 금융권이 아닌 캐피탈이네요. 집을 담보로 제2금융권에서 대출을 받았다는 것은 앞선 어떤 권리가 있기 때문입니다. 등기부등본을 보면 앞선 다른 대출은 없습니다. 다만, 캐피탈에서 근저당을 설정하기 전에 대출이 상환으로 말소된 것을 확인할 수 있습니다. 집주인은 무슨 돈으로 앞선 근저당을 말소했을까요? 그 비밀은 임차인에게 있습니다.

② 임차인의 대항력: 임차인 정○○ 씨는 2017년 3월 15일에 전입했습니다. 다음 등기부등본을 보면 전입한 다음 날인 16일에 근저당이 말소된 것으로 보아, 집주인이 임차인의 전세금으로 대출을 상환해 근저당이 말소된 것으로 유추할 수 있습니다.

③ 배당 신청 여부: 그런데 임차인 정○○ 씨는 법원에 배당요구를 하지 않았고, 별다른 신

고도 하지 않았습니다. 법원은 임차인 정○○ 씨의 전입일을 전입세대열람으로 확인했을 것입니다.

【 을 구 】 (소유권 이외의 권리에 관한 사항)

순위번호	등 기 목 적	접 수	등 기 원 인	권 리 자 및 기 타 사 항
~~1~~	~~근저당권설정~~	~~2006년6월2일~~ ~~제68 호~~	~~2006년6월2일~~ ~~설정계약~~	~~채권최고액 금276,000,000원~~ ~~채무자 권~~ ~~남양주시 도농동~~ ~~근저당권자 주식회사신한은행 110111-0012809~~ ~~서울 중구 태평로2가 120~~ ~~(도농지점)~~
~~2~~	~~근저당권설정~~	~~2015년5월4일~~ ~~제58 호~~	~~2015년5월4일~~ ~~설정계약~~	~~채권최고액 금60,000,000원~~ ~~채무자 권경화~~ ~~경기도 남양주시~~ ~~근저당권자 주식회사신한은행 110111-0012809~~ ~~서울특별시 중구 세종대로9길 20 (태평로2가)~~ ~~(도농지점)~~
3	1번근저당권설정, 2번근저당권설정 등기말소	2017년3월16일 제22 호	2017년3월16일 해지	
4	근저당권설정	2017년6월12일 제52 호	2017년6월10일 설정계약	채권최고액 금50,000,000원 채무자 정 서울특별시 중구 마장로

열람일시 : 2018년06월06일 10시43분50초 5/6

[집합건물] 경기도 남양주시 도농동 1필지 부영그린타운 고유번호 1152-2002-009179

순위번호	등 기 목 적	접 수	등 기 원 인	권 리 자 및 기 타 사 항
				근저당권자 피탈주식회사 180111- 부산광역시 부산진구 새싹로 1,
5	근저당권설정	2018년4월3일 제37 호	2018년3월30일 설정계약	채권최고액 금50,000,000원 채무자 전 서울특별시 중구 마장로 근저당권자 장 470316-******* 서울특별시 중구 장충단로7길

-- 이 하 여 백 --

④ 결론: 이 물건의 감정가는 5억 500만 원입니다. 근저당은 얼마 안 됩니다. 왜 대출을 더 받아 경매로 넘어가는 것을 막지 못했을까요? 왜 겨우 5,000만 원 대출을 받기 위해 제2금융권인 캐피탈을 찾았을까요? 가족이 살고 있었다면 제대로 대출을 받아 경매 진행을 막았을 거예요.

집의 가치에 비해 대출 규모가 적은 것으로 보아 정당한 임차인이 이 집을 점유하고 있을 것으로 유추됩니다. 이 집의 미상 임차인은 진짜 임차인일 가능성이 높습니다. 이 물건에 입찰하고 싶다면 점유자 정○○ 씨를 반드시 만나보아야 합니다. 정○○ 씨의 보증금액이 얼마인지 확인하고 이 금액을 감안해 입찰해야 합니다. 그러지 않고는 입찰하면 안 됩니다.

전입한 지 오래된 미상 임차인

다음 물건은 수원시에 있는 감정가 9,000만 원의 빌라입니다. 이 집에는 전입한 지 오래된 미상 임차인이 있습니다. 미상 임차인 조○○ 씨는 진짜 임차인일까요?

임차인현황 ▸ 건물소멸기준 : 2008-09-29 | 배당종기일 : 2018-03-21 [매각물건명세서] [예상배당표]

순위	성립일자	권리자	권리종류(점유부분)	보증금금액	신고	대항	참조용 예상배당여부 (최저가기준)
1	전입 2002-10-08 확정 없음 배당 없음	조	주거임차인		X	있음	현황조사 권리내역
● 채무자(소유자)점유 임차인(별지)점유							
폐문부재로 소유자나 점유자를 만나지 못하여 구체적인 임대차관계는 확인할 수 없었는 바, 전입세대열람내역서 등에 기재된 내용을 임대차내용으로 입력함.							

건물 등기 사항 ▸ 건물열람일 : 2018-01-17 [등기사항증명서]

구분	성립일자	권리종류	권리자	권리금액	상태	비고
갑1	1992-12-12	소유권	김		이전	매매
갑2	2005-09-12	소유권	김		이전	매매
을2	2008-09-29	(근)저당	정	30,000,000원	소멸기준	(주택) 소액배당 6000 이하 2000 (상가) 소액배당 3900 이하 1170
갑5	2018-01-05	임의경매	정	청구: 30,000,000원	소멸	

명세서 요약사항 ▸ 최선순위 설정일자 2008.9.29. 근저당권

소멸되지 않는 등기부권리	해당사항 없음
설정된 것으로 보는 지상권	해당사항 없음
주의사항 / 법원문건접수 요약	

① 말소기준권리: 2008년 9월 29일에 설정된 정○○ 씨의 개인 근저당입니다.

② 임차인의 대항력: 임차인 조○○ 씨가 2002년 10월 8일에 전입한 것으로 되어 있습니다. 소유주 김○○ 씨는 2005년에 이 물건을 매매로 취득했는데, 등기부등본을 확인해 보니 소유주 주소가 해당 물건 주소지입니다. 이상하죠? 이사할 때 주소를 이전하지 않으면 이전 주소지에 주소가 그대로 남게 됩니다. 조○○ 씨는 서류상 주소만 이곳에 남아 있는 것으로 추측됩니다.

③ 배당 신청 여부: 임차인은 배당을 신청하지 않았습니다.

④ 결론: 정황상 이 물건에는 현재 소유주만 살고 있을 것으로 예상됩니다. 하지만 사실 여부는 현장에서 파악해야 합니다. 우편물의 수신인이나 고지서로 확인할 수도 있고, 인근 주민에게 물어보거나 점유자를 직접 만나 확인할 수도 있습니다.

이처럼 경매 물건에는 전 점유자의 전입이 남아 있는 경우가 종종 있습니다. 전입일이 아주 오래되어 알 수 없는 임차인이라면 주소만 남아 있는 것은 아닌지 의심해보세요. 실체가 없는 임차인은 진정한 임차인이 아닙니다.

가족으로 의심되는 미상 임차인

다음 물건은 서울의 한 아파트입니다. 이 집에 있는 대항력 있는 미상 임차인은 과연 누구일까요? 이 물건의 매각물건명세서의 비고란에 '최○○: 채무자겸소유자 망 김○○의 배우자임'이라는 내용이 기재되어 있습니다. 이 내용이 없더라도 점유자가 가족임을 유추할 수 있습니다.

임차인현황 건물소멸기준 : 2014-03-12 / 배당종기일 : 2025-01-08 [매각물건명세서 →] [예상배당표 →]

순위	성립일자	권리자	권리종류(점유부분)	보증금금액	신고	대항	참조용 예상배당여부(최저가기준)
1	전입 2013-09-23 확정 없음 배당 없음	최○○	주거임차인 701호	보 미상	X	없음	임대차관계 없음
비고	최○○:채무자겸소유자 망 김○○의 배우자임.						

건물 등기 사항 건물열람일 : 2024-10-28 채권총액 : 1,599,286,830원 [등기사항증명서 →]

구분	성립일자	권리종류	권리자	권리금액	상태	비고
갑2	2002-07-26	소유권	이○○		이전	매매
갑16	2013-04-24	소유권	김○○		이전	임의경매로 인한 매각
을13	2014-03-12	(근)저당	한○○○○○○○○○○	480,000,000원	소멸기준	
을17	2016-11-11	(근)저당	국○○○	84,000,000원	소멸	
을28	2021-12-10	(근)저당	키○○○○○	997,200,000원	소멸	
갑19	2024-08-27	가압류	하○○○○	32,694,220원	소멸	
갑20	2024-09-30	가압류	하○○○○	5,392,610원	소멸	
갑22	2024-10-23	임의경매	한○○○○○○○○○○	청구: 349,851,707원	소멸	

① 말소기준권리:2014년 3월 12일에 설정된 한○○○○○○○○의 근저당입니다.

② 임차인의 대항력: 임차인 최○○ 씨는 2013년 9월 23일에 전입한 선순위임차인입니다. 현황 조사 권리 내역만으로 고지된 임차인으로, 임차인이 신고한 내역이 없어 보증금액을 알 수 없습니다. 임차인 최○○ 씨가 전입한 날짜는 말소기준권리인 근저당보다 1년가량 빠릅니다. 진정한 임차인이 있는 집에 제1금융권 은행이 대출을 해주었을까요? 권리 있는 임차인이 있다면 은행은 이런 대출을 해주지 않습니다.

③ 배당 신청 여부: 배당 신청을 하지 않았습니다.

④ 결론: 매각물건명세서에도 점유자가 소유주의 배우자라고 기재되어 있으므로 이 물건의 점유자는 명백하게 소유주의 가족입니다. 하지만 매각물건명세서에 기재되어 있지 않더라도 이와 같은 상황이라면, 알 수 없는 임차인은 소유주의 가족으로 예상됩니다. 권리 있는 임차인이 있다면 은행은 절대 대출을 해주지 않습니다. 누구보다 깐깐하게 자신의 권리를 지키는 은행의 대출 현황에서 힌트를 얻어 알 수 없는 임차인이 누구인지 유추할 수 있습니다. 모호하다면 예상한 내용이 맞는지 반드시 현장답사를 통해 확인해야 합니다.

028
난이도 상 - 선순위임차인이 있으면 배당 여부를 확인하자

대항력 있는 임차인은 조심 또 조심

집주인만 있는 집은 말소기준권리만 확인하면 권리분석이 끝나고, 임차인이 있는 집은 추가로 대항력과 배당 여부도 확인해야 권리분석이 마무리됩니다. 이 중 대항력 있는 임차인이 있는 집은 난이도 상으로, 꼼꼼한 권리분석이 필요합니다. 대항력 있는 임차인은 법원에서 배당받지 못하는 자신의 보증금을 낙찰자에게 달라고 요구할 수 있으니까요. 초보 입찰자가 가장 조심해야 할 대상은 대항력 있는 임차인입니다.

이번 장에서는 대항력 있는 임차인이 있을 경우 확인해야 하는 권리분석에 대해 자세히 살펴보겠습니다. 이때 임차인은 온전히 배당을 받기 위해 배당요구를 해야 하고, 임차인의 배당을 가로채는 '새치기 권리'가 없어야 합니다. 무엇을 주로 살펴봐야 할까요?

① 선순위임차인의 보증금 이상으로 낙찰되어야 한다

일반적으로 낙찰가는 임차보증금보다 크지만, 간혹 임차보증금 이하로 낙찰될 수 있습니다. 미배당되는 선순위임차인의 보증금은 낙찰자가 인수해야 합니다. 결과적으로 비싼 가격에 낙찰을 받게 되는 셈이죠. 이런 물건은 입찰하지 말아야 합니다.

② 선순위임차인이 배당요구를 해야 한다

임차인 중에서 배당요구를 하지 않아도 당연하게 배당받을 수 있는 임차인은 단 두 사람뿐입니다. 경매 신청을 한 임차인과 임차권등기를 한 임차인이죠. 이들 외 모든 임차인은 반드시 법원에 배당요구를 해야 합니다. 대항력 있는 임차인도 배당요구를 해야 법원배당을 받을 수 있습니다. 무조건 보증금을 보장받는 선순위임차인도 배당요구를 하지 않았다면 배당에서 제외됩니다. 그 사실을 모르고 낙찰을 받는다면 경매 잔금에 추가로 선순위임차인 보증금까지 떠안는 일이 벌어질 수 있습니다. 그러니 선순위임차인이 배당요구를 했는지 반드시 확인해야 해요.

③ 선순위임차인의 배당금을 가로챌 수 있는 권리가 없어야 한다

경매의 채권자들 대부분은 우선변제권을 가집니다. 우선변제권은 접수 순서에 따라 배당되기에 선순위임차인의 보증금은 가장 먼저 배당됩니다. 그런데 우선변제권보다 빠른 다른 권리가 있으면 선순위임차인보다 먼저 배당이 될 수 있습니다. 선순위임차인의 보증금보다 먼저 배당될 수 있는 권리에는 임금채권과 당해세가 있습니다. 자세히 살펴볼까요?

최우선변제권과 같은 권리를 가지는 임금채권

소액임차인과 임금채권은 최우선변제권(18장 참고)이 있는 '새치기 권리'입니다. 순위가 같죠. 채권 순서에 상관없이 우선변제권을 가진 다른 채권자들보다 먼저 배당을 받습니다. 소액임차인은 기준 날짜와 지역에 따라 최우선배당금액이 정해져 있습니다. 임금채권은 일정한 금액이 아닌 근로자의 최종 3개월 치 임금과 최종 3년 치 퇴직금, 재해보상금을 말합니다. 정확한 금액이 적혀 있지 않은 임금채권도 많습니다.

임금채권은 선순위임차인의 우선변제권보다 먼저 배당됩니다. 따라서 임금채권의 금액이 큰 경우 선순위임차인이 보증금을 돌려받지 못할 수 있습니다. 이렇게 되면 선순위임차인의 보증금을 낙찰자가 인수해야 합니다. 때문에 선순위임차인이 있을 때 임금채권까지 있다면 주의해야 합니다.

임금채권은 배당요구종기일까지 접수하면 됩니다. 등기부등본에 임금채권이 있는 경우도 있지만, 매각물건명세서의 주의사항에만 임금채권 접수사항이 기재되기도 합니다. 이해를 돕기 위해 예시를 살펴볼까요?

예시 1 | 인수금액을 알 수 없어 위험한 임금채권

임차인현황 ▸ 건물소멸기준 : 2014-01-23 | 배당종기일 : 2018-01-10 매각물건명세서 예상배당표

순위	성립일자	권리자	권리종류(점유부분)	보증금금액	신고	대항	참조용 예상배당여부 (최저가 기준)
1	전입 2013-07-22 확정 2013-07-03 배당 2017-11-30	오	주거임차인 201호 전체	【보】 160,000,000원	O	있음	배당금: 151,127,600원 인수금: 8,872,400원 일부배당(미배당금 인수)예상 [illegible]

● 임차인(별지)점유

* 압류의 법정기일이 빠른경우 또는 교부청구(당해세)로 대항력있는 임차인의 경우 전액배당 안될시 인수금액 발생할수있음.

임차보증금은 채권자 대리인의 설명에 의하여 기재

건물 등기 사항 ▸ 건물열람일 : 2017-11-09 등기사항증명서

구분	성립일자	권리종류	권리자	권리금액	상태	비고
갑1	2013-04-04	소유권	박 외 13명		이전	보존
갑2	2013-06-04	소유권	신서천종합건설	(거래가) 250,000,000원	이전	매매
갑3	2014-01-23	가압류	이	160,000,000원	소멸기준	
갑4	2014-03-06	강제경매	곽	청구: 11,400,000원	소멸	(주택) 소액배당 9500 이하 3200 (상가) 소액배당 6500 이하 2200
갑7	2016-07-22	가압류	근로복지공단	9,180,000원	소멸	
갑9	2017-10-26	압류	서울특별시은평구		소멸	(세무2과-)
갑11	2017-10-30	강제경매	오	청구: 160,000,000원	소멸	
갑12	2017-10-31	가압류	김	21,221,132원	소멸	
갑13	2017-11-07	압류	국민건강보험공단		소멸	(징수부-)

명세서 요약사항 ▸ 최선순위 설정일자 2014.01.23. 가압류(건물)

소멸되지 않는 등기부권리	각 1, 2토지 소유권대지권의 별도등기 전부
설정된 것으로 보는 지상권	해당사항 없음
주의사항 / 법원문건접수 요약	특별매각조건: 각 1, 2토지 별도등기 전부 매수인 인수조건 [1토지(갑구 4번, 20번, 23번, 24번 가압류등기, 19번 소유권이전청구권 가등기, 을구 1번, 2번, 3번, 4번, 5번, 6번, 7번 , 8번, 9번, 10번, 11번, 12번, 13번, 14번, 15번, 16번, 17번, 18번, 19번, 21번 근저당권설정등기), 2토지(갑구 4번, 20번, 21번 가압류등기, 19번 소유권이전청구권 가등기, 을구 1번, 2번, 3번, 4번, 5번, 6번, 7번, 8번, 9번, 10번, 11번, 12번, 13번, 14번, 15번, 16번, 17번, 18번, 19번, 20번, 21번, 23번 근저당권설정등기)] **2017-11-20 임금채권자대리인 변OO OOO 권리신고 및 배당요구신청서 제출** **2017-11-20 임금채권자 김OO 소송위임장 제출** **2017-11-30 임금채권자대리인 대OOOOOOO OOOOOO 권리신고 및 배당요구신청서 제출** **2017-11-30 임금채권자 박OO 소송위임장 제출**

① 말소기준권리: 2014년 1월 23일에 설정된 이○○ 씨의 개인 가압류입니다. 말소기준권리 아래로 개인 강제경매와 근로복지공단의 가압류, 구청의 압류가 있습니다. 임차인도 경매 신청을 했습니다. 이 물건은 회사 소유의 부동산입니다. 정황상 개인 채권자들은 회사의 임금채권자로 보입니다.

② 임차인의 대항력: 2013년 7월 22일에 전입해 말소기준권리보다 빠른 선순위임차인입니다. 확정일자와 배당요구가 있어 우선변제권도 가진 임차인이죠. 다른 새치기 권리가 없으면 가장 먼저 배당을 받을 것입니다.

③ 배당요구: 임금채권은 등기부등본에서 볼 수도 있고, 매각물건명세서에서 볼 수도 있습니다. 예시 물건의 등기부등본상에서는 근로복지공단의 가압류와 개인 명의의 채권을 보고 알 수 있습니다. 매각물건명세서의 주의사항에는 '임금채권자대리인 변○○, 임금채권자 김○○ 등'이라고 적혀 있습니다. 이들은 소유주에게 받을 임금채권을 가진

사람들입니다.

④ 결론: 임차인현황의 가장 오른쪽에 '임금채권 주의'라는 문구는 스피드옥션에서 알려주는 주의입니다. 임금채권은 예상 배당금액을 정확하게 판단하기 어렵습니다. 참조용 배당금액은 최저가로 단순하게 계산한 금액입니다. 임금채권의 크기가 공개되어 있지 않다면 입찰자가 예상 배당금을 판단할 수 없습니다.

선순위임차인은 임금채권으로 인해 보증금을 전액 배당받지 못할 수 있습니다. 선순위임차인이 배당받지 못한 금액은 낙찰자가 인수해야 합니다. 정확한 인수금액을 알 수 있다면 그 금액만큼 저렴하게 낙찰받으면 됩니다. 하지만 이 물건은 정확한 인수금액을 알 수 없으니 입찰하면 안 됩니다.

예시 2 | 집주인이 있는 집의 임금채권은 안전

임차인현황 매각물건명세서상 조사된 임차내역이 없습니다 [매각물건명세서] [예상배당표]

건물 등기 사항 ▸ 건물열람일 : 2018-01-29 [등기사항증명서]

구분	성립일자	권리종류	권리자	권리금액	상태	비고
갑2	2014-04-21	소유권	심		이전	매매
갑3	2016-07-11	소유권	김	(거래가) 110,000,000원	이전	매매
을2	2016-07-28	(근)저당	고려저축은행	106,600,000원	소멸기준	(주택) 소액배당 5000 이하 1700 (상가) 소액배당 3000 이하 1000
을4	2016-08-04	(근)저당	비엔케이캐피탈	30,000,000원	소멸	
갑4	2018-01-19	임의경매	고려저축은행	청구: 195,872,129원	소멸	
갑5	2018-01-25	압류	국민건강보험공단		소멸	(징수팀-)

명세서 요약사항 ▸ 최선순위 설정일자 2016.7.28.근저당권

소멸되지 않는 등기부권리	해당사항없음
설정된 것으로 보는 지상권	해당사항없음
주의사항 / 법원문건접수 요약	임금채권신고가 되었으니, 물건번호별 임금채권내역은 별도확인요망. ※ 임금채권 우선변제로 선순위 임차인은 배당 안될 수 있으므로, 임금채권 금액을 확인하시기 바랍니다.

임금채권자는 선순위임차인보다 먼저 배당받기 때문에 주의해야 하는 권리입니다. 선순위임차인이 없다면 임금채권이 아무리 많아도 상관없습니다. 집주인이 사는 집은 임금채권을 신경 쓰지 않아도 되므로 입찰자에게 안전합니다.

당해세는 우선변제권보다 먼저 배당된다

앞서 우선변제권보다 먼저 배당되는 것에는 소액임차인의 최우선변제권, 체납임금인 임금채권이 있다고 이야기했습니다. 이 권리 다음에 배당되는 또 다른 새치기 권리는 당해세입니다. 선순위임차인이 있는 물건에 당해세가 있다면 조심해야 합니다.

당해세는 해당 물건에 대한 세금을 말합니다. 집주인에 대한 소득세나 부가가치세 등의 세금은 해당되지 않습니다. 경매 물건에 대한 세금만 해당됩니다. 당해세가 될 수 있는 국세로는 상속세와 증여세, 종합부동산세가 있습니다. 지방세로는 재산세, 자동차세, 도시계획세, 공동시설세, 지방교육세가 있습니다. 취등록세는 당해세가 아닙니다.

경매에서 당해세는 주로 종합부동산세와 재산세입니다. 주거용 물건의 재산세는 그리 크지 않은 편이지만, 고액 부동산이거나 가산세가 포함되었다면 그 금액이 만만치 않습니다. 최근에는 체납세금금액을 친절하게 고지하는 경우가 많아졌지만, 따로 고지가 없다면 관할 시·군·구청에 확인해야 하는데, 개인정보보호로 이해관계자가 아니면 알기 어렵습니다. 재산세는 각 시청과 구청에서 고지합니다.

예시 1 | 당해세의 액수를 알지 못하면 위험하다

임차인현황 ▸ 건물소멸기준 : 2017-04-14 | 배당종기일 : 2018-05-28 　매각물건명세서　예상배당표

순위	성립일자	권리자	권리종류(점유부분)	보증금금액	신고	대항	참조용 예상배당여부 (최저가 기준)
1	전입 2016-02-01 확정 2015-12-28 배당 2018-04-09	오	주거임차인 전부	【보】 80,000,000원	○	있음	배당금: 57,900,800원 인수금: 22,099,200원 일부배당(미배당금 인수)예상

● 임차인(별지)점유

• 압류의 법정기일이 빠른경우 또는 교부청구(당해세)로 대항력있는 임차인의 경우 전액배당 안될시 인수금액 발생할수있음.

\- 오 : 주택임차권등기권자로서 주택임차권등기일은 2018. 2. 13.임

건물 등기 사항 ▸ 건물열람일 : 2018-03-20 　등기사항증명서

구분	성립일자	권리종류	권리자	권리금액	상태	비고
갑1	2012-09-18	소유권	코리아신탁		이전	신탁
갑3	2015-03-30	소유권	강 외 3명		이전	신탁재산의귀속
갑4	2015-03-30	소유권	대한토지신탁		이전	신탁
갑6	2015-12-29	소유권(지분)	강 외 2명		이전	신탁재산의귀속
을1	2016-02-01	주택임차권	오	80,000,000원	있음	전입 : 2016-02-01 확정 : 2015-12-28
갑8	2017-04-14	압류(지분)	국민건강보험공단		소멸기준	(주택) 소액배당 8000 이하 2700 (상가) 소액배당 5500 이하 1900
갑10	2017-05-16	압류(지분)	부천시		소멸	
갑11	2017-12-08	압류(지분)	부천시		소멸	
갑12	2018-03-12	강제경매	오	청구: 80,000,000원	소멸	

명세서 요약사항 ▸ 최선순위 설정일자 2017. 4. 14. 압류(강 지분), 2017. 12. 8. 압류(강 지분), 2018. 3. 12. 개시결정등기

소멸되지 않는 등기부권리	매수인에게 대항할 수 있는 을구 순위 1번 임차권등기(2018. 2. 13. 등기) 있음(임대차보증금 8000만원, 전입일 2016. 2. 1., 확정일자2015. 12. 28.), 배당에서 보증금이 전액 변제되지 아니하면 잔액을 매수인이 인수함.
설정된 것으로 보는 지상권	해당사항 없음
주의사항 / 법원문건접수 요약	※미납관리비(공용)를 인수할수 있으니 입찰전에 확인 하시기 바랍니다.

① 말소기준권리: 2017년 4월 14일에 설정된 국민건강보험공단의 압류입니다. 집주인이 건강보험료를 장기간 미납한 것으로 보입니다. 아래에는 부천시의 압류가 2건 있습니다. 말소기준권리 위에는 낙찰자에게 인수되는 주택임차권이 있습니다. 경매 신청도 임차인이 했습니다. 임차인이 임대차 기간이 지났는데 보증금을 받지 못했군요.

② 임차인의 대항력: 임차인 오○○ 씨는 2016년 2월 1일에 전입해 대항력을 가집니다. 확정일은 2015년 12월 28일로 전입일자보다 빠릅니다. 잠시 주소를 다른 곳으로 이전했다가 다시 전입하면 전입일자를 후에 전입한 날로 보기 때문에 확정일자가 더 빠를 수 있습니다. 이 임차인은 대항력이 있는 선순위임차인이며, 우선변제권도 있습니다.

③ 배당 순위: 다른 우선순위 권리가 없으면 이 임차인은 보증금을 전액 배당받습니다. 하지만 아래에 관청의 압류가 있군요. 이 물건은 부천시에 위치해 있기에 부천시에 의한 압류는 당해세일 가능성이 높습니다.

④ 결론: 당해세는 임차인의 우선변제권이나 주택임차권의 우선변제권보다 배당 순서가 빠릅니다. 당해세의 금액이 얼마인지 확인해야 합니다. 모르면 입찰해서는 안 됩니다.

예시 2 | 당해세가 아닌 다른 세금은 우선변제권보다 먼저 배당되지 않는다

임차인현황 ▸ 건물소멸기준 : 2017-03-06 | 배당종기일 : 2018-07-16 매각물건명세서 예상배당표

순위	성립일자	권리자	권리종류(점유부분)	보증금금액	신고	대항	참조용 예상배당여부 (최저가기준)
1	전입 2015-07-17 확정 2015-07-17 배당 2017-09-08	배	주택임차권자 202호 전부	【보】120,000,000원	X	있음	배당금: 120,000,000원 전액배당으로 소멸예상
● 채무자(소유자)점유							
* 압류의 법정기일이 빠른경우 또는 교부청구(당해세)로 대항력있는 임차인의 경우 전액배당 안될시 인수금액 발생할수있음.							
- 배 : 경매신청채권자임							

건물 등기 사항 ▸ 건물열람일 : 2018-09-17 등기사항증명서

구분	성립일자	권리종류	권리자	권리금액	상태	비고
갑1	2014-12-09	소유권	김		이전	보존
갑2	2014-12-09	소유권	무 신탁		이전	신탁
갑3	2015-07-08	소유권	김		이전	신탁재산의귀속
갑4	2015-07-08	소유권	부동산신탁		이전	신탁
을2	2015-07-17	주택임차권	바	120,000,000원	있음	전입 : 2015-07-17 확정 : 2015-07-17
갑5	2015-07-23	소유권	김		이전	신탁재산의귀속
갑10	2017-03-06	압류	국 - 평택세무서		소멸기준	(애인납세2과-티) (주택) 소액배당 5000 이하 1700 (상가) 소액배당 3000 이하 1000
을1	2017-03-09	(근)저당	철강	104,400,000원	소멸	
갑15	2017-11-29	압류	국 - 평택세무서		소멸	(애인납세2과-티)
갑17	2018-02-02	압류	국 - 천안세무서		소멸	(애인납세1과-티)
갑18	2018-04-26	강제경매	배	청구: 120,000,000원	소멸	
갑19	2018-05-02	압류	천안시서북구		소멸	(서북구세무과-)
갑20	2018-05-16	압류	국민건강보험공단		소멸	(징수팀-)

명세서 요약사항 ▸ 최선순위 설정일자 2017.3.6. 압류

소멸되지 않는 등기부권리	해당사항 없음
설정된 것으로 보는 지상권	해당사항 없음
주의사항 / 법원문건접수 요약	건물외벽에는 "B"로 표기됨

① 말소기준권리: 2017년 3월 6일에 설정된 평택세무서의 압류입니다. 바로 아래에 근저당과 다른 세금 압류들이 있습니다.

② 임차인의 대항력: 임차인은 2015년 7월 17일에 전입해 말소기준권리보다 빠른 선순위 임차인입니다. 확정일자와 배당요구를 했으므로 우선변제권도 가졌습니다. 임차인 배○○ 씨는 대항력과 우선변제권, 주택임차권을 가진 막강한 임차인입니다.

③ 배당 순위: 앞서 말한 것처럼 임금채권과 당해세는 선순위임차인의 우선변제권보다 배당 순서가 빠릅니다. 이 물건에는 세금 압류가 있는데, 이것이 당해세인지 확인해야 합니다. 이 물건은 안성시에 있는 아파트인데, 세금 압류는 안성시가 아닌 평택시와 천안시에서 이루어졌군요. 이것으로 보아 이 세금은 당해세가 아니기에 임차인의 보증금보다 먼저 배당되지 않습니다.

④ 결론: 이 임차인은 자신의 보증금을 우선 배당받을 수 있습니다. 따라서 이 물건의 적정 낙찰가가 1억 2,000만 원 이상이라면 입찰해도 됩니다.

MEMO

셋째 마당

꼼꼼한 사전·현장조사는 필수!

경매이야기

정부에서 제공하는 주택에서 살기

30대 싱글 직장인인 희정 님은 오랫동안 성실히 일했지만 통장에 남는 돈은 늘 부족했어요.

"그동안 주식, 코인, 펀드 등 이런저런 투자를 많이 해봤어요. 그런데 전부 결과가 좋지 않아 종잣돈을 모으지 못했어요."

그녀는 행복주택[1]에서 살았어요. 나라에서 지원하는 공공임대 아파트로, 쾌적하고 임대료가 저렴했거든요. 생활은 편안했지만 문제는 거주 기간이 정해져 있다는 점이었어요.

"언젠가는 이 집에서 나와야 하잖아요. 그런데 서울 집값은 너무 비싸니까… 솔직히 제 힘만으로 내 집 마련은 절대 불가능하다고 생각했어요."

희정 님은 경매를 알게 되었고, 경매를 통해서라면 자신이 가지고 있는 3,000만 원으로도 내 집 마련을 할 수 있을지도 모른다는 생각을 했습니다. '할 수 있을까?' 하는 의심은 여전히 있었지만 일단 도전해보기로 했습니다.

희정 님이 생각한 조건은 단 두 가지였습니다. 회사가 있는 여의도까지 30분 이내에 출퇴근이 가능할 것 그리고 3,000만 원으로 가능할 것. 마침 서울 빌라가 쏟아지고 있었습니다. 그리고 세 번째 입찰 만에 낙찰을 받았죠. 낙찰가는 1억 4,000만 원. 감정가에 비해 60% 저렴한 가격이었

알아두세요

1 **행복주택** 청년, 신혼부부, 고령자, 저소득층에게 공급되는 정부 지원형 공공임대주택입니다. 일반 주택보다 임대료가 60~80% 수준으로 저렴하기 때문에 주거 안정에 큰 도움이 됩니다.

습니다. 오래되긴 했지만 방이 3개나 있는 집이었죠. 희정 님은 대출과 종잣돈을 합쳐 그 집을 손에 넣을 수 있었어요.

"너무 소중해서 인테리어에만 한 달이 넘는 시간을 투자했습니다. 이사한 날 집 안을 천천히 둘러봤어요. '이게 진짜 내 집이구나' 하는 생각에 눈물이 핑 돌더라고요. 무엇보다 제가 원했던 두 가지 조건을 모두 충족했으니 더 바랄 게 없었어요."

낙찰받은 지 1년도 채 되지 않아 그 빌라의 시세는 2억 4,000만 원이 되었습니다. 처음부터 5,000만 원을 싸게 낙찰받았고, 이후 5,000만 원이 더 오른 것이죠.

"정말 꿈같았어요. 집을 사서 들어온 지 얼마 되지도 않았는데 벌써 1억 원에 가까운 시세차익이 생긴 거잖아요. 이제는 두 번째 낙찰을 준비하고 있어요. 종잣돈이 아직 부족하니 지금 집을 매도하고 더 작은 집으로 이사 가는 것도 고려하고 있어요."

희정 님은 웃으며 이렇게 덧붙였습니다.

"저는 행복주택에 살면서 늘 불안했어요. 언제 나가야 하나, 그다음엔 어디서 살아야 하나. 그런데 이제는 달라요. 내 집이 있으니 너무 든든해요. 저는 경매 덕분에 진짜 행복을 찾았어요."

029

사전조사 ① 스피드옥션을 활용한 개별물건조사

경매 물건은 선 선택, 후 검토

일반적인 부동산 투자 시에는 지역을 먼저 정하고, 해당 지역의 여러 물건을 비교한 뒤 마음에 드는 개별 물건을 검토합니다. 하지만 경매는 거꾸로 진행합니다. 일반적인 방법으로 물건을 고르면 마음에 드는 물건을 찾기 힘들기 때문입니다. 괜찮다 싶은 물건을 먼저 고른 뒤 그 물건이 인근의 다른 물건보다 저렴하고 장점이 많은가를 확인합니다.

〈첫째마당〉에서 설명했듯 경매의 목적이 내 집 마련인지 아니면 임대수익인지 명확히 하고, 자금은 얼마가 있는지 등을 따진 뒤 그에 맞는 물건을 찾아야 합니다. 그런 과정을 거쳐 물건을 찾았다면 그다음에는 생각만큼 실제로 가치가 있는지 자세히 조사해야 합니다. 이때 필요한 것이 현장답사입니다. 현장답사는 현장에 직접 가서 조사하는 것을 말합니다. 부동산, 특히 경매에서 현장답사는 생략하면 안 되는 중요한 과정입니다.

하지만 현장조사만큼 사전조사도 중요합니다. 사전조사 없이 하는 현장조사는 반쪽짜리 조사에 불과합니다. 현장조사의 시작은 집에서 하는 사전조사입니다. 요즘에는 인터넷으로 웬만한 것을 모두 알아낼 수 있죠. 사전조사에는 크게 세 가지가 있습니다.

① 개별 물건에 대한 조사	목적에 맞는 물건인가, 시세는 어떠한가, 입찰시기는 적당한가 등(스피드옥션 물건상세페이지에서 확인 가능)
② 인근 물건과 비교조사	현재 인근 매물은 얼마나 있는가, 거래 속도는 어떠한가 등(네이버페이 부동산, 인터넷 벼룩시장에서 확인 가능)
③ 지자체와 지역조사	인근 분양 매물, 입주 예정 물량은 얼마인가, 도로, 개발 현황은 어떠한가 등(지자체 공식 홈페이지와 그 외 정보 사이트에서 확인 가능)

빠른 속도로, 최대한 많이 찾자

개별 물건에 대한 조사는 스피드옥션 물건상세페이지에서 합니다. 개별 물건조사는 최대한 빠르게 진행합니다. 마음에 들었다가도 막상 사전조사를 해보면 생각보다 별로인 경우가 종종 있기 때문에 가능한 한 빠른 속도로 많은 물건을 보는 것이 좋습니다.

다음 물건은 시흥시 정왕동에 있는 30년 된 32평 아파트입니다. 감정가는 3억 8,200만 원이고, 현재 1회 유찰되어 2억 6,740만 원입니다. 한눈에 보기에 입지와 가격이 괜찮아 보입니다. 과연 그럴까요?

수원지방법원 안산지원
2024 타경 (임의)
안산 2024 타경 (중복)
안산 2025 타경 (중복)

경매11계 031-

법원정보보기 관할법원안내
매각기일 (수) 2025-09-17 10:30:00 ~

(15028) 경기도 시흥시 정왕동
[도로명주소] 경기도 시흥시 정왕신길로49번길

용도	아파트	채권자	페○○○○○	감정가	382,000,000원
		채무자	엄○○○○	최저가	(70%) 267,400,000원
대지권	70.45㎡ (21.31평)	소유자	엄○○	보증금	(10%) 26,740,000원
건물면적	84.87㎡ (25.67평)	매각대상	토지/건물일괄매각	청구금액	156,495,951원
사건접수	2024-09-25	배당종기일	2024-12-24	개시결정	2024-09-26

기일현황 입찰 17일전 전체보기

회차	매각기일	최저매각금액	결과
신건	2025-05-28	382,000,000원	변경
신건	2025-08-13	382,000,000원	유찰
2차	2025-09-17	267,400,000원	

모의입찰
0 원 입력

사진 더보기

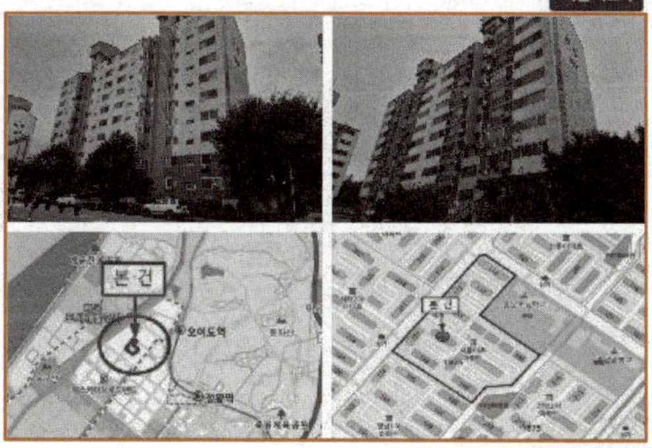

감정평가현황 문원감정, 가격시점 : 2024-10-14 감정평가서 →

토지	건물	제시외건물(포함)	제시외건물(제외)	기타(기계기구)	합계
267,400,000원	114,600,000원	X	X	X	382,000,000원

건물현황 소유권 보존등기일 : 1996-12-21 공시가격 (24.01) : 188,000,000원 건축물대장 →

번호	소재지	층별	구조	전용면적	감정가격	비고
1	정왕동		철근콘크리트	84.87㎡(25.67평)	114,600,000원	
기타	이용상태(방3, 욕실2, 거실, 주방및식당, 발코니, 현관 등) / 위생설비 및 급배수설비, 승강기설비, 도시가스개별난방설비, 소방설비 등					

먼저 지도로 물건의 위치와 주변을 확인한다

물건 상세페이지에서 사진을 클릭하면 새 창이 뜹니다. 그중 [사진/지적도] 또는 [전자지도]를 클릭합니다. 해당 물건은 대형 아파트단지 안에 있습니다. 바로 옆은 상업지역입니다. 상업지역이 가까우면 생활이 편리하다는 장점이 있습니다. 주변에 버스터미널과 대형 마트도 보입니다.

지도를 확대해보면 아래쪽에 반월특수지역시화지구가 있고, 하단 오른쪽에 반월특수국가산업단지가 있음을 확인할 수 있습니다. 이들 산업단지의 상황에 따라 시화지역의 주거 상황이 다를 것이고, 본 물건에도 영향이 있을 것으로 예상됩니다.

임대용 물건이라면 반월특수국가산업단지의 입주율과 공실률, 영업이익이 어떤지 확인해야 합니다. 산업단지의 업체들이 잘되어야 임차인의 생활도 풍요로울 테니까요. 산업단지의 직장인들이 주로 선호하는 아파트와 차선책으로 선택하는 아파트는 어디인지도 확인할 필요가 있습니다. 이는 현장답사에서 확인합니다.

교통도 중요한 요소입니다. 해당 물건에서 중심지역인 강남까지 갈 수 있는 대중교통 수단은 무엇인지, 자차로 간다면 시간은 얼마나 걸리는지 확인이 필요합니다. 지도를 보니 주변에 4호선과 수인분당선이 다니는 오이도역과 정왕역이 있습니다. 마우스 오른쪽 버튼을 클릭하면 대략적인 거리를 재볼 수 있습니다. 오이도역까지는 약 1km, 정왕역까지는 약 1.5km가 나오네요. 자세한 거리는 네이버 지도에서 다시 확인해야겠지만, 이미지만 보아도 대충 예상이 가능합니다. 스카이뷰와 로드뷰를 이용해 실제 동네와 거리 모습도 확인할 수 있습니다.

잠깐만요 지도마다 얻을 수 있는 정보가 다르다

·이음편집도: 토지이음(eum.go.kr, 국토교통부 제공)

여러 필지가 연결되어 있을 때 연결된 토지를 하나로 이어 편집해서 보여주는 지도입니다. 이를 통해 경매 물건의 정확한 경계와 인접 관계를 파악할 수 있습니다.

·온나라지도: 씨:리얼 지도(seereal.lh.or.kr, 국토교통부 제공)

전국의 부동산 가격(아파트 실거래가, 공시지가 등), 토지이용규제, 개발계획, 토지이음, 주택·토지 통계 등 다양한 부동산 정보를 지도상에서 한눈에 볼 수 있도록 제공하는 지도입니다.

·전자지도: 카카오맵(map.kakao.com, 카카오 제공)

360도 고해상도 파노라마 지도인 '로드뷰'를 제공해 실제 거리와 건물의 모습을 사진으로 실감나게 볼 수 있습니다. 지리적 위치뿐 아니라 교통 정보, 행정 정보, 건물 정보 등을 결합해 보다 다양한 정보 활용이 가능합니다. 일반지도, 스카이뷰, 지적편집도, 로드뷰 등 다양한 형태로 제공합니다.

대략적인 시세와 입찰시기를 파악한다

물건상세페이지 하단을 보면 해당 아파트의 시세 관련 정보가 있습니다. 이곳에서 거래된 전용면적 84㎡의 물건을 살펴보면 3월 이후 매매 2건, 전월세 5건이 있었습니다.

미주 단지현황 [내부구조도 보기]

건설사		입주년도	1996.11	관리사무소	
총세대수	492 세대	총 동수	14 개동	최저~최고	8층 ~ 10층
주차대수	466 대	난방	개별	난방연료	도시가스
공급면적	105.78m² (32평)	전용면적	84.87m² (25.67평)	구조	계단식
방수	3개	욕실수	2개	동일평형	200세대

실거래가 정보 (최근 거래내역 10건) ⦿ 매매 ○ 전월세 [시세 →] [매매 실거래가 →] [전월세 실거래가 →] [KB부동산 →] [부동산테크 →]

명칭(매매)	전용면적(㎡)	거래년월	계약일	해당층	거래금액
미주	60㎡	2025.8	(11~20)	1	219,000,000원
미주	60㎡	2025.8	(11~20)	10	258,000,000원
미주	60㎡	2025.6	(1~10)	9	279,000,000원
미주	85㎡	2025.5	(11~20)	4	350,000,000원
미주	60㎡	2025.5	(1~10)	10	265,000,000원
미주	60㎡	2025.3	(11~20)	1	228,500,000원
미주	85㎡	2025.3	(11~20)	7	350,000,000원
미주	60㎡	2025.3	(11~20)	8	265,000,000원
미주	60㎡	2025.3	(1~10)	8	255,000,000원
미주	60㎡	2025.3	(1~10)	5	303,000,000원

인근 통계 아파트(57건) [해당번지 경매사례 →] [인근 진행물건 →] [인근 공매진행물건 →] [인근 매각물건 →]

기간	매각건수	평균감정가	평균매각가	매각가율	유찰횟수	예상분석가
3개월	18건	331,166,667원	292,805,306원	88.42%	1회	336,160,000원
6개월	30건	329,133,333원	292,572,859원	88.89%	0.93회	336,160,000원
9개월	48건	313,166,667원	277,290,393원	88.54%	0.96회	336,160,000원
12개월	58건	310,258,621원	275,236,946원	88.71%	0.97회	336,160,000원

매매 최저가는 3억 5,000만 원입니다. 30년 된 아파트이기에 리모델링에 따라 매매가에 차이가 있을 것으로 예상됩니다. 좋은 가격을 받으려면 어느 정도 수준의 인테리어가 필요할까요? 포털 사이트를 통해 이 지역의 인테리어 수준을 체크할 수 있습니다(30장 참고).

인근 통계상 이 지역의 평균 매매가는 감정가 대비 88% 이하로, 이 물건의 적정 입찰가는 3억 3,600만 원 전후로 판단됩니다. 현재 1회 유찰되었으며 감정가의 70% 가격인 2억 6,740만 원이 최저가입니다. 이 금액 이하로 유찰되지는 않을 것입니다. 물론 실제 거래가를 확인해야겠지만, 한눈에 봐도 입찰시기는 지금입니다. 적절한 입찰가를 찾기 위해 더 조사할 내용들을 체크한 뒤 포털 사이트를 이용해 2차 사전조사를 해야 합니다.

무작정 따라하기

집에서 인터넷 지도로 현장조사하기

전혀 알지 못하는 지역에 대해 조사할 때는 인터넷 지도를 이용하면 편리합니다. 경기도에 있는 물건이라면 경기부동산포털의 지도서비스를 이용해보세요. 연속지적도, 항공지적도, 토지이용계획, 공시가격지도 등의 공적 자료와 부동산거래량, 미분양아파트현황 등의 통계 자료를 제공합니다.

① 경기부동산포털(gris.gg.go.kr)에 접속해 [지도서비스]를 클릭합니다.

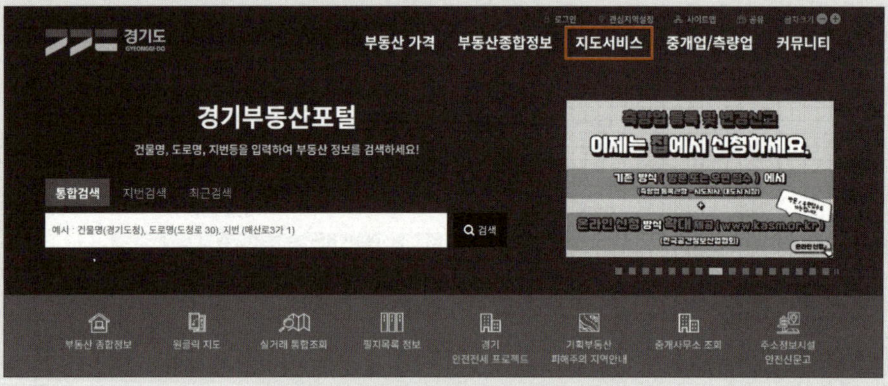

② 분당구 정자동에 있는 아파트를 중심으로 지도 검색을 해보겠습니다. 검색창에 확인하고 싶은 아파트의 이름 혹은 주소를 검색합니다.

③ 지도 좌측에 있는 [필지정보], [생활정보], [개별정보]를 클릭하면 다양한 정보를 얻을 수 있습니다. [필지정보]에서 [필지목록정보]를 클릭하면 지도나 지번을 선택해 필지 목록을 확인할 수 있습니다. 검색된 목록에서 주소를 클릭합니다.

④ 해당 주소의 [종합정보]에서는 토지정보, 건물정보, 이용계획, 가격정보, 생활정보, 거래정보를 확인할 수 있습니다.

⑤ [생활정보]에서는 주변생활정보, 인구현황분석, 문화관광, 규제정보 등을 확인할 수 있습니다. [인구현황분석]에서 [영역 검색]을 클릭하면 마우스로 지역을 지정할 수 있습니다. 관심 아파트와 인근 지역 주택을 검색한 결과 30~40대가 가장 많고, 다음으로 40~50대가 많습니다.

⑥ [개별정보]에서는 택지개발사업, 정비사업관리, 물류정보, 도로/철도정보, 산업단지/공장정보를 확인할 수 있습니다. 신규 도로가 지나가는 길이 어디인지, 산업단지는 어디에 있는지 지도에서 한눈에 볼 수 있습니다.

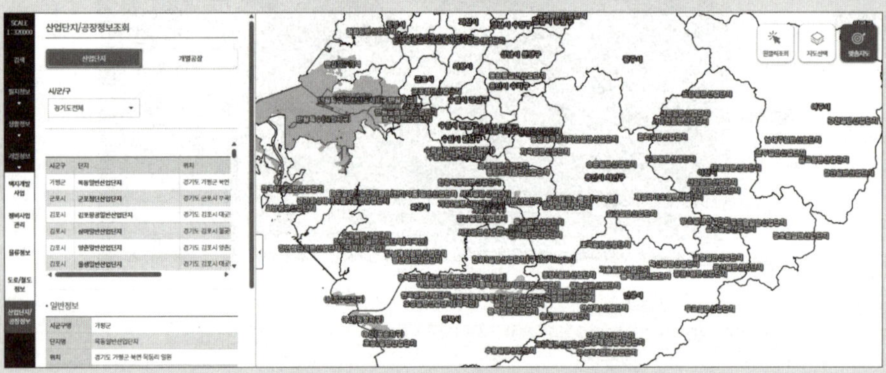

030

사전조사 ② 사이트를 활용한 상세조사

인터넷에 모든 정보가 있다

스피드옥션을 통해 개별물건조사를 마치면 포털 사이트를 이용해 2차 조사를 시작합니다. 네이버는 대한민국 대표 포털 사이트입니다. 공인중개사는 거래를 만들기 위해 매물을 네이버페이 부동산에 올리고, 블로그에 올리기도 합니다. 직거래를 원하는 일반인은 직거래 카페에 매물을 올리고, 인테리어업체는 홍보를 위해 공사 전후 사진을 업로드합니다. 이러한 데이터는 사전조사의 중요한 정보가 됩니다. 또한 검색이 편리해 몇 번의 클릭만으로 원하는 정보를 찾을 수 있습니다. 그렇기에 네이버 검색은 주요한 사전조사 방법입니다.

직접 검색을 해봅시다. 앞서 개별물건조사에서 봤던 아파트를 다시 볼까요? 대규모 아파트인 경우 네이버 검색창에 '정왕동 미주아파트'처럼 정확한 아파트명을 입력하면 해당 아파트가 뜹니다. 주소를 잘못 검색하면 동명의 다른 아파트가 나오기도 하니 해당 물건이 맞는지 꼼꼼히 확인하세요. 예시 물건은 수도권의 일반 아파트 중에서 무작위로 골랐습니다. 예를 들어 설명하는 것일 뿐, 추천의 의미는 아니니 오해하지 마세요.

네이버페이 부동산으로 원하는 정보만 검색

네이버페이 부동산은 아파트, 오피스텔, 빌라, 주택, 원룸, 투룸, 상가, 업무, 공장, 토지 등 물건을 종류별로 검색할 수 있어 편리합니다. 관심 물건과 단지 내에 현재 나온 매물의 매매가, 전세가, 월세가를 비교할 수 있습니다. 경매 물건의 주소를 검색해 나오는 정보를 분석해봅시다.

확인 결과 이 아파트는 79㎡와 107㎡, 두 가지 타입으로 이루어져 있습니다. 가격을 조사할 때는 분양면적과 전용면적의 표기에 주의해야 합니다. 네이버상의 면적은 분양면적으로, 스피드옥션의 전용면적과 다르게 나타납니다. 네이버의 79㎡는 스피드옥션의 전용면적 60㎡와 같습니다. 우리의 관심 경매 물건은 전용 84.87㎡로, 네이버에서는 107㎡입니다.

잠깐만요 왜 아파트를 T1타입 T2타입 등으로 구분할까요?

일반적으로 아파트를 분양할 때 면적에 따라 다른 분양가를 적용합니다. 하지만 면적이 같거나 비슷하지만 해가 들어오는 방향, 약간 다른 구조 등 다양한 사항에 따라 분양가가 다른 경우, 혼돈을 방지하기 위해 타입을 다양하게 구분합니다. A타입, B타입 등으로 구분하기도 합니다.

지도를 크게 확대해 각 동에 나온 매물을 확인할 수 있습니다. 물건이 있는 동의 숫자 말풍선을 클릭하면 해당 동에 나온 매물을 한눈에 볼 수 있습니다. 84㎡의 매매가는 저층을 제외하고 3억 5,000만~3억 7,500만 원으로 나와 있습니다. 전세나 월세 매물은 전혀 없습니다. 인근에 있는 같은 조건의 물건도 가격이 비슷합니다.

공인중개사가 올린 매매가를 '호가'라고 합니다. 부르는 가격이죠. 호가는 실제 거래가와 차이가 있습니다. 인근에 매물이 적지 않은 것으로 보아 일반 거래를 하고자 한다면 협상을 통해 3억 4,000만 원 정도에 매수할 수 있을 것으로 예상합니다. 관심 물건의 현재 최저가는 2억 6,740만 원이므로 실제 거래할 수 있는 일반 매매가보다 저렴합니다. 입찰하기에 적정한 시기입니다.

네이버 카페를 통한 실수요자들의 의견 듣기

정왕동 미주아파트

맘스홀릭 베이비 (350만 엄마들의 임신, 육아 지식in 카페) 대표 · 2025.03.06.

정왕동 어린이집 **미주**오르다어린이집 강력추천합니다!

정왕동은 전부 구축**아파트**라 많이 시설이 노후된곳도 많았는데 **미주**오르다 어린이집이 가장 정돈도 잘 되어있구 가정어린이집의 장점! 집같은 푸근함도 많이 느껴졌답니다^^ 프로그램도 매주 고정으로 영어수업 오르프수업 체육수업이 진행되고 그외 키즈카페 도서관...

경매아라누리 · 1주 전

경기 시흥시 **정왕동** 1875-2 **미주** 102동 10층

정왕동 미주 아파트 경매 사건은 1차 감정가 382.000.000원에 진행25년08월13일(유찰되어) 2차 최저가 267.400.000원에 25년09월17일진행될 예정입니다. 사건번호 2024타경67449 경기도 시흥시 정왕동에 소재하는 '송운초등학교'서측 인근에 위치하는 미주아파트에 10...

안산 시흥 맘 모여라 대표 · 2011.08.04.

정왕동 미주아파트 살아요..ㅎㅎ친구해요~~ㅎㅎ

18개월 아들래미 있구요.. **정왕동 미주아파트** 살아요.. 여기보면 맘들이 많은것 같던데..아직 아들래미두 저두 친구가 없네요..ㅎㅎ 아들래미한테도 좋은 친구 만들어주고 싶어서요.. 가까이 사시는 분들.. 친하게 지내요..ㅎㅎ 아..그리구 전 80년생이예요..ㅎㅎ

레몬테라스 [인테리어,리폼,DIY,요리,결혼,육아] 대표 · 2016.07.15.

정왕동 미주24평 부분 인테리어 견적

안녕하세요 **정왕동 미주아파트** 24평으로 이사가게 되었는데요. 부분인테리어 견적을 얻고자 글 남깁니다. 작업은 도배/장판/몰딩/문턱제거와 화장실과 싱크대 교체 / 신발장 진행할 경우 700선에서 해결될지요? 쪽지부탁드립니다.

네이버 카페에서 아파트 이름을 검색하면 위와 같이 카페에 올라온 주민들의 대화를 볼 수 있습니다. 주민들의 이야기를 살펴보니 이 아파트는 버스터미널과 대형 마트, 학교, 시화병원, 경찰서가 가까운 것이 장점입니다. 다만 오래된 아파트라 리모델링이 필요한 것 같네요.

네이버 블로그를 통한 알짜 정보 검색

카페와 달리 블로그에는 홍보성 글이 많습니다. 블로그를 통해 해당 물건을 검색했을 때 보이는 첫 화면에서는 공인중개사가 올린 매물, 인근 음식점, 카페 등의 홍보글을 쉽게 찾을 수 있습니다. 경매컨설팅업체가 올린 정보도 결국은 의뢰를 따내기 위한 홍보 목적이 짙으므로 일단 패스하는 것이 좋습니다.

하지만 인테리어업체가 올린 정보는 홍보여도 유용합니다. 이들은 작업을 마친 뒤 인테리어 사진을 올리는데, 이 글을 보면 해당 지역의 인테리어 수준을 확인할 수 있습니다.

올라온 글들을 살펴보니, 25년 된 아파트이기에 일부 혹은 전체 리모델링을 한 사례들을 볼 수 있습니다. 싱크대나 화장실만 수리한 집도 있고, 고급형으로 전체 리모델링을 한 집도 있습니다. 베란다 누수 후기가 있는 것을 보니 관심 물건에 누수가 있는지 주의 깊게 살펴봐야겠어요.

검색해본 결과, 적은 투자금으로 입찰하기에 적절한 물건으로 보입니다. 저렴하게 낙찰받아 리모델링을 하면 높은 전세보증금을 받을 수 있을 것으로 예상됩니다.

하지만 다른 지역에 저렴하면서도 더 좋은 아파트가 있다면 임차인은 그 아파트로 갈 것입니다. 2018년 인근의 배곧신도시 입주시기에 기존 아파트의 매매가와 전세가가 크게 하락했습니다. 지금이 아니더라도 1~2년 후 인근에 새 아파트가 대량으로 공급된다면 기존 아파트인 이 물건의 전세가는 대폭 하락할 수 있습니다. 때문에 인근 지역의 새 아파트 입주 물량, 향후 4년간 분양 현황, 새로운 도로 개통 현황 등 지역 정보를 반드시 확인해야 합니다. 다음 장에서 자세히 살펴볼까요?

무작정 따라하기

리치고에서 원하는 정보 찾기

부동산 최신 정보 등을 찾아볼 수 있는 사이트가 많습니다. 그중 리치고를 통해 원하는 정보를 찾아볼게요.

① 리치고(m.richgo.ai)에 접속한 후 로그인합니다.

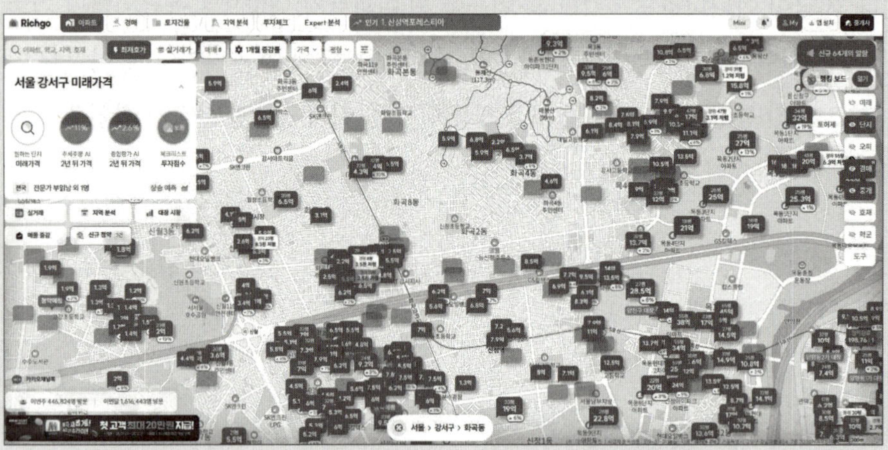

② 상단에 있는 [경매]를 클릭하면 경매 물건 리스트가 나옵니다. 좌측에 옵션을 넣습니다.

③ 물건상세페이지에서 자세한 내용을 확인할 수 있습니다.

★ 2025타경 #대항력있는임차인 4명

사건번호 복사 | 법원경매 이동 | 공유 | 인쇄

서울남부지방법원 | 매각기일 2025.09.02

기본 정보

소재지	서울특별시 강서구 강서로18길				
용도	다세대/빌라	소유자	김	감정가	3억 3400만원
토지	전체 35.56m²(11평)	채무자	김	최저매각가	3억 3400만원
건물	전체 29.95m²(9평)	채권자	주택도시보증공사	입찰보증금	3340만원 (낙찰가의 10%)

기일 현황

구분	날짜	최저매각가	비고
매각기일	25.09.02	3억 3400만원	최저매각가
매각결정기일	25.09.09		

수익 가능 입찰가 분석은 아파트에서만 제공됩니다.
수익 가능 입찰가 분석은 아파트에서만 제공됩니다.

GPT 전문가 3초 분석

AI 인사이트

- 대항력이 있는 임차인은 없으며, 모든 임차인의 권리는 소멸되었습니다.
- 부동산의 소유자는 김현민이며, 주요 채권자는 주택도시보증공사입니다.
- 이번 사건은 낙찰자에게 인수해야 할 금액이 없어 안정적입니다.

AI 위험체크 #대항력있는임차인

- 경매 절차에서 강제경매가 진행되었으나 권리는 안전하게 소멸되었습니다.
- 낙찰자에게 추가적인 금전적 부담은 없습니다.
- 본 경매 사건에 대항력 있는 임차인이나 인수금 부담은 없습니다.

매각 목록 평으로 보기 | 제곱미터로 보기

Richgo

공시자료
- 문건·송달
- 등기부등본
- 전입세대열람원
- 매각물건명세서
- 감정평가서

목차
- 기본 정보
- 기일 현황
- GPT 전문가 분석
- 매각 목록
- 낙찰자인수금
- 매각물건명세서
- 등기권리분석
- 현황조사서
- 주의사항
- 입찰가 분석
- 매각추이
- 유사 경매 물건

매각명세서상 4명의 점유자가 있고 대항력 있는 점유자는 4명이에요.

배당요구종기일 : 25.04.14

매각물건명세서 PDF >

점유자	점유	일시		금액		대항력
주택도시보증공사	302호 전부	전입	22.05.04	보증금	3억 9,800만원	대항력 있음
		확정	22.04.15			
		배당	25.03.28	차임	없음	
이	미상	전입	24.12.18	보증금	없음	대항력 있음
		확정	없음			
		배당	없음	차임	없음	
서	미상	전입	24.12.18	보증금	없음	대항력 있음
		확정	없음			
		배당	없음	차임	없음	
김	건물 전부	전입	22.05.04	보증금	3억 9,800만원	대항력 있음
		확정	22.04.15			
		배당	없음	차임	없음	

등기 권리 분석

집합건물

채권액합계 : 3억 9800만원

등기부등본 PDF >

No	일시	권리종류	권리자	채권금액	권리
1갑(2)	22.05.26	공유자전원지분전부이전	김	-	
2을(1)	23.08.16	주택임차권	김	3억 9,800만원	
3갑(3)	25.01.14	강제경매	주택도시보증공사	3억 9,800만원	소멸기준

④ 리치고의 특별한 점은 데이터를 한눈에 볼 수 있다는 점입니다.

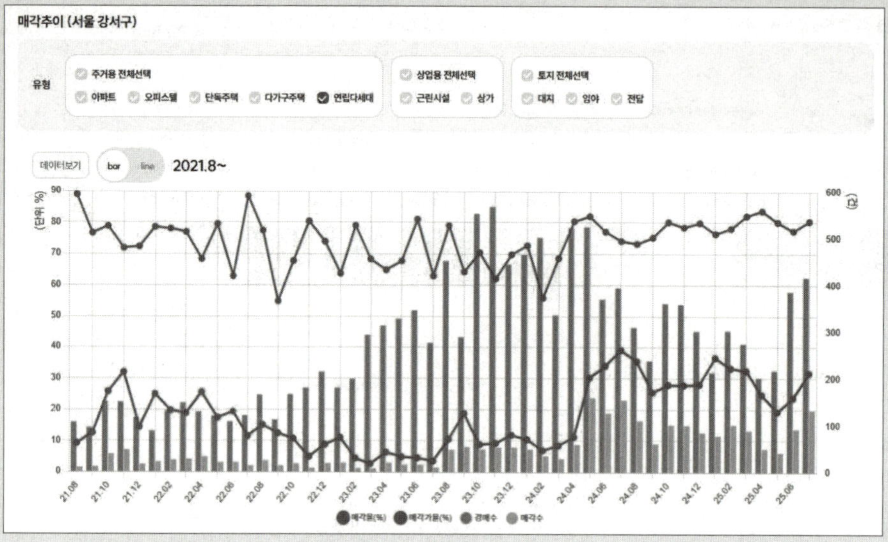

아파트는 매매 실거래가와 최저 호가, 전세 실거래가와 최저 호가를 한눈에 볼 수 있습니다.

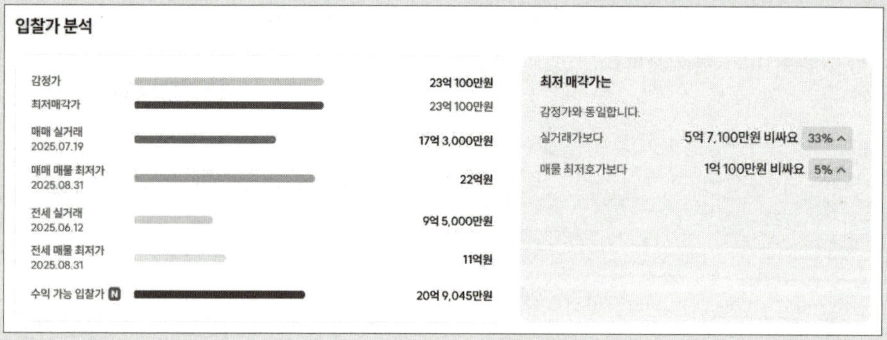

무작정 따라하기

KB부동산으로 실거래가 검색하기

KB국민은행은 2001년에 주택은행과 국민은행이 합병해 설립된 은행으로, 꾸준히 부동산 정보를 제공하고 있습니다. 특히 대출의 기준이 되는 실거래가를 알 수 있기 때문에 대출을 받고자 하는 사람들이라면 KB부동산을 필수로 방문해야 합니다. 매물 정보는 물론이고, 시세 변동 추이, 주변 단지 시세 비교, 상권 분석 등의 서비스를 무료로 이용할 수 있습니다. 지금부터 KB부동산을 통해 실거래가를 알아봅시다.

① KB부동산(kbland.kr)에 접속합니다.

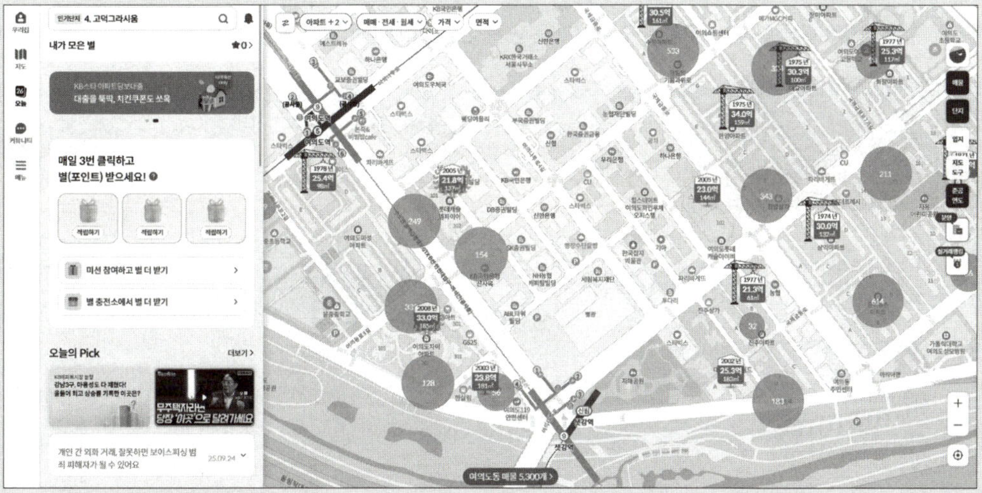

② 지도 위에 나타난 물건을 클릭하면 해당 단지의 정보를 확인할 수 있습니다. 검색창에 '송파구 헬리오시티'를 검색해볼까요?

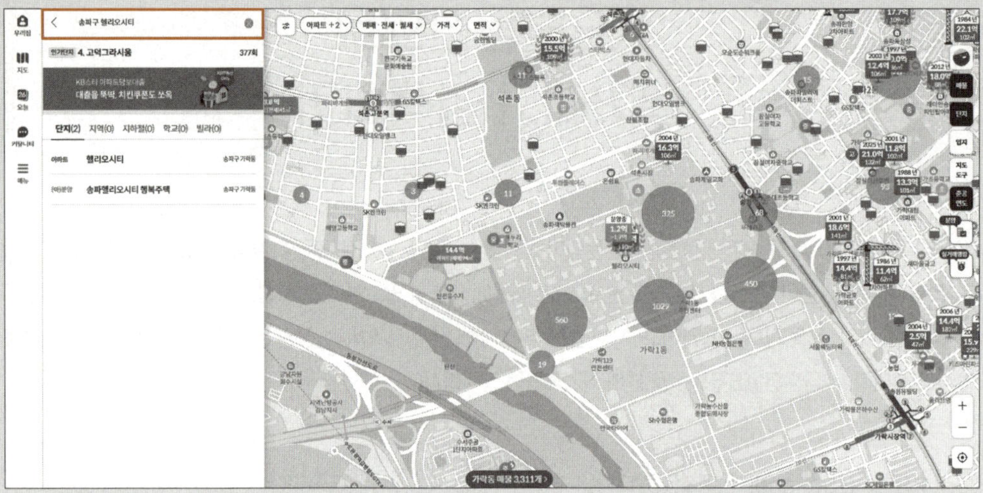

③ '헬리오시티'를 클릭하면 KB시세, 실거래가 등 단지의 상세정보를 확인할 수 있습니다.

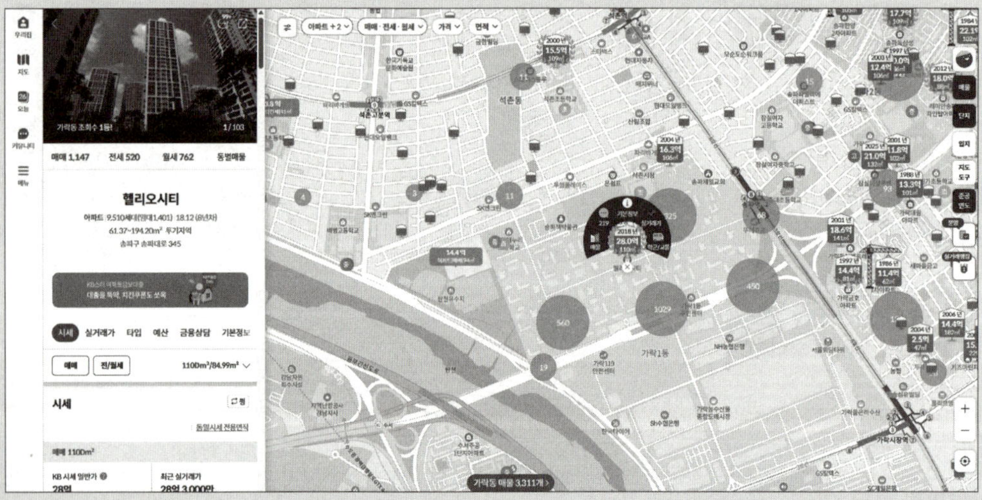

④ 단지의 시세와 실거래가, 거래량 등을 확인합니다. 헬리오시티의 시세를 확인해본 결과 84m²의 평균 매매가는 26억~29억 원으로, 인근 아파트 중에서 가장 높게 거래되는 것을 확인할 수 있습니다. 평균 전세가는 약 12억 원이며, 반전세는 보증금 7억 원에 월세 160만 원 전후입니다.

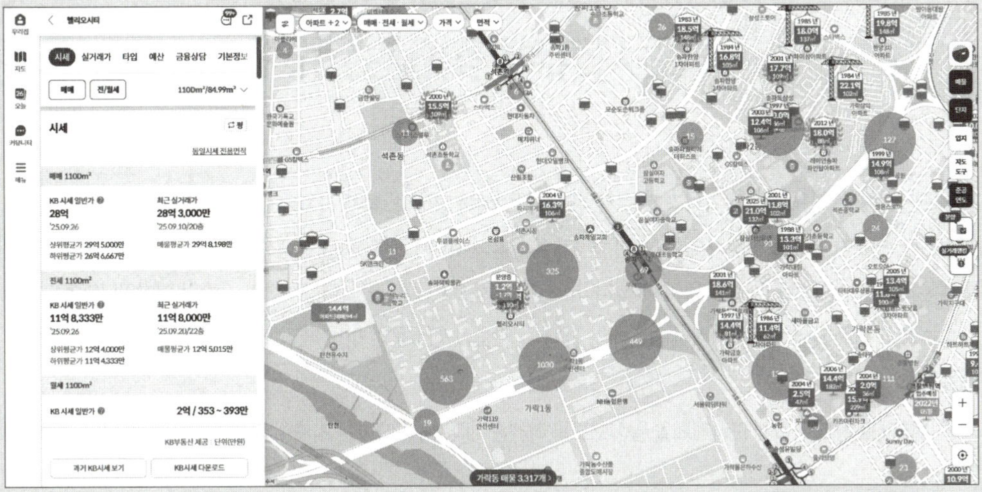

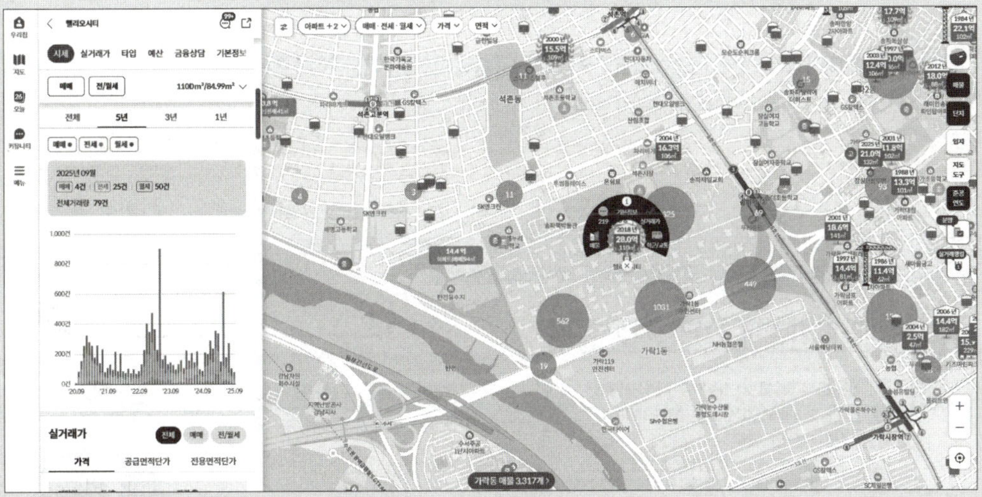

무작정 따라하기

지자체 공식 홈페이지에서 도시계획 찾아보기

관심 물건이 있는 지역이 투자 가치가 있는 지역인지 확인해야 합니다. 투자 가치는 인구와 일자리를 통해 가늠할 수 있습니다. 인구가 상승할 여지가 있는지, 일자리가 유치될 계획이 있는지 등을 검색해 확인해봅시다. 지자체의 공식 홈페이지 혹은 언론 보도를 통해 알 수 있습니다. 특히 "이쪽으로 길이 난다더라", "이 지역이 개발된다더라" 하는 정보는 반드시 지자체 홈페이지에서 확인해야 합니다. 단순한 입소문이 아닌 해당 지역의 정확한 정보가 올라오기 때문이죠.

시흥시를 예로 들어 지자체 도시계획을 알아보도록 하겠습니다. 세부 사항은 지자체 홈페이지마다 조금씩 다르니 참고하세요.

① 시흥시 홈페이지(siheung.go.kr)에 들어가 보겠습니다. 상단에 [참여소통], [종합민원], [열린행정], [시정소식], [시흥소개], [분야별정보] 메뉴가 있습니다.

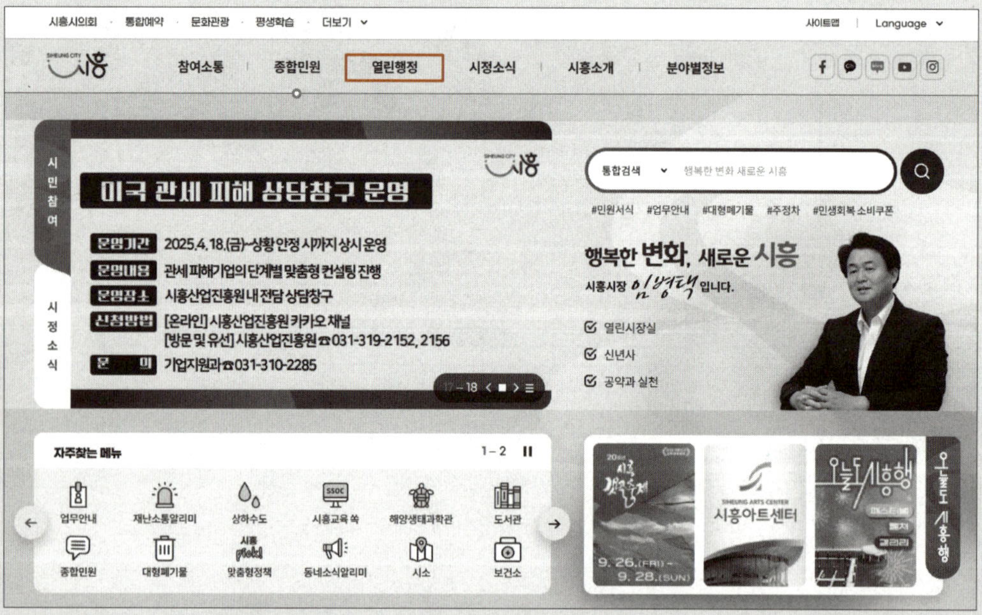

② [열린행정] → [시흥통계]를 클릭하면 인구현황, 차량등록현황 등의 시 관련 통계 자료를 볼 수 있습니다. 그 중 인구현황은 매달 시흥 시민의 수에 대한 정보를 제공합니다. 해당 게시글을 클릭하면 남녀 비율, 세대수, 외국인 인구 통계까지 확인할 수 있습니다.

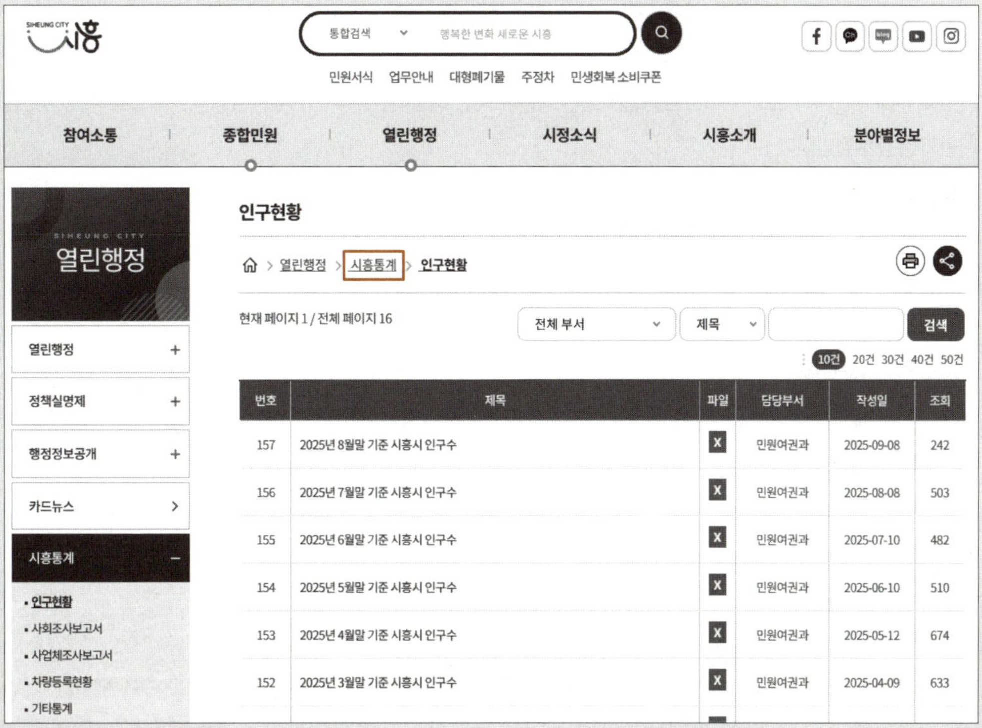

③ 홈페이지 상단에 있는 [분야별 정보]를 클릭하면 [복지], [보건/위생], [재난안전], [도시/교통], [교육/체육], [환경/농어업], [문화/관광], [청년]으로 이루어져 있습니다.

[도시/교통]에서는 시흥시의 도시계획, 도시개발사업 등 시흥시와 관련된 계획을 볼 수 있습니다. 지역 간 연결도로 개설에 관한 내용과 실천 사항 계획도 볼 수 있습니다. 다만, 현재 상황을 반영하지 못해 업데이트되지 않은 정보도 있으니 감안하세요.

[도시/교통] → [교통] → [시흥전철사업]을 클릭하면 시흥시와 관련된 교통계획을 확인할 수 있습니다. 이곳에서 신안산선 복선전철사업에 대한 내용을 확인할 수 있습니다. 계획과 실제 적용되는 정책이 다른 경우가 많아 현황은 따로 확인해야 합니다. 초기 계획으로는 2018년 하반기 착공 예정이었으나 2019년 9월 착공되었으며, 2026년 하반기 준공 예정입니다.

031

현장조사 ①
무조건 보고 와야 할 필수 리스트

열심히 손품을 팔아 해당 물건에 대한 정보를 수집했다면, 이제는 현장으로 나갈 때입니다. 현장조사를 할 때 꼭 확인할 요소들과 필요한 준비물이 무엇인지 알아봅시다.

준비물과 복장

사전조사한 메모 내역과 확인할 물건 리스트는 필수입니다. 그리고 전입세대열람원[1] 발급에 필요한 신분증도 꼭 챙기세요. 이곳저곳 돌아다녀야 하니 복장은 최대한 간편하게 갖추세요. 발에 꼭 맞는 편한 신발도 필수입니다. 최대한 여러 개의 물건을 한 번에 봐야 하는데, 발이 편해야 덜 지칩니다. 3~6개의 물건 정도는 보고 온다고 생각하세요. 너무 이른 시간에 가면 공인중개사무소에 들르기 어려워요. 공인중개사무소 방문은 점심시간 이후, 오후 시간이 좋습니다.

알아두세요

1 **전입세대열람원** 물건 주소에 전입되어 있는 세대를 확인하는 내역서로, 읍·면·동사무소와 주민센터에서 발급 가능합니다. 해당 세대에 살고 있는 사람이 경매 물건 상세페이지에 있는 사람과 같은지 확인하는 용도로 쓰입니다.

가능하면 대중교통을 이용하자

가능하면 대중교통을 이용해 지하철역이나 버스정류장에서 해당 물건까지 걸어보세요. 차로 이동할 때는 보지 못했던 것들이 보입니다. 커다란 개가 골목 입구에서 짖어대는 것을 볼 수도 있죠. 가는 길이 으슥해 위험하다면 여성 임차인이 입주를 꺼릴 것입니다. 골목길이 밝고 CCTV까지 설치되어 있다면, 임차인들에게 환영받는 물건이 될 것입니다. 자가용을 이용하더라도 물건 바로 앞에 주차하기보다 아파트단지 입구에 주차하고 걷는 것이 좋습니다.

주변 환경 확인은 필수

아파트단지 앞 상가에 보습학원이나 미술학원, 피아노학원이 있다면 아이가 많은 곳일 것입니다. 편의점이 여러 개 있다면 젊은 직장인이 많겠죠. 이곳에 이사를 올까 고민하는 마음으로 주변을 둘러보세요. 가벼운 궁금증은 가까운 슈퍼마켓에 들러 해결할 수 있습니다. 캔커피 하나 정도 사서 계산하면서 질문해보세요. 인근의 대학생을 대상으로 임대수익을 기대한다면 이렇게 질문해야겠죠.

"여기 ○○대 학생들 많이 사나요?"

"그럼요. 학생들 많아요."

이런 대답이 돌아온다면 임대 놓기 좋은 물건일 가능성이 높습니다.

"거의 안 살아요. 작년에 기숙사 지어서 다들 이사 갔어요. 지금 빈집 많을 걸요."

이런 대답이 돌아온다면 이 물건뿐 아니라 인근 물건도 임대 상황이 좋지 않을 것입니다. "이 동네 살기 어때요?"라는 질문은 의미 없습니다. 그곳에 살고 있는 사람들은 대개 자신이 사는 곳에 대해 긍정적으로 생각하거든요. 그렇지 않다면 그곳을 떠났겠죠.

이웃의 정은 아직 남아 있다

요즘은 옆집에 살고 있는 사람이 누구인지 모를 정도로 이웃에 무관심하다고 합니다. 하지만 한 아파트에서 오래 사신 어르신 중에는 동네 사정과 이웃 일을 잘 알고 계신 분들이 종종 있습니다.

오랫동안 공실로 비어 있던 경매 물건 앞에 서성이고 있을 때였습니다. 복도식 아파트라 사람들이 오가고 있었는데, 아기를 업은 할머니가 다가오셨습니다.

"어떻게 오셨어? 그 집에는 아무도 없어."

"아, 그렇군요. 고맙습니다."

"더운데, 물 한잔 줄까?"

할머니는 같은 층에 있는 자신의 집으로 안내해 물을 주셨습니다.

"아기가 너무 귀엽네요. 할머니 닮았어요."

"그치? 우리 며느리가 똑똑해서 회사에 다니니 손주는 내가 봐줘야지. 우리 집은 이번에 며느리가 화장실을 싹 고쳤다우."

"오, 정말 좋네요. 605호는 안 이러겠네요."

"그럼, 우린 1,000만 원 들여서 고쳤다니까. 우리 집이랑은 완전 차이 나지. 근데 그 집 내부 볼 수 있잖아. 경비실에 열쇠 있을 테니 가져다가 봐요."

회사의 사택으로 쓰였던 그 아파트는 회사가 부도나면서 경매에 나왔습니다. 살던 직원들이 떠나버리고 빈집으로 있었던 거죠. 회사는 집 열쇠를 경비실에 맡겼고, 이 사실을 동네 소식통인 할머니가 전해주셨던 것입니다. 경비실에 갔더니 경비아저씨가 친히 열쇠로 문을 열어주어 내부를 확인할 수 있었습니다. 일반적으로는 경매 물건의 열쇠를 경비실에서 보관하지는 않아요. 할머니를 만나지 못했다면 경비실에 열쇠가 있는지 물어볼 생각도 하지 못했을 것입니다. 이렇게 운이 좋으면 이웃들로부터 고급 정보를 얻는 경우가 종종 있습니다.

건물 외관을 보면 내부가 보인다

경매 물건 자체도 중요하지만, 건물 상태도 매우 중요합니다. 현장답사를 할 때 특별한 경우가 아니면, 물건의 내부는 확인하지 않아도 괜찮습니다. 건물 외관을 자세히 보면 내부 상태도 알 수 있습니다.

건물 외벽 상태

아파트 관리사무소에서는 때가 되면 방수 처리 작업을 하고, 외벽 페인트 작업도 하면서 건물 노후를 방지합니다. 이 작업을 하기 위한 비용은 관리비에 포함됩니다. 그러나 빌라는 주민들이 자체적으로 보수 작업을 합니다. 주민들의 협조가 이루어지지 않아 제때 보수 작업을 하지 않으면 건물 노후가 빨라지고, 누수 등의 문제가 생깁니다. 때문에 빌라는 외관을 더욱 주의 깊게 봐야 합니다. 건물에 미세한 금이 있다면 틈 사이로 빗물이 스며 누수가 있을 수 있습니다. 누수는 해결하기 힘드니 이런 물건은 되도록 피해야 합니다.

말끔하게 페인트를 칠한 외벽

외벽 누수 흔적이 있는 빌라

창틀 상태

이 집의 창틀이 다른 집들과 비교해서 어떤지 살펴보세요. 다른 집의 창틀을 모두 낡았는데 해당 물건만 새 창틀이라면 리모델링을 했을 가능성이 큽니다. 실내도 다른 집에 비해 상태가 좋을 것입니다. 반대로 해당 물건만 창틀이 낡았다면 실내 리모델링이 필요하다는 뜻입니다.

창틀 상태를 통해 내부 상태를 짐작할 수 있다.

발코니 상태

해당 물건이 저층인 경우 발코니를 확인할 수 있습니다. 발코니 상태를 보면 실내 상태도 유추할 수 있죠. 발코니가 깨끗하다면 집도 관리가 잘되어 있을 것으로 추측할 수 있습니다.

우편물 확인

아파트 입구 우편함에 있는 우편물에서 받는 사람의 이름을 확인합니다. 이 집에 살고 있는 사람이 경매 물건 정보에 나온 거주자와 동일한지 확인하기 위해서입니다. 물론 우편물의 주인이 세대주 외에 다른 가족일 수도 있습니다. 다만, 성도 이름도 전혀 다르다면 정체불명의 임차인을 상대로 명도해야 할 수도 있으니 조심하세요.

우편함을 통해 해당 물건의 점유자를 알 수 있다.

우편함에 각종 고지서가 어지럽게 쌓여 있다면, 점유자가 경제적인 어려움을 겪고 있음을 짐작할 수 있습니다. 경매 물건에는 경매컨설팅업체들의 우편물이 많이 옵니다. 경매를 당하는 점유자는 해결 방법을 찾고 있기에 경매컨설팅업체의 고객이 될 가능성이 높기 때문이죠. 이들은 낙찰자에게 이사비를 받아주거나, 집주인이 스스로 낙찰받게 도와주면서 수수료를 받습니다. 하지만 이런 우편물이 우편함에 꽂혀 있으면 동네 사람들이 알까봐 얼른 치우게 마련이죠. 우편함이 깨끗하게 비워져 있다면 남들의 시선을 신경 쓰는 사람이 점유하고 있다는 뜻입니다. 단, 우편물은 살짝만 보세요. 우편물을 가져가면 절대 안 됩니다.

해당 물건 현관 확인

현관은 집의 얼굴입니다. '아기가 자고 있어요'라고 적힌 스티커가 붙어 있다면 젊은 부부가 거주할 확률이 높고, 현관문이 깨끗한 집은 내부도 잘 관리되어 있을 가능성이 높습니다. 반면 스티커나 전단지들이 덕지덕지 붙어 있다면 내부 상태도 비슷할 것입니다. 문 앞에 쓰레기가 쌓여 있거나, 술병들이 뒹굴고 있다면 상태는 더 좋지 않으리라 예상됩니다.

꼭 필요한 경우에는 실내 확인도

벨을 눌러 물건 내부를 확인하면 참 좋겠지만, 현실적으로 쉬운 일이 아닙니다.
첫째, 낮 시간에는 사람들이 집에 없습니다.
둘째, 있더라도 경제적 결정권이 없는 노인이나 아이들만 있습니다.
셋째, 결정권이 있는 사람이 집 안에 있더라도 경매 물건을 보러 온 사람에게 거부감이 심해 부당한 대우를 받기 쉽습니다. 어떤 분은 평생 들어본 욕보다 더 많은 욕을 들었다고 하더군요. 낙찰받은 것도 아닌데, 현장답사에서 이런 일을 겪으면 몹시 지칩니다.
넷째, 하루에 많은 물건을 보려면 시간을 잘 분배해야 합니다.
하지만 누수가 의심되는 등 내부 상태가 몹시 좋지 않을 것으로 예상되거나, 점유자가 어떤 사람인지 꼭 확인해야 하는 경우라면 반드시 실내를 확인해야 합니다. 그게 어렵다면 낙찰 포기도 고려하세요. 잘못된 물건을 낙찰받는 것보다 치명적인 일은 없습니다.

지역주민센터에 방문하여 전입세대열람하기

법원은 본격적으로 경매를 진행하기 전에 입찰자들에게 점유자 정보를 알립니다. 점유자가 신고한 내용을 바탕으로 고지하지만, 점유자가 아무 신고를 하지 않으면 전입일과 점유자 이름만 올리기도 합니다. 이러한 정보를 '전입세대열람'이라고 합니다. 입찰자도 직접 전입세대열람을 할 수 있습니다.
가까운 지역주민센터에서 전입세대열람서를 신청하면 됩니다. 과거에는 해당 물건의 지역주민센터에서만 발급이 가능했지만, 지금은 어디서나 발급받을 수 있습니다. 신청서는 주민센터에 비치되어 있고, 신청자의 신분증이 필요합니다. 이 물건이 경매에 나왔음을 증명할 서류도 필요하니 스피드옥션의 물건상세페이지도 프린트해 가세요.
전입세대열람을 하면 집에 살고 있는 사람이 누구인지 재확인할 수 있습니다. 매각물건명세서에도 나와 있지만, 그동안 변동이 있을 수도 있으니까요. 새로 전입을 한 사람이 있다면 그에 대한 명도 계획을 추가해야 합니다.

032 현장조사 ② 꼭 가봐야 하는 관리사무소

관리사무소를 방문해야 하는 세 가지 이유

① 체납관리비 확인

관리비[1]는 원칙적으로 점유자가 내는 것이 맞습니다. 하지만 경제적 어려움으로 경매를 당하는 점유자들은 관리비 역시 연체하는 경우가 많습니다. 낙찰자 입장에서는 점유자의 관리비를 인수하는 것이 부당하다고 생각하겠지만, 판례에서는 아파트 공용관리비는 낙찰자가, 전용관리비는 점유자가 인수하도록 하고 있습니다.

관리사무소에 방문해 "안녕하세요? ○동 ○호 관리비 좀 확인할 수 있을까요?"라고 물어보면 보통은 체납관리비를 알려줍니다. 집주인이냐고 묻는다면 경매에 나온 집이라고 대답하면 됩니다. 간혹 "개인정보라 알려드릴 수 없습니다"라며 알려주지 않는 경우도 있습니다. 이럴 때는 스무고개를 하듯 질문해보세요. "혹시 제가 입찰해도 될까요? 위험할까요?" 하고 넌지시 물어보면 "글쎄요. 하셔도 될 것 같은데요"라며 재치 있게 답하는 직원도 있습니다.

알아두세요

1 **관리비** 관리비는 아파트 공동에 대한 비용인 공용관리비와 해당 물건에 대한 전용관리비로 구분합니다. 공용관리비는 인건비, 청소비, 소독비, 승강기유지비 등 아파트 시설에 대한 사용료를 말하고, 전용관리비는 입주자가 사용한 전기, 수도, 가스 등의 공과금 일체를 말합니다. 법적으로는 낙찰자가 전용관리비를 인수할 의무가 없으나, 낙찰자에게 전가하는 경우가 종종 있습니다.

② 집 상태와 점유자 상태 파악

관리사무소는 아파트 주민의 여러 가지 사정을 잘 알고 있는 곳입니다. 주민들 사이에서 문제를 일으키는 사람이 있거나, 누수 등의 문제로 아랫집과 마찰이 있었던 집이라면 관리사무소에서 알고 있습니다.

"그런데 그 집이요, 보일러가 터졌어요. 수리 좀 하셔야 할 거예요."

체납관리비를 확인하고 돌아서는데 친절한 관리사무소 직원이 한마디를 던집니다.

"네? 그 집에 무슨 일 있어요?"

이때 현장조사를 나갔던 곳은 30년이 넘은 오래된 아파트였는데, 노후로 인해 수리가 필요한 집이었습니다. 이런 아파트는 보일러 배관이 삭아 물이 새면 보일러가 돌면서 아랫집에도 물이 샐 수 있습니다. 이 물건도 지난 겨울에 보일러 배관이 터졌고, 누수가 발생해 아랫집 천장에서 물이 샜던 것이죠.

아랫집의 신고를 받은 관리사무소 직원이 해당 물건을 방문했지만, 경매가 진행 중인 집이라 주인은 집을 수리할 생각이 없었습니다. 물건 소유자는 어쩔 수 없이 보일러를 틀지 않고 겨울을 보냈다고 합니다. 관리사무소 직원은 친절하게도 보일러 수리비까지 알려주었습니다.

경매에 나오는 물건에는 다양한 사연이 있습니다. 정상적인 생활을 하는 사람들이 대부분이지만, 간혹 정상이 아닌 사람들도 있습니다. 2년간 관리비를 미납한 집에 대한 사연도 관리사무소에서 들을 수 있었습니다.

"관리비를 그렇게나 오래 안 내더라고요. 그 집은 정말 어쩔 수 없어요. 정신병원에 들락거리는 여자인데, 몇 개월 전부터는 전기랑 가스가 다 끊겼는데도 그냥 그러고 살았어요. 그 여자 진짜 무서워요."

이런 점유자는 피하는 것이 정신건강에 좋습니다. 관리사무소에서 점유자에 대한 특이사항을 모르고 있다면 일반적인 점유자로 보면 됩니다.

③ 경쟁자 수 파악

아파트에 입찰할 때 체납관리비는 반드시 확인하는 것이 좋습니다. 때문에 입찰할 생각이 있는 사람은 관리사무소에 들르거나 전화를 하게 마련입니다. 관리사무소는 경쟁자 수를 파악하기에 가장 좋은 장소입니다.

"안녕하세요, ○동 ○호 관리비 확인 좀 부탁드려요"라고 질문했을 때, "잠깐만요" 하며 미납 내역을 찾아본다면 그동안 방문한 사람이 거의 없다는 뜻입니다. "거기요? ○○원이에요"라고 바로 대답한다면 그동안 많은 사람이 방문했다는 뜻입니다. 이때 얼마나 많은 사람이 방문했는지 물어보세요.

"거기 붙여놨어요."

체납관리비를 안내판에 붙여둔 관리사무소 직원도 있었습니다. 그 직원은 그 물건으로 인해 업무를 하지 못할 정도로 바빠 몹시 성가셨다고 합니다. 경쟁자가 엄청나게 많다는 뜻으로 해석할 수 있겠죠?

033 현장조사 ③ 실거래가 최종 확인은 공인중개사무소에서!

지금 거래되는 가격은 공인중개사무소에서!

입찰가를 정할 때 기준이 되는 금액은 무엇일까요? 부동산 가격은 여러 가지가 있습니다. 감정가, 호가, 국토교통부 실거래가, KB국민은행 실거래가, 공시가격 등이죠(36장 참고). 부동산은 움직이지 않지만, 부동산 가격은 수시로 움직입니다. 심할 때는 하루 사이에 몇 천만 원씩 오르거나 내립니다. 때문에 입찰을 할 때 기준이 되는 금액은 어제 팔린 금액입니다. 이 금액은 현장에 있는 공인중개사가, 그중에서도 매매 거래를 많이 하는 공인중개사가 제일 잘 알겠죠. 때문에 공인중개사무소를 방문하는 것은 매우 중요합니다.

내가 손님이 될 수도 있다는 사실을 어필하라

"안녕하세요? 말씀 좀 여쭤보려고요. ○○아파트 25평 경매 물건이요. 사장님께 맡기면 전세를 2억 원에 놓을 수 있을까요?"
공인중개사와 대화할 때는 이와 같이 내가 손님이 될 수도 있다는 사실을 전제로 질문하는 것이 좋습니다. 공인중개사에게 경매 입찰자는 귀찮은 사람입니다. 나에게 중개수수료를 주는 매도인도, 매수인도 아니니까요. 무작정 정보만 알아내려는 사람에게 호의적인 사람은 없습니다. 질문만 하지 말고, 낙찰 후 임대나 매물을 의뢰할 수 있는 손님이라는 점을 살짝 알려주세요.

미래의 손님이라고 생각되면 공인중개사의 태도도 달라집니다. "아휴, 그럼요. 요새 전세 물건이 없어서 나오기만 하면 바로 나가요. 근데 낙찰가가 좀 높아야 할 거예요"라거나 "글쎄, 손님이 통 없어서 모르겠네요" 혹은 "그 집에 사는 임차인이 입찰한다던데요" 등 쏠쏠한 꿀팁을 얻을 수도 있습니다.

특히 그 동네에서 오래 일해온 공인중개사는 경매 물건의 내부 사정과 점유자의 상황까지 자세히 알고 있는 경우도 종종 있습니다. 현재 살고 있는 임차인에게 집을 중개한 공인중개사라면 좋은 정보를 얻을 수 있습니다. 다만, 공인중개사가 경매 대행을 맡은 경우, 거짓 정보를 알려주는 경우도 간혹 있습니다. 그것이 거짓 정보인지 판단하기는 쉽지 않으니 여러 공인중개사무소에 방문해 알아보는 것이 좋습니다. 매수대리인 자격이 있는 공인중개사는 합법적으로 입찰자를 대신해 경매에 참여할 수 있으며, 경매 컨설팅을 하기도 합니다.

현재 거래가를 알아보는 것이 목표

공인중개사무소에서 반드시 확인해야 할 내용은 현재 거래가입니다. 인근에 같은 평형 혹은 비슷한 물건의 거래가와 임대가를 확인해야 합니다. 이때 사전에 조사한 내용을 토대로 질문해봅시다.

"사장님, 이 아파트에서 최근 거래된 가격이 3억 원도 있고, 3억 5,000만 원도 있던데, 왜 그런 거예요?"

"제가 이 물건을 3억 5,000만 원에 매도할 수 있을까요?"

"보증금 1,000만 원에 월세 50만 원으로 내놓으면 바로 나가나요? 2,000만 원에 40만 원이 더 나을까요?"

"지금 매물이 몇 개나 나와 있어요?"

"오래된 것은 얼마 동안 안 팔리고 있는 거죠? 이유가 뭘까요?"

질문은 이렇게 구체적이어야 합니다. 미리 조사하지 않아 알고 있는 것이 없으면 제대로 된 질문을 할 수 없습니다. "사장님, 요즘 전세 잘 나가나요?"라는 간단한 질문에는 간단한 답변만 돌아온 뿐이죠.

공인중개사무소는 여러 곳을 방문하는 것이 좋다

어떤 사람은 낙천적이고, 어떤 사람은 부정적입니다. 어떤 사람은 확실하게 할 수 있는 일만 하고, 어떤 사람은 도전과 모험을 즐깁니다. 공인중개사의 성향도 각각 다릅니다. 같은 동네에서 같은 시기에 중개업을 하는 공인중개사들이라 해도 예상하는 거래가는 저마다 다릅니다. 어떤 이는 시장을 좋게 보고, 어떤 이는 나쁘게 보기 때문이죠. 따라서 공인중개사무소는 여러 곳을 방문해보는 것이 좋습니다.

공인중개사무소에서 질문하면 얻을 수 있는 정보들

공인중개사무소를 방문해서 뭐부터 물어봐야 하는지 막막해하는 사람이 많습니다. 이때 몇 가지 질문 리스트를 만들어두면 손쉽게 정보를 얻을 수 있습니다. 다음 질문을 통해 얻은 답으로 예상 임대가, 매도 대기자, 실거래가 등을 확인할 수 있습니다. 이렇게만 물어보면 그 이후에는 공인중개사가 알아서 정보를 줄 거예요.

질문	알고자 하는 정보
이 물건을 보증금 ○○만 원, 월세 ○○만 원에 내놓으면 바로 나갈까요?	예상 임대가
얼마면 가장 잘 나갈까요?	예상 임대가
그 가격이면 바로 들어올 사람이 있을까요?	예상 임대가
화장실과 주방을 싹 수리하면 ○○만 원까지 받아주실 수 있어요?	최대 임대가
지금 나온 임대매물이 얼마나 되나요?	경쟁 물건 상태
가장 괜찮은 매물은 어떤 거예요?	가격과 인테리어 상황, 경쟁 물건 상태
가장 최근 매매가는 얼마인가요?	실거래가
이 물건을 ○○만 원에 내놓으면 바로 팔릴까요?	예상 매도가/적정 입찰가
매수 대기자가 있나요?	매도 대기자
그 가격이면 사장님께서 거래해주실 수 있나요?	손님임을 어필

034

임장보고서 작성하기

기록을 해야 근거가 된다

현장답사를 다녀왔다면 반드시 기록을 남겨야 합니다. 물건을 하나만 보는 것이 아니라 여러 개를 보기 때문에 잘 기록해두지 않으면 잘못된 판단을 할 수 있기 때문입니다.
임장보고서는 단순한 기록이 아니라 입찰가를 결정하는 가장 중요한 근거 자료가 됩니다. 보고서를 작성할 때는 사전에 온라인으로 조사한 내용과 현장에서 직접 확인한 내용을 구분해 적어두는 것이 좋습니다.

① 사전조사한 정보와 비교하기

먼저 사전조사로 조사할 수 있는 부분은 최대한 조사를 합니다. 최근 실거래가, 네이버에 올라온 호가, 실제 거래된 전세가와 전세호가를 정리합니다. 인근 경매 물건의 매각가율도 확인합니다. 그리고 현장에서 내가 확인한 가격이 맞는지 다시 한번 확인합니다. 특히 빌라는 아파트와 달리 실제 거래가와 신고된 실거래가가 다를 수 있습니다. 그 외 건물의 외관 상태와 관리 상태, 주변 환경을 구체적으로 기재합니다.

② 공인중개사와 나눈 대화 기록하기

공인중개사와의 대화는 입찰가를 결정하는 데 매우 큰 영향을 미칩니다. 내가 조사한 가격이 맞는지 공인중개사에게 질문하고 그에 대한 반응을 확인합니다.
“이 물건 2억 5,000만 원에 매도 가능할까요?”라는 질문에 “얼마든지 가능해요”와 “글쎄요, 쉽지 않죠"는 완전히 다른 뉘앙스입니다. 던진 질문과 돌아온 답변을 그대로 적어두세요. 공인중개사는 최소 3명은 만나 의견을 들어보세요. 입찰가에 확신이 들 때까지 질문하면 입찰가를 자신 있게 정할 수 있습니다.

③ 점유자 파악하기

현장에서 명도 난이도도 파악합니다. 현관에 쌓여 있는 택배의 이름이 내가 알고 있는 점유자가 맞는지 확인합니다. 현관 앞도 눈여겨봅니다. 집 앞에 쓰레기가 많다면 점유자의 상태가 좋지 않을 수 있습니다. 이웃과의 대화에서 얻은 정보도 기록해둡니다.

임장보고서 작성하는 법

가능하다면 엑셀 양식이나 전용 현장답사 일지를 활용하세요. 체계적일 필요는 없지만 잘 정리해두어야 다음 물건을 검토할 때 자산이 됩니다. 임장은 발품이지만, 임장보고서는 내 투자 두뇌입니다. '사실 확인 → 기록 → 분석 → 입찰 결정'의 4단계를 꾸준히 반복하다 보면 어느 순간 보고서가 '돈 버는 지도'가 되어 있을 것입니다.

다음은 임장보고서 예시입니다. 참고해 나만의 임장보고서를 만들어보세요.

임장보고서				
작성일		2026-01-16	작성자	홍길동
물건	사건번호	2026타경○○○○		
	주소	서울 강서구 화곡동 ○○○-○○		
	입찰일자	2026-02-13	입찰 목적	단기매도
	감정가	305,000,000원	최저가	195,200,000원
	비고	서울남부지방법원		
권리 분석	인수권리	HUG(임차권승계인)의 매수인에 대하여 배당받지 못하는 잔액에 대한 임대차보증금반환청구권을 포기하고, 임차권등기를 말소하는 것을 조건으로 매각		
	점유자 특이사항	임차권등기인(HUG 양수)은 현재 전출하여 거주하지 않고 있으며, 전입세대열람에는 현재 전입자가 없는 것으로 확인. 임장 시에도 우편물이 많이 쌓여 있고, 계량기의 수치가 다른 집들 대비 현저히 낮은 것으로 보아 공실로 보임		
	미납공과금	없음	기타비용	없음
	비고	· 연식: 2016년(10년) · 공시가(2025): 184,000,000원 · 전세(공시가 × 126%): 231,840,000원 · 특징: 방3/욕실1, 실외 발코니, 엘리베이터 有		
지역 분석	지자체 정보			
	지역 호재			
	지역 악재	없음		
	특이사항	없음		
가격 정보	실거래가(매매)	['22.09] 2억 9,000만 원(6층/37.2m), ['20.06] 2억 8,500만 원(2층/38.7m)		
	전월세가	· 전세 – ['23.01] 2억 5,000만 원(6층/38.33m^2), ['22.12] 2억 5,700만 원(6층/38.33m^2), ['21.10] 2억 6,700만 원(6층/38.72m^2) · 월세 – ['23.03] 3,000만 원/50만 원(3층/56.71m^2), ['16.12] 2,000만 원/50만 원(3층/53.35m^2)		
	현매물가	없음		
	실제 부동산 가격	· A부동산: 매매가 2억 9,000만 원 이상이면 매도 기간 5~6개월 이상 소요 예상. 급매는 2억 8,000만~2억 8,500만 원. 전월세는 부족한 상황이라 잘 나갈 것. 발코니 쪽 파손 있는 것으로 알고 있음. 지하철역과 가까운 물건이라 높은 가격으로 내놓는 것만 아니면 팔 수 있음 · B부동산: 매매가 2억 6,000만~7억 원 이상이면 매도 어려움. 전월세는 부족해서 나가는 데 어려움 없음. 해당 부동산은 본 물건에 대한 이해나 정보가 부족해 보였음 · C부동산: 방3/욕실1, 고층이지만 엘리베이터 이용 가능. 발코니 있고 앞에 시야가 트인 물건이라 선호도 높은 거라 예상. 2억 7,000만~2억 8,000만 원이면 단기매도 가능함. 전월세의 경우는 반전세 형태로 내놓길 권하며, 최근 매물이 없기 때문에 잘 나갈 것. 이 건물은 낮은 층보다 전망 좋은 고층 선호. 저층은 소음 문제로 선호도 살짝 떨어짐 · D부동산: 지하철역과 가까움. 연식 괜찮고 방3/욕실1로 선호도 있는 물건임. 2억 8,000만 원에 내놓으면 빨리 팔릴 것. 2억 7,000만 원이면 바로 팔 수 있을 정도. 전월세는 2억 원/40만 원 또는 2억 3,000만 원/20만 원 또는 15만 원 정도		

가격 정보	급매가격	없음
	인근 낙찰가	1. 동일 물건 [2025.12.10] 2023타경0000 행복타운 402호, 대지 15.7m^2/전용 25.92m^2(동일 물건, 평형) – 감정가 2억 4,200만 원/최저가 1억 5,400만 원(3차, 64%)/낙찰가 1억 9,300만 원(5명 HUG, 79.75%) 2. 동일 번지 · [2025.2.11] 2024타경1111 구름하우스 601호, 대지 27.2m^2/전용 39m^2(방3/욕실1, 유사 평형, 2분 거리 건물, 2020년식) – 감정가 3억 6,200만 원/최저가 2억 8,960만 원(2차, 80%)/낙찰가 2억 9,700만 원(단독 HUG, 82.09%)
	인근 낙찰가	· [2025.2.11] 2024타경2222 햇살아파트 303호, 대지 24.5m^2/전용 39.81m^2(방2/다용도1/욕실1, 유사 평형, 2분 거리 건물, 2014년식) – 감정가 2억 7,300만 원/최저가 2억 1,840만 원(2차, 80%)/낙찰가 2억 4,590만 원(14명, 배○○, 90.11%) – 25년 6월 2억 9,500만 원에 매도
입찰가 결정	최대	2억 4,700만 원(감정가의 81%)
	최소	2억 2,875만 원(감정가의 약 75%)
	결정	2억 4,130만 원(감정가의 약 79.1%)
비고	감정가가 높게 산정된 것으로 보이며, 부동산 탐문 결과 빠르게 매도하기 위해서는 2억 7,000만~2억 8,000만 원 정도에 내놓아야 함. 최저가인 2억 7,000만 원으로 매도할 경우 80~81% 이상 금액으로 낙찰 시 수익률 낮아 79% 선에서 낙찰가 결정	

넷째 마당

실전! 법원 입찰 무작정 따라하기

경매이야기

스물둘 둘째 아들의 반지하 빌라

"엄마, 아르바이트가 너무 힘들어요. 나도 엄마처럼 경매를 해도 될까요?"

둘째 아들은 스물두 살 때 경매에 관심을 가지게 됐어요. 우리 집은 스무 살이 넘으면 용돈을 주지 않아요. 학비와 최소한의 교통비만 지원해주기 때문에 사고 싶은 것을 사려면 스스로 돈을 벌어야 합니다. 스무 살이면 독립을 해도 될 나이잖아요. 집에서 먹여주고 재워주는 것만으로도 충분하다고 생각해요.

아르바이트가 힘들었던 아들은 아르바이트를 그만두기 위해 더 열심히 아르바이트를 했어요. 일 년 동안 열심히 돈을 모으더니 결국 700만 원이라는 종잣돈을 만들었죠. 적은 종잣돈으로 입찰할 수 있는 물건은 반지하밖에 없었어요. 낙찰가는 4,100만 원!

낡고 상태가 좋지 않아 저렴하게 낙찰받을 수 있었어요. 이 집을 깨끗하게 인테리어하고 임대를 놓으니, 전세 2,000만 원에 월세 40만 원을 받을 수 있었죠.

"엄마, 임차인 아저씨가 이사 간대요. 이 집 지금 팔 수 있어요?"

반지하 빌라는 쉽게 팔리지 않아요. 개발 호재가 있거나, 임대가가 확 오르는 시기가 아니면 잘 팔리지 않죠. 당장 팔리지 않는 상황이라고 또 임대를 놓았다가 매도시기를 놓칠 수도 있고요.

그래서 단기임대를 하기로 했어요. 임대차계약을 하지 않고 일시적으로 임대를 하는 방식이죠. '삼삼엠투(33m²)[1]'를 활용하기로 했습니다. 과연 임대가 잘 나갈지 미지수였지만 일단 시작하기로 했어요. 당근마켓에서 가전제품과 가구를 구해 배치하고 집에서 쓰지 않는 그릇과 식기 그리고 침구류를 가져다 놓았어요. 신기하게도 임대를 시작하자마자 바로 입주가 되었습니다.

이 집을 단기로 빌리는 사람들은 인근 공사 현장이나 물류센터에서 일하는 단기 근로자, 출장자들이었어요. 이들은 짧게는 2주, 길게는 8주를 임대해 사용했습니다. 단기임대 이용객은 이렇게 말했어요.

"예전에는 출장 갈 때 모텔을 이용했어요. 그런데 3명이라 방을 2개만 빌려도 비용이 만만치 않았죠. 그에 비하면 단기임대는 싸고 편안해요. 세탁을 할 수 있고, 음식을 해 먹을 수도 있어 너무 좋아요."

단기임대의 가장 큰 장점은 수익성입니다. 일주일에 30만 원, 한 달이면 120만 원의 임대료를 받을 수 있죠. 원리금 20만 원을 내고 100만 원이 남았어요. 물론 공실이 생기기도 하지만, 기존 월세보다 훨씬 수익이 높으니 충분히 만족스럽습니다.

아들은 스물두 살에 시작한 작은 도전으로 집은 단순히 소유하는 것이 아니라, 활용해서 돈을 벌 수 있는 자산이라는 걸 몸으로 배웠어요.

알아두세요

1 **삼삼엠투** 소형 주택이나 원룸을 단기(2~6주) 단위로 임대할 수 있도록 연결해주는 플랫폼입니다. 월세가 평균보다 높고 임대기간이 짧아 공실 위험이 있지만, 잘 운영하면 수익률을 극대화할 수 있습니다. 주로 전대를 이용해 운영하는 사람이 많습니다.

035

모든 준비는 끝났다!
법원 입찰 한눈에 보기

권리분석과 현장조사가 끝났다면 남은 건 입찰뿐!

권리분석을 하고, 현장조사를 하는 궁극적인 목적은 결국 입찰을 하기 위해서입니다. '구슬이 서 말이라도 꿰어야 보배다'라는 말처럼, 아무리 좋은 물건을 고르더라도 낙찰을 받지 못하면 아무 소용이 없습니다. 목적에 맞는 물건을 찾아 꼼꼼한 권리분석과 사전조사, 현장조사까지 마쳤다면 이제 법원으로 가봅시다.

사실 경매 초보자에게 입찰 과정은 쉽지 않습니다. 평소에는 갈 일이 없는 생소한 장소인 법원을 찾아가야 하고, 법률 용어로 가득한 입찰 서류를 실수 없이 작성해야 합니다. 그리고 돈도 오가야 합니다. 자칫 실수로 0을 한 자리 더 쓰게 되면 1억 원짜리 물건에 10억 원으로 입찰할 수도 있죠. 이런 실수를 누가 하느냐고요? 의외로 많이 발생합니다. 이런 어이없는 실수로 소중한 입찰보증금을 잃는 사람들이 종종 있습니다.

이런 실수를 하는 일은 없어야 합니다. 이번 〈넷째마당〉에서는 허둥대지 않고 입찰하는 방법을 배워보겠습니다. 경매 초보자도 침착하고 안전하게 입찰하는 방법을 하나하나 익혀봅시다.

경매의 공인중개사는 바로 법원

우리는 부동산 거래를 하기 위해 공인중개사를 찾습니다. 자격을 갖추고 경험이 많은 공인중개사는 고객이 원하는 물건을 적절히 제안하고, 매수자와 매도자를 중재해 거래를 성사시킵니다. 뿐만 아니라 부동산의 권리관계를 파악해 고객에게 알려줍니다. 등기부등본상에 해결되지 않은 권리가 있다면 공인중개사가 거래를 만들지 않겠죠. 중개수수료가 아깝다고 직거래를 하다가는 낭패를 볼 수 있습니다. 부동산에 대한 지식이 없을수록 공인중개사를 통한 거래가 안전합니다.

경매에서는 법원이 바로 공인중개사입니다. 부동산의 권리관계를 공지하고, 해당 물건에 대한 현황까지 파악해 알려줍니다. 주의해야 할 점이 있다면 기타 비고란에 따로 적어주고, 감정평가사를 고용해 감정가까지 알려줍니다. 법원보다 더 확실한 공인중개사가 있을까요? 우리는 그저 법원이 제공한 정보를 제대로 해석하고, 정확하게 입찰하기만 하면 됩니다.

입찰 과정을 알면 입찰이 쉬워진다!

입찰은 크게 3단계로 나눌 수 있습니다. 먼저 입찰 전에 필요한 서류를 준비하고, 해당 법원에 방문해 정보를 확인한 뒤 입찰서를 작성합니다. 그런 다음 잠시 기다리면 최고가매수인이 발표됩니다. 앞선 권리분석과 현장조사에 비하면 매우 간편합니다. 하지만 간편한 만큼 많은 실수가 나오는 단계이기도 하죠. 이제 3단계에 걸쳐 입찰 과정을 하나하나 살펴보겠습니다.

무작정 따라하기

스피드옥션으로 관할법원 검색하기

① 스피드옥션에 접속해 경매 물건상세페이지 상단에 있는 [관할법원안내]를 클릭합니다.

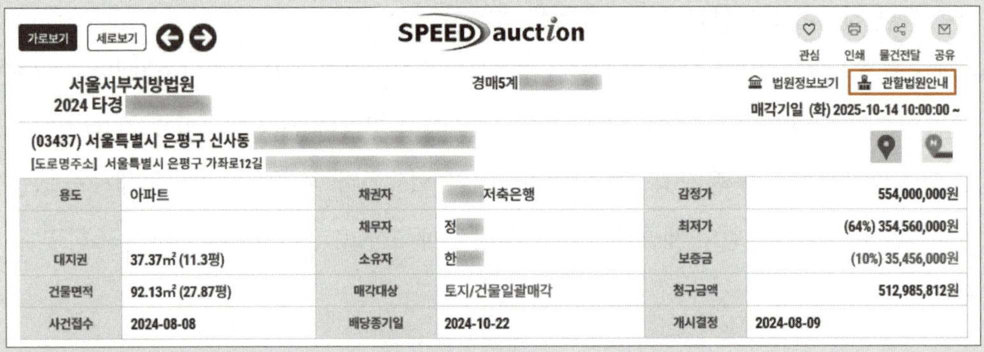

② 관할법원 안내창이 팝업으로 나타납니다.

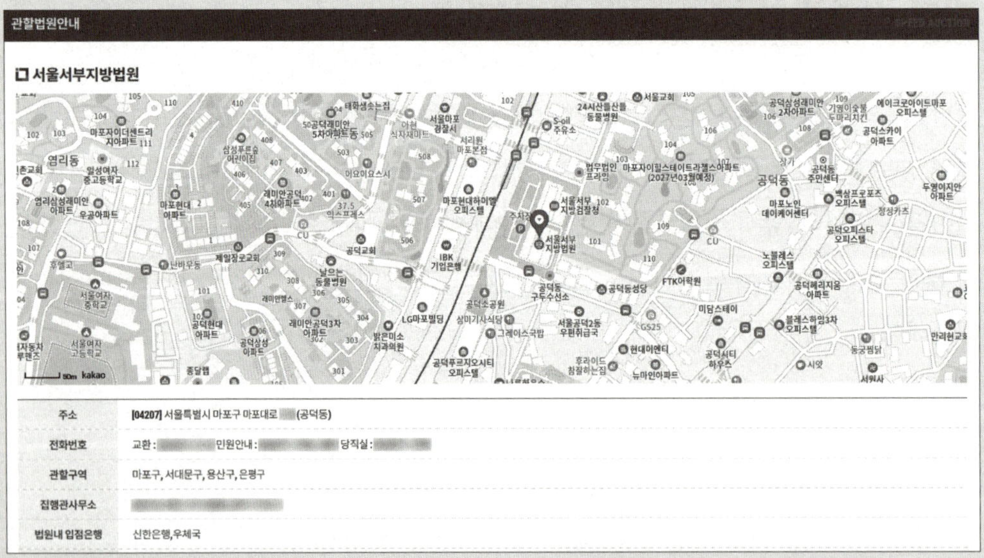

지역마다 관할법원이 있습니다. 평택 물건은 수원지방법원 평택지원에서, 분당 물건은 수원지방법원 성남지원에서 진행합니다. 이런 식으로 총 59개의 경매법원에서 경매를 진행합니다. 법원경매정보 사이트를 통해서도 법원 정보를 확인할 수 있습니다. [이용안내] → [집행기관] → [경매법원]에서 자세한 정보를 확인하세요.

경매법정은 보통 10시 30분경에 시작해 11시 30분경에 마감하는데, 법정마다 시작 시간, 마감 시간이 다릅니다. 시간을 미리 알아두고 조금 일찍 도착하기를 권합니다. 특히 법원에 차를 가지고 간다면 주차 시간도 고려해야 합니다. 법원은 늘 주차가 어렵기에 이른 시간에 도착하거나, 인근의 유료주차장을 이용하는 것이 좋습니다. 법원경매정보 사이트에서 [찾아오시는 길]을 클릭하면 교통편을 확인할 수 있습니다.

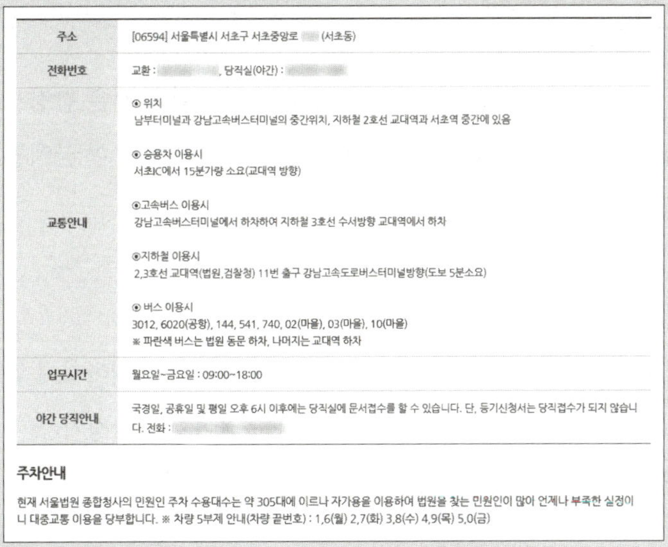

주소	[06594] 서울특별시 서초구 서초중앙로 (서초동)
전화번호	교환 : , 당직실(야간) :
교통안내	⦿ 위치 남부터미널과 강남고속버스터미널의 중간위치, 지하철 2호선 교대역과 서초역 중간에 있음 ⦿ 승용차 이용시 서초IC에서 15분가량 소요(교대역 방향) ⦿고속버스 이용시 강남고속버스터미널에서 하차하여 지하철 3호선 수서방향 교대역에서 하차 ⦿지하철 이용시 2,3호선 교대역(법원,검찰청) 11번 출구 강남고속도로버스터미널방향(도보 5분소요) ⦿ 버스 이용시 3012, 6020(공항), 144, 541, 740, 02(마을), 03(마을), 10(마을) ※ 파란색 버스는 법원 동문 하차, 나머지는 교대역 하차
업무시간	월요일~금요일 : 09:00~18:00
야간 당직안내	국경일, 공휴일 및 평일 오후 6시 이후에는 당직실에 문서접수를 할 수 있습니다. 단, 등기신청서는 당직접수가 되지 않습니다. 전화 :

주차안내

현재 서울법원 종합청사의 민원인 주차 수용대수는 약 305대에 이르나 자가용을 이용하여 법원을 찾는 민원인이 많아 언제나 부족한 실정이니 대중교통 이용을 당부합니다. ※ 차량 5부제 안내(차량 끝번호) : 1,6(월) 2,7(화) 3,8(수) 4,9(목) 5,0(금)

036

입찰 1단계 - 입찰가와 보증금은 미리미리 준비하자

준비물 없이 법원 가지 말자!

법원 서류를 작성할 때 반드시 챙겨야 할 세 가지 준비물이 있습니다. 바로 신분증, 인감도장, 입찰보증금입니다. 본인이 직접 입찰한다면 일반 도장만 있어도 되지만, 대리인이 입찰할 경우에는 입찰자 본인의 인감도장과 인감증명서가 필요합니다. 입찰보증금은 뒤에서 자세히 알아보겠습니다.

법원 가기 전 입찰가를 정해두자

보통 현장답사를 할 때 미리 결정하는 것이 좋습니다. 입찰가의 기준이 되는 것은 감정가나 실거래가가 아닙니다. 입찰가는 부동산에서 통용되는 여러 금액을 파악하고, 이 금액들을 모두 따져 적절한 입찰가를 정해야 합니다.

감정가

공인된 감정평가사가 결정한 금액입니다. 법원이 현황조사를 할 때 결정된 금액이기에 입찰기일과는 시간 차이가 있습니다. 또한 경매에서는 채권 회수가 목적이기에 감정가가 다른 부동산 가격에 비해 다소 높게 책정되는 경향이 있습니다.

실거래가

과거 실제 거래된 부동산 매매가입니다. 주로 거래를 중개한 공인중개사가 신고를 합니다. 실거래가는 계약 후에 신고하게 되어 있어 시간 차이가 생깁니다. 또한 계약이 취소되어도 실거래가는 그대로 남아 있습니다. 그렇기에 실거래가를 기준으로 입찰가를 결정하는 것은 곤란합니다. 과거에는 60일 이내에 실거래가를 신고하면 됐는데, 2018년 9·13 대책 이후 신고 기간이 30일 이내로 줄었습니다.

호가

공인중개사무소에서 부르는 가격입니다. 개인의 주관적인 판단이 들어가기에 같은 아파트라도 가격이 조금씩 다릅니다. 물건 상태에 따라 다를 수도 있고, 공인중개사의 성향에 따라 다를 수도 있습니다. 가격을 협상하기 위해 일부러 높게 책정하기도 하고, 손님을 끌기 위해 낮게 책정하기도 합니다.

경매에서 기준은 가장 최근 거래가!

많은 사람이 입찰가를 결정하기 위해 감정가, 실거래가, 호가 등 부동산의 여러 가지 가격을 참고합니다. 하지만 입찰할 때 기준이 되는 가격은 가장 최근에 팔린 가격입니다. 그리고 이 가격은 현장조사에서만 확인할 수 있습니다. 현장조사를 하는 가장 중요한 이유는 입찰가를 결정하기 위해서입니다. 원하는 수익률을 낼 수 있는 가격으로 정할 수도 있습니다. 이때 현재 거래되는 매매가를 확인하는 것은 필수입니다.

입찰가는 자신이 생각하는 최저 입찰가와 최고 입찰가를 정하고, 그 안에서 결정합니다. 물론 가장 낮은 금액으로 낙찰받으면 좋지만, 경쟁자보다 높은 금액을 써야 낙찰될 수 있습니다. 입찰가는 법원에 가기 전에 미리 결정하고, 현장에서 변경하고 싶으면 염두에 둔 최저가와 최대가 이내에서 정합니다. 분위기에 휩쓸려 최대가를 넘겨 입찰하지 마세요.

예를 들어볼까요? 저는 2022년에 대전의 아파트 경매 물건에 입찰했습니다. 그 물건은 매매가가 상승 중인 지역에 있었고, 현장조사를 통해 실제 거래되는 부동산 가격이 1억 6,500만 원에서 1억 9,000만 원 사이인 것을 파악했습니다. 여기에 국토교통부 실거래가를 함께 참고해 아파트의 최대 입찰가는 1억 6,000만 원, 최소 입찰가는 1억 5,000만 원 정도로 정할 수 있었습니다. 저는 이 물건의 최종 입찰가를 1억 5,573만 원(감정가 1억 7,900만 원의 87%)으로 정했습니다.

이렇게 현장에서 조사한 내용과 가격 정보를 토대로 임장보고서를 작성하면, 객관적으로 입찰가를 결정할 수 있습니다.

임장보고서

<table>
<tr><td rowspan="7">물건</td><td>사건번호</td><td colspan="3">2022타경12345</td></tr>
<tr><td>주소</td><td colspan="3">대전시 유성구 ○○동 111-111 아파트 111동 8층(15층 중) 801호</td></tr>
<tr><td>전용면적</td><td>59.99m²(18.15평)</td><td>실평수</td><td>25평</td></tr>
<tr><td>채무자</td><td>김소유</td><td>소유자</td><td>김소유</td></tr>
<tr><td>입찰일자</td><td>2022년 7월 24일</td><td>입찰목적</td><td>전세 후 매도수익</td></tr>
<tr><td>감정가</td><td>1억 7,900만 원</td><td>최저가</td><td>1억 2,530만 원</td></tr>
<tr><td>비고</td><td colspan="3">채무자는 2016년 4월 4일 소유권 취득(1억 7,800만 원),
2016년 4월 5일 세대전입</td></tr>
<tr><td rowspan="4">권리분석</td><td>인수권리</td><td colspan="3">없음</td></tr>
<tr><td>점유자 특이사항</td><td colspan="3">없음(전입세대열람내역서에 2016년 4월 5일 박대리 세대주 등재)</td></tr>
<tr><td>미납공과금</td><td>없음</td><td>기타비용</td><td>관리비 미납 없음</td></tr>
<tr><td>비고</td><td colspan="3">· 말소기준권리는 2016년 4월 4일 ○○은행 근저당 1억 3,980만 원임
· 그 이후 권리는 캐피탈, 카드 가압류임</td></tr>
<tr><td rowspan="4">지역분석</td><td>지역 정보</td><td colspan="3">· ○○대학교 뒤편에 있는 아파트로 주변에 연구단지 있음
· 대전 지하철 1호선 유성온천역에서 버스로 약 30분 거리에 있음</td></tr>
<tr><td>지역 호재</td><td colspan="3">한스코 기술연구소 등 다수 연구소 있음</td></tr>
<tr><td>지역 악재</td><td colspan="3"></td></tr>
<tr><td>특이 사항</td><td colspan="3"></td></tr>
<tr><td rowspan="4">가격 정보</td><td>실거래가</td><td colspan="3">(국토교통부) 1억 6,000만~1억 7,600만 원</td></tr>
<tr><td>전월세가</td><td colspan="3">(국토교통부) 전세: 1억 6,000만~1억 8,000만 원
월세: 보증금 4,000만 원/45만 원</td></tr>
<tr><td>현매물가</td><td colspan="3">(네이버페이 부동산) 1억 6,800만~1억 9,900만 원</td></tr>
<tr><td>실제 부동산 가격</td><td colspan="3">(부동산 문의) 매매: 1억 6,800만~1억 9,000만 원,
전세: 1억 6,500만~1억 8,000만 원
· A공인중개사
수리(×) 1억 7,000만~1억 7,500만 원
수리(○) 1억 8,000만~1억 9,000만 원, 전세 없음
· B공인중개사
매매 1억 6,800만~1억 7,500만 원
전세 1억 6,500만~1억 8,000만 원</td></tr>
</table>

가격 정보	급매가격	없음
	인근 낙찰가	없음
입찰가 결정	최대	1억 6,000만 원
	최소	1억 5,000만 원
	결정	1억 5,573만 원(감정가 1억 7,900만 원 × 87%)
비고	상가건물이 많고 거리가 가까워 로열동에 해당	

입찰보증금은 수표 한 장으로 준비하자

입찰보증금은 일반적으로 최저가의 10%지만 잔금 미납 등으로 재경매가 진행될 때는 20~30%의 보증금이 필요합니다. 이 경우 다음과 같이 경매 물건내역서에 표시됩니다.

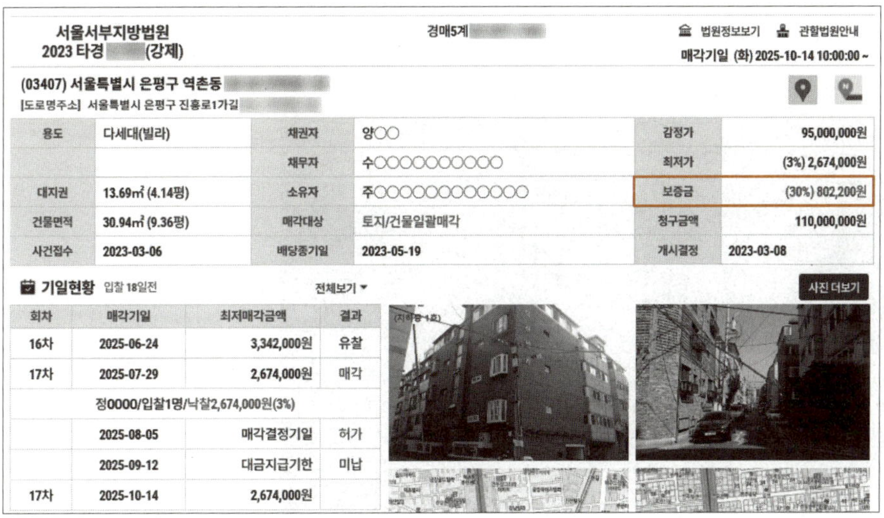
서울서부지방법원
2023 타경 (강제)
경매5계
법원정보보기 관할법원안내
매각기일 (화) 2025-10-14 10:00:00 ~
(03407) 서울특별시 은평구 역촌동
[도로명주소] 서울특별시 은평구 진흥로1가길

용도	다세대(빌라)	채권자	양○○	감정가	95,000,000원
		채무자	수○○○○○○○○○○○	최저가	(3%) 2,674,000원
대지권	13.69㎡ (4.14평)	소유자	주○○○○○○○○○○○○○○	보증금	(30%) 802,200원
건물면적	30.94㎡ (9.36평)	매각대상	토지/건물일괄매각	청구금액	110,000,000원
사건접수	2023-03-06	배당종기일	2023-05-19	개시결정	2023-03-08

기일현황 입찰 18일전 전체보기 ▾ 사진 더보기

회차	매각기일	최저매각금액	결과
16차	2025-06-24	3,342,000원	유찰
17차	2025-07-29	2,674,000원	매각
정0000/입찰1명/낙찰2,674,000원(3%)			
	2025-08-05	매각결정기일	허가
	2025-09-12	대금지급기한	미납
17차	2025-10-14	2,674,000원	

보증금은 입찰하기 전날까지 미리 준비하는 것이 좋습니다. 만약 입찰 당일에 준비해야 한다면, 예정보다 일찍 은행에 방문하세요. 법원 근처의 은행 창구는 경매 입찰자들로 인해 꽤 붐빕니다. 법원 안에도 은행이 있어요. 주로 신한은행이 있지만 법원마다 다릅니다.

입찰보증금은 수표로 준비하세요. 현금으로 냈다가 만 원 한 장이라도 빠뜨리면 낭패입니다. 보증금이 1,645만 원이라면 금액을 딱 맞춘 수표 한 장으로 준비하는 것이 좋습니다.

법원에서 가장 먼저 확인해야 하는 입찰게시판

법원에 도착하고 나서 가장 먼저 할 일은 입찰게시판을 확인하는 것입니다. 입찰게시판은 경매법정 입구에 붙어 있습니다. 입찰게시판에서 입찰할 물건이 제대로 진행되는지 확인합니다. 집주인이 빚을 갚거나, 서류에 문제가 생겨서 등의 이유로 입찰이 연기되거나 취소되는 경우가 종종 있습니다. 이런 일은 입찰 시간 직전에도 얼마든지 벌어질 수 있기 때문에 법원에 도착하면 가장 먼저 내가 입찰할 물건의 경매가 취소나 변경되지 않았는지 확인해야 합니다.

만약 확인하지 않고 입찰했다면, 취소된 건들은 개찰 후에 먼저 불러 보증금을 돌려줍니다. 입찰하는 사람들 틈에서 입찰 봉투를 돌려받는 사람이 신기하게도 꼭 한 명씩 있습니다. 시간 낭비를 하지 않도록 미리 입찰게시판을 확인하세요.

서류 열람은 온라인으로

게시판을 확인한 뒤 물건 관련 서류를 열람합니다. 매각물건명세서는 입찰 당일까지 변경될 수 있기에 기존에 알고 있는 내용 외에 추가되거나 변경된 내용이 있는지 확인합니다. 과거에는 집행관이 종이로 된 서류를 열람하게 했는데, 지금은 법원경매정보 사이트에서 확인합니다. 스마트폰으로 확인해도 되고, 법원에 있는 컴퓨터를 이용해 확인해도 됩니다. 별다른 내용이 없으면 입찰서를 작성합니다.

법원 경매법정, 직접 가보면 이렇다!

경매는 경매 물건의 관할법원에서 진행합니다. 경매법정은 보통 법원 안쪽에 자리해 있습니다. 입찰하는 사람이 많은 날에는 법정 밖까지 사람이 꽉 차 발 디딜 데가 없기도 합니다. 찌는 듯한 여름에 많은 사람이 몰리면 숨 쉬기조차 괴롭습니다. 반면 입찰하는 사람이 적거나, 눈이 많이 오는 날 또는 비가 많이 오는 날에는 법정이 한산하기도 합니다. 입찰자의 수는 부동산 경기에 따라 변화가 많습니다.

단상 앞에서 경매를 진행하는 판사 같은 사람을 '집행관'이라고 합니다. 법원에서는 집행관의 지시를 따라야 합니다. 법정 안에서는 조용해야 하고, 촬영을 하거나 휴대폰을 사용할 수 없습니다. 모자와 선글라스는 착용할 수 없고, 먹거나 마시는 행위도 금지입니다.

법원 경매법정에는 입찰하는 사람들, 대출을 알선하는 사람들, 경매를 공부하고 있는 사람들, 세입자, 공유자, 채권자 등 관계자들이 찾아옵니다. 때문에 법원에서는 목소리를 낮추는 것이 좋습니다. 특히 입찰할 물건에 대한 이야기는 귓속말이나 문자 메시지로 하는 것이 좋습니다. 옆자리에 앉아 있는 사람이 해당 물건의 임차인일 수도 있고, 입찰을 하려고 온 경쟁자일 수도 있으니까요. 저는 입찰하러 가는 버스 안에서 전화 통화로 해당 물건에 대해 이야기하는 경쟁자를 만난 적도 있었습니다. 의논은 집에서 마무리하고 법원으로 오는 것이 좋습니다.

037

입찰 2단계 - 실전! 입찰 참여하기

실전 입찰 한눈에 알아보기

① 매각장소 도착 ▶ ② 입찰 개시 ▶ ③ 입찰표 작성 ▶ ④ 입찰표 및 매수신청보증금 제출 ▶ ⑤ 입찰 종결

① 매각장소 도착

경매는 법원에서 진행합니다. 경매법정에는 입찰을 원하는 입찰자가 입찰표를 작성할 수 있는 설비(입찰기재대)가 있습니다.

② 입찰 개시

입찰 절차는 집행관이 진행합니다. 집행관은 입찰을 시작하기에 앞서 입찰 희망자가 매각물건명세서, 현황보고서 및 평가서의 사본을 볼 수 있도록 합니다. 특별한 매각 조건이 있으면 이를 알립니다. 집행관이 입찰표를 제출할 것을 알리고 입찰 마감 시간과 개찰 시간을 고지하면 입찰이 시작됩니다.

③ 입찰표 작성

입찰에 참여하려면 흰색 용지로 된 '기일입찰표'를 작성해야 합니다. 경매법정 앞에 있는 단상에 가면 기일입찰표와 보증금을 넣을 매수신청보증금봉투 그리고 입찰봉투를 받을 수 있습니다. 경매법정 내에 입찰기재대가 있는데, 칸막이가 있으니 옆 사람에게 입찰금액이 보이지 않을까 걱정하지 않아도 됩니다. 입찰기재대 내에는 입찰표를 작성하는 방법이 안내되어 있고, 도장을 찍을 수 있는 인주도 준비되어 있습니다. 사람이 많을 수도 있으니 개인 인주를 가지고 가는 것을 추천합니다.

기일입찰표에는 사건번호, 입찰자의 성명과 주소, 주민등록번호, 물건번호, 입찰가, 입찰보증금액을 기재합니다. 대리인이 입찰하는 경우에는 대리인의 성명과 주소 등도 기재해야 합니다. 입찰금액은 숫자로 써야 합니다. 물건번호가 있는 경우에는 꼭 써야 하고, 없는 경우에는 공란으로 비워둡니다.

직접 입찰자의 입장이 되어 작성해볼까요? 오늘 입찰하는 김미소 씨가 되어봅시다! 오늘 김미소 씨가 입찰할 물건의 사건번호는 '2025타경12300'입니다. 물건번호가 없다면 공란으로 남기세요. 본인이 직접 낙찰받을 예정이라면 대리인이 아닌 본인란에 성명과 주소, 그리고 가장 중요한 입찰금액을 쓴 뒤 도장을 찍습니다. 본인이 직접 입찰할 때 도장이 없다면 지장도 가능합니다. 단, 서명은 안 됩니다.

아래 '보증의 제공 방법' 부분은 입찰 때가 아닌, 패찰 후 보증금을 반환받았을 때 서명하는 곳입니다. 추후 이곳에 서명하고 도장을 찍으면, 보증금을 반환받을 수 있습니다.

기 일 입 찰 표

인천지방법원 집행관 귀하 　　　　입찰기일 : 2025 년 11 월 20 일

사건번호	2025 타경 12300 호	물건번호	※물건번호가 여러개 있는 경우에는 꼭 기재

입찰자					
본인	성 명	김미소 ㊞		전화번호	010-234-5678
	주민(사업자) 등록번호	123456-2345678		법인등록 번호	
	주 소	서울시 강남구 대치빌라 202호			
대리인	성 명	㊞		본인과의 관계	
	주민등록번호			전화번호	
	주 소				

입찰가격	천억	백억	십억	억	천만	백만	십만	만	천	백	십	일	
				4	7	0	7	3	0	0	0	0	원

보증금액	백억	십억	억	천만	백만	십만	만	천	백	십	일	
				4	6	8	0	0	0	0	0	원

보증의 제공방법	□ 현금·자기앞수표 □ 보증서	보증을 반환 받았습니다. 입찰자 김미소 ㊞

④ 입찰표 및 매수신청보증금 제출

입찰에 필요한 봉투는 두 가지입니다. 하나는 보증금을 담는 매수신청보증금봉투이고, 다른 하나는 이 매수신청보증금봉투와 입찰표를 넣는 입찰봉투입니다.

매수신청보증금봉투는 일반 편지봉투 사이즈입니다. 이 봉투 앞면에는 사건번호를 적습니다. 물건번호가 있으면 물건번호도 적습니다. 없으면 공란으로 비워둡니다. 그리고 입찰자의 이름을 적고 도장을 찍습니다. 보증금으로 준비한 수표를 봉투에 넣은 뒤 뒷면에 도장을 세 번 찍습니다.

인천지방법원

매수신청보증금봉투

사건번호	2025 타경 12300 호
물건번호	
제 출 자	김미소

1. 입찰보증금을 넣고 봉한후 날인의 표시가 있는 부분에 꼭 날인 하시기 바랍니다.
2. 입찰표와 함께 입찰봉투(황색 큰 봉투)에 넣으십시오.

서류봉투 사이즈의 노란 입찰봉투 앞부분에 입찰자의 이름을 적고 도장을 찍습니다. 그리고 봉투 안쪽의 접는 부분에 사건번호를 적습니다. 여기에 매수신청보증금봉투와 입찰표를 넣은 뒤 사건번호를 다른 사람이 볼 수 없도록 스테이플러로 찍어 봉합니다.

이 입찰봉투를 집행관에게 가지고 가면 집행관은 입찰봉투의 접히는 부분 가운데에 일련번호 도장을 두 번 찍어줍니다. 봉투 끝에는 '주의: 이 부분을 절취하여 보관하다가 매수신청보증(금)을 반환받을 때 제출하십시오. 분실 시에는 매수신청보증(금)을 반환받지 못할 수가 있으니 주의하십시오'라고 적혀 있습니다.

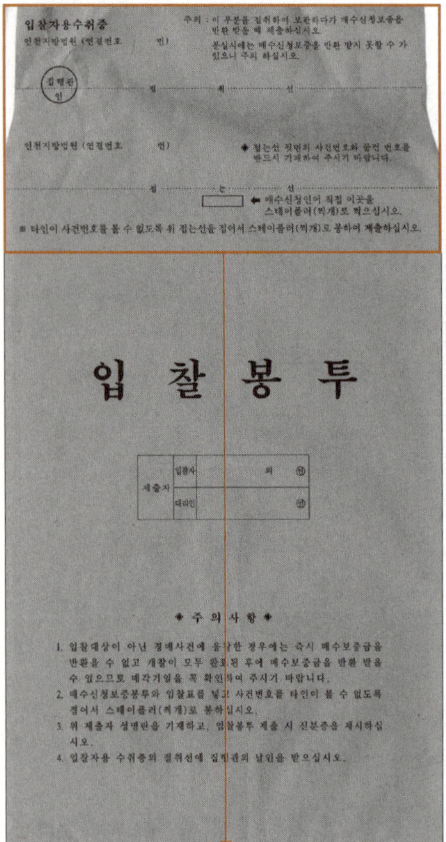

입 찰 봉 투

제출자	입찰자	외 ㊞
	대리인	㊞

◆ 주 의 사 항 ◆

1. 입찰대상이 아닌 경매사건에 응찰한 경우에는 즉시 매수보증금을 반환을 수 없고 개찰이 모두 완료된 후에 매수보증금을 반환 받을 수 있으므로 매각기일을 꼭 확인하여 주시기 바랍니다.
2. 매수신청보증봉투와 입찰표를 넣고 사건번호를 타인이 볼 수 없도록 접어서 스테이플러(찍개)로 봉하십시오.
3. 위 제출자 성명란을 기재하고, 입찰봉투 제출 시 신분증을 제시하십시오.
4. 입찰자용 수취증의 절취선에 집행관의 날인을 받으십시오.

이곳에는 절대로 풀칠을 하지 마십시오.

사건번호	20 타경 호
물건번호	

※물건번호가 2개 이상 있는경우에는 물건번호를 꼭기재하여야 함

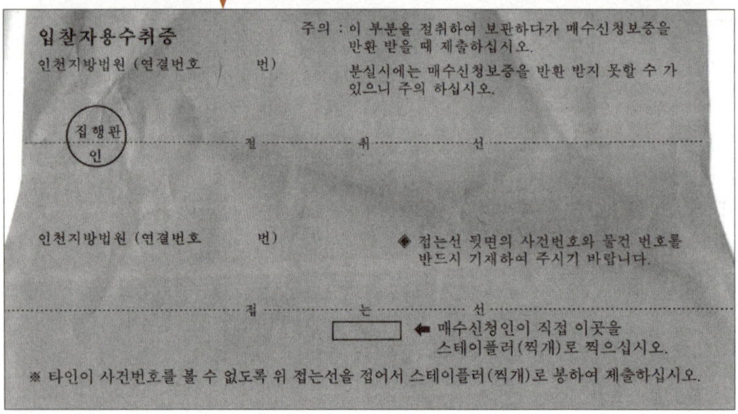

입찰자용수취증

인천지방법원 (연결번호 번)

주의 : 이 부분을 절취하여 보관하다가 매수신청보증을 반환 받을 때 제출하십시오.

분실시에는 매수신청보증을 반환 받지 못할 수 가 있으니 주의 하십시오.

(집행관 인)

절 취 선

인천지방법원 (연결번호 번)

◈ 접는선 뒷면의 사건번호와 물건 번호를 반드시 기재하여 주시기 바랍니다.

접 는 선

⬅ 매수신청인이 직접 이곳을 스테이플러(찍개)로 찍으십시오.

※ 타인이 사건번호를 볼 수 없도록 위 접는선을 접어서 스테이플러(찍개)로 봉하여 제출하십시오.

집행관은 도장이 찍힌 봉투 끝 절취선 상단 부분을 잘라 입찰자에게 돌려주는데, 이것은 영수증과 같은 역할을 합니다. 패찰 시 보증금을 돌려받을 때 필요합니다. 집행관이 돌려준 입찰자용 수취증(입찰봉투 끝부분)은 잘 보관합니다.

⑤ 입찰 종결

최고가신고인과 차순위매수신고인이 결정되면 집행관은 매각기일을 종결하고, 나머지 입찰자들에게 입찰보증금을 반환합니다. 그러면 입찰이 종결됩니다.

입찰표 작성할 때 꼭 확인하자!

입찰표를 작성할 때 입찰가와 보증금액을 쓰는 곳이 바뀌지 않도록 주의하세요. 입찰가는 낙찰받고자 하는 금액이고, 보증금액은 경매물건내역서에서 미리 공표한 최저가액의 10%입니다. 간혹 입찰가액의 10%로 착각하는 사람이 있는데, 경매물건내역서에서 볼 수 있는 최저가의 10%입니다. 혹 잘못해서 보증금을 더 냈다면 추가된 금액만큼 환불해줍니다.

용도	아파트	채권자	도○○○○○○○○	감정가	202,000,000원
		채무자	김○○○○	최저가	(100%) 202,000,000원
대지권	8.89㎡ (2.69평)	소유자	주○○○○○○○○○	보증금	(10%) 20,200,000원
건물면적	49.91㎡ (15.1평)	매각대상	토지/건물일괄매각	청구금액	791,739,620원
사건접수	2022-07-25	배당종기일	2022-11-15	개시결정	2022-08-10

낙찰자의 잔금 미납으로 재입찰할 경우에는 입찰보증금액이 최저가의 20% 혹은 30%로 정해지니 경매물건내역서를 사전에 꼭 확인하세요. 정해진 매수신청보증금보다 적은 금액을 제출하면 낙찰이 되더라도 입찰이 무효로 처리됩니다. 봉투를 입찰함에 넣으면 집행관에게 제출 완료한 것으로 간주되며, 한 번 제출한 입찰표는 취소, 변경, 교환이 불가능합니다.

입찰서를 잘못 쓰면 어떻게 될까?

입찰 과정에서는 정말 다양한 변수가 생깁니다. 어떤 실수는 어렵지 않게 해결할 수 있지만, 어떤 실수는 복잡한 일을 동반할 수 있습니다. 실수 유형별 대처 방법을 알아볼까요?

사건번호를 잘못 썼어요

경매개찰을 시작할 때, 진행하지 않는 잘못된 사건번호를 썼다면 집행관이 입찰봉투를 입찰자에게 돌려줍니다. 하지만 공교롭게도 잘못 쓴 번호가 그날 사건번호에 있었다면, 엉뚱한 물건에 입찰한 꼴이 됩니다. 혹여 낙찰이라도 받으면 문제가 복잡해지니 사건번호는 꼼꼼히 확인해야 합니다. 만약 낙찰을 받았는데 본인 변심에 의해 포기할 경우 입찰보증금을 돌려받을 수 없습니다.

물건번호를 잘못 썼어요

한 사람 소유의 여러 물건이 같이 경매에 나오면 사건번호는 하나지만 물건마다 물건번호가 정해집니다. 이 물건번호를 쓰지 않으면 입찰은 무효가 됩니다. 만약 기일입찰표 물건번호란에 3을 써야 하는데 5를 썼다면, 5번에 입찰하게 되어버려 엉뚱한 물건에 입찰한 셈이 됩니다. 물건번호가 없다면 공란으로 둡니다.

입찰자를 잘못 썼어요

입찰하는 사람은 한번 정해지면 변경이 안 됩니다. 명의를 남편으로 하고 싶다면 입찰자를 남편으로 해야 하며, 부인이 대신 경매법정에 간다면 위임장을 써야 합니다. 부부 공동명의로 하고 싶다면 처음부터 공동입찰을 해야 합니다. 입찰자는 이 부동산의 명의자가 되어 소유권도 갖고 세금도 모두 내야 합니다. 입찰자가 낙찰자가 되고, 그 부동산의 명의자가 된다는 것을 잊지 마세요.

주소를 잘못 썼어요

주소는 등기부등본에 올라갈 내용이기 때문에 낙찰되면 신분증으로 번지까지 확인하고,

수정할 내용이 있으면 그 자리에서 수정하게 합니다.

도장을 깜빡하고 두고 왔어요

아무리 디지털 세상이지만 법원에선 여전히 도장이 필요합니다. 사인으로 대체할 수 없습니다. 단, 입찰자가 본인이라면 엄지 지장으로 도장을 대신할 수 있습니다.

입찰금액을 잘못 썼어요

입찰금액은 절대로 틀리면 안 됩니다! 입찰 과정에서 가장 중요한 것은 입찰금액 쓰기입니다. 입찰금액은 사길 원하는 가격입니다. 글자 위에 선을 긋고 다시 쓰거나, 한글이나 한자로 쓰거나, 0을 빼먹거나 하면 안 됩니다. 5,000만 원이라면 꼭 정자로 '50,000,000'이라고 써야 합니다. 틀렸다면 입찰서를 새로 받아 처음부터 다시 쓰세요.

숫자 자리를 잘못 썼어요

예를 들어 50,000,000원을 5,000,000원이라고 썼다면 낙찰받지 못하니 다행입니다. 하지만 50,000,000원을 잘못해 500,000,000원으로 써서 낙찰이 된다면 5,000만 원짜리를 5억 원에 사게 되는 꼴입니다. 당연히 잔금을 내지 못해 경매를 포기하게 되니 입찰보증금만 날리게 됩니다.

대리인이 입찰을 대신할 때

본인이 입찰하지 못할 경우 다른 사람이 대신 입찰을 해줄 수 있습니다. 가족이 아니라도 일반적인 성인이라면 누구나 가능합니다. 인지능력이 떨어지는 사람이나 금치산자는 경매 물건을 받을 수 없습니다. 또한 일반인이 입찰대리[1]를 하고 수수료를 받는 것은 불법입

알아두세요

1 **입찰대리로 수익을 얻는 것은 매수대리인만 가능!** 변호사, 법무사, 공인중개사 중 법원에 매수대리인으로 등록된 사람만이 수수료를 받을 수 있습니다. 위반 적발 시 7년 이하의 징역 또는 7,000만 원 이하의 벌금형에 처해집니다.

니다.

대리인이 입찰할 때는 입찰자란에 입찰자 본인과 대리인의 인적사항 및 입찰자와의 관계 등을 모두 기재합니다. 입찰자의 도장은 반드시 인감도장을 사용하고, 입찰자 본인의 위임장과 인감증명서를 함께 제출해야 합니다. 위임장에는 인감도장을 찍습니다. 경매법원의 입찰표 뒷면에 위임장이 있고, 프린트해서 미리 작성해 갈 경우 각각 제출해도 됩니다.

만약 아내 명의로 집을 낙찰받고, 남편이 입찰할 시 다음과 같이 ① 본인란에는 명의자인 아내, ② 대리인란에는 남편의 인적사항을 기재한 뒤 날인합니다.

기 일 입 찰 표

인천지방법원 집행관 귀하　　　　입찰기일 : 2025 년 11 월 20 일

사건번호	2025 타경 12300 호	물건번호	※물건번호가 여러개 있는 경우에는 꼭 기재

입찰자					
① 본인	성 명	김미소 ㊞	전화번호	010-234-5678
	주민(사업자) 등록번호	123456-2345678	법인등록 번호	
	주 소	서울시 강남구 대치빌라 202호		
② 대리인	성 명	이남편 ㊞	본인과의 관계	남편
	주민등록번호	123456-1234567	전화번호	010-987-6543
	주 소	서울시 강남구 대치빌라 202호		

입찰가격	천억	백억	십억	억	천만	백만	십만	만	천	백	십	일	
				4	7	0	7	3	0	0	0	0	원

보증금액	백억	십억	억	천만	백만	십만	만	천	백	십	일	
				4	6	8	0	0	0	0	0	원

보증의 제공방법	☐ 현금·자기앞수표 ☐ 보증서	보증을 반환 받았습니다. 입찰자 이남편 ㊞

위 임 장

대리인	성 명	이남편	직업	회사원
	주민등록번호	123456-1234567	전화번호	010-987-6543
	주 소	서울시 강남구 대치빌라 202호		

위 사람을 대리인으로 정하고 다음 사항을 위임함.

- 다 음 -

인천지방법원 2025 타경 12300 호 부동산

경매사건에 관한 입찰행위 일체

본인	성 명	김미소 (인감인)	직 업	회사원
본인1	주민등록번호	123456-2345678	전 화 번 호	010-234-5678
본인1	주 소	서울시 강남구 대치빌라 202호		
본인2	성 명	(인감인)	직 업	
본인2	주민등록번호	-	전 화 번 호	
본인2	주 소			
본인3	성 명	(인감인)	직 업	
본인3	주민등록번호	-	전 화 번 호	
본인3	주 소			

* 본인의 인감 증명서 첨부
* 본인이 법인인 경우에는 주민등록번호란에 사업자등록번호를 기재

인천지방법원 귀중

부부 공동명의로 입찰할 때

부동산은 명의가 중요합니다. 부부라도 함부로 명의를 바꿀 수 없습니다. 굳이 바꾸려면 매매나 증여를 해야 하고, 취등록세를 다시 내야 합니다. 그러니 아내 명의로 할지, 남편 명의로 할지 또는 부부 공동명의로 할지 미리 잘 정해 입찰에 참여해야 합니다.

공동으로 입찰할 때는 입찰표와 함께 공동입찰신고서를 제출합니다. 입찰표의 본인란에 '별첨 공동입찰자목록 기재와 같음'이라고 쓰는 것이 원칙인데, 실무에서는 흔히 '김미소 외 1인'이라고 씁니다. 입찰표와 공동입찰신고서 사이에는 공동입찰자 전원이 간인을 합니다. 간인은 종이와 종이를 맞대고 도장을 찍는 것을 말하는데, 두 서류가 연계되어 있음을 나타내기 위해서입니다. 지분은 1/2, 1/3과 같이 분수로 표시합니다. 만약 표시가 없으면 법원에서 인원수대로 균등하게 나누어 표시합니다.

공 동 입 찰 신 고 서

사건번호　2025타경12300

물건번호

공동입찰자 별지 목록과 같음

위 사건에 관하여 공동입찰을 신고합니다.

2025. 11. 20.

신청인　김미소　외　1인　(별지목록 기재와 같음)

인천지방법원　　　　　　집행관 귀하

※ 1. 공동입찰을 하는 때에는 입찰시 목록에 각자의 지분을 분명하게 표시하여야 합니다.
　2. 별지 공동입찰자 목록과 사이에 공동입찰자 전원이 간인하십시오.

비례(比例)의 원칙(原則)

번호	성명	주소		지분
		주민등록번호	전화번호	
1	이남편(인)	서울시 강남구 대치빌라 202호		1/2
		123456-1234567	010-987-6543	
2	김미소(인)	서울시 강남구 대치빌라 202호		1/2
		123456-2345678	010-234-5678	
	(인)			
		-		
	(인)			
		-		
	(인)			
		-		
	(인)			
		-		
	(인)			
		-		

경매 입찰에 공동입찰인인 부부가 모두 참여할 경우에는 각자 신분증과 도장을 챙겨야 합니다. 입찰표의 본인란에는 '김미소 외 1인'이라고 씁니다. 매수신청보증금봉투와 입찰봉투에 있는 본인 성명란에도 같은 방법으로 쓰면 됩니다.

공동입찰인 중 한 사람만 경매 입찰에 참여한다면?

부부가 공동입찰 시 아내 김미소 씨가 법원에 오지 못하고 남편 혼자 경매에 참여한다면 어떻게 쓰면 될까요? 이때는 입찰표가 살짝 복잡해집니다. 그래서 서류도 잘 챙겨야 합니다. 입찰에 참여하는 남편은 본인의 신분증과 도장 그리고 참여하지 못하는 아내 김미소의 위임장, 인감증명서, 인감도장을 챙겨야 합니다. 남편이 아내의 대리인이 되는 것이죠. 물론 공동입찰신고서와 공동입찰자 목록도 준비해야 합니다.

작성 방법은 대리인 입찰 방식과 동일합니다. 다만 입찰표의 본인란에 '이남편 외 1인'이라고 적고, 둘 중 한 명의 인적사항을 기재합니다. 그리고 대리인란에 이남편 본인 이름과 인적사항을 적습니다.

기 일 입 찰 표

인천지방법원 집행관 귀하　　　　입찰기일 : 2025 년 11 월 20 일

사건번호	2025 타경 12300 호	물건번호	※물건번호가 여러개 있는 경우에는 꼭 기재		
입찰자	본인	성 명	이남편 외 1인 ㊞	전화번호	010-987-6543
		주민(사업자) 등록번호	123456-1234567	법인등록 번호	
		주 소	서울시 강남구 대치빌라 202호		
	대리인	성 명	이남편 ㊞	본인과의 관계	남편
		주민등록번호	123456-1234567	전화번호	010-987-6543
		주 소	서울시 강남구 대치빌라 202호		

입찰 가격	천억	백억	십억	억	천만	백만	십만	만	천	백	십	일	
				4	7	0	7	3	0	0	0	0	원

보증 금액	백억	십억	억	천만	백만	십만	만	천	백	십	일	
				4	6	8	0	0	0	0	0	원

보증의 제공방법	보증을 반환 받았습니다.
□ 현금자기앞수표 □ 보증서	입찰자 이남편 ㊞

남편이 아내 김미소 씨의 대리인이므로 위임장에는 대리인란에 남편의 인적사항을 적고, 아래 본인란에 아내 김미소 씨의 인적사항을 적으면 됩니다. 매수신청보증금봉투나 입찰봉투에는 '이남편 외 1인'이라고 적습니다.

위 임 장

대리인	성 명	이남편	직업	회사원
	주민등록번호	123456-1234567	전화번호	010-987-6543
	주 소	서울시 강남구 대치빌라 202호		

위 사람을 대리인으로 정하고 다음 사항을 위임함.

- 다 음 -

인천지방법원 2025 타경 12300 호 부동산

경매사건에 관한 입찰행위 일체

구분	항목	내용	항목	내용
본인 1	성 명	김미소 (인감인)	직 업	회사원
	주민등록번호	123456-2345678	전 화 번 호	010-234-5678
	주 소	서울시 강남구 대치빌라 202호		
본인 2	성 명	(인감인)	직 업	
	주민등록번호	-	전 화 번 호	
	주 소			
본인 3	성 명	(인감인)	직 업	
	주민등록번호	-	전 화 번 호	
	주 소			

* 본인의 인감 증명서 첨부
* 본인이 법인인 경우에는 주민등록번호란에 사업자등록번호를 기재

인천지방법원 귀중

법인명의로 입찰할 때는 이렇게

법인명의로 입찰할 때는 입찰자 본인란에 법인 이름과 대표자 이름을 쓰고, 주민등록번호란에 법인사업자등록번호를 쓰세요. 주소는 법인등기부등본상(법인등기사항전부증명서)의 본점 소재지를 적습니다. 대표자의 신분 확인을 위해 법인등기부등본을 입찰봉투에 함께 넣어 제출해야 합니다.

잠깐만요 입찰표 작성 시 꼭 알아야 할 필수사항들!

① 입찰가는 절대 수정할 수 없습니다. 틀리면 새 입찰표를 이용하세요.

② 신분증을 반드시 가져가세요.

③ 물건번호가 있는 물건은 물건번호까지 쓰세요.

④ 대리인이 입찰할 때는 위임장을 작성해야 하고, 인감증명서를 첨부합니다.

⑤ 공동으로 입찰할 때는 공동입찰신고서를 제출해야 합니다. 입찰표 본인란에는 '별첨 공동입찰자목록 기재와 같음'이라고 쓰고, 입찰표와 공동입찰신고서 사이에 공동입찰자 전원이 간인을 합니다.

⑥ 낙장불입! 일단 제출한 입찰표는 취소, 변경할 수 없습니다.

038

입찰 3단계 - 입찰 마감 및 발표

입찰 마감과 동시에 개찰 시작

입찰이 마감되면 바로 입찰봉투를 개봉해 개찰을 실시합니다. 입찰에 참여한 사람은 물론이고, 그 외 누구나 개찰에 참관할 수 있습니다. 입찰 마감 시간은 법원마다 조금씩 다르고, 상황에 따라 변경될 수 있지만, 보통 오전 11시 30분경에 마감합니다. 특별한 경우 법원은 입찰 마감 시간을 변경할 수 있지만, 입찰자는 반드시 시간을 지켜야 합니다.

입찰이 마감되면 집행관과 사무관들은 입찰함 안의 서류들을 모두 쏟아내 분류하고, 정리가 끝나면 바로 개찰을 시작합니다. 개찰은 일반적으로 사건번호 순서에 따르지만, 법원에 따라 입찰자가 많은 물건을 먼저 개찰해주기도 합니다. 그러면 많은 사람이 법원을 빠져나가 여유가 생기기도 합니다.

최고가매수인의 결정

개찰 결과 가장 높은 가격으로 입찰하고, 정해진 보증금을 알맞게 낸 사람이 최고가매수인이 됩니다. 집행관은 개찰 시 사건번호와 입찰한 사람들을 모두 호명합니다. 어떤 집행관은 해당 물건에 입찰한 입찰자들의 이름과 주소를 모두 부르기도 하고, 어떤 집행관은 입찰한 사람들의 이름만 부르기도 합니다.

"2025타경12300 물건에 입찰하신 분은 김미소, 이○○, 박○○, 손○○입니다. 모두 앞으로 나와주세요."

해당 물건에 입찰한 사람들이 단상 앞으로 나오는 동안 집행관들은 입찰표의 금액이 가장 큰 낙찰자를 선별하고, 낙찰자의 매수신청보증금봉투에 보증금이 제대로 들어 있는지 확인합니다.

"2025타경12300의 최고가매수인은 4억 7,073만 원으로 입찰한 서울 강남구에 사는 김미소입니다. 이쪽으로 오세요."

이때 집행관의 호명을 듣고 유료경매사이트에서 나온 직원이 낙찰자의 이름과 낙찰금액을 물건 정보에 올립니다. 간혹 직원이 낙찰자의 이름을 잘못 듣고 올리기도 하는데, 이것이 낙찰자의 이름이 다른 이유입니다.

가장 높은 가격으로 입찰한 사람이 2인 이상일 경우 그들만을 상대로 추가 입찰을 합니다. 추가 입찰을 했는데도 같은 가격이 나오면 추첨으로 최고가매수인을 결정합니다. 아주 드문 일입니다.

차순위매수인의 결정

"차순위매수신고를 하실 분 계십니까?"

최고가매수인이 정해지면 집행관이 이렇게 묻습니다. 차순위매수신고는 낙찰자가 잔금을 내지 못했을 때 자기의 입찰에 대해 매각을 허가해달라는 신고를 말합니다. 차순위매수신고는 2등이 하는 것이 아닙니다. 낙찰가에서 보증금을 뺀 금액 이상으로 입찰한 사람이라면 누구나 할 수 있습니다. 예를 들어 낙찰가가 1억 원, 보증금이 1,000만 원인 물건이라면 9,000만 원 이상의 가격으로 입찰한 사람은 누구나 차순위매수신고를 할 수 있습니다.

차순위매수신고는 1명만 할 수 있으며, 2명 이상이라면 그중 입찰가가 높은 사람으로 정합니다. 차순위매수신고를 한 사람은 보증금을 잔금일까지 법원에 맡깁니다. 최고가매수인이 잔금을 미납하면 차순위매수신고인이 낙찰자가 되고, 최고가매수인이 잔금을 납부하면 보증금을 돌려받습니다.

매각기일의 종결과 입찰보증금 반환

최고가매수신고인과 차순위매수신고인이 결정되면 집행관은 그들의 성명과 가격을 부르고, 매각기일의 종결을 고지합니다. 입찰한 사람이 아무도 없어도 그 입찰은 종결됩니다. 집행관은 매각기일의 종결을 고지하고, 낙찰자인 최고가매수인과 차순위매수신고인 외 입찰자들에게 입찰보증금을 반환합니다. 낙찰자는 낙찰영수증을 받고, 패찰자는 보증금이 들어 있는 매수신청보증금봉투를 돌려받아 집으로 돌아가면 됩니다.

잠깐만요 주차를 쉽게, 모두의주차장

법원은 늘 주차가 어렵습니다. 법원에 갈 때 미리 주차장 앱을 통해 주차장을 알아두면 급하게 주차 자리를 찾아 헤맬 일이 없습니다. 주차를 더 쉽고 편리하게 만들어주는 주차 플랫폼 '모두의주자창'을 추천합니다. 앱을 다운받아 이용해 보세요.

다섯째 마당

낙찰 이후, 자금 마련을 위한 대출 정복

경매이야기

전세사기 사건으로 쏟아지는 경매물건

서울 화곡동에서 시작된 전세 사기 사건은 순식간에 전국적으로 퍼져 나갔습니다. 그런데 전세 사기는 전혀 새로운 일이 아니었어요. 전세라는 제도 자체가 늘 위험을 안고 있었거든요.

HUG의 전세보증보험이 등장하면서 임차인들은 시세보다 높은 가격에 전세임대를 들어가기 시작했습니다. 나라가 전세금 반환을 보장하니 임차인은 점점 더 높은 가격에 전세를 들어갔어요. 그러다 부동산 가격이 폭락하자 집주인들은 보증금을 돌려줄 수 없게 되었고, 그 틈을 타 조직적으로 사기를 치는 세력이 생겨났습니다.

결국 전세 사기 사건은 전국적으로 확산됐고 그 여파가 지금까지도 이어지고 있습니다. 수많은 집의 전세보증금이 보증보험(HUG)을 통해 임차인에게 대신 지급되었어요. 덕분에 임차인은 보증금을 다 돌려받았지만, 보증금을 지급한 HUG는 채권 회수를 위해 그 집들을 경매로 처분하고 있죠. 그래서 경매 사기에 얽힌 집들이 경매 시장에 쏟아져 나오고 있습니다.

임차인의 보증금이 이미 보험에서 지급되었기 때문에 임차인이 대항력을 주장하지 않는 집이 많아요. 그로 인해 낙찰자는 보증금을 인수할 걱정 없이 입찰에 참여할 수 있죠.

하지만 명도는 다른 문제입니다. 원래 배당받을 권리가 있는 임차인이 그대로 살고 있다면 문제가 될 것이 없습니다. 배당을 받고 순조롭게 나갈 사람들이니까요. 문제는 그들이 이사를 간 뒤 불법으로 살고 있는 사람들입니다.

사례 ① 외국인 불법 점유자

낙찰 후에 명도하러 갔더니 웬 외국인이 살고 있었어요.

"누구세요? 여기 왜 살고 계세요?"라고 물었더니 "회사 사장님이 그냥 들어가 살아도 된다고 했어요"라는 거예요. 법적 권리 관계가 전혀 없는 불법 점유자였습니다. 명도를 어떻게 해야 하나 걱정하고 있었는데, 어느 날 가보니 이미 떠나버렸더군요.

사례 ② 정체불명의 점유자

현장조사를 갔을 때 등기부등본에 적힌 점유자와 다른 이름으로 택배가 와 있는 것을 확인했어요. 낙찰자임을 알리고 연락처를 남겨두었더니 연락이 왔어요.

"누구세요?" 하고 물었는데 "알 거 없고요. 저는 10월 15일까지 있을 거니까 그렇게 아세요"라고 말하는 것이 아니겠어요?

임차인도 아니고 계약서도 없는 사람. 그저 무작정 자기 권리를 주장하는 불법 점유자였어요.

이와 같이 진정한 권리가 있는 임차인이 보증금을 받고 떠난 뒤에 불법 점유자들이 들어오는 경우가 종종 있습니다. 집이 비어 있다는 소문을 듣고 무단으로 들어온 사람이죠. 불법 점유자들은 자신이 법적 권리가 없다는 걸 잘 알고 있기 때문에 대체로 오래 버티지 않고 나갑니다.

039

이제 나도 집주인? 낙찰 후 준비해야 할 돈

낙찰을 받긴 받았는데, 돈은 어떻게 마련하지?

경매에 참여하기 위해서는 최저가의 10%인 입찰보증금만 있으면 됩니다. 하지만 낙찰을 받고 나면 잔금 외에도 필요한 기타비용들이 있습니다. 잔금을 제때 내지 못하면 입찰보증금을 날릴 수도 있기에 잔금 계획은 입찰 전에 미리 세워야 합니다. 필요한 자금에는 어떤 것들이 있을까요?

① 입찰보증금

먼저 경매에 입찰하려면 입찰보증금이 있어야 합니다. 입찰보증금액은 입찰할 물건 최저가의 10% 혹은 20%로, 경매물건내역서에 표시되어 있습니다.

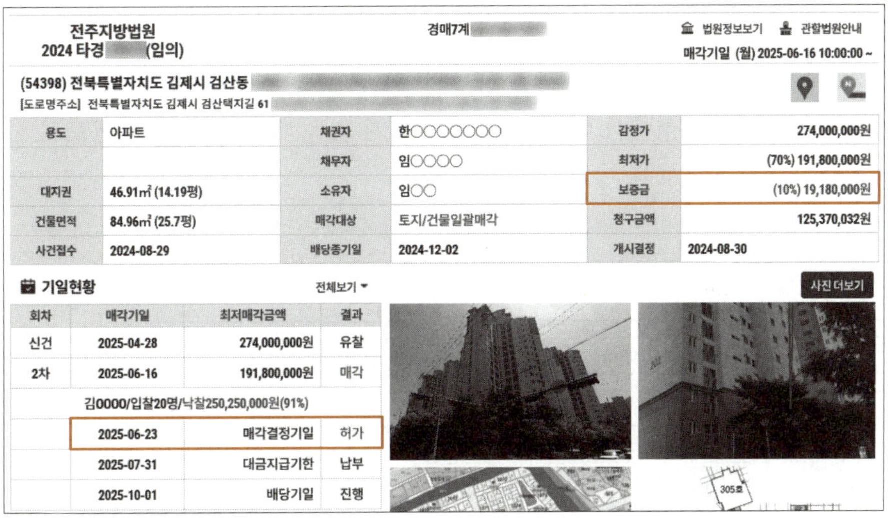

전주지방법원
2024 타경 (임의)

경매7계

법원정보보기 관할법원안내

매각기일 (월) 2025-06-16 10:00:00 ~

(54398) 전북특별자치도 김제시 검산동
[도로명주소] 전북특별자치도 김제시 검산택지길 61

용도	아파트	채권자	한○○○○○○○	감정가	274,000,000원
		채무자	임○○○○	최저가	(70%) 191,800,000원
대지권	46.91㎡ (14.19평)	소유자	임○○	보증금	(10%) 19,180,000원
건물면적	84.96㎡ (25.7평)	매각대상	토지/건물일괄매각	청구금액	125,370,032원
사건접수	2024-08-29	배당종기일	2024-12-02	개시결정	2024-08-30

기일현황 전체보기

사진 더보기

회차	매각기일	최저매각금액	결과
신건	2025-04-28	274,000,000원	유찰
2차	2025-06-16	191,800,000원	매각
	김0000/입찰20명/낙찰250,250,000원(91%)		
	2025-06-23	매각결정기일	허가
	2025-07-31	대금지급기한	납부
	2025-10-01	배당기일	진행

위 물건의 경우 최초 감정가 2억 7,400만 원에서 1회 유찰되어 최저가는 1억 9,180만 원입니다. 보증금은 최저가의 10%인 1,918만 원입니다. 총 20명이 입찰에 참여했고, 최종 낙찰자는 2억 5,025만 원에 이 집을 낙찰받았네요.

매각결정기일은 6월 23일입니다. 낙찰에 이의가 있는 사람들은 이 기간에 이의 신청을 할 수 있습니다. 문제가 없었기에 매각허가결정이 선고되었고, 대금 납부 기한이 7월 31일로 정해졌습니다. 낙찰자가 대금 납부를 완료했고, 10월 1일에 배당이 진행될 예정입니다. 배당이 완료되면 사건은 배당 종결됩니다.

대금 납부 기한은 잔금을 납부해야 하는 기한으로, 보통 낙찰 한 달 후로 결정됩니다. 이 기한 안에 잔금을 납부하지 못하면 재경매가 진행되고, 앞서 제출한 입찰보증금은 돌려받지 못합니다. 재경매기일 전이라면 잔금에 대한 연이율 20%의 지연이자를 잔금과 함께 납부할 수도 있습니다.

② 법무비

경매로 낙찰된 집을 담보로 잔금을 대출받는 것을 '경락잔금대출'이라고 합니다. 은행의 대출 상황은 정부의 정책에 많은 영향을 받습니다. 정부의 정책에 따라 은행에서 대출받는 것이 수월해질 수도 있고, 조건이 까다로워지기도 합니다. 대출 조건은 금융 환경에 따라서도 변동이 많으니 그때그때 확인해야 합니다.

경락잔금대출을 받으려면 법무사를 통해야 합니다. 은행에서는 법무사를 통하지 않으면 대출을 해주지 않습니다. 은행에서 대출금을 낙찰자에게 줬을 때 그 돈을 다른 용도로 사용할 위험이 있기 때문이죠.

최저감정가		낙찰 보증금	16,007,300	관할법원	
기준시가	106,000,000	대출금	113,000,000	2순위	
낙찰가	160,073,000	채권최고액	135,600,000	제출일	

내역	사건명	소유권이전	근저당설정	말소	건수 7			
							법무사사무소	
	취득세	1,760,800					법무사 박	
							국민은행	
							448601-	
	소계	1,760,800	-		-		예금주 박	
	말소비	140,000					법무사님계좌	
공과금	등기증지회지	36,000						
및	주택채권	59,360	47,460				취득세 1.1%	
	이전등록서류	100,000						
기타비용	송달료	200,000						
	소계	535,360	47,460		-		총잔금	144,065,700
	합계	2,296,160	47,460		-		총 비용의 계산	
	보수액	245,000					잔금	31,065,700
							은행비용 외 기타	
	소계	245,000	-		-		통장	3,000
	부가세	24,500	-				연지대	75,000
	합계	269,500	-		-		화재	30,000
보수액							보증보험	
							계	108,000
	교통비	100,000						
	합계	369,500	-		-		계	108,000

법무사의 인건비인 법무비는 전체 금액에서 세금을 제외한 금액입니다. 여러 가지 명목으로 추가되거나 할인될 수 있습니다. 대출금액의 0.5~1% 정도가 적정 금액인데, 대출금액이 소액이면 2%가 될 수도 있습니다. 과도하게 요구하는 경우에는 비용 조정을 요구해야 합니다. 위 예시의 경우 대출금은 1억 1,300만 원입니다. 이 경우 법무비는 대출금의 0.5~1%, 즉 50만~100만 원이면 적절합니다.

③ 세금

집을 살 때 내야 하는 세금은 취득세, 농어촌특별세, 지방교육세입니다. 예전에는 취득세와 등록세가 따로 있었는데, 2011년에 취득세로 통합되었습니다. 세금은 경제 상황에 따라 변동합니다. 정부는 부동산 가격이 지나치게 오르면 세율을 높이고, 부동산 가격이 지나치게 침체되면 세율을 낮춰 시장을 조절합니다.

2013년만 해도 집을 살 때 내야 하는 취득세가 통합 매매가의 4.6%였지만, 2025년 기준 6억 원 이하, 85㎡ 이하는 1.1%입니다. 2주택 이상일 경우에는 취득세율이 달라집니다. 반대로 최대 100%까지 취득세 감면 혜택을 받을 수도 있습니다. 이러한 세금 감면 조치는 매번 달라지므로 집을 살 때 현재 세금이 얼마나 되는지 매번 확인해야 합니다. 신용카드로 납부하려면 잔금납부일에 법원에서 법무사를 만나 직접 납부하면 됩니다.

5,899만 원에 낙찰받은 물건을 취득할 경우, 1주택으로 취득한다면 내야 하는 세금은 1.1%로 64만 8,890원입니다. 6억 원 이하, 85㎡ 이하 주택의 경우 취득세는 1%, 농어촌특별세는 비과세, 지방교육세는 0.1%로, 둘을 합한 것입니다.

▼ 주택 부동산 취득세 기준표

<table>
<tr><th>주택</th><th>구분</th><th>취득가액</th><th>취득세율</th><th>농어촌특별세
(전용면적 85m² 초과)</th><th>지방교육세</th></tr>
<tr><td rowspan="3">1주택자</td><td rowspan="3">조정대상지역,
조정대상지역 외</td><td>6억 원 이하</td><td>1%</td><td rowspan="3">0.2%</td><td>0.1%</td></tr>
<tr><td>6억 원 초과
9억 원 이하</td><td>(취득가액 × 2/3억 원 − 3)
× 1/100</td><td>취득세의 1/10</td></tr>
<tr><td>9억 원 초과</td><td>3%</td><td>0.3%</td></tr>
<tr><td rowspan="4">2주택자</td><td colspan="2">조정대상지역</td><td>8%</td><td>0.6%</td><td>0.4%</td></tr>
<tr><td rowspan="3">조정대상지역 외</td><td>6억 원 이하</td><td>1%</td><td rowspan="3">0.2%</td><td>0.1%</td></tr>
<tr><td>6억 원 초과
9억 원 이하</td><td>(취득가액 × 2/3억 원 − 3)
×1/100</td><td>취득세 1/10</td></tr>
<tr><td>9억 원 초과</td><td>3%</td><td>0.3%</td></tr>
<tr><td rowspan="2">3주택자</td><td colspan="2">조정대상지역</td><td>12%</td><td>1%</td><td rowspan="3">0.4%</td></tr>
<tr><td colspan="2">조정대상지역 외</td><td>8%</td><td>0.6%</td></tr>
<tr><td>4주택자 이상</td><td colspan="2">조정대상지역, 조정대상지역 외</td><td>12%</td><td>1%</td></tr>
</table>

▼ 주택 외 부동산 취득세 기준표

주택 외			취득세	농어촌특별세	지방교육세
주택 외 매매(토지, 건물 등)			4%	0.2%	0.4%
원시취득(신축), 상속(농지 외)			2.8%		0.16%
무상취득(증여)			3.5%		0.3%
농지	매매	신규	3%		0.2%
		2년 이상 자경	1.5%		0.1%
	상속		2.3%	0.2%	0.06%

2025년 9월 기준

▼ 취득세 계산에 유용한 필수 상식

다주택자 1세대 기준	· 배우자와 미혼인 30세 미만 자녀는 세대분리를 하더라도 주택 및 종합부동산세, 양도소득세 등 다주택 관련 규정에서는 동일 1세대로 간주 · 단, 혼인을 했거나, 본인 소득이 중위소득 40% 이상(2025년 기준 월 70만 원 내외)일 때는 예외적으로 별도 세대로 인정 가능. 소득증빙 필수 · 미성년자(만 19세 미만)는 소득이 있더라도 별도 세대 인정 불가 · 부부 공동 소유 시 세대당 1주택(단, 동일 세대 아닐 시 각각 1주택으로 계산)
주택 수 합산배제 사항	· 농어촌주택, 사원용주택, 공공임대주택 · 5년 이내 상속주택 · 재개발사업 부지 확보를 위한 멸실 목적 주택 · 공시가 1억 원 이하 주택 · 공시가 2억 원 이하 주택: 수도권(서울·경기·인천) 외 지역, 즉 비수도권 · 일시적 2주택(신규주택 취득 후 3년 이내 처분)
분양권입주권 주택 수 포함 여부	· 취득세 과세 대상은 아니며 완공 후 부과 · 법 시행 이후 취득부터 주택 수 포함 · 입주권 취득 시 토지 취득세(4.6%) 부과
오피스텔 주택 수 포함 여부	· 주택 이외의 세율 4.6% 적용 · 주거용으로 이용 시 주택 수에는 포함(법 시행 이후 신규 취득분부터) · 분양권은 주택 수에 포함되지 않음

④ 국민주택채권 구입비용

국민주택채권이란 국민 모두를 위한 주택사업에 필요한 자금을 조달하기 위해 발행하는 채권입니다. 집을 살 때는 의무적으로 이 채권을 사야 하는데, 일종의 세금이라고 생각하면 됩니다. 국민주택채권은 굳이 가지고 있을 필요가 없기 때문에 사자마자 바로 할인해 파는 것이 일반적인데, 이때 비용이 발생합니다.

주택도시기금 홈페이지(nhuf.molit.go.kr)에서 [청약/채권] → [셀프 채권매입 도우미]를 클릭해 매입대상금액을 조회할 수 있습니다. 시가표준액 5,000만 원, 특별시 및 광역시 외 지역의 물건인 경우 매입 비율은 1.4%로 금액은 70만 원 정도입니다. 채권수익률 1.634%를 적용하면 국민주택채권 본인부담금은 1만 1,438원에 불과합니다. 보통 소액이라서 비용 계산을 하지 않아도 무방합니다. 하지만 취득 시 반드시 들어가는 비용이기에 설명했습니다. 이 비용이 법무비에 과도하게 산정되었는지 확인하세요.

⑤ 체납관리비와 체납공과금

체납관리비는 경매 입찰 전 관리사무소에서 미리 확인합니다. 관리비는 전용관리비와 공용관리비로 나뉘는데, 전용관리비는 낙찰자가 내지 않아도 되지만 공용관리비는 낙찰자가 인수해야 합니다. 단, 최근 3년간 공용관리비에 한하며, 이전 관리비는 납부하지 않아도 됩니다. 체납된 전용관리비인 가스요금, 전기요금, 수도요금은 각 담당기관에 연락해 경매로 인해 소유권이 변동되었음을 입증하는 등기부등본 등의 서류를 제출하면 요금이 소멸됩니다. 기준일은 소유권 이전이 된 날입니다. 요구하는 필요 서류는 담당자마다 다릅니다.

⑥ 잔금

입찰 시 납부한 보증금을 제외한 나머지 잔금을 납부해야 합니다. 일부는 대출을 이용하고, 나머지 금액은 개인적으로 준비합니다.

잔금 납부 완전 정복

먼저 법무사 혹은 경락자금을 대출받을 은행 담당자에게 잔금납부일을 알려줍니다. 잔금납부일 오전이나 하루 전, 낙찰자는 잔금을 법무사 계좌에 입금합니다. 법무사는 은행대출금과 낙찰자의 잔금을 법원에 직접 납부합니다. 이때 세금 납부와 소유권이전등기가 함께 진행되는데, 법무사가 등기를 마치면 나오는 접수번호로 등기 접수를 확인할 수 있습니다. 며칠 후에 등기부등본이 나오면 법무사에서 우편으로 보내줍니다.

혹시 불안하다면 잔금일에 법원으로 잔금을 들고 가 법무사와 함께 진행할 수도 있습니다. 대출이 없다면 낙찰자가 셀프등기로 소유권이전등기를 해도 됩니다. 낙찰자가 직접 법원에서 잔금을 납부하고 세금을 낸 후 등기를 진행할 수도 있습니다.

1억 원에 낙찰받았을 때 필요한 비용을 계산해볼까요?

① 보증금	10,000,000원
② 은행대출(50%일 경우)	50,000,000원
③ 잔금	40,000,000원
④ 세금(1.1%)	1,100,000원
⑤ 법무비 및 기타비용	약 700,000원
	총 101,800,000원

7,060만 원에 낙찰받은 경우는 어떨까요?

① 보증금	5,635,000원
② 은행대출(50%일 경우)	35,300,000원
③ 잔금	29,665,000원
④ 세금(1.1%)	776,600원
⑤ 법무비 및 기타비용	약 500,000원
	총 71,876,600원

보증금과 잔금 외에도 약 130만 원(세금, 법무비 및 기타)의 금액이 더 필요한 것으로 계산됩니다. 여기에 명도비, 집 수리비, 이사비 등이 추가됩니다. 그러니 필요자금은 넉넉하게 계산해 모자라지 않게 하는 것이 좋습니다. 여유자금을 항상 염두에 두어야 마음이 조급하지 않습니다.

대출상담사 이용하는 방법

경매 물건에 대한 대출인 경락잔금대출은 취급하는 은행이 따로 있습니다. 같은 은행이라도 어떤 지점은 경락잔금대출을 해주는가 하면, 어떤 지점은 거절하기도 합니다. 은행 직원이 경매에 대해 이해를 하고 있어야 대출이 가능한데, 그런 직원이 많지 않기 때문이죠. 이런 상황을 대비해 대출상담사를 활용하는 것도 좋습니다. 이들은 경매법원 앞에서 만날 수 있습니다. 입찰일에 법정 앞에서 명함을 나눠주는 대출상담사들은 경락잔금을 대출하는 은행을 소개해주는 일을 합니다. 이들의 수수료는 법무비에 포함되어 있으니 따로 비용을 지불하지 않아도 됩니다. 낙찰을 받고 나면 대출상담사들에게 수십 장의 명함을 받게 될 것입니다. 그중 두세 명에게 전화해 대출을 문의해보세요. 너무 많은 곳에 연락처를 남기면 하루 종일 대출 관련 전화에 시달릴 수도 있으니 주의하세요.

040

자금 마련을 위해 알아야 할 대출 기본 공식

은행 집인지 내 집인지

2025년 10월 기준 서울 아파트 평균 매매가는 약 13억 원입니다. 전년 대비 약 1.3% 상승한 수치이며, 2021년 고점 대비 약 90~95% 회복한 수준입니다. 특히 서초구, 강남구 등 일부 고가 인기 지역은 이미 2021년 고점을 넘어섰습니다.

언제나 그렇듯 차근차근 돈을 모아 집을 사기에는 대한민국의 집값은 너무 비쌉니다. 집을 사려고 한 푼 두 푼 모으다가는 그사이에 집값이 더 올라 살 수 없게 되는 것이죠.

그래서 많은 사람이 내 집 마련을 위해 은행대출을 이용합니다. 투자가 아닌 내 집 마련을 목적으로 집을 구매하려는 사람들도 앞으로 값이 오를 것으로 기대되는 집에서 살고 싶어 합니다. 지금 가지고 있는 돈이 2억 원이라면 서울 외곽의 빌라를 살 수 있지만, 대출을 2억 원 더 받으면 아파트를 살 수 있습니다. 이러한 욕구들이 모여 많은 사람이 가진 돈의 한도 내에서 집을 사기보다는 그동안 모은 돈과 은행에서 대출받은 돈을 합쳐 집을 사곤 합니다. 어떻게 보면 집주인과 은행이 공동으로 집을 소유하는 셈입니다.

하지만 과도한 대출은 독입니다. 집을 가진 거지, 일명 '하우스푸어'는 과도한 주택담보대출로 경제적 어려움을 겪는 사람을 말합니다. 어떻게 하면 하우스푸어가 되지 않고, 똑똑하게 대출을 받을 수 있을까요?

세 가지 부동산 대출 공식 - LTV, DTI, DSR

은행은 일정한 공식에 따라 대출을 실행합니다. 대출 공식은 크게 세 가지로 분류되는데, 집 가격이 기준인 LTV, 대출자의 소득이 기준인 DTI, 대출자의 기존 대출까지 고려한 DSR이 바로 그것입니다.

▼ 주택 구입 시 지역별 LTV와 DTI

<table>
<tr><th rowspan="2">구분</th><th colspan="2">규제지역</th><th colspan="2">비규제지역</th></tr>
<tr><th>LTV</th><th>DTI</th><th>LTV</th><th>DTI</th></tr>
<tr><td>무주택 세대</td><td>40%</td><td>· 투기과열지구: 40%
· 조정대상지역: 50%</td><td>70%</td><td>60%</td></tr>
<tr><td>1주택 원칙</td><td colspan="2">대출 불가</td><td colspan="2" rowspan="3">60%</td></tr>
<tr><td>1주택 예외*</td><td>40%</td><td>40~50%</td></tr>
<tr><td>2주택 이상</td><td colspan="2">대출 불가</td></tr>
</table>

* 6개월 이내 기존 주택 처분 조건

2026년 1월 기준

※ 규제지역 대출 한도: 15억 원 이하 최대 6억 원, 15억~25억 원 4억 원, 25억 원 초과 2억 원

※ 서민 실수요자 LTV 70%: 연 소득 9,000만 원 이하, 주택가격 비규제지역 9억 원 이하, 조정대상지역 8억 원 이하

※ 생애최초 LTV 70%(비규제지역 LTV 80%), 대출 한도 최대 6억 원, 6개월 이내 전입 조건

규제지역에 따라 LTV와 DTI가 달라지므로 정부는 규제지역 설정을 통해 대출을 규제합니다. 2025년 10·15 부동산대책은 서울과 수도권 일부를 규제지역으로 지정하고 주택담보대출의 한도를 두었습니다. 특히 LTV의 최대한도를 6억 원으로 정하면서 주택담보대출에 한계가 생겼고, 자본 없이 대출을 이용해 집을 사는 것이 어려워졌습니다. 다만, 이와 같은 상황은 정책 방향에 따라 수시로 달라지므로 현시점의 대출 규제 상황을 면밀히 체크해보세요.

LTV(Loan to Value Ratio): 주택담보인정비율 - 집이 기준!

LTV란 집 가격에 비례해 대출금액이 정해지는 것을 말합니다. 은행에서는 LTV를 적용해 집 가격의 최대 70%까지 대출을 해줍니다. 경매에서는 낙찰가의 80%와 감정가 혹은 KB 시세의 70% 중 낮은 금액으로 대출이 가능합니다. 감정가 1억 5,000만 원의 집을 1억 원에 낙찰받으면 최대 8,000만 원까지 대출을 받을 수 있다는 뜻이죠. 이 비율은 지역과 정부

정책에 따라 수시로 바뀌니 대출을 받기 전에 반드시 다시 한번 확인해야 합니다(2025년 기준 무주택 세대의 경우 규제지역 40%, 비규제지역 70%).

단, LTV 기준금액은 최대 금액일 뿐 실제 대출액은 이보다 적을 수 있습니다. DTI, DSR, 혹은 지역에 따른 대출 상한선 등 다른 대출 기준들과 비교했을 때 가장 적은 금액으로 대출이 가능하기 때문입니다. 예를 들어 LTV를 적용했을 때 7,000만 원이 대출 가능하더라도, DTI를 적용했을 때 대출 가능 금액이 6,000만 원이라면 최대 대출 가능 금액은 6,000만 원이 됩니다.

방공제를 하게 되면 대출금액은 더 줄어들 수 있습니다. LTV가 7,000만 원이라도 방공제 2,500만 원(과밀억제권역 외 기타 지역 기준)을 하고 나면 최대 대출금액은 4,500만 원이 될 수도 있습니다. 1인당 2건까지 MCI보증보험으로 방공제를 대체할 수 있습니다.

내 집 마련을 목표로 한다면 대출은 집 가격의 50% 이내로 받는 것을 권장합니다. 임대용 물건은 월세가 들어오지만, 내 집은 스스로 벌어서 이자와 원금을 내야 하기 때문입니다. 무리한 대출은 삶을 궁핍하게 합니다.

잠깐만요 방공제란?

방공제는 금융기관이 대출 가능 금액에서 소액임차인의 최우선변제금에 해당하는 금액을 제하고 대출해주는 것을 말합니다. 이는 추후 최우선변제권을 가진 임차인이 먼저 배당을 받아갈 것을 대비하기 위함입니다. 대출금이 소액일 경우 방공제를 하고 나면 대출 가능 금액이 없을 수도 있습니다.

지역	보증금 한도	최우선변제액
서울특별시	1억 6,500만 원 이하	5,500만 원
「수도권정비계획법」에 따른 과밀억제권역(서울특별시 제외), 세종특별자치시, 용인시, 화성시, 김포시	1억 4,500만 원 이하	4,800만 원
광역시(「수도권정비계획법」에 따른 과밀억제권역에 포함된 지역과 군 지역 제외), 안산시, 광주시, 파주시, 이천시, 평택시	8,500만 원 이하	2,800만 원
그 밖의 지역	7,500만 원 이하	2,500만 원

2025년 9월 기준

DTI(Debt to Income): 총부채상환비율 - 소득이 기준!

DTI는 소득 대비 주택담보대출 원리금에 신용대출 등 다른 금융부채의 이자를 더한 값으로 대출 한도를 계산합니다. 쉽게 말해 수입을 기반으로 부채상환능력을 측정하는 것입니다. 예를 들어 연봉이 4,000만 원인데 DTI가 40%라면 1,600만 원까지 대출이 가능합니다. 현재 DTI는 최대 60%입니다. 하지만 급여가 500만 원일 때 매달 대출금 상환으로 300만 원을 지출하는 것은 상당한 부담입니다. 임대용 물건이 아닌 내 집일 경우에는 대출을 받기 전에 반드시 먼저 본인의 상환능력이 어느 정도인지 냉정하게 판단해야 합니다. 특히 매달 이자와 원금을 상환할 형편이 되는지 고려해야 적정 금액의 대출을 받을 수 있습니다.

DSR(Debt Service Ratio): 총부채원리금상환비율 - 기존 대출도 포함!

대출자의 상환능력 대비 원리금상환부담을 나타내는 기준입니다. 집주인이 보유한 모든 대출의 연간 원리금상환액을 연간 소득으로 나눠 산출합니다. DSR은 주택대출의 원리금과 신용대출 등 금융부채뿐 아니라, 자동차할부, 학자금대출, 전세자금대출, 카드론 등 모든 대출의 원금과 이자를 더한 값으로 대출 상환능력을 심사하기 때문에 더 엄격합니다. DSR로 계산하면 연소득은 그대로인 상태에서 금융부채가 커지기 때문에 대출 한도가 축소됩니다.

· DTI = (주택대출 원리금 상환액 + 기타 금융부채 이자 상환액) ÷ 연간 소득
· DSR = (주택대출 원리금 상환액 + 기타 대출 전부의 원리금 상환액) ÷ 연간 소득

스트레스 DSR 3단계

2025년 7월 1일부터 스트레스 DSR 3단계가 시행되었습니다. 기존 스트레스 DSR 1단계는 은행권 주택담보대출에만 적용됐지만, 3단계는 전 금융권의 모든 가계대출에 스트레스 금리 1.5%를 적용해 대출 한도를 더 줄이는 제도입니다. 스트레스 DSR은 과거 5년간 최고금리에서 대출시점 금리를 뺀 값으로 가산금리가 붙는 방식이라 실제 대출금리에는 반영되지 않습니다. 연소득 1억 원을 기준으로 할 때 최대 4,800만 원까지 대출 한도가 줄어들 수 있습니다.

서민 실수요자는 대출 규제 완화

집을 사는 사람의 상황(서민 실수요자, 무주택 세대, 1주택 보유, 2주택 이상 보유)에 따라 대출 가능 금액이 달라집니다. 서민 실수요자 기준은 '무주택 세대주 + 부부합산 연소득 9,000만 원 이하 + 사려는 집값 8억 원 이하'입니다. 무주택 세대주는 세대원 모두가 주택을 소유하고 있지 않은 세대의 세대주를 의미합니다. 만약 1인 가구라면 본인이 세대주가 되므로 본인 소유의 주택이 없으면 무주택 세대주가 됩니다. 하지만 30세 미만의 미혼은 부모님과 따로 살더라도 한 세대로 봅니다. 중위소득 40% 이상의 소득이 있다면 독립 세대주가 될 수 있습니다.

041

대출받을 때 미리 알아둘 것들

고정금리를 선택할까, 변동금리를 선택할까

같은 조건이라면 낮은 금리를 선택하는 것이 당연합니다. 대출금리는 기준금리와 가산금리로 이루어집니다. 기준금리는 한국은행의 최고 결정기구인 금융통화위원회에서 매달 회의를 통해 결정하는 금리입니다. 가산금리는 개인의 신용이나 기타 사항에 따라 달라집니다. 가산금리가 낮아지면 전체 금리가 낮아집니다.

대출금리 조건은 고정금리와 변동금리 중 선택할 수 있습니다. 고정금리는 대출 기한 혹은 일정 기간 시중금리가 아무리 큰 폭으로 변하더라도 이자율이 변하지 않는 것을 말합니다. 반대로 변동금리는 시중금리에 따라 변동됩니다. 은행은 위험이 적은 변동금리는 이율을 낮게, 위험이 높은 고정금리는 이율을 높게 책정합니다.

잠깐만요 대출금리를 한눈에 볼 수 있는 '전국은행연합회' 사이트

전국은행연합회(ktb.or.kr)에 방문하면 전국에 있는 모든 은행의 대출상품, 이자, 상환 조건 등을 한눈에 비교할 수 있습니다. '○○은행, 연 1~2%의 금리로 대출 가능' 등 지나치게 낮은 주택담보대출금리는 사금융 영업 직원의 홍보 문구입니다. 현혹되지 마세요.

주택담보대출은 몇십 년에 걸친 장기대출이기에 고정금리라도 일정 기간에만 해당하고, 그 기간이 지나면 변동금리로 변경됩니다.

원금과 이자! 같이 낼까, 따로 낼까

'원리금균등상환'은 원금과 이자를 매달 같은 금액으로 상환하는 방식입니다. 매달 같은 월상환액을 내지만, 매달 내는 원금액과 이자액은 다릅니다. '원금균등상환'은 매달 같은 원금을 상환하는 방식입니다. 매달 이자가 적어지고, 내는 월상환액도 줄어듭니다. '만기일시상환'은 약정 기간 동안 이자만 부담하고 만기에 대출금을 모두 상환하는 방식입니다. 주로 원리금균등 방식을 이용합니다.

월별 상환금과 대출잔금 원리금균등상환

회차	납입원금	대출이자	월상환금	대출잔금
1	272,647	333,333	605,980	99,727,353
2	273,556	332,425	605,980	99,453,797
3	274,468	331,513	605,980	99,179,330
4	275,383	330,598	605,980	98,903,947
5	276,301	329,680	605,980	98,627,646
6	277,222	328,759	605,980	98,350,425
7	278,146	327,835	605,980	98,072,279
8	279,073	326,908	605,980	97,793,207
9	280,003	325,977	605,980	97,513,204
10	280,936	325,044	605,980	97,232,267
11	281,873	324,108	605,980	96,950,395
12	282,812	323,168	605,980	96,667,582
13	283,755	322,225	605,980	96,383,827

월상환액이 동일한 원리금균등상환

월별 상환금과 대출잔금 원금균등상환

회차	납입원금	대출이자	월상환금	대출잔금
1	416,667	333,333	750,000	99,583,333
2	416,667	331,944	748,611	99,166,667
3	416,667	330,556	747,222	98,750,000
4	416,667	329,167	745,833	98,333,333
5	416,667	327,778	744,444	97,916,667
6	416,667	326,389	743,056	97,500,000
7	416,667	325,000	741,667	97,083,333
8	416,667	323,611	740,278	96,666,667
9	416,667	322,222	738,889	96,250,000
10	416,667	320,833	737,500	95,833,333
11	416,667	319,444	736,111	95,416,667
12	416,667	318,056	734,722	95,000,000
13	416,667	316,667	733,333	94,583,333

월상환액이 다른 원금균등상환

대출 기한에 따라 이율이 달라진다

주택담보대출은 금액이 크기 때문에 1~2년 짧은 기간에 상환하기가 현실적으로 어렵습니다. 납입 기간이 길면 이자가 커지고, 이자가 아깝다고 기간을 너무 짧게 하면 매달 내야 하는 금액이 많아집니다.

1억 원을 이자율 4%에 대출해 20년간 원리금균등상환을 하면 매달 납입해야 하는 원리금은 60만 5,980원이고, 총 대출이자는 약 4,543만 원입니다. 25년 혹은 30년으로 상환 기간을 늘리면 전체 이자가 늘어나는 대신 매달 상환해야 하는 금액은 적어집니다. 1억 원을 이자율 4%에 대출해 30년간 원리금균등상환을 하면 매달 납입해야 하는 원리금은 47만

7,415원이고, 총 대출이자는 약 7,186만 원입니다. 집을 살 때 가장 많이 선택하는 방식은 20년 혹은 30년 원리금균등상환입니다.

거치 기간에 따라 부담이 달라진다

대출을 받은 뒤 원금을 갚지 않고 이자만 지불하는 기간을 '거치 기간'이라고 합니다. 원금은 거치 기간이 끝나고 난 뒤에 매달 조금씩 나눠 갚습니다. 3년 거치 20년 원리금분할상환이라면, 3년 동안 이자만 내다가 4년째부터 원금과 이자를 같이 상환하는 방식입니다. 거치 기간이 길면 그동안 원금을 상환하지 않아 금액 부담이 적습니다. 이 조건은 정부의 방침과 경제 상황에 따라 그때그때 다릅니다. 대출을 받을 때 현재 조건을 체크하세요.

MCI 보험

MCI(Mortgage Credit Insurance)는 은행과 같은 금융기관이 입은 손해에 대하여 보험가입금액 범위 내에서 보상하는 신용보험의 일종으로, 모기지 신용보험입니다. 은행은 소액임차인의 최우선변제권으로 인한 손해를 막기 위해 그 금액만큼 대출 한도를 낮추는데, 흔히 '방빼기' 혹은 '방공제'라고 합니다.

대출자가 MCI에 가입하면 신용보험에서 은행에 최우선변제금액만큼 보증을 하니, 방공제를 하지 않아도 되어 대출 한도가 높아집니다. MCI는 1인당 2건까지 가입할 수 있습니다.

중도상환수수료율

대출을 기간 내에 조기 상환하면 대출자는 더 이상 이자를 내지 않아 좋지만, 은행은 수입이 줄겠죠. 그래서 은행은 대출을 중도에 상환하면 상환수수료를 받습니다. 전세로 임차인을 받아 대출을 조기 상환하고자 한다면, 중도상환수수료가 없거나 적은 상품으로 선택하는 것이 좋습니다.

개인의 신용등급

대출 시 대출자의 신용점수는 매우 중요합니다. 돈을 거의 쓰지 않는 짠돌이보다 신용카드를 어느 정도 사용하고 한 은행에서 거래를 오래 한 사람이 신용이 좋습니다. 은행은 사업자보다 월급을 받는 직장인에게 더 저렴한 금리 혜택을 주곤 합니다. 현금서비스를 사용하면 은행은 돈이 궁한 사람으로 여기니 사용하지 않는 것이 좋습니다. 카드, 세금 등은 적은 금액이라도 절대 연체를 해서는 안 됩니다.

042

경락잔금대출 정복하기

낙찰 물건을 담보로 실행되는 경락잔금대출

경매에서 낙찰을 받으면 가장 먼저 해야 할 일은 대출 가능 금액을 확인하는 것입니다. 보증금으로 10%는 이미 지불했으니 남은 90%를 어떻게 준비할지가 현실적인 숙제죠. 이때 대부분의 사람은 대출의 도움을 받습니다.

경락잔금대출은 낙찰받은 부동산을 담보로 실행되는 대출을 말합니다. 대출금액은 정해진 비율과 심사 기준 안에서 한도가 결정됩니다. 보통 법원 앞에서 대출상담사들이 명함을 나눠주는데, 최근에는 온라인에서도 경락잔금대출을 전문으로 하는 업체들을 찾을 수 있습니다. 낙찰자는 낙찰영수증만 있으면 상담받을 수 있습니다.

경락잔금대출에는 주택담보대출과 사업자대출이 있고, 대출을 받기 위해서는 소득증빙이 필요합니다. 근로소득자는 재직증명서와 원천징수영수증을, 사업소득자는 사업자등록증과 소득금액증명서 등을 준비하면 심사가 빨라집니다. 소득증빙이 어려우면 본인 명의의 카드 사용금액으로 소득을 대체할 수 있습니다. 금융기관이 서류 심사를 마치면 한도와 금리가 확정됩니다. 보통 금융기관에서 정한 법무사가 잔금 납부와 소유권이전등기를 대행합니다. 주말과 공휴일이 끼어 있으면 늦어지니, 잔금 일정은 항상 여유 있게 잡는 편이 좋습니다.

셋 중에 가장 적은 금액 주택담보대출

주택담보대출은 세 가지 기준 중 가장 낮은 금액으로 정해집니다. 첫째는 LTV입니다. LTV는 보통 낙찰가를 기준으로 하지만, 감정가나 KB시세를 기준으로 하기도 합니다. 둘째, DTI는 낙찰자의 소득 기준입니다. 소득이 높을수록 대출금액이 많아집니다. 셋째, DSR은 기존 대출의 상환까지 고려한 금액입니다. 정부 정책에 따라 대출금액이 달라지기도 합니다. 2025년 9월 기준 최대 6억 원까지만 받을 수 있습니다.

추가로 주택 보유 여부에 따라 대출금액이 달라지기도 합니다. 무주택자는 대출이 쉬워지고, 다주택자는 대출이 어려워집니다. 주택 보유에 따른 대출금액 변화는 정부 정책에 따라 변동이 많습니다. 이 때문에 담보 가치가 충분해도 소득이나 기존 대출 때문에 한도가 줄어들 수 있고, 반대로 소득이 넉넉해도 KB시세가 보수적으로 나오면 대출이 적게 나올 수 있습니다.

예를 하나 들어볼게요. A아파트를 2억 1,200만 원에 낙찰받았다고 합시다. KB시세는 2억 4,500만 원이고, 감정가는 2억 3,000만 원으로 나왔습니다. LTV를 낙찰가 기준 80%, KB시세 또는 감정가 기준 70% 정도로 봅니다. 이때 대출 가능 금액을 계산해보면 낙찰가 기준으로는 1억 6,960만 원, KB시세 기준으로는 1억 7,150만 원, 감정가 기준으로는 1억 6,100만 원이 나옵니다.

그러면 보통 이 금액 중 가장 낮은 금액인 1억 6,100만 원이 대출 가능 금액입니다. 하지만 은행마다 다르기에 어떤 은행은 낙찰가 기준 1억 6,960만 원까지 가능할 수도 있습니다. 여기에 낙찰자의 DSR 한도가 더 작게 나오면 그만큼 다시 줄어들죠. 따라서 입찰 전에 세 기준을 모두 적용해 계산해보고, 가장 낮은 숫자 기준으로 자금 계획을 세우는 것이 제일 안전합니다.

사업용 자산일 때 매매사업자대출

단기매도를 목적으로 하는 투자자라면 매매사업자대출을 받습니다. 매매사업자대출은 이름 그대로 부동산을 사고팔면서 사업자 명의로 받는 대출입니다. 개인이 단순히 집을 사는 것이 아니라 매매사업을 한다는 전제하에 은행에서 자금을 빌려주는 구조입니다. 그래서 이때는 '부동산매매업' 사업자등록을 하고, 낙찰받은 집을 사업용 자산으로 신고해야 합니다.

매매사업자대출은 주택담보대출과 달리 사업자대출이기 때문에 기존 대출에 대한 DSR 규제를 받지 않습니다. 대신 낙찰자인 사업자 대표의 신용을 확인하고 이자상환능력이 충분한지 확인합니다. 매매사업자대출은 물건을 낙찰받고 바로 파는 것을 전제로 하기 때문에 은행도 대출 상환 기간을 짧게 잡습니다. 이 때문에 은행이자가 다소 높더라도 중도상환수수료가 적은 대출을 선호합니다.

매매사업자대출은 크게 두 가지 방식이 있습니다.

① 근저당 설정 방식

낙찰받은 부동산에 근저당을 설정하고 대출을 받는 방식입니다. 이때 소액임차인의 최우선변제금만큼 대출 한도에서 빠지는 '방공제'가 적용됩니다. 서울이라면 소액임차인 최우선변제금 5,500만 원을 빼고 대출이 나옵니다.

② 신탁대출 방식

낙찰받은 부동산을 신탁회사[1]에 맡기고, 신탁회사를 통해 대출을 받는 구조입니다. 신탁대출은 방공제를 하지 않기 때문에 근저당 방식보다 한도가 넉넉합니다. 하지만 등기부등본

알아두세요

1 **신탁회사** 고객이 맡긴 재산(금전, 유가증권, 부동산 등)을 대신 관리하거나 운용해 수익을 배당하거나 원본을 반환하는 금융투자회사입니다. 수탁자(신탁회사)가 위탁자(고객)의 재산을 신탁계약에 따라 관리·운용하는 것이 핵심입니다.
- 위탁자(대출자): 부동산 소유자
- 수탁자(신탁회사): 소유권을 맡아 관리·처분
- 익자(대출기관): 대출금을 제공하는 금융기관

에 신탁등기가 찍히기 때문에 매수인이나 임차인이 불안해하는 경우가 있습니다. 따라서 단기매도할 때는 괜찮지만 임대로 세팅할 때는 고민해봐야 합니다.

매매사업자대출은 사업자등록, 신용 상태, 담보 조건이 맞아야 합니다. 또한 대출 한도가 항상 일반 경락잔금대출보다 높다고 할 수도 없습니다. 주택담보대출보다 이자가 높고, 중도상환수수료나 근저당 설정 비용 등의 추가비용도 많습니다. 은행마다 조건이 다르고 특판상품이 열릴 때만 유리한 경우도 있습니다. 대출 규제가 있으면 대출이 불가능할 때도 있습니다. 그럼에도 불구하고 단기매도를 할 때는 대출 한도가 높아 이용하는 경우가 많습니다.

043

서민 실수요자를 위한 대출상품을 눈여겨보자

실수요자에게는 대출 문턱을 낮춘 정부

무주택 서민 실수요자를 위한 정부 대출상품에는 강화된 대출 규제를 적용하지 않습니다. 주택도시기금과 한국주택금융공사에서 실행하는 대출은 금리가 훨씬 저렴하니 기준에 해당한다면 꼭 이용해보세요. 대표적인 네 가지 상품을 소개하도록 하겠습니다. 각각의 상품에 대한 자세한 사항은 주택도시기금 홈페이지를 참고하세요.

▼ 정부 대출상품

대출상품	자격	금리	대출 한도
신혼부부 전용 구입자금	· 부부합산 연소득 8,500만 원 이하, 순자산가액 4억 8,800만 원 이하 무주택 세대주 · 신혼부부(혼인 기간 7년 이내 또는 3개월 이내 결혼 예정자) · 생애최초 주택구입자	연 2.55 ~ 3.85%	최대 3억 2,000만 원 이내 (LTV 80%, DTI 60% 이내. 단, 수도권·규제지역은 LTV 70% 적용)
내집마련 디딤돌대출	부부합산 연소득 6,000만 원 이하(생애최초 주택구입자, 2자녀 이상 가구 또는 신혼가구는 연소득 8,500만 원 이하), 순자산가액 4억 8,800만 원 이하 무주택 세대주	연 2.85 ~ 4.15%	· 일반 2억 원 (생애최초 일반 2억 4,00만 원) · 신혼가구 및 2자녀 이상 가구 3억 2,000만 원 이내 (LTV 70%, DTI 60% 이내. 단, 생애최초 주택구입자는 LTV 80% 적용하되, 수도권·규제지역 소재 주택 구입 시 LTV 70% 적용)
수익공유형 모기지	부부합산 총소득 6,000만 원 이하(생애최초 주택구입자는 7,000만 원 이하), 순자산가액 4억 8,800만 원 이하로 생애최초 주택구입자 또는 5년 이상 무주택자 세대주	연 1.8% (고정)	최고 2억 원 이내 (주택가격의 최대 70%)

신생아 특례 디딤돌대출	· 대출접수일 기준 2년 이내 출산(2023년 1월 1일 이후 출생아부터 적용)한 무주택 세대주 및 1주택 세대주(대환대출) · 부부합산 연소득 1억 3,000만 원 이하(맞벌이의 경우 2억 원 이하), 순자산가액 4억 8,800만 원 이하	연 1.8 ~ 4.5%	최대 4억 원 이내(LTV 70%, DTI 60% 이내. 단, 생애최초 주택구입자는 LTV 80% 적용하되, 수도권·규제지역 소재 주택 구입 시 LTV 70% 적용)

2025년 9월 기준

신혼부부전용 구입자금

신혼집 구입을 고민하는 신혼부부를 위한 주택구입자금입니다. 대출 대상은 부부합산 연소득 8,500만 원 이하 무주택자로 생애최초 주택구입자입니다. 대출금리는 최저 연 2.55%부터 3.85%까지입니다. 부부합산 소득 수준과 추가 우대금리에 따라 달라집니다. 대출 한도는 최대 3억 2,000만 원(LTV 80%, DTI 60% 이내. 단, 수도권·규제지역은 LTV 70% 적용)이며, 대출 기간은 10년, 15년, 20년, 30년(거치 1년 또는 비거치)이 있습니다.

내집마련디딤돌대출

정부 지원 3대 서민 구입자금을 하나로 통합한 저금리 구입자금대출입니다. 대출 대상은 주택매매계약을 체결한 자, 대출신청일 현재 세대주, 부부합산 연소득 6,000만 원 이하인 자입니다. 대출금리는 최저 연 2.85%부터 4.15%(고정금리, 10년 고정 후 변동금리, 5년 단위 변동금리)까지입니다. 대출 한도는 일반 2억 원(생애최초 일반 2억 4,000만 원, 신혼가구 또는 2자녀 이상 가구 3억 2,000만 원) 이내이며, 대출 기간은 10년, 15년, 20년, 30년이 있습니다.

수익공유형모기지

주택 구입 시 수익을 공유하는 신개념 대출상품입니다. 대출 자격은 생애최초 또는 5년 이상 무주택자, 만 19세 이상 세대주, 부부합산 연소득 6,000만 원 이하(생애최초 주택구입자 7,000만 원), 순자산가액 4억 8,800만 원 이하입니다. 대출금리는 연 1.8%(고정금리)이며, 대출 한도는 최고 2억 원 이내(주택가격의 최대 70%)입니다. 대출 기간은 20년입니다.

신생아 특례 디딤돌대출

신생아 출산 가구의 주거 안정을 위한 주택구입자금대출입니다. 대출 자격은 대출접수일

기준 2년 이내에 출산(2023년 1월 1일 이후 출생아부터 적용)한 무주택 세대주 및 1주택 세대주로, 부부합산 연소득 1억 3,000만 원 이하, 순자산가액 4억 8,800만 원 이하입니다. 대출금리는 최저 연 1.6%부터 4.5%까지입니다. 대출 한도는 최대 4억 원 이내(LTV 70%, DTI 60% 이내. 단, 생애최초 주택구입자는 LTV 80% 적용하되, 수도권·규제지역 소재 주택 구입 시 LTV 70% 적용)이며, 대출 기간은 10년, 15년, 20년, 30년이 있습니다.

잠깐만요 기존 대출 대환하기

정부에서 지원하는 대출인 신생아대출을 이용하더라도 일단 경락잔금대출을 받아야 합니다. 정책자금대출은 심사 기간이 길어 1개월인 경매잔금 납부 기간까지 대출이 나오지 않기 때문입니다.

그래서 대환을 해야 합니다. 먼저 일반 주택담보 경락잔금대출로 잔금을 치른 뒤 신생아 특례대출로 갈아타는 것입니다. 소유권이전등기 또는 등기접수일로부터 3개월 이내에 신생아 특례대출을 신청할 수 있습니다. 이후에 경락잔금대출을 상환합니다.

다만, 현장에서 이 방법이 많이 쓰이지는 않습니다. 그 이유는 첫째, 중도상환수수료입니다. 경락잔금대출을 중도에 상환하면 중도상환수수료가 있습니다. 그래서 신생아 특례대출로 갈아탈 때 수수료 부담이 있습니다.

둘째, 실행 일정 관리입니다. 신생아 특례대출은 조건이 충족되더라도 소유권이전등기 기준 3개월 이내에 신청해야 하기 때문에 일정이 지연되면 대환 기회를 놓칠 수 있습니다. 따라서 등기와 신청 일정을 적극적으로 조율할 필요가 있습니다.

셋째, 추가 매수 금지 조항입니다. 정책자금을 받으면 단 한 채만 가져야 합니다. 두 번째 집을 낙찰받으면 기존 대출을 상환해야 합니다. 그런데 경매를 하는 분들은 추가로 낙찰을 받는 경우가 많아 일반적으로 정책자금을 이용하지 않습니다.

044

투자지역에 따라 대출 가능 금액이 달라진다

집값은 내려도 문제, 올라도 문제

2022년 11월 10일 정부는 부동산 시장의 매매와 전세 하락폭이 확대됨에 따라 '투기과열지구 및 조정대상지역 조정(안)'을 심의·의결하고, 규제지역 전폭 해제 및 각종 제한도 완화했습니다. 정부 발표는 11월 14일부터 효력이 발생했습니다. 당시에는 강남구, 서초구, 송파구, 용산구(서울 4개구)만 투기과열지구, 조정대상지역으로 적용되고, 나머지 지역은 모두 규제지역에서 제외되었습니다.

약 3년 뒤인 2025년 10월 15일 발표된 10·15 부동산대책은 서울 전역과 경기 12개 지역을 모두 규제지역으로 지정했습니다. 토지거래허가구역도 확대하여 해당 지역에서 주택이나 토지 거래 시 정부의 허가를 받도록 했습니다. 여기에 주택담보대출(LTV) 한도를 시가 15억 원 이하 6억 원, 15억 원 초과 25억 원 이하 4억 원, 25억 원 초과 2억 원으로 차등 적용하여 대출 규제를 강화했습니다. 또한 대출 심사 시 적용하는 스트레스 금리를 기존 1.5%에서 3.0%로 상향 조정하고, DSR을 강화해 대출 가능 금액을 크게 줄였습니다. 실거주 의무가 부과되어 전세를 끼고 집을 사는 갭투자도 제한됩니다. 실수요자 중심으로 부동산 시장을 재편되고, 과열된 주택시장을 안정시키려는 목적입니다.

이렇게 투기지역, 투기과열지구, 조정대상지역으로 지정된 곳은 세금을 중과하는 것은 물론이고, 대출도 규제합니다. 따라서 투자자는 물건의 지역에 대한 분석과 함께 대출 요건도 확인해야 합니다.

참고1 투기과열지구 · 조정대상지역 지정(안)

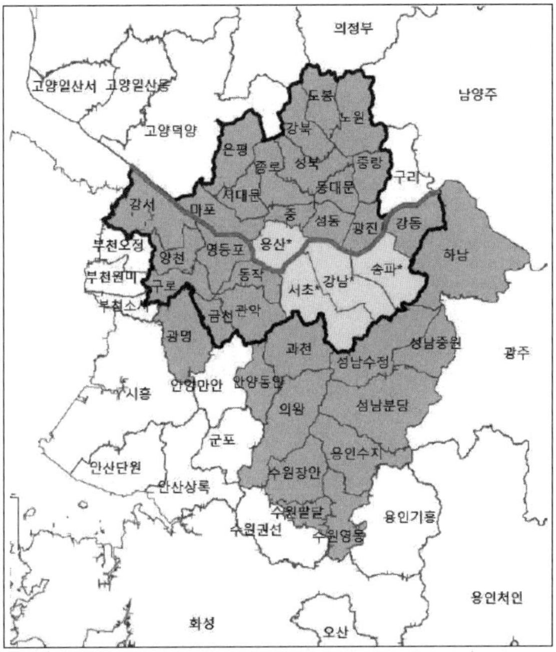

* 강남 · 서초 · 송파 · 용산 : 기존 투기과열지구 및 조정대상지역 적용 자치구

투기과열지구·조정대상지역 지정(안)

서울 강남, 서초, 송파, 용산, 강동, 강북, 강서, 관악, 광진, 구로, 금천, 노원, 도봉, 동대문, 동작, 마포, 서대문, 성동, 성북, 양천, 영등포, 은평, 종로, 중, 중랑 25곳

경기 과천, 광명, 성남(분당·수정·중원), 수원(영통·장안·팔달), 안양동안, 의왕, 하남, 용인수지 12곳

* 밑줄 친 4개구는 기존 지정상태 유지

투기지역

투기지역은 부동산 가격 상승이 지속될 가능성이 있는 지역입니다. 대상은 직전 1개월의 주택매매가상승률(KB국민은행이 발표하는 도시주택가격동향)이 전국소비자물가상승률보다 30% 이상 높고, 최근 2개월간의 월평균 주택매매가상승률이 전국 평균 상승률보다 30% 이상 높거나 지난 1년간 연평균 주택매매가상승률이 직전 3년간 전국 평균 상승률보다 높은 지역입니다.

부동산 시장이 과열되면 정부는 정책으로 투기 수요를 규제하고, 부동산 시장이 침체되면 규제를 완화합니다. 이러한 규제 정책이 부활한다는 것은 부동산 시장이 상승세임을 의미합니다. 실제 투기지역과 투기과열지구로 지정된 지역에서는 부동산 가격이 크게 상승했습니다. 이에 사람들은 "정부가 오를 만한 곳을 미리 찍어준다"라고 말하기도 합니다. 다르게 말하면 집값 상승이 예상되는 지역이지만 대출이 어렵고 현금이 없는 일반인들이 접근하기는 어려운 지역입니다. 예전에는 투기지구와 투기과열지구를 분리해 설명했지만, 지금은 규제 내용이 겹치는 상황이라 투기지역을 제외하고 투기과열지구만 설명하기도 합니다.

투기과열지구

투기과열지구는 주택가격상승률이 물가상승률보다 높은 지역에서 청약경쟁률이 5 대 1을 초과하거나, 분양 계획이 전월 대비 30% 이상 감소한 곳 중에서 주택에 대한 투기가 성행하거나 우려되는 지역입니다. 건설교통부장관 또는 시장·도지사가 지정합니다.

2026년 1월 기준 서울 전 지역과 경기 12곳이 투기과열지구로 지정되어 있습니다. 투기지역과 투기과열지구에서는 LTV와 DTI 한도가 각각 40%로 강화됩니다. 서민 실수요자 조건에 해당한다면 LTV, DTI가 70%로 완화됩니다. 1주택자는 주택담보대출이 원칙적으로 불가능합니다. 단, 2년 이내에 기존 주택을 처분하는 것을 조건으로 한다면 대출이 가능합니다. 무주택 자녀의 분가, 부모 별거 봉양의 경우에도 예외로 대출이 가능합니다. 대출 가능 금액은 15억 원 이하 최대 6억 원, 15억~25억 원은 4억 원, 25억 원 초과 2억 원 한도로 제한됩니다. 2주택 이상이면 대출이 불가합니다.

조정대상지역

조정대상지역 주택가격상승률이 물가상승률의 2배 이상이거나, 주택가격, 청약경쟁률, 분양권 전매량 및 주택보급률 등을 고려했을 때 주택 분양 등이 과열되어 있거나 과열될 우려가 있는 지역입니다. 조정대상지역에서는 취득세, 양도소득세, 비과세 요건, 대출 등이 모두 강화됩니다.

2주택을 보유하면 취득세율이 8%, 3주택 이상일 경우 12%가 적용됩니다. 비조정대상지역의 경우에는 3주택부터 8%, 4주택 이상은 12%의 세율이 부과됩니다. 다주택자는 양도소득세를 중과합니다. 기본세율에 2주택자는 20%포인트, 3주택 이상은 30%포인트가 추가됩니다. 또한 장기보유특별공제를 전혀 적용받을 수 없습니다. 중과세는 2022년 5월부터 2026년 5월까지 한시적으로 유예 중입니다.

1세대 1주택 양도소득세 비과세 요건도 강화되었습니다. 과거에는 단순히 2년 이상 보유하는 것만으로 비과세가 가능했지만, 현재는 2년 이상 보유와 2년 이상 거주 요건을 모두 충족해야 비과세 혜택을 받을 수 있습니다.

조정대상지역은 LTV와 DTI 한도가 각각 50%이고, 서민 실수요자 조건에 해당한다면 LTV, DTI가 70%로 완화됩니다. 투기과열지구와 마찬가지로 1주택자는 주택담보대출이 원칙적으로 불가능하지만 예외 상황이 똑같이 존재합니다. 그리고 조정대상지역 내에서 주택을 취득하면 자금조달계획서를 제출해야 하지만, 경매 낙찰 시에는 제출 의무가 없습니다.

지역에 따라 대출 전략을 달리하자

집의 가격에 대한 기준 LTV, 개인 소득에 대한 기준 DTI와 함께 지역별 대출 규제까지 체크해야 대출 가능 금액이 얼마나 될지 예상할 수 있습니다. 지역에 따라 대출 가능 금액이 어떻게 달라지는지 예시로 하나하나 살펴볼까요?

투기지역과 투기과열지구에는 대출 제한

직장인 A씨는 서울 송파구에 있는 빌라를 경매로 낙찰받았습니다. 내 집을 마련했다는 뿌듯함도 잠시, 부족한 돈을 대출받을 수 있을지 걱정입니다. 대출은 얼마까지 가능하고, 필요한 실제 자금은 얼마일까요?

서울 송파구는 투기지역에 속해 LTV 40%까지만 대출이 가능합니다. 만약 A씨가 1주택자라면 기존 주택을 처분하는 조건으로 대출을 받을 수 있습니다. 약속을 이행하지 않으면 기한이익상실로 대출을 상환해야 하고, 3년간 주택 관련 대출이 금지됩니다. A씨가 2주택자라면 대출이 불가능합니다. 대출을 받으려는 직장인 A씨가 서민 실수요자 요건에 부합하고, 집 가격이 8억 원 이하라면 최대 60%까지, 최대 6억 원 한도로 대출을 받을 수 있습니다. 생애최초 주택구입자라면 70%까지, 최대 6억 원 한도로 대출이 가능합니다.

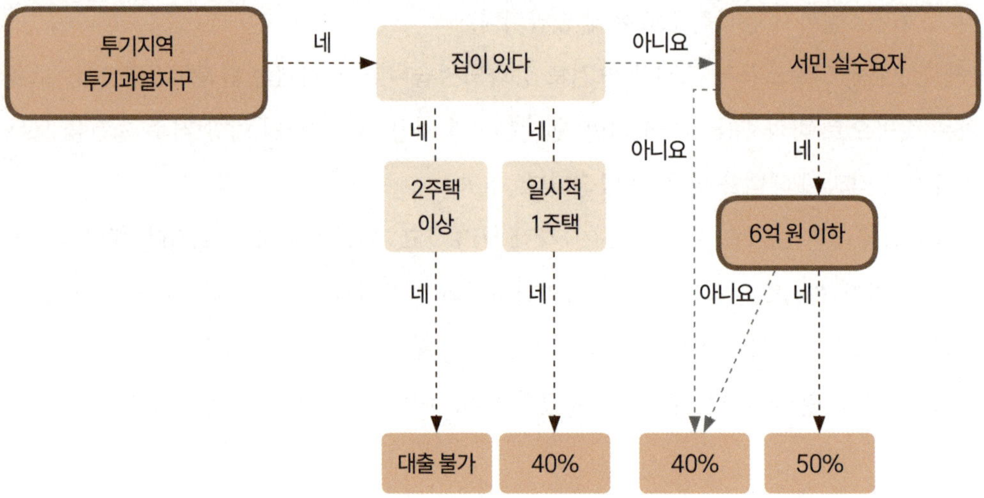

규제 대상 지역 외의 대출 공식

대전에 사는 주부 K씨는 경기도 광주시 초월읍에 있는 작은 빌라를 낙찰받으려고 합니다. K씨에게는 현재 자신이 살고 있는 집이 있고, 이 집에는 주택담보대출이 있습니다. 초월읍의 집을 낙찰받기 위해 추가로 받을 수 있는 최대 대출 가능 금액은 얼마일까요?

규제 대상 이외 지역의 주택을 구입할 때는 LTV 60%까지 대출이 가능합니다. 현재 살고 있는 지역이 대전인 것은 아무 상관이 없습니다. 서민 실수요자 요건에 해당한다면 10% 추가 대출이 가능해 최대 70%까지 대출을 받을 수 있습니다.

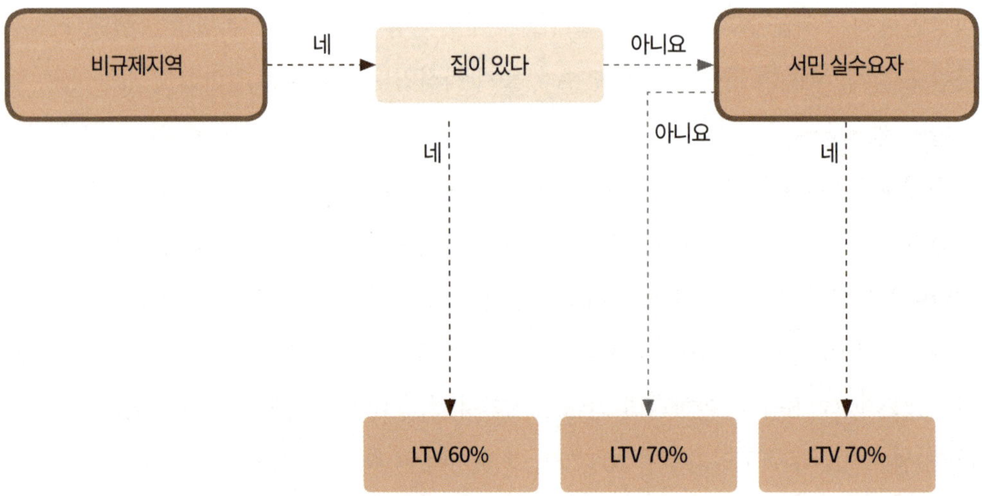

045

부동산 세금의 기초

부동산 세금의 종류

부동산과 관련된 세금은 크게 네 갈래로 흐릅니다. 부동산을 사고(취득세), 가진 동안 내고(보유세), 팔 때 정산하고(양도소득세), 추가로 임대하거나 사업용으로 매도할 때 소득(임대소득세와 사업소득세)에 대해 내는 세금이 있어요. 이러한 세금에 등기, 저당권 설정 시 드는 등록면허세와 지방교육세, 인지세 같은 부대세금이 곁들여집니다. 세금의 네 갈래와 부대 세금의 큰 그림만 이해해도 내가 지금 어떤 세금을, 언제, 대략 얼마나 내야 하는지가 분명해집니다.

① 집을 사는 순간 취득세

주택을 사면 가장 먼저 취득세를 신고·납부해야 합니다. 기본 구조는 간단해요. 과세표준(시가표준액 또는 실거래가 등 법에서 정한 금액)에 일반세율(통상 1~3% 구간)을 적용하고, 필요에 따라 지방교육세와 농어촌특별세가 붙습니다.

다주택자나 법인이 주택을 취득하는 경우에는 중과세율(8%, 12%)이 따로 적용될 수 있어 부담이 커질 수 있습니다. 이때 공시가 1억 원 미만, 수도권 이외 지역의 경우 공시가 2억 원 미만 주택은 저가주택으로 취급되어 취득세 중과세가 제외됩니다.

취득세는 보통 취득일로부터 정해진 기한 안에 신고·납부해야 하므로 경매에서는 잔금 치르는 날 소유권 이전과 동시에 납부합니다.

② 재산세와 종합부동산세로 나뉘는 보유세

보유세는 재산세(지방세)와 종합부동산세(국세)로 나뉩니다. 보유세는 매년 6월 1일을 기준으로 부동산 소유자에게 부과되는데, 주택 재산세는 7월과 9월에 나누어 냅니다. 재산세는 공시가격에 공정시장가액비율 등을 반영해 과세표준을 만들고, 누진세율을 적용해 산출세액을 정하는 방식입니다.

종합부동산세는 말 그대로 여러 부동산을 합산해 일정 기준을 넘는 고액 보유자에게 추가로 부과되는 국세입니다. 1세대 1주택자에게는 기본공제(12억 원)가 적용되고, 주택분 과세표준을 계산할 때 공정시장가액비율(현행 60%) 등을 반영해 산출합니다. 법인 보유 주택은 기본공제가 없어 부담이 더 크기 때문에 법인으로는 주택을 보유하지 않는 것이 좋습니다.

③ 집을 팔 땐 양도소득세

집을 팔 때는 양도차익을 계산해 양도소득세를 냅니다. 집이 단 한 채라면 1세대 1주택 비과세 원칙에 따라 양도소득세가 부과되지 않습니다. 원칙적으로 2년 이상 보유한 1세대 1주택은 비과세를 적용받을 수 있지만, 고가주택은 초과분에 대해 과세가 됩니다. 정책 변경으로 기준금액이나 세율표가 조정될 수 있으니, 실제 신고 전에 국세청 안내 페이지에서 최신 요건을 확인하세요.

양도소득세는 취득가액, 양도가액, 필요경비, 장기보유특별공제를 반영해 양도차익을 계산하고, 과세표준 구간별 누진세율을 적용하는 방식으로 결정됩니다. 정부 정책에 따라 단기·중기 보유에 대한 중과세율이 완화되거나 규제됩니다. 따라서 상황에 맞게 최신 세율을 확인하고 매도 타이밍을 잡아야 합니다.

④ 분리과세냐 종합과세냐, 임대소득세

주택을 임대해 월세를 받으면 임대소득에 대한 세금을 신고해야 합니다. 연간 주택임대 수입금액이 2,000만 원 이하라면 단일세율[1](14%)로 별도로 과세하는 분리과세[2]를 선택할 수도 있고, 다른 소득과 합쳐 누진세율을 적용하는 종합과세를 선택할 수도 있습니다.

알아두세요

1 **단일세율** 세율이 미리 고정되어 있는 제도를 말합니다.

분리과세는 수입금액에서 필요경비율(미등록 50%, 임대사업자등록 60%)을 빼고, 남은 금액에 14%를 적용해 세액을 계산합니다. 소득 규모와 다른 소득과의 합산 구간에 따라 유리한 과세 방법을 선택합니다.

⑤ 매매사업자는 종합소득세

개인이 보유하던 주택을 팔면 일반적인 양도소득세 체계가 적용되지만, 매매가 영업으로 인정될 정도로 반복적이면 부동산매매업(개인사업자) 등록 후 사업소득으로 납부하는 것을 추천합니다. 이때는 기존 모든 소득을 종합하는 종합소득세 신고(사업소득)를 해야 합니다. 단, 2년 이상 보유한다면 사업자등록 시 크게 유리한 점은 없으니 일반 양도소득세로 처리해도 됩니다.

⑥ 등기·설정 때의 부대세금

소유권이전등기나 저당권 설정을 할 때는 등록면허세와 지방교육세를 냅니다. 소유권이전등기(유상)는 통상 '부동산 가액의 2/100(천분율 표기로 20/1,000)'에 해당하는 등록면허세가 기본이 되고, 저당권 설정 등기에는 채권액의 2/1,000가 적용되는 식으로 항목별 세율이 따로 정해져 있습니다.

등기 진행 과정에서는 시·군·구에서 등록면허세와 지방교육세를 납부하고, 영수필 확인서를 받아 법원 등기신청서에 첨부하는 절차를 거칩니다. 인지세와 같은 부대비용도 함께 챙깁니다. 인지세는 권리 변동을 증명하는 증서에 부과되는 세금으로, 거래금액 구간에 따라 정액으로 붙습니다.

알아두세요

2 **분리과세** 소득세는 납세의무자의 소득을 종합해 과세하는 것이 원칙이지만 일부 특정 소득에 한해서는 합산하지 않고 분리해 과세하는데, 이를 분리과세라고 합니다.

046

주택임대사업 등록으로 세금 줄이는 방법

일반임대사업자와 주택임대사업자가 있다

일반임대사업자는 상가나 업무용 오피스텔을 임대하는 사람으로, 1년에 두 번 부가세를 신고해야 하는 과세업자입니다. 예정신고까지 하면 총 네 번의 신고가 필요합니다. 세금 관련 일이 좀 번거롭지만, 상가를 임대하면 임대사업자 신고는 필수입니다.

주택임대사업자는 민간임대주택을 취득해 임대사업을 할 목적으로 「민간임대주택에 관한 특별법」 제5조에 따라 등록한 사람입니다. 임대주택은 취득 유형에 따라 민간건설임대주택, 민간매입임대주택으로 구분되며, 임대 의무 기간에 따라 공공지원민간임대주택, 장기일반민간임대주택으로 구분됩니다.

임대주택 관련 정보는 등록민간임대주택 렌트홈(renthome.go.kr)에서 확인할 수 있습니다.

▼ 민간 임대주택의 구분

구분	취득 유형	임대 의무 기간
종류	· 민간건설임대주택 · 민간매입임대주택	· 공공지원민간임대주택(10년) · 장기일반민간임대주택(10년) · 단기민간임대주택(6년)

2025년 6월 4일 기준

임대 등록 전 유의사항

① 등록임대주택은 임대 의무 기간(6년 또는 10년 이상) 동안 임대해야 하며, 임대등록자의 개인적인 사정으로 말소 신청할 수 없습니다.

② 등록임대주택은 등록 이후부터 직전 임대료 대비 임대료 증액(5% 이내) 제한 규정을 적용받으므로 임대사업자가 임의로 임대료를 조정할 수 없습니다.

③ 세제 혜택은 주택 유형, 기준시가, 면적, 등록시기, 임대 의무 기간 등에 따라 상이하므로 등록 전에 국세청(세무서) 또는 시·군·구(세무과)에 확인해야 합니다.

임대사업자는 매년 2월에 사업자현황조사서를 제출해야 합니다. 그리고 매년 5월에는 임대소득세를 신고해야 합니다. 임대사업자등록을 하지 않았더라도 임대소득이 있으면 임대소득세를 신고해야 합니다. 의무사항을 지키지 않으면 과태료가 적지 않으니 주의하세요.

잠깐만요 임대차 3법 - 계약갱신청구권, 전월세상한제, 전월세신고제

2020년 7월 시행된 임대차 3법은 임대사업자라면 꼭 숙지하고 있어야 하는 법안으로, 임차인을 보호하고 임대인의 권리를 존중한다는 것을 골자로 만들어졌습니다.

계약갱신청구권은 세입자에게 1회의 계약갱신요구권을 보장해 현행 2년에서 4년(2 + 2)으로 계약 연장이 가능한 제도입니다. 단, 집주인, 직계존속·비속이 실거주할 경우 임차인의 계약갱신청구를 거부할 수 있습니다.

전월세상한제는 임대료 상승폭을 직전 계약 임대료의 5% 이내로 하되, 지자체가 조례로 상한을 정할 수 있도록 한 제도입니다. 계약갱신청구권과 전월세상한제는 개정법 시행 전에 체결된 기존 임대차계약에도 소급 적용됩니다.

전월세신고제에 의하면 주택 임대차계약 당사자(집주인과 세입자)는 30일 이내에 주택 소재지 관청에 임대차 보증금 등 임대차계약 정보를 신고해야 하며(2021년 6월 1일부터), 만약 당사자 중 일방이 신고를 거부하면 단독으로 신고할 수 있습니다. 임대차 신고가 이뤄지면 확정일자를 부여한 것으로 간주됩니다.

주택임대사업자의 요건과 세금 혜택

주택임대사업자로 등록하려면 필수 의무 요건이 있습니다. 요건과 함께 받을 수 있는 세제 혜택을 하나씩 알아봅시다.

주택임대사업자 의무사항

▼ 임대사업자 주요 의무사항

<table>
<tr><th>단계별</th><th>주요 의무사항</th><th>과태료</th></tr>
<tr><td rowspan="4">임대차 계약 시</td><td>1. 임대사업자 설명 의무
임대사업자는 임차인에게 임대의무기간, 임대료 증액 제한(5%), 임대주택 권리관계(선순위 담보권, 세금 체납 사실 등)에 대해 설명해야 합니다.
※ 또한 둘 이상 임대차계약이 존재하는 다가구주택 등은 선순위 임대보증금에 대해서도 설명해야 합니다(2020년 12월 10일 이후).</td><td rowspan="2">500만 원 이하</td></tr>
<tr><td>2, 소유권등기상 부기등기 의무(2020년 12월 10일 이후)
임대사업자는 등록 후 지체없이 등록한 임대주택이 임대 의무기간과 임대료 증액기준을 준수해야 하는 재산임을 소유권등기에 부기등기해야 합니다.</td></tr>
<tr><td>3. 임대차계약 신고 의무
· 임대사업자가 임대료, 임대기간 등 임대차계약 사항(재계약, 묵시적 갱신 포함)을 관할 지자체에 신고해야 합니다.
※ (신고방법) 지자체(시·군·구) 방문 또는 렌트홈 온라인 신고
※ (제출서류) 임대차계약 신고서 및 표준임대차 계약서
· 임대차계약 신고 이력이 없는 경우에는 세제 감면이 제한될 수 있습니다.</td><td rowspan="2">1,000만 원 이하</td></tr>
<tr><td>4. 표준임대차계약서 양식 사용 의무
· 임대사업자가 임대차계약을 체결하는 경우에는 표준임대차계약서 양식(「민간임대주택법」 시행규칙 별지 24호)을 사용해야 합니다.</td></tr>
<tr><td rowspan="3">임대차 계약 후</td><td>5. 임대료 증액 제한 의무
· 임대료(임대보증금 및 월 임대료)를 증액하려는 경우 임대료의 5% 범위를 초과해 임대료를 증액할 수 없습니다.
- 또한, 임대차계약 또는 약정한 임대료 증액이 있은 후 1년 이내에는 임대료를 증액할 수 없습니다.
· 임차인은 증액 비율을 초과하여 증액된 임대료를 지급한 경우 초과 지급한 임대료의 반환을 청구할 수 있습니다.</td><td>3,000만 원 이하</td></tr>
<tr><td>6. 임대의무기간 준수 의무
임대의무기간(6년 또는 10년) 중에 등록임대주택을 임대하지 않거나(본인 거주 포함) 무단으로 양도할 수 없습니다.</td><td>임대주택당 3,000만 원 이하</td></tr>
<tr><td>7. 임대차계약 유지 의무
임대사업자는 임차인에게 귀책사유가 없는 한 임대차계약을 해제·해지 및 재계약 거절을 할 수 없습니다.
※ (거절사유) 월 임대료 3개월 연체, 부대시설 고의파손·멸실 등</td><td>1,000만 원 이하</td></tr>
<tr><td rowspan="3">기타</td><td>8. 임대사업 목적 유지 의무
오피스텔을 등록한 경우 주거 용도로만 사용해야 합니다.</td><td>1,000만 원 이하</td></tr>
<tr><td>9. 임대보증금 보증 의무
임대사업자는 임대사업자 등록이 말소되는 말(임대사업자 등록이 말소되는 날에 임대 중인 경우에는 임대차계약이 종료되는 날)까지 임대보증금에 대한 보증에 가입해야 합니다.</td><td>보증금의 10% 이하에 상당하는 금액의 과태료(상한 3,000만 원)</td></tr>
<tr><td>10. 보고·검사 요청 시 협조 의무
관리관청이 임대사업자에 필요한 자료 제출을 요청하거나 관련 검사를 실시할 경우 적극 협조해야 합니다.</td><td>500만 원 이하</td></tr>
<tr><td>등록면허세 납부</td><td>임대사업자 등록증을 새로 받거나(양수 포함), 내용을 변경할 경우 등록증을 발급받기 전 관할 지자체에 해당 내용을 신고하고, 등록면허세를 납부해야 합니다.</td><td>-</td></tr>
</table>

주택임대사업자 세금 혜택

4년 단기주택임대사업자제도는 완전히 폐지되었으며, 임대 의무 기간은 10년입니다. 임대사업자의 세제 혜택이 축소되고 혜택이 줄어들면서, 최근에는 임대사업자등록을 하는 사람이 줄었습니다.

2025년 6월 기준 10년 민간등록임대 세제 혜택은 다음과 같습니다.

- 취득세 감면(2027년 12월까지 혜택)
  - 공통주택 · 임대형기숙사(신축 + 분양), 오피스텔(분양)에 대해 60m² 이하 100%*, 60m² 초과(20호 이상) 50% 감면
    * 취득세 200만 원 초과 시 85% 감면
    ※ 공공지원민간임대는 취득세 중과 배제, 장기일반민간임대는 취득세 중과 적용
  - 취득일로부터 60일 이내 등록 필요

구분	공동주택	임대형기숙사 (호실 40m² 이하)	오피스텔	다가구주택
신축건설	○	○	×	×
최초분양	○ (수도권 6억 원 이하, 비수도권 3억 원 이하)	○	○ (수도권 6억 원 이하, 비수도권 3억 원 이하)	×
기축매입	×	×	×	×

- 재산세 감면(2027년 12월까지 혜택)

  공동주택, 오피스텔, 다가구주택, 임대형기숙사에 대해 40m² 이하 100% 감면*, 40~60m² 75% 감면, 60~85m² 50% 감면

  * 재산세 50만 원 초과 시 85% 감면

구분	공동주택 (2호 이상)	오피스텔 (2호 이상)	다가구주택 (전호실 40m² 이하)	임대형기숙사 (호실 40m² 이하)
건설	· 수도권 9억 원 이하 · 비수도권 3억 원 이하	· 수도권 4억 원 이하 · 비수도권 2억 원 이하	○ (가액 조건 없음)	
매입	· 수도권 6억 원 이하 · 비수도권 3억 원 이하	· 수도권 4억 원 이하 · 비수도권 2억 원 이하		

• 종합부동산세 합산배제

건설형은 2호 이상, 전국 9억 원 이하, 전용 149m² 이하, 매입형은 수도권 6억 원/비수도권 3억 원 이하 종합부동산세 합산 배제

※ 30호 이상은 건설형·매입형 모두 가액기준 3억 원 상향

구분	건설	매입*
30호 미만	9억 원 이하, 2호 이상, 전용 149m² 이하	· 수도권 6억 원 이하 · 비수도권 3억 원 이하
30호 이상	12억 원 이하, 전용 149m² 이하	· 수도권 9억 원 이하 · 비수도권 6억 원 이하

* 개인은 2018년 9월 14일 이후, 법인은 2020년 6월 18일 이후 조정대상지역 내 신규 매입 시 합산

• 임대소득세(2025년 12월 31일까지 혜택)

- 감면: 85m² 이하 + 기준시가 6억 원 이하인 경우 1호 임대 시 75%, 2호 이상 임대 시 50% 감면
- 분리과세: 2,000만 원 이하 임대소득 분리과세 시 필요경비율*·기본공제** 차등

  * 필요경비율: 비등록 50%, 등록 60%

  ** 기본공제: 비등록 200만 원, 등록 400만 원

• 양도소득세/법인세 감면

- 개인 장기보유특별공제(매입 2020년 12월 이전, 건설 2027년 12월 이전 등록): 85m² 이하 + 수도권 6억 원/비수도권 3억 원 이하인 경우 8년 이상 50%, 10년 이상 70% 공제율 적용

  ※ 비등록임대 8년 보유 시 장기보유특별공제 16%, 10년 보유 시 20%
- 개인 양도소득세 중과배제/법인 법인세 추가과세 배제: 건설형은 2호 이상, 9억 원 이하, 전용 149m²/대지 298m² 이하, 매입형은 개인·법인(현재 공공지원에 한함) 수도권 6억 원/비수도권 3억 원 이하

구분	건설	법인 (20%포인트 추가과세 배제)
건설 (2호 이상)	전국 9억 원 이하 전용 149m² + 대지 298m² 이하	
매입	· 수도권 6억 원 이하 · 비수도권 3억 원 이하	· 장기임대: 2020년 6월 17일 이전 등록 · 공공지원: 등록시기 무관 · 수도권 6억 원 이하, 비수도권 3억 원 이하

- 개인 거주주택 비과세: 임대 개시시점 공시가격 6억 원(지방 3억 원) 이하인 10년 임대주택을 보유하면서 다른 주택을 2년 이상 보유·거주한 경우 거주주택 양도 시 1세대 1주택 간주(횟수 제한 없음)

2025년 6월 기준 비아파트 6년 단기임대 세제 혜택은 다음과 같습니다.

- 종합부동산세 합산 배제
  - 건설형: 2호 이상, 전국 6억 원 이하, 전용 149m² 이하
  - 매입형: 수도권 4억 원, 비수도권 2억 원 이하
  - ※ 개인은 2018년 9월 14일 이후, 법인은 2020년 6월 18일 이후 조정대상지역 내 신규 매입 시 합산

- 양도소득세 중과 배제
  - 건설형: 2호 이상, 전국 6억 원 이하, 전용 149m²/대지 298m² 이하
  - 매입형: 수도권 4억 원, 비수도권 2억 원 이하

- 법인세 추가과세 배제
  - 건설형: 2호 이상, 전국 6억 원 이하, 전용 149m²/대지 298m² 이하
  - 매입형: 혜택 없음

- 거주주택 비과세 특례
  - 건설형: 2호 이상, 전국 6억 원 이하, 전용 149m²/대지 298m² 이하
  - 매입형: 수도권 4억 원, 비수도권 2억 원 이하
  ※ 2018년 9월 14일 이후 조정지역취득물건 해당사항 없음

임대사업을 하면 세금을 내야 한다

직장인은 매달 월급에서 일정 금액을 세금으로 먼저 내고, 연말에 환급을 받습니다. 더 낸 세금이 있다면 돌려받고, 세금을 덜 냈다면 더 내야 할 수도 있습니다. 하지만 사업자는 매달 내는 세금이 없기에 1년에 한 번, 매년 5월 31일에 종합소득세를 신고해야 합니다. 임대사업자도 사업자이기에 소득세를 내야 합니다. 임대사업자의 소득에 대한 세금을 '임대소득세'라고 합니다.

임대소득이 연 2,000만 원 이상이면 종합소득세를 내야 합니다. 종합소득세율은 6~45%입니다. 구간별 누진세로 소득이 많을수록 세금이 많아집니다. 다른 소득이 있는 사람은 불리하죠. 또 임대소득이 연 2,000만 원 이하라면 분리과세가 됩니다. 분리과세는 정기적인 수입이 아닌 비정기적인 수입에 적용되는 것으로, 세율은 단일세로 14%입니다.

임대주택에 대한 임대소득 분리과세 적용 시 필요경비율은 60%, 공제금액은 400만 원이 적용됩니다. 다만, 「민간임대주택법」에 따른 임대주택으로, 「소득세법」에 따른 사업자등록이 있어야 하며, 임대료 또는 임대보증금의 연 증가율이 5% 이하여야 합니다. 이에 해당하지 않는 임대주택은 필요경비율 50%, 공제금액 200만 원으로 조정합니다.

3주택 이상 보유하고, 보증금이 3억 원을 초과하면 간주임대료를 과세합니다. 단, 40㎡ 이하면서 2억 원 이하인 소형주택은 제외합니다. 사업소득이 생기면 지역의료보험으로 전환되는데, 임대사업소득이 연 2,000만 원 이하인 피부양자는 그대로 유지됩니다. 직장의료보험 대상자는 급여 외 연간 소득이 7,200만 원이 되면 지역의료보험으로 전환됩니다. 임대소득이 적은 소액임대사업자는 직장의료보험 자격을 그대로 유지할 수 있습니다.

MEMO

여섯째 마당

경매 성공의 마지막 단계, 명도

경매이야기

개발 호재를 안고 있던 노원구 반지하 빌라

서울 노원구의 한 조용한 주택가. 그곳에 자리한 반지하 빌라가 마음에 들었습니다. 반지하지만 언덕에 있어 1층 같은 물건이었어요. 당시 이 지역은 개발 호재가 불기 직전이었는데, 언론에서도 본격적으로 다루지 않았고, 주민들조차 피부로 느끼지 못하고 있던 시기였죠. 저는 그 미묘한 분위기를 읽고 경매에 참여했고, 결국 9,800만 원에 낙찰받을 수 있었습니다.

이 집에 살던 점유자는 60대 부부였는데, 집을 엉망으로 쓰고 있었어요. 낡기도 하고 망가진 부분도 많아 전체 인테리어를 진행했어요. 오래된 새시를 교체하고, 나무색 씽크대를 철거한 뒤 하얀색 씽크대를 새로 들였어요. 도배와 장판을 새로 하고 화장실까지 깨끗하게 수리한 뒤 1억 2,000만 원에 전세임대를 했습니다. 집이 예뻐 금세 임차인이 들어왔어요.

그런데 진짜 문제는 눈에 보이지 않는 곳에 숨어 있었습니다.

"화장실에서 물이 자꾸 역류해요."

화장실 배수구에서 역류 현상이 생기고 악취까지 올라왔어요. 처음에는 단순히 배관을 청소하면 괜찮을 거라 생각했지만 문제는 생각보다 훨씬 깊었습니다. 며칠이 지나자 또 역류 현상이 일어났죠. 정화조 청소도 해보았지만 소용이 없었어요. 결국 배수관을 고압 세척하고 나서야 문제를 해결할 수 있었습니다.

반지하는 습기와 배수 문제가 따라오기 쉬워요. 임차인을 맞이하기 전에 반드시 이런 부분을 점검하고 보수하면 좋겠죠. 우여곡절 끝에 배수 문제를 해결하고 매도를 하려고 내놓았습니다. 매도가는 1억 7,000만 원이었어요. 비용을 모두 제외하고도 약 5,000만 원의 시세차익이 남았죠.

이후 개발 소식은 제 예상보다 더 빨리 찾아왔습니다. 얼마 지나지 않아 이 지역이 모아타운[1]으로 지정되었어요. 제가 매도한 집을 산 투자자는 재개발 이익을 얻을 거예요. 저는 이미 5,000만 원의 차익을 실현했고, 그 투자자도 향후 큰 수익을 가져갈 수 있습니다. 이것이 바로 개발 호재 지역 경매의 묘미입니다. 누군가는 단기 차익을 챙기고, 또 다른 누군가는 장기 개발 이익을 챙길 수 있죠. 모두가 기회를 얻는 구조가 되는 것입니다.

알아두세요

1 모아타운 노후·저층 주거지를 묶어 소규모 정비사업을 지원하는 제도입니다. 기존 대규모 재개발이 아닌 블록 단위로 주거 환경을 개선하는 방식입니다. 기존 재개발보다 절차가 간단해 속도가 빠르고 주민 동의율 요건이 낮아 실현 가능성이 높습니다.

047

쉬운 명도, 어려운 명도는 따로 있다

무시무시한 명도, 저도 해야 하나요?

명도는 집에 살고 있는 점유자를 내보내는 일을 말합니다. 권리 없는 임차인을 대상으로 한 여러 강제집행이 있습니다. 2019년 수협이 노량진수산시장의 상인들을 상대로 진행한 명도소송 강제집행이 그 예죠. 서울중앙지방법원 집행관실의 집행 인력 300명과 100여 명의 경호 인력이 동원되었고, 무려 10차례의 강제집행 끝에 마무리되었습니다. 법원의 집행관실에서 나왔다는 것은 노량진 상인들이 권리 없는 상인들이라는 뜻입니다.

이런 뉴스를 보다 보면 명도는 일반인에게 매우 낯설고 과격한 것으로 여겨집니다. 가진 사람(임대인)이 가진 것 없는 사람(임차인)을 괴롭히는 것처럼 보이죠. 하지만 이는 모두 법의 테두리 안에서 이루어지는 일입니다. 대화와 협상이 원만하게 이루어지면 부담스러운 강제집행을 하지 않아도 됩니다.

경매에서 명도는 피해갈 수 없다

경매에서 명도는 반드시 거쳐야 하는 과정입니다. 특히 주거용 물건은 더욱 그렇습니다. 집에는 누군가가 살고 있으니까요. 낙찰받은 집에 잔금을 납부하고 소유권 이전까지 한 후에도 명도가 마무리되지 않으면 온전한 내 집이라고 할 수 없습니다.

초보자라면 경매 물건을 고를 때 명도의 난이도를 고려해야 합니다. 명도가 쉬운 물건은 누구나 쉽게 입찰할 수 있기에 낙찰가율이 높고, 명도가 어려운 물건은 입찰하는 사람이 적어 낙찰가율이 낮습니다. 경매 물건 정보를 보고 집주인의 상황, 대항력의 유무, 임차인의 보증금 배당 등을 파악한다면 명도의 난이도를 가늠할 수 있습니다.

점유자의 상황을 이해해야 명도가 쉽다

경매에 나온 물건의 사연이 다양한 만큼, 해당 물건의 점유자가 처한 상황도 다양합니다. 점유자가 집주인이라면 잔금을 낸 즉시 법원에 인도명령신청을 하면 3일 이내에 결정을 받을 수 있습니다. 이후 강제집행을 할 수 있는 권리를 갖습니다. 임차인이라면 대항력 여부에 따라 결정 기간이 달라집니다. 법적으로는 단순하지만 강제집행을 하는 것은 비용과 에너지가 소모되는 일입니다. 그러니 강제집행까지 가기 전에 가능한 한 대화와 협상으로 원활하게 명도를 진행하길 권합니다.

잠깐만요 등기부등본을 보면 집주인의 상황을 미리 알 수 있습니다

등기부등본에 온갖 카드 압류가 표시되어 있다면 집주인이 카드대출을 돌려쓸 만큼 경제 사정이 어렵다는 뜻입니다. 이런 집에 사는 집주인은 이사할 날을 최대한 미루고 싶을 것입니다. 금융권이 아닌 사업자용 대출이 걸려 있는 물건이 집 가격보다 높은 대출로 인해 경매에 나왔다면, 이는 빚 세탁을 위한 것일 수도 있습니다. 이런 집에 사는 집주인은 오래 버티지 않고 이사를 할 것으로 예상할 수 있습니다. 물론 사람들이 사는 모습은 다양하기에 어디까지나 예상일 뿐입니다.

명도하기 쉬운 집과 어려운 집!

난이도 하 | 보증금을 잃지 않는 임차인이 있는 집

임차인이 자신의 보증금을 전액 배당받는 집은 명도가 쉽습니다. 보증금을 모두 배당받는

임차인은 손해 볼 것이 없기 때문이죠. 특히 임차인이 스스로 경매를 신청한 집은 명도가 더 쉽습니다. 임차인이 경매를 신청한 이유는 보증금을 돌려받고 이사를 하기 위해서니까요. 하지만 전액 배당받는 모든 임차인의 명도가 쉬운 것은 아닙니다. 사례를 볼까요?

임차인 오○○ 할머니는 오래전부터 마포구에서 전세로 살고 있었습니다. 인근 다른 집은 전세가가 폭등했지만, 집주인은 계약 갱신 때도 전세금을 올리지 않았습니다. 덕분에 할머니는 전세금 인상에 대한 부담 없이 살고 있었죠. 그러던 중 경매가 진행되었고, 할머니는 보증금 전액을 배당받는 임차인이 되었습니다. 낙찰자가 할머니에게 명도를 요구했지만 할머니는 완강히 거부했습니다. 받는 배당금이 주변 시세보다 적어 이사갈 집을 구할 수 없었기 때문입니다. 낙찰자는 예상 밖의 어려움을 겪어야 했고, 할머니는 오랜 실랑이 끝에 이사를 갔습니다.

난이도 중 | 일부만 배당받는 대항력 없는 임차인이 있는 집

임차인은 자신의 보증금을 법원에서 배당받습니다. 하지만 우선변제권의 순서가 늦으면 임차인은 자신의 보증금을 모두 배당받지 못할 수 있습니다. 대항력이 있는 임차인은 보증금을 낙찰자에게 요구할 수 있지만, 대항력이 없는 임차인은 그럴 수 없습니다. 보증금을 잃게 되는 것이죠. 억울하고 분할 것입니다. 그러니 명도도 어려울 수밖에요.

보증금 1억 원으로 살고 있다가 배당으로 7,000만 원만 돌려받는 세입자는 "나머지 보증금 3,000만 원을 주기 전에는 한 발자국도 못 나갑니다"라고 명도를 거부하기도 합니다. 이런 임차인에게는 이렇게 이야기하세요. "그러시군요. 하지만 배당받으실 7,000만 원은 제가 법원에 낸 잔금으로 받으시는 것입니다. 법원에서 보증금을 배당받기 위해서는 낙찰자의 명도확인서가 필요합니다. 이사를 안 가시면 저는 명도확인서를 드릴 수 없습니다. 선생님께서는 보증금을 배당받으실 수 없고, 보증금은 법원에 보관될 것입니다. 저는 명도 지연에 대한 손해배상으로 임차인분의 보증금을 압류할 수 있습니다. 보증금을 다 받지 못하는 억울한 마음은 충분히 이해가 됩니다만, 돌려받지 못한 보증금은 낙찰자가 아닌 전 주인분에게 받으셔야 합니다. 전 주인의 급여나 다른 재산을 압류하실 수 있으니 가까운 법무사에 알아보세요"라고 말이죠.

난이도 중 | 그 밖의 임차인이 사는 집

'법원에서 전액 배당받는 임차인'이 명도가 가장 쉬운 점유자라면, '낙찰자가 보증금을 인수하는 임차인'은 어떨까요? 이런 물건은 보증금을 인수하는 조건으로 낙찰받은 것이므로, 낙찰자와 임차인은 명도에 관한 협상을 해야 합니다.

낙찰자 입장에서 임차인을 강제집행할 수 없다는 어려움이 있지만, 임차인 입장에서도 낙찰자에게 남은 보증금을 받아야 하는 불편함이 있습니다. 임차인의 상황이나 태도에 따라 달라질 수 있지만, 보증금을 받아야 하는 임차인도 편치 않은 상황이라는 점을 인식하고 대화를 진행하는 것이 좋습니다.

배당금을 한 푼도 받지 못하는 임차인도 있습니다. 분명 집주인에게 보증금을 준 것은 사실이지만, 꼭 갖춰야 하는 권리를 갖추지 못한 임차인은 법원으로부터 배당을 받지 못하고, 낙찰자에게 보증금 인수를 요구할 수 없습니다. 앞선 권리들에 밀려 순서가 늦어진 임차인 또는 전입신고를 하지 못했거나, 제때 배당요구를 하지 못한 임차인입니다. 대항력이 없고, 우선변제권이 없거나, 있어도 늦은 임차인은 인도명령 대상이고, 강제집행이 가능합니다. 안타깝지만 그들에게 낙찰자가 해줄 수 있는 건 이사비를 넉넉히 챙겨주는 것뿐입니다.

난이도 상 | 가장 어려운 집은 형편이 여의치 않은 사람이 사는 집

법은 권리를 가진 사람을 보호합니다. 자신의 권리를 찾지 않는 사람은 보호하지 않습니다. 이는 법치사회에서 당연한 조치입니다.

"몰랐는데요"라는 변명이 통한다면 사회에서 법이 힘을 잃게 되겠죠. 그런데 안타깝게도 가난하거나, 어리거나, 늙거나, 아프고 약한 사람이 전입신고를 하지 않았거나, 확정일자를 받지 않았거나, 배당요구조차 하지 않아 얼마 안 되는 보증금을 잃고 살던 곳에서 쫓겨나는 경우가 있습니다. 낙찰자 입장에서 이런 사람들을 명도하는 것은 매우 힘든 일입니다.

그러니 물건을 조사할 때 점유자의 상황을 확인해야 합니다. 만약 등기부등본을 확인했는데 부모님은 모두 돌아가시고 어린 자녀들만 남아 상속받은 집이라면 어떻게 해야 할까요? 이 집을 낙찰받을 경우 아이들을 상대로 명도를 해야 합니다.

그래서 현장조사를 진행할 때 관리사무소나 인근 주민에게 해당 집에 특이점이 없는지 꼭 확인해야 합니다. 거동이 불편한 장애인이 살고 있거나, 연로하신 어르신이 혼자 어렵게 살고 있다면 이웃들이 알고 있을 것입니다. 명도가 너무 어려울 것으로 예상된다면 차라리 입찰하지 마세요.

비어 있는 집이라면 집 상태부터 먼저 확인해야

점유자가 없는 빈집을 '공실'이라고 합니다. 아무도 살고 있지 않은 집은 명도보다 집의 상태를 먼저 확인해야 합니다. 집은 오래 비어 있으면 쉽게 망가집니다. 겨울에는 베란다의 보일러가 터지고, 심한 경우 보일러 배관 누수가 생기기도 합니다. 수도관이 터지기도 하죠. 오래 비어 있던 집은 그만큼 상태가 좋지 않습니다.

실제 빈집이라도 서류상 점유자가 있는 경우가 있습니다. 임차권등기가 된 상태로 경매에 나온 집은 빈집인 경우가 많습니다. 임차권등기를 하면 이사를 해도 대항력을 유지할 수 있기 때문이죠. 서류상 주소를 남겨둔 채 집을 비워둔 점유자도 있습니다. 이런 집은 서류상 점유자를 상대로 명도를 진행합니다. 오랫동안 집을 비웠지만, 체납관리비를 납부한 것을 확인한 뒤에 명도확인서를 내주어야 합니다.

서류상 점유자가 없는 집일 때는 누구를 대상으로 명도를 해야 하는지 확인해야 합니다. 집에 누군가가 살고 있다면 신원을 파악하는 것이 먼저겠죠. 누군지 알 수 없는 점유자가 불법 점유를 했더라도 집의 문을 마음대로 열고 들어가서는 안 됩니다. 낙찰자 중에는 경찰에 신고해 신원을 파악했다는 사람도 있고, 밤에 방문했다는 사람도 있습니다. 우편물을 확인해 점유자의 이름을 확인할 수 있다면 점유이전금지가처분을 신청하는 것이 가장 쉽고 빠릅니다(52장 참고). 점유이전금지가처분을 신청하면 법적 절차를 밟아 집행관과 함께 문을 열고 집 안에 들어갈 수 있습니다. 이때 실제 사람이 살고 있는지, 어떤 사람이 쓰고 있는지 확인할 수 있습니다.

집에 아무도 살고 있지 않은 것이 확실하다면, 열쇠로 문을 열고 들어가 점유하기도 합니다. 하지만 나중에 점유자가 나타나 있지도 않은 손해를 배상하라고 요구하는 곤란한 일이 생길 수도 있으니 개문 후 점유는 매우 신중하게 고민한 뒤 판단해야 합니다.

048

점유자와의 떨리는 첫 만남, 수월한 명도의 시작!

얽힌 매듭을 풀어주는 명도의 순기능

경매는 누구나 참여할 수 있지만, 명도의 벽을 넘기는 쉽지 않습니다. 낯선 사람에게 찾아가 "내 집에서 그만 나가주세요"라고 말하는 것은 결코 쉬운 일은 아닙니다. 마음이 불편하기도 하고, 남에게 폐를 끼치는 것 같아 미안하기도 합니다. 명도가 정말 그런 것일까요? 경매를 통해 집은 새로 태어납니다. 집에 딸린 모든 권리는 사라지고, 이러지도 저러지도 못하고 남아 있던 점유자들도 제자리를 찾아갈 수 있습니다. 돈을 빌려준 사람은 돈을 돌려받고, 빚을 갚아야 할 사람은 빚을 갚고, 떠나야 할 사람은 떠나게 해주죠. 낙찰자는 꼬인 권리를 풀어주는 수고를 하고, 덕분에 저렴하게 부동산을 가질 수 있습니다. 그 마지막 매듭이 바로 명도입니다. 이 매듭 하나만 잘 풀어주면 모든 것이 제자리로 돌아갑니다. 명도는 남에게 폐를 끼치는 일이 절대 아닙니다.

낙찰받은 당일에 방문하라! 이유는?

명도를 하기 위해서는 점유자를 만나 대화를 해야 합니다. 어떻게 하는 것이 좋을까요? 경매법정에서 낙찰을 받고 나오면 2시 전후입니다. 낙찰을 받게 되면 흥분되고 놀란 마음에 그대로 집에 가고 싶은 마음이 굴뚝 같을 것입니다. 하지만 낙찰 당일에 해당 물건에 방문하는 것이 좋습니다. 왜일까요?

일주일 이내에 집의 상태를 파악하기 위해

매각불허가신청 기간은 일주일입니다. 매각불허가신청은 법원에 매각 자체를 허가하지 말아달라고 신청하는 것을 말합니다. 따라서 물건에 심각한 하자가 있다면 일주일 이내에 파악해야 합니다.

잠깐만요 입찰보증금을 돌려받을 수 있는 매각불허가신청

감정가의 결정 또는 매각물건명세서 내용에 중대한 흠이 발견되었을 때, 천재지변 등으로 부동산이 현저하게 훼손되었을 때 등의 이유로 낙찰자를 포함한 이해관계자는 낙찰 자체에 대한 매각불허가를 요청할 수 있습니다. 매각불허가 없이 잔금을 미납하면 입찰보증금을 몰수당하지만, 매각불허가를 받으면 입찰보증금을 돌려받습니다. 매각불허가신청 기간은 일주일이고, 이 기간이 지나면 매각허가결정이 납니다. 매각허가결정이 된 이후 심각한 하자로 매각을 취소하려면 매각허가결정취소신청을 해야 합니다. 매각허가결정취소는 매각불허가보다 과정이 번거로우니 낙찰을 받으면 물건의 하자 여부를 하루라도 빨리 확인해야 합니다.

명도의 난이도를 파악하기 위해

처음부터 명도의 난이도를 골라 낙찰을 받아도 점유자에 따라 명도 난이도가 달라집니다. 첫 만남을 시도해보면 점유자가 어떤 사람인지 알 수 있습니다. 명도의 난이도에 따라 법적인 조치가 달라집니다. 명도에 순순히 응하지 않고 저항을 하는 점유자라면 처음부터 점유이전가처분신청을 하는 것이 좋습니다.

점유자가 마음의 준비를 할 수 있도록

점유자는 자신이 살고 있는 집이 경매로 넘어갔으니 언젠가는 집을 떠나야 한다는 것을 알고 있지만, 대개 현실로 닥쳐야 이사 계획을 세웁니다. 그러면 시간이 오래 걸리겠죠? 하루라도 빨리 낙찰 사실을 알리고 마음의 준비를 할 수 있도록 하는 것이 좋습니다.

매도 빨리 맞는 게 낫다

낯선 사람에게 이사를 나가라고 말하는 것은 불편한 일입니다. 하기 싫은 일은 차일피일 미루게 되죠. 다른 날짜를 잡아 점유자를 만나러 가려면 더 힘이 듭니다. 그냥 낙찰 당일에 방문하는 것이 낫습니다.

전화로 첫 만남을 가질 때 꿀팁

해당 물건에 방문했는데 점유자를 만나지 못할 수도 있습니다. 집에 아무도 없다면 메모를 남겨두고 옵니다. 포스트잇에 정중하면서도 간단하게 용건만 적어두면 충분합니다.

'낙찰자 ○○○입니다. 앞으로의 일정에 대해 말씀드리고자 합니다. 전화 부탁드립니다. 010-000-0000.'

이사할 마음의 준비가 되어 있는 점유자는 메모를 보면 바로 전화를 하는 편입니다. 전화상 점유자의 태도가 공손하지 않더라도 명도를 당해야 하는 점유자의 마음을 이해해주세요. 낙찰자에게 점유자와의 대화가 불편한 것처럼 점유자도 낙찰자가 불편합니다.

명도는 직접 만나 하는 것이 좋습니다. 콜센터 상담원이 감정노동자라고 하죠. 전화로 명도를 하다 보면 시비가 붙고, 싸움이 일어날 수 있습니다. 별것 아닌 말도 전화상으로는 불쾌하게 느낄 수 있으니까요. 전화상으로는 만날 약속만 잡으세요.

"앞으로의 일정에 대해 안내드리려고 합니다. 제가 집으로 찾아뵙겠습니다. 수요일 오후가 좋으세요, 목요일 오전이 좋으세요?"

약속을 잡을 때는 세일즈콜 방식으로 해보세요. 그냥 "언제가 좋으세요?"라고 묻는 것보다 "A가 좋으세요, B가 좋으세요?"라고 묻는 것이 좋습니다. 사람들은 구체적으로 제시한 것을 거절하기 어려워합니다. 만약 "전 평일에 시간이 없는데요"라고 한다면, "그럼 주말 오전이 좋으세요, 오후가 좋으세요?"라고 묻습니다. "이번 주는 어디 가는데요"라며 또 거절을 한다면, "다음 주는 어떠세요?"라고 다시 묻습니다. 일반적으로 세 번 거절하기는 쉽지 않습니다.

점유자와의 첫 만남, 수월한 명도를 위한 순서

① 첫 만남은 되도록 점유자의 집에서

첫 만남의 장소는 낙찰받은 물건이 좋습니다. 아직 내부를 보지 못했으니 처음 내부를 볼 수 있는 날이기도 하죠. 점유자가 집으로 오는 것을 완강하게 거부한다면 외부에서 만나도 괜찮습니다.
첫 명도라면 혼자보다는 가족이나 친구, 동료와 함께 가세요. 같이 가는 사람이 경매에 대해 잘 몰라도 상관없습니다. 그저 옆에 있어주는 것만으로도 도움이 됩니다.

② 대략적인 일정 설명은 필수

낙찰자는 앞으로 일어날 일들과 일정에 대해 점유자에게 설명해야 합니다. 점유자는 앞으로 일어날 일들에 대해 잘 알지 못하므로 반드시 자세한 설명이 필요합니다.
"지난달 25일에 제가 이 집을 낙찰받았습니다. 저는 이달 20일경에 잔금을 납부할 예정입니다. 잔금을 납부하면 집의 소유권이 완전히 바뀌게 됩니다. 예상되는 배당기일은 다음달 20일경으로, 배당기일이 지나면 선생님께서는 불법 점유자가 되십니다. 배당기일까지는 이사 준비를 해주셔야 합니다."
낙찰 후 약 한 달이 지나면 잔금을 납부해야 하고, 약 두 달이 지나면 배당이 됩니다. 점유자에게 정확하게 설명해야 점유자가 이사 준비를 할 수 있습니다. 임차인은 배당기일까지 집에 살 수 있는 권리가 있습니다. 집주인이라면 소유권 이전 후 3일 이내에 인도명령이 결정되고, 강제집행을 할 수 있습니다.
"선생님의 보증금은 배당기일에 법원에서 배당받게 되십니다. 배당을 받기 위해서는 몇 가지 서류가 필요합니다. 전월세계약서 원본, 신분증, 도장 그리고 낙찰자의 명도확인서와 인감증명서입니다. 명도확인서는 명도가 되었다는 확인서입니다. 명도는 선생님께서 이사를 나가셨다는 뜻이고, 명도확인서는 이사를 완료하신 다음에 드릴 수 있습니다. 배당은 명도확인서가 있어야 받으실 수 있습니다. 때문에 보증금을 배당받기 위해서는 하루빨리 이사 준비를 하셔야 합니다."

③ 명도확인서 없이는 보증금을 줄 수 없다

임차인은 법원에서 배당을 받기 위해 명도확인서가 필요하지만, 낙찰자는 명도가 완료될 때까지 명도확인서를 주어서는 안 됩니다. 보증금을 돌려받아야 이사 갈 곳을 구할 수 있다며 명도확인서를 먼저 받을 수 있냐고 묻는 임차인도 있습니다. 임차인의 사정은 안타깝지만, 사정을 봐준다고 이사를 나가기 전에 명도확인서를 줬다가 임차인의 마음이 변하면 낙찰자는 매우 곤란한 상황에 처할 수도 있습니다.

명도 전에 명도확인서를 주는 건 히든카드를 내어준 것과 같습니다. 명도확인서로 배당을 받고 난 임차인이 마음이 변해 이사를 차일피일 미룬다면 낙찰자는 어쩔 수 없이 강제집행을 해야 할 수도 있습니다. 임차인은 명도확인서가 있어야 배당을 받아 그 돈으로 이사를 갈 수 있고, 낙찰자는 명도가 완료되기 전에 명도확인서를 줄 수 없는 상황이 비일비재하니 참 난감합니다.

이런 방법도 있습니다. 임차인이 배당을 받지 못한 채 배당기일이 지나면 임차인의 보증금은 법원에 공탁되어 보관됩니다. 보증금이 법원에 보관되어 있는 상태에서 임차인이 이사를 나가면, 낙찰자는 명도확인서를 내어줍니다. 임차인은 그 길로 법원에서 배당을 받아 새집으로 이사를 갈 수 있습니다. 이처럼 명도확인서는 명도가 완료된 후에 주는 것이 안전합니다.

④ 이사비를 달라는 점유자에게는 어떻게 대응할까?

"죄송하지만, 배당받으시는 분들께는 이사비를 드리지 않습니다. 하지만 ○○일 이전에 이사를 해주시면 감사의 뜻으로 ○○원을 드리겠습니다. ○○일이 지나면 이사비를 드릴 수 없습니다."

돈이 한 푼도 없어 이사를 하기 어려운 상태거나, 조용하게 명도를 하게 되어 점유자에게 고마운 마음에 약간의 위로금을 주는 경우도 있지만, 원칙상 명도할 때 이사비는 주지 않아도 됩니다. 특히 명도확인서가 필요한, 배당받는 임차인에게는 이사비를 주지 않아도 됩니다.

⑤ 신뢰도를 상승시키는 한마디!

"이사 날짜가 정해지면 알려주세요. 궁금한 점이 있으시면 언제든지 편하게 연락주세요."

임차인은 이 한마디에 감동합니다. 서로의 평화를 위해 임차인이 배당을 잘 받을 수 있도록 최대한 도와주세요.

무작정 따라하기

명도확인서 작성법

임차인은 낙찰자의 인감을 날인한 명도확인서와 낙찰자의 인감증명서를 법원에 제출해야 배당을 받을 수 있습니다. 명도확인서는 컴퓨터로 작성해도 되고, 볼펜으로 직접 써도 무방합니다. 명도확인서는 1부를 작성하는데, 반드시 인감도장을 찍습니다. 그리고 낙찰자의 인감증명서와 함께 임차인에게 내주면 완료입니다. 양식은 다음과 같습니다.

명 도 확 인 서

사건번호: 20**타경1234
이　　름: 임차인
주　　소: 서울시 강동구 ○○동 ○○-○○○ (낙찰받은 집주소)

위 사건에서 위 임차인은 임차보증금에 따른 배당금을 받기 위해 매수인에게 목적부동산을 명도하였음을 확인합니다.
첨부서류: 매수인 명도확인용 인감증명서 1통 (낙찰자의 인감증명서)

년　　　월　　　일

매 수 인　　　　　　　　(인)
연락처(☎)

○○지방법원　귀중

049

원활한 명도를 위한 대화의 기술

명도는 집에 살고 있는 점유자를 내보내는 일입니다. 법의 힘을 빌리지 않고, 대화를 통해 원만히 명도가 된다면 점유자와 낙찰자 모두에게 좋은 일입니다. 원만한 명도를 위해 우리는 점유자와 협상을 합니다. 점유자와 대화를 시작하기 전에 그들의 상황을 먼저 이해해볼까요?

경매에 나오는 집에는 나름의 사연이 있다

낙찰받은 집은 사연을 가지고 있습니다. 사업이 어려워진 사장님의 집일 수도 있고, 집주인이 보증금을 돌려주지 않아 이사를 가지 못하는 임차인이 사는 집일 수도 있습니다. 형제를 위해 담보로 잡혔던 집일 수도 있고, 재산상속에 불만을 가진 자녀들의 집일 수도 있습니다. 경매를 당한 점유자들은 그간 어려운 일을 겪으며 쌓인 원망과 울분을 낙찰자에게 토해내기도 합니다. 점유자의 상황을 이해하면 그들의 무례한 행동도 이해가 됩니다.

고수가 알려주는 성공적 명도를 위한 대화법

점유자를 만나기 전에 어떻게 협상할지 미리 정해둔다

점유자와의 첫 만남은 일정을 알려주는 것에서 시작합니다.

"제가 지난달 20일에 낙찰을 받았습니다. 잔금납부일은 이달 10일경입니다. 이때 소유권 이전이 되고, 그때부터 선생님께서는 이 집을 무단으로 점유하시게 됩니다. 배당기일이 다음 달 10일이므로 그때까지는 집을 비워주셔야 합니다."

예상하는 일정을 알려주는 것이 좋습니다. 잔금납부일은 예상일보다 조금 이른 날짜로 공지하면 나중에 이사 날짜를 협상할 수 있습니다.

원망의 대상이 낙찰자가 아님을 알려준다

보증금을 일부만 배당받는 임차인이나 하나도 배당받지 못하는 임차인은 낙찰자에게 노골적인 적개심을 드러냅니다. 보증금을 모두 내놓지 않으면 절대 이사를 갈 수 없다고 하거나, 말도 안 되는 이사비를 요구하며 으르렁대기도 합니다. 이때 원인 제공자가 낙찰자가 아님을 알려주세요.

"정말 전 집주인이 너무했네요. 그런데 알고 계세요? 선생님께서 법원에서 일부라도 받으시게 될 보증금은 제가 납부하는 잔금에서 배당된답니다. 선생님께서 배당받지 못한 보증금은 전 집주인에게 받아내실 수 있어요. 전 집주인이 월급을 받거나 다른 재산이 있으면 압류하실 수 있거든요. 가까운 법무사를 찾아가보세요."

흥정하듯 협상한다

동남아 국가의 재래시장에서 물건을 살 때는 상인이 부르는 가격의 절반 이하부터 흥정을 시작해야 한다고 합니다. 1만 5,000원짜리 물건을 상인은 2만 원부터 부르고, 소비자는 1만 원으로 깎아달라고 하는 것이죠. 상인과 소비자가 조금씩 양보해 1만 5,000원에 거래했다면, 상인과 소비자 모두에게 만족스러운 거래입니다.

다음 달 10일까지 이사를 가라는 낙찰자의 말에 점유자가 발끈하며 대답합니다.

"당장 다음 달 10일까지 이사를 어떻게 가나요? 시간을 더 주셔야 해요."

"그럼 20일 정도면 될까요?"

"다음 달 말은 되어야죠. 더 빨리 가도록 노력은 해볼게요. 이사비는 얼마나 주실 거죠?"

"저는 이사비를 드릴 의무가 없습니다. 하지만 선생님께서 다음 달 20일 이내에 이사를 완료하신다면 약간의 위로금을 드리겠습니다. 약속하신 20일을 넘기면 한 푼도 드릴 수 없습니다."

이 대화에서 낙찰자는 처음 점유자에게 10일까지 이사하라고 말했고, 점유자의 요청에 응해 20일까지 연기해주었습니다. 사실 낙찰자가 처음 생각한 명도완료일은 30일입니다. 명도 협상을 할 때 이사 날짜는 예상보다 빠른 날짜부터 시작하는 것이 좋습니다.

적당한 이사비는 얼마일까?

점유자는 이사를 나가면서 억울한 마음을 갖습니다. 억울함을 해결하는 가장 쉬운 방법은 '돈'이죠. 그래서 대부분의 점유자는 이사비를 요구합니다.

사실 낙찰자가 점유자에게 이사비를 지급할 의무는 없습니다. 특히 배당받는 임차인에게는 더욱 그렇습니다. 그들은 보증금을 온전히 받고, 이를 받기 위해서는 낙찰자의 명도확인서가 필요하니까요. 보증금을 한 푼도 배당받지 못하는 임차인 혹은 집주인일 경우에는 사정에 따라 위로금 성격으로 이사비를 지급하기도 합니다. 하지만 그들이 원하는 금액과 낙찰자가 줄 수 있는 금액에는 큰 차이가 있습니다.

"내가 이 집 인테리어를 하는 데 들인 돈이 3,000만 원이에요. 그러니 1,000만 원은 주셔야지."

"선생님, 제가 드릴 수 있는 최대 금액은 100만 원이에요. 다음 달 20일까지 이사를 완료하시면 100만 원을 드리겠습니다. 날짜를 넘기면 100만 원도 어렵습니다."

점유자가 1,000만 원을 불렀지만, 진짜로 받을 수 있을 거라고 생각하는 것은 아닙니다. 몇 번의 협상을 한 뒤 다음 달 말일경에 명도가 완료되고 이사비로 120만 원이 지급되면 점유자와 낙찰자 모두에게 만족스러운 명도가 됩니다. 낙찰자가 지급할 수 있는 최대 이사비는 강제집행을 하게 될 때 발생하는 비용으로, 평당 10만~20만 원 정도입니다.

마지막에는 살짝 져준다

이사를 가는 날에 꼭 이렇게 말하는 점유자가 있습니다.

"도어록을 떼어가긴 그렇고, 중고비용으로 사주세요."

"냉장고가 트럭에 안 들어가네. 좀 사주쇼."

심지어 방에 깔린 장판을 뜯어가겠다고 하는 점유자도 있습니다. 대체 왜 그러는 걸까요?

억울해서입니다. 이사하는 날까지의 관리비를 정산하고, 집 안의 쓰레기도 깨끗이 치워 놓기는 했는데, 점유자는 뭔가 억울함이 가시지 않습니다. 그래서 이사하는 날 이들은 종종 엉뚱한 요구를 합니다. 이때 가장 원만하게 해결하는 방법은 그들의 요구를 들어주는 것입니다. 5만 원, 10만 원으로 그들의 물건을 사주세요. 10만 원으로 그들의 억울함을 달래줄 수 있습니다. 마지막 협상에서 당당히 승리한 점유자는 기분 좋게 덕담을 하며 사라집니다.
"젊은 분이 고생하시네. 잘 사세요."

대면이 어렵다면 문자 메시지로 명도하자

직접 만나서 명도를 하지 않고, 문자 메시지나 모바일 메신저로 협상할 수도 있습니다.
'안녕하세요. 낙찰자 ○○○입니다.'
대화로 할 이야기를 문자 메시지로 보내면 됩니다. 이때 상대방도 문자 메시지로 답을 하도록 하세요. 만약 상대가 통화를 요구하면 다음과 같이 문자 메시지로 유도하는 것이 좋습니다.
'업무 중이라 전화 통화가 어렵습니다. 문자 메시지로 주세요.'
낙찰자가 직접 명도하는 것에 두려움이 많거나, 어리거나, 약한 경우 '문자 메시지 명도'는 효과적입니다. 점유자가 거칠어 상대하기 곤란한 경우에도 문자 메시지로 명도를 합니다. SNS가 발달한 세상입니다. 전화번호만 알면 방금 소개받은 사람이 어떤 사람인지 금방 알 수 있습니다. SNS로 점유자를 파악해 명도를 하면 유리합니다. 거꾸로 점유자도 낙찰자의 상태를 알 수 있습니다. 때문에 명도를 하는 사람은 모바일 메신저 프로필에 지나치게 자신을 드러내지 않는 것이 좋습니다.

050

서류로 남기는 증거 자료, 내용증명

말이 통하지 않는다면 서류가 답이다!

내용증명이란 보내는 사람(발송인)이 받는 사람(수취인)에게 어떤 내용의 문서를 언제 발송했다는 사실을 공적으로 증명해주는 우편 서비스입니다. 개인 간에 발송되는 우편물의 문서 내용을 증거로 남길 필요가 있는 경우를 비롯해 손해배상청구, 계약해지 통보 등의 용도로 많이 사용됩니다. 하지만 내용증명을 발송한다고 해서 법적 효력이 발생하는 것은 아닙니다. 대신 나중에 소송이 진행될 때 유리한 자료로 이용할 수 있죠.
내용증명은 경매 명도에서도 유용하게 이용됩니다. 법적으로 증거 자료가 되기도 하고, 쉽게 물러서지 않는 점유자에게 심리적 압박을 주는 효과도 있습니다.

육하원칙에 따른 내용증명 작성 방법

내용증명은 특별히 정해진 양식이 있지 않습니다. A4용지에 전달하고자 하는 내용을 알기 쉽게 육하원칙에 따라 적으면 됩니다. 경매에서 내용증명에 들어가는 필수 내용은 다음과 같습니다.

제목

이주계획촉구, 명도이행촉구 등 공적인 제목으로 씁니다.

수신

받는 사람의 주소와 이름, 즉 낙찰받은 집의 주소와 점유자의 이름은 내용증명을 받을 주소, 받는 사람의 이름과 같아야 합니다. 받는 사람은 1인입니다. 받는 사람이 여러 명이라면 받는 사람 모두를 대상으로 각각 작성합니다.

발신

보내는 사람의 주소와 이름, 즉 낙찰자의 이름과 낙찰자의 주소입니다. 이때 낙찰자의 주소는 주민등록의 주소와 같지 않아도 상관없습니다. 반송을 받을 수 있는 주소를 적으면 됩니다. 반송을 원하지 않으면 '반송불필요'로 보내세요. 점유자가 우편을 받지 않아 반송될 경우 반송료를 지불해야 합니다.

내용

내용증명을 보내는 일의 원인과 현재 상황, 피해에 대한 내용을 구체적으로 기재하는 것이 좋습니다. 언제 이 물건을 낙찰받았고, 언제 점유자에게 연락을 시도했으며, 점유자는 어떻게 반응했는지 사실적이고, 객관적으로 육하원칙에 맞추어 작성합니다. 또한 점유자에게 전해야 할 내용, 즉 잔금납부예정일과 예상배당일 그리고 언제까지 이사를 해주길 바란다는 내용을 정중하게 작성합니다. 내용증명 자체로 법적인 효력이 발생하는 것은 아니지만, 사실을 증명하는 데 사용되기에 신중하게 작성해야 합니다.

부동산 명도에 대한 최고서

수신: ○○○ (이하 귀하)
주소:

발신: ○○○ (이하 본인)
주소:

경매낙찰부동산의 표시: (낙찰받은 집주소)
경매사건번호: ○○지방법원 20**타인1234

안녕하십니까. 발신인은 20**년 *월 *일 ○○지방법원에서 진행된 20**타인1234 부동산 경매 사건에서 상기 부동산을 낙찰받아 매각대금을 완납한 상기 부동산의 소유자입니다. 귀하께서 거주하고 계시는 부동산은 20**년 *월 *일에 소유권이 이전되었으며, 이에 따라 귀하께서는 점유하고 계신 부동산을 20**년 *월 *일까지 발신인에게 인도하시길 권고드립니다.

20**년 **월 **일 이전까지 명도를 완료하여 주시기 바랍니다. 만일 귀하께서 아직 이주 계획이 없으시면 조속히 수립하여 주시기 바라며, 이사 날짜가 정해지면 발신인에게 바로 통보하여 주시기 바랍니다.

내용증명 수신 후 3일 이내에 회신이 없을 경우 원만한 합의 의사가 없는 것으로 간주하고 법에 따라 강제집행이 이루어질 것이며, 그에 따른 모든 비용을 부담하시게 될 것입니다. 아울러 법적으로 강제로 이사를 시키는 '강제집행'은 그 과정이 온건하지 않아 가족에게 큰 상처가 될 수 있습니다.

모쪼록 현명히 판단하시어 불미스러운 일이 없기를 바라며, 원만한 합의를 통해 합리적인 인도 과정이 되길 기대합니다. 협의하실 사항이 있으시면 언제든 발신인에게 연락주시기 바랍니다. 귀댁의 건강과 건승을 기원합니다.

20**년 *월 *일
발신인: ○○○
연락처: 010-0000-0000

내용증명 보내는 방법

내용증명은 우체국에서 보냅니다. 같은 문서 3부를 준비해 우체국으로 가져가면 우체국 직원이 3장을 나란히 놓고 펀칭을 하거나, 도장을 찍어줍니다. 1부는 수신인에게 등기우편으로 보내고, 1부는 발신인이 보관하며, 나머지 1부는 우체국에서 보관합니다. 우체국이 편지의 내용과 날짜를 증명합니다.

비용을 지불하고 나면 내용증명을 발송했다는 영수증을 줍니다. 특수우편물 수령증을 제시할 경우 3년 이내에 한하여 발송한 우체국에서 열람할 수 있고, 재증명을 받는 것이 가능합니다.

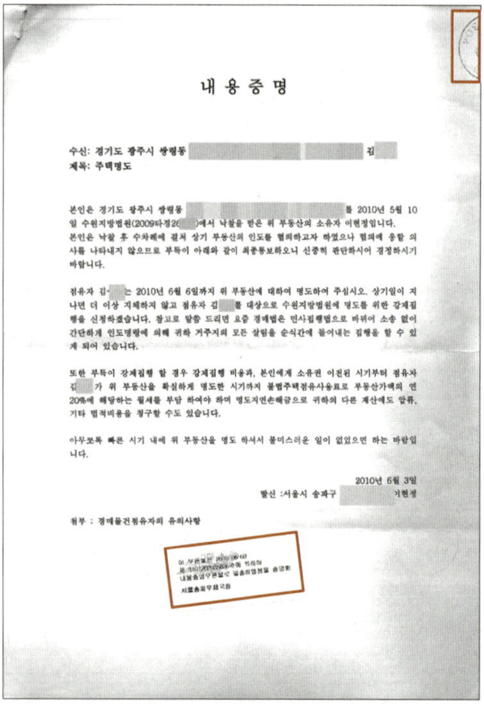

내 용 증 명

수신: 경기도 광주시 쌍령동 김
제목: 주택명도

본인은 경기도 광주시 쌍령동 를 2010년 5월 10일 수원지방법원(2009타경26)에서 낙찰을 받은 위 부동산의 소유자 이현정입니다.
본인은 낙찰 후 수차례에 걸쳐 상기 부동산의 인도를 협의하고자 하였으나 협의에 응할 의사를 나타내지 않으므로 부득이 아래와 같이 최종통보하오니 신중히 판단하시어 결정하시기 바랍니다.

점유자 김 는 2010년 6월 6일까지 위 부동산에 대하여 명도하여 주십시오. 상기일이 지나면 더 이상 지체하지 않고 점유자 김 를 대상으로 수원지방법원에 명도를 위한 강제집행을 신청하겠습니다. 참고로 말씀 드리면 요즘 경매법은 민사집행법으로 바뀌어 소송 없이 간단하게 인도명령에 의해 귀하 거주지의 모든 살림을 순식간에 들어내는 집행을 할 수 있게 되어 있습니다.

또한 부득이 강제집행 할 경우 강제집행 비용과, 본인에게 소유권 이전된 시기부터 점유자 김 가 위 부동산을 확실하게 명도한 시기까지 불법주택점유사용료로 부동산가액의 연 20%에 해당하는 월세를 부담 하여야 하며 명도지연손해금으로 귀하의 다른 재산에도 압류, 기타 법적비용을 청구할 수도 있습니다.

아무쪼록 빠른 시기 내에 위 부동산을 명도 하셔서 불미스러운 일이 없었으면 하는 바람입니다.

2010년 6월 3일
발신 :서울시 송파구 이현정

첨부 : 경매물건점유자의 유의사항

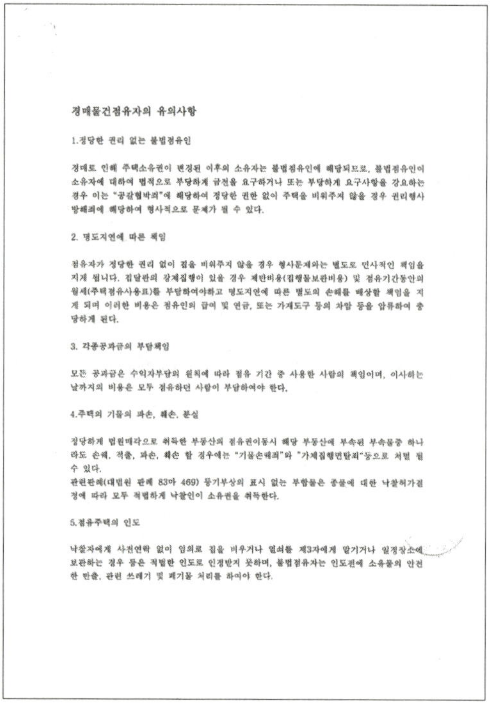

경매물건점유자의 유의사항

1.정당한 권리 없는 불법점유인

경매로 인해 주택소유권이 변경된 이후의 소유자는 불법점유인에 해당되므로, 불법점유인이 소유자에 대하여 법적으로 부당하게 금전을 요구하거나 또는 부당하게 요구사항을 강요하는 경우 이는 "공갈협박죄"에 해당하여 정당한 권한 없이 주택을 비워주지 않을 경우 권리행사방해죄에 해당하여 형사적으로 문제가 될 수 있다.

2. 명도지연에 따른 책임

점유자가 정당한 권리 없이 집을 비워주지 않을 경우 형사문제와는 별도로 민사적인 책임을 지게 됩니다. 집달관의 강제집행이 있을 경우 제반비용(집행물보관비용) 및 점유기간동안의 월세(주택점유사용료)를 부담하여야하고 명도지연에 따른 별도의 손해를 배상할 책임을 지게 되며 이러한 비용은 점유인의 급여 및 연금, 또는 가재도구 등의 차압 등을 압류하여 충당하게 된다.

3. 각종공과금의 부담책임

모든 공과금은 수익자부담의 원칙에 따라 점유 기간 중 사용한 사람의 책임이며, 이사하는 날까지의 비용은 모두 점유하던 사람이 부담하여야 한다.

4.주택의 기물의 파손, 훼손, 분실

정당하게 법원매각으로 취득한 부동산의 점유권이동시 해당 부동산에 부속된 부속물중 하나라도 손괴, 적출, 파손, 훼손 할 경우에는 "기물손괴죄"와 "가재집행면탈죄"등으로 처벌 될 수 있다.
관련판례(대법원 판례 83마 469) 등기부상의 표시 없는 부합물은 종물에 대한 낙찰허가결정에 따라 모두 적법하게 낙찰인이 소유권을 취득한다.

5.점유주택의 인도

낙찰자에게 사전연락 없이 임의로 집을 비우거나 열쇠를 제3자에게 맡기거나 일정장소에 보관하는 경우 등은 적법한 인도로 인정받지 못하며, 불법점유자는 인도전에 소유물의 안전한 반출, 관련 쓰레기 및 폐기물 처리를 하여야 한다.

내용증명번호가 인쇄된 우체국 스티커와 간인

인터넷으로 내용증명 보내기

우체국에 방문하지 않아도 24시간 인터넷우체국(epost.go.kr)을 통해 내용증명을 신청할 수 있습니다. 내용증명 문서는 전자서명 및 위·변조방지 기술 등을 통해 원본의 무결성을 보장하며, 안전하게 내용을 증명합니다. 3년 동안 전자문서로 보관하므로 보관 기간 이내에 언제든지 문서를 조회하거나 재증명받을 수 있습니다.

인터넷우체국에서 [우편]→ [증명서비스] → [내용증명]을 클릭하면 내용증명을 보낼 수 있다.

051

인도명령은 일단 신청하고 본다

대화도 서류도 통하지 않으면, 이제는 법이다!

점유자와 대화가 통하지 않는다면 법의 힘을 빌려 점유자를 내보내야 합니다. 낙찰자가 법원에 잔금을 납부하고 소유권을 취득했는데도 불구하고, 점유자가 부동산에 계속 거주하고 있어 소유권을 행사하지 못할 경우 낙찰자는 법원에 인도명령을 요청할 수 있습니다. 매수자(낙찰자)의 요청이 합당하면 법원은 점유자에게 부동산 인도를 명령합니다. 만약 점유자가 인도명령을 따르지 않으면 낙찰자는 법원 집행관에게 강제집행을 신청할 수 있습니다. 단, 강제집행을 하기 전에 반드시 법원으로부터 인도명령결정문을 받아야 합니다.

인도명령은 무조건 되는 것이 아니다

경매에서 채무자 및 소유자, 전액 배당받는 선순위임차인, 후순위임차인은 인도명령 대상입니다. 이러한 인도명령제도 덕분에 일반인도 마음 놓고 경매에 참여할 수 있게 되었습니다. 그러나 대항력을 갖춘 임차인의 경우, 점유자가 매수인에게 대항할 수 있는 권리가 있으므로 인도명령을 신청할 수 없고 강제집행도 할 수 없습니다. 대항력 있는 임차인을 파악하는 권리분석이 중요한 이유입니다. 또 권리가 모호한 점유자나 유치권자가 있거나 권리를 다투는 임차인이 있다면, 인도명령이 바로 결정되지 못하므로 별도의 소송들을 거쳐야 합니다.

인도명령결정문은 언제 나올까

집주인이 점유자라면 인도명령결정문은 배당기일에 상관없이 잔금 납부만 하면 바로 나옵니다. 그러나 임차인에 대한 인도명령은 법원배당기일이 지난 후에 결정됩니다.
낙찰을 받은 뒤 잔금 납부까지 보통 1개월이 걸리고, 잔금 납부 후 배당기일까지 1개월이 추가로 소요됩니다. 그러므로 낙찰로부터 법원배당기일까지는 약 2개월이 걸립니다.

▼ 거주자별 인도명령결정 기간

구분	인도명령결정 기간		
채무자	신청일로부터 3일 이내 인도명령결정		
소유자	신청일로부터 3일 이내 인도명령결정		
임차인	대항력 있음	심문서 발송	대항력 있는 임차인이 배당받으면 인도명령 가능
	대항력 없음	심문서 발송	심문 후 결정(결정은 배당기일 이후)
유치권자	심문기일 지정		심문 후 결정
기타 점유자	심문기일 지정		심문 후 결정

채무자와 소유자가 인도명령을 신청하면 3일 이내에 인도명령이 결정됩니다. 특별한 사유가 없는 임차인이라면 배당기일 이후 인도명령이 결정됩니다. 선순위임차인도 전액 배당을 받으면 인도명령 대상입니다. 그러나 권리사항이 명확하지 않은 임차인, 시시비비를 가려야 하는 유치권자 혹은 점유자라면 별도의 심문기일을 정해 판결한 이후 인도명령이 결정됩니다. 심문서는 재판을 위해 준비하는 서류, 심문기일은 재판 날짜를 말합니다.

인도명령의 유효 기간

인도명령은 가장 강력한 권한이지만, 신청할 수 있는 유효 기간이 있습니다. 인도명령은 매각대금 납부 후 6개월 이내에 신청해야 합니다. 이 기간이 지나면 소송을 통해 점유자를 내보내야 하기 때문에 다소 복잡해지죠.
인도명령결정 후에도 점유자가 이전하지 않으면 매수인은 강제집행을 신청할 수 있습니다. 인도명령결정은 신청 후 통상 일주일 이내에 이뤄지며, 법원은 점유자에게 인도명령결정문을 송달합니다. 이때 매수인은 인도명령결정문이 상대방에게 송달되었다는 '송달증명원'을 발급받아 강제집행을 신청할 수 있습니다. 법원마다 조금씩 다르지만 3~4주의 현장조사 이후 한두 달 안에 강제집행이 이뤄집니다. 보통 이 안에 점유자가 이사를 가는 경우가 많습니다. 참고로 인도명령의 소멸시효는 10년입니다. 인도명령이 확정된 날로부터 10년 이내에 집행을 하면 되니 일단 신청해놓고 고민하는 것이 좋습니다(「민법」 제165조).

인도명령 절차

인도명령신청
(대금 납부와 동시 신청)

▼

인도명령 심리 및 심문

▼

인도명령결정

▼

인도명령결정문 송달

▼

집행문 부여신청 및 송달증명원 수령

① 인도명령신청

인도명령신청을 할 수 있는 가장 빠른 날인 잔금납부일에 인도명령신청을 하는 것이 좋습니다. 인도명령으로 강제집행을 신청하게 될지, 언제 할지는 당장 알 수 없지만, 인도명령결정문을 미리 받아놓으면 필요할 때 바로 강제집행을 할 수 있기 때문입니다. 보통 잔금

납부를 하는 법무사가 낙찰자 대신 작성해 제출합니다.

② 인도명령 심리 및 심문

일반적인 경우 별다른 심리 없이 인도명령결정이 됩니다. 권리관계가 모호한 임차인이 있거나, 유치권을 주장하는 유치권자가 있다면 심리와 심문기일을 잡아 별도의 재판을 진행한 뒤 결정됩니다.

③ 인도명령결정

소유자는 신청 후 3일 이내에, 임차인은 배당기일이 끝난 후에 인도명령이 결정됩니다.

④ 인도명령결정문 송달

낙찰자와 점유자는 인도명령이 결정되었음을 알리는 인도명령결정문을 송달받습니다.

⑤ 집행문 부여신청 및 송달증명원 수령

집행문은 집행기관이 그 적격을 따로 조사할 필요 없이 집행할 수 있게 하기 위한 서류입니다. 원고에 대한 강제집행을 실시하기 위해 법원 사무관 등이 기명·날인한 뒤 법원 도장을 찍은 서류로, 집행문 부여신청을 통해 받을 수 있습니다.

송달증명원은 점유자가 인도명령결정문을 송달받은 것을 확인하는 서류입니다. 낙찰자가 인도명령결정문을 받을 때 점유자도 같은 서류를 송달받습니다. 점유자가 인도명령결정문을 송달받은 것이 확인되면 낙찰자는 송달증명원을 발급받을 수 있습니다. 송달증명원이 있어야 강제집행을 신청할 수 있습니다.

최근 법원은 채무자의 주소불명이나 수취인불명, 폐문부재[1] 같은 상황에서 신속한 경매 절차와 채권자 권익 보호를 위해 송달간주를 하기도 합니다. 송달간주가 되면, 채무자에게 연락이 닿지 않아도 송달된 효과가 있어 송달증명원을 발급받을 수 있습니다.

알아두세요

1 **폐문부재** 문이 닫혀 있어 우편 송달을 하지 못하는 것을 말합니다. 수취인이 분명하지 않거나, 해당 주소지에 사람이 살고 있지 않아 우편 송달을 하지 못하는 경우가 대표적입니다.

무작정 따라하기

부동산인도명령 신청 방법

낙찰인은 대금 완납 후 6개월 이내에 채무자, 소유자 또는 부동산 점유자에 대하여 부동산을 매수인에게 인도할 것을 법원에 신청할 수 있습니다. 부동산인도명령 신청 방법은 간단합니다. 법원에 비치된 부동산인도명령 신청서를 작성하고 인지세(1,000원)와 2회분의 송달료를 납부하면 됩니다. 필요한 송달료는 법원에서 알려줍니다. 우편요금이기에 금액이 그리 크지 않습니다.

부동산인도명령 신청

사건번호: 2025타인1234

신청인(매수인): 서울시 마포구 합정동 ○○번지

피신청인(임차인): 서울시 송파구 가락동 ○○번지

위 사건에 관하여 매수인은 2025년 5월 30일에 낙찰대금을 완납한 후 채무자(소유자, 부동산점유자)에게 별지 매수부동산의 인도를 청구하였으나 채무자가 불응하고 있으므로, 귀원 소속 집행관으로 하여금 채무자의 위 부동산에 대한 점유를 풀고 이를 매수인에게 인도하도록 하는 명령을 발령하여 주시기 바랍니다.

2025년 10월 30일

매수인　　나경매(인)

연락처(☎) 010-123-4567

서울동부지방법원　귀중

052

강제집행 전 최후 통보, 부동산 점유이전금지가처분

점유이전금지가처분이란?

인도명령결정문을 받고 나서도 점유자가 명도에 응하지 않으면 낙찰자는 어쩔 수 없이 강제집행을 해야 합니다. 하지만 모든 낙찰자가 원하는 것은 원만한 명도입니다. 강제집행을 하게 되면 강제집행비용을 낙찰자가 내야 하기에 금전적으로도 손해이고, 점유자의 짐을 강제로 이전해야 하기에 심적으로도 불편합니다. 낙찰자와 점유자 모두가 불편한 강제집행을 하기 전에 할 수 있는 마지막 조치가 있습니다. 바로 점유이전금지가처분입니다.

점유이전금지가처분은 점유자가 마음대로 주소를 이전하지 못하게 만드는 법적 조치입니다. 주소를 바꿔 치기하는 편법을 막기 위한 수단이죠.

예를 들어 인도명령대상자인 강○○ 씨가 몰래 이사를 해버리고, 누군지 알 수 없는 정○○ 씨가 이사 온다면 인도명령대상자가 바뀌게 됩니다. 이때 낙찰자는 바뀐 점유자인 정○○ 씨를 상대로 다시 인도명령을 신청해야 합니다. 이 과정에서 명도가 지연됩니다. 이를 예방하기 위해 인도명령대상자 강○○ 씨가 몰래 이사를 하지 못하도록 점유이전금지가처분을 신청하는 것이죠. 하지만 명도 과정에서 실제로 이러한 악의적인 점유이전이 일어나는 일은 흔치 않습니다.

점유이전금지가처분을 하는 진짜 이유

그 과정이 강제집행과 비슷하기 때문입니다. 점유이전금지가처분을 할 때 집행관이 열쇠 기술자와 함께 집을 방문합니다. 집에 아무도 없다면 문을 열고 점유자의 소지품으로 점유자가 누구인지 확인한 뒤 점유이전금지가처분이 되었음을 알리는 공문을 집 안에 붙여두고 나옵니다. 집으로 돌아온 점유자는 집 안에서 낯선 흔적을 보게 됩니다. 그러면 곧 강제집행이 될 수 있다는 것을 실감하게 되고, 심리적 압박과 함께 '이제는 피하지 말고 해결해야겠구나'라는 마음가짐을 갖게 되죠.

점유이전금지가처분으로 집 안 상태 확인!

점유이전금지가처분은 물건의 상태를 확인할 때와 낙찰받은 집에 사람이 살고 있는지 여부를 확인할 때도 유용하게 쓰입니다. 집행관이 문을 열 때 낙찰자도 집 안에 함께 들어가 사람이 생활하고 있는지 여부를 확인할 수 있습니다. 전입한 사람은 있는데, 확인이 되지 않을 때도 유용하게 이용됩니다.

부동산 점유이전금지가처분 신청 방법

① 부동산 점유이전금지가처분 신청서 작성

이 서류는 직접 만들어야 합니다. 다음 장 '무작정 따라하기'에 소개한 예시를 참고해 작성해봅시다.

② 필요한 서류 제출 및 송달 예납금 입금

등기소나 인터넷등기소에서 발급받은 등기부등본과 낙찰 후 우편으로 송달된 매각허가결정문(법원에서 재발급 가능), 주민센터에서 발급받은 전입세대열람을 첨부해 부동산 점유이전금지가처분 신청서를 관할법원에 제출하고 송달료를 입금합니다.

③ 보증보험 보증서 제출

신청서를 제출하면 일주일 후쯤에 '담보제공명령원'이라는 우편물이 옵니다. 이 우편물을 가지고 서울보증보험 사무실에 방문하면 보증서를 발급받을 수 있습니다. 보통 점유자의 재산 1%가 보증보험료이지만, 정확한 금액은 법원에서 정해줍니다. 이 보증서를 직접 혹은 우편으로 법원에 제출합니다.

④ 결정문 송달

며칠 후 법원으로부터 결정문이 송달됩니다. 여기까지가 점유이전금지가처분 결정문을 받기 위한 과정입니다. 결정문을 받으면 '점유이전금지 강제집행'을 신청해야 합니다. 점유이전금지가처분 결정문의 유효 기간은 단 2주입니다. 2주가 지나면 이 결정문은 효력을 잃습니다. 늦지 않게 바로 신청하세요. 결정문 송달까지는 3~7일 정도 소요됩니다.

⑤ 점유이전금지가처분 집행

점유이전금지가처분의 집행 과정은 강제집행과 같습니다. 법원 집행관, 증인 2명, 신청자가 강제로 문을 열고 점유이전금지가처분이 되었다는 결정문을 집 안에 붙입니다. 집으로 돌아온 점유자는 집 안에서 법원이 다녀간 흔적을 발견하게 되죠. 덕분에 점유이전금지가처분만으로도 명도가 진행되는 경우가 많습니다.

무작정 따라하기

부동산 점유이전금지가처분 신청서 작성하기

점유이전금지가처분은 법원 근처 법무사에서 대행해 신청·접수해주기도 합니다. 법률 용어가 많아 어렵게 느끼지지만, 알고 보면 그리 어렵지 않습니다. 다음 예시에서 채권자와 채무자 이름만 바꾼다면 손쉽게 작성할 수 있습니다.

부동산 점유이전금지가처분 신청

신 청 인: 오낙찰(낙찰자 이름)
낙찰자 주소
전화: 010-3916-0000

피신청인: 이점유(점유자 혹은 세입자 이름)
낙찰받은 집주소

신 청 취 지

1. 채무자(이점유)는 별지목록 기재 부동산에 대한 점유를 풀고 채권자(오낙찰)가 위임하는 집행관에게 인도하여야 한다.
2. 위 집행관은 현상을 변경하지 아니하는 것을 조건으로 하여 채무자(이점유)에게 이를 사용하게 하여야 한다.
3. 채무자(이점유)는 그 점유를 타인에게 이전하거나 또는 점유명의를 변경하여서는 아니 된다.
4. 집행관은 위 명령의 취지를 적당한 방법으로 공시하여야 한다.

청 구 원 인

1. 신청인은 별지기재 부동산을 고양지방법원 20**타인1234(사건번호를 쓰세요.) 부동산임의경매사건에 매수신청하여 금 243,100,000원(낙찰가를 쓰세요.)에 매수한 뒤, 20**년 8월 1일(낙찰허가 받은 날을 쓰세요. 보통 낙찰받은 날로부터 일주일 후입니다.) 낙찰허가결정을 얻어 20**년 9월 1일(잔금납부한 날입니다.) 매수대금 전부를 완납함으로써 별지목록 기재 부동산 및 그 대지의 소유권을 취득하였습니다.
2. 피신청인은 위 부동산의 별지기재 부동산에 대하여 전부를 점유하고 있는 점유자입니다.
3. 따라서 신청인은 위 부동산의 소유자로서 피신청인에게 건물의 명도를 요구하였으나 모두 이에 불응하고 있습니다.
4. 신청인은 피신청인을 상대로 건물명도의 소를 제기하려고 준비 중에 있으나 이 판결 이전에 피신청인이 점유명의를 변경한다면, 신청인이 비록 승소 판결을 얻는다고 해도 집행 불능에 이를 우려가 있으므로 본 신청에 이른 것입니다.

5. 본 신청에 대한 담보 제공을 보증보험회사와 위탁계약을 체결한 문서로 제공할 것을 신청하오니 허가하여 주시기 바랍니다.

소 명 방 법

1. 소갑 제1호증　　　부동산등기부등본
1. 소갑 제2호증　　　매각허가결정문
1. 소갑 제3호증　　　전입세대열람내역

첨 부 서 류

1. 위 소명방법　　　각 1통
1. 송달료납부서　　　1통

20○○년 10월 1일
위 신청인　　오낙찰　(인)

○○지방법원 귀중

053

최후의 조치! 강제집행

진짜 마지막 수단, 강제집행

강제집행은 법적으로 의무를 이행하지 않는 사람에 대하여 국가의 강제 권력에 의해 그 의무 이행을 실현하는 작용 또는 그 절차를 말합니다. 점유할 자격이 없는, 대항력이 없는 사람이 다른 사람의 소유인 집을 부당하게 점유하고 있을 때 강제집행을 할 수 있습니다. 낙찰받은 집의 소유자는 물론이고, 권리 없는 임차인도 강제집행 대상입니다. 짐만 덩그러니 남은 빈집도 강제집행으로 짐을 처리해야 합니다.

부동산 점유이전금지가처분 신청서를 보냈음에도 임차인이 명도에 응하지 않는다면 어쩔 수 없이 강제집행을 진행해야 합니다. 강제집행은 쉬운 일이 아닙니다. 강제집행을 한다는 것은 부동산 점유이전금지가처분과 강제집행 예고로 이미 두 차례 그 집의 현관문을 강제로 열었다는 뜻이고, 그만큼 점유자와 신경전을 벌였다는 뜻입니다. 그리고 생판 모르는 남의 물건을 빼내 컨테이너에 실어야 하는 것이죠.

강제집행 과정에 필요한 모든 비용은 낙찰자가 법원에 선납해야 합니다. 컨테이너에 실려 물품보관소에 보관된 짐의 보관비용을 낙찰자가 부담하고, 3개월 후에도 점유자가 찾아가지 않으면 보관비용을 추가로 내야 합니다. 그래도 찾아가지 않으면 낙찰자는 점유자의 물건을 동산경매로 처분해야 합니다. 돈과 시간이 낭비되는 일입니다. 초보자가 이 과정을 겪는다면 다시는 경매를 하고 싶지 않을 것입니다.

강제집행 진행 절차

강제집행 신청
(송달증명원 + 인도명령결정문)

▼

현황 조사 실시(1~2주)

▼

집행비용 예납

▼

강제집행 계고

▼

강제집행 실시

① 강제집행 신청

강제집행 신청을 하려면 인도명령결정문과 송달증명원이 필요합니다. 낙찰자는 본인의 신분증, 도장, 인도명령결정문, 송달증명원을 가지고 해당 법원의 담당 경매계에 방문해 강제집행신청서를 작성합니다.

② 현황 조사 실시

강제집행 전 집행관은 마지막으로 현황 조사를 진행합니다. 강제집행 신청 서류에 미흡한 것은 없는지 최종적으로 확인한 뒤 강제집행을 승인합니다.

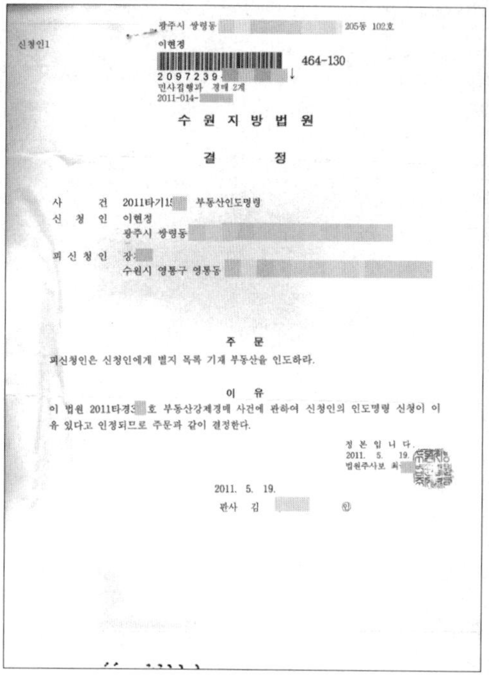

광주시 쌍령동 205동 102호

신청인1

이현정

464-130

2097239

민사집행과 경매 2계

2011-014-

수 원 지 방 법 원

결 정

사 건 2011타기1 부동산인도명령

신 청 인 이현정

광주시 쌍령동

피 신 청 인 장

수원시 영통구 영통동

주 문

피신청인은 신청인에게 별지 목록 기재 부동산을 인도하라.

이 유

이 법원 2011타경 호 부동산강제경매 사건에 관하여 신청인의 인도명령 신청이 이유 있다고 인정되므로 주문과 같이 결정한다.

정 본 입 니 다.

2011. 5. 19.

법원주사보 최

2011. 5. 19.

판사 김 ㊞

인도명령결정문

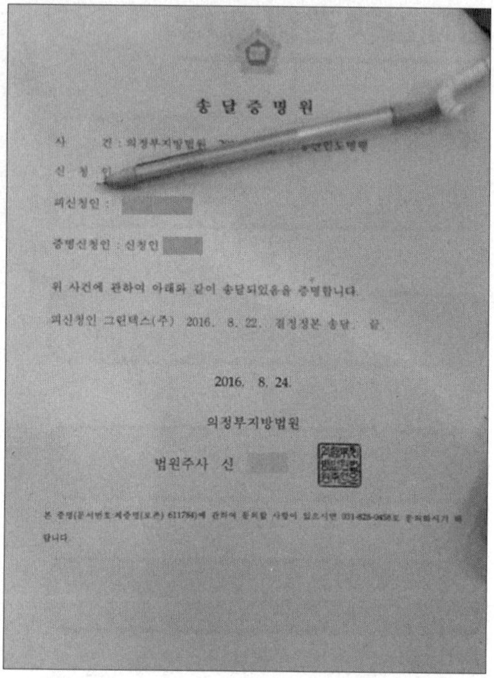

송 달 증 명 원

사 건 : 의정부지방법원 부동산인도명령

신 청 인

피신청인 :

증명신청인 : 신청인

위 사건에 관하여 아래와 같이 송달되었음을 증명합니다.

피신청인 그린텍스(주) 2016. 8. 22. 결정정본 송달. 끝.

2016. 8. 24.

의정부지방법원

법원주사 신

송달증명원

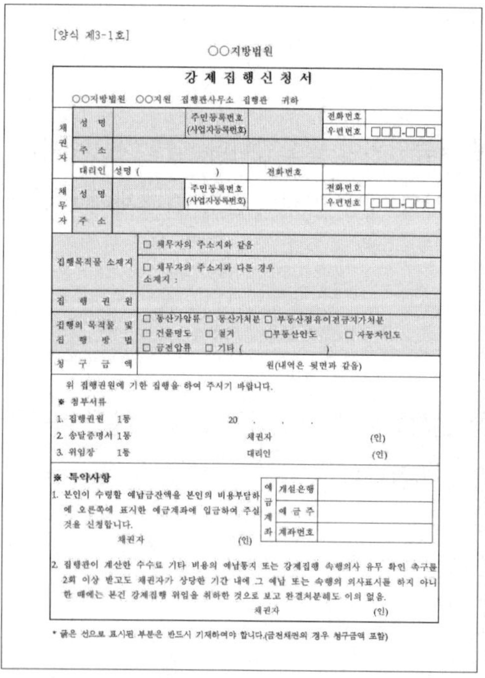

[양식 제3-1호]

○○지방법원

강 제 집 행 신 청 서

○○지방법원 ○○지원 집행관사무소 집행관 귀하

채권자	성 명		주민등록번호 (사업자등록번호)		전화번호	
					우편번호	□□□-□□□
	주 소					
	대리인	성명 ( )	전화번호			
채무자	성 명		주민등록번호 (사업자등록번호)		전화번호	
					우편번호	□□□-□□□
	주 소					

집행목적물 소재지	□ 채무자의 주소지와 같음
	□ 채무자의 주소지와 다른 경우 소재지 :
집 행 권 원	
집행의 목적물 및 집 행 방 법	□ 동산가압류 □ 동산가처분 □ 부동산점유이전금지가처분 □ 건물명도 □ 철거 □부동산인도 □ 자동차인도 □ 금전압류 □ 기타 ( )
청 구 금 액	원(내역은 뒷면과 같음)

위 집행권원에 기한 집행을 하여 주시기 바랍니다.

※ 첨부서류

1. 집행권원 1통 20 . . .
2. 송달증명서 1통 채권자 (인)
3. 위임장 1통 대리인 (인)

※ 특약사항

1. 본인이 수령할 예납금잔액을 본인의 비용부담하에 오른쪽에 표시한 예금계좌에 입금하여 주실 것을 신청합니다.

채권자 (인)

예금계좌	
개설은행	
예 금 주	
계좌번호	

2. 집행관이 계산한 수수료 기타 비용의 예납통지 또는 강제집행 속행의사 유무 확인 촉구를 2회 이상 받고도 채권자가 상당한 기간 내에 그 예납 또는 속행의 의사표시를 하지 아니한 때에는 본건 강제집행 위임을 취하한 것으로 보고 완결처분해도 이의 없음.

채권자 (인)

* 굵은 선으로 표시된 부분은 반드시 기재하여야 합니다.(금전채권의 경우 청구금액 포함)

강제집행신청서

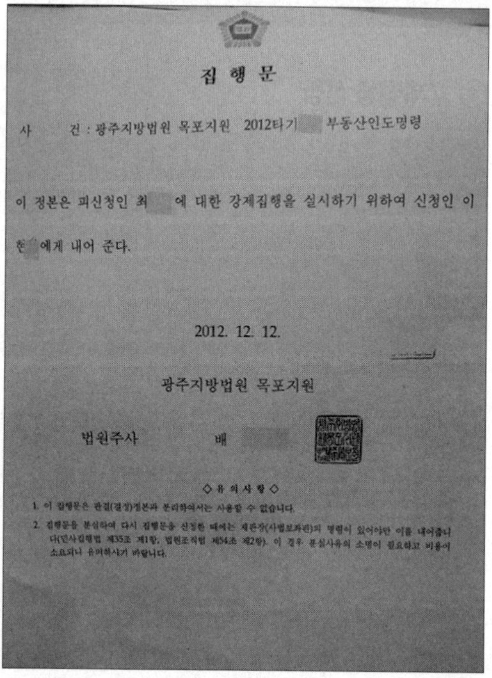

집 행 문

사 건 : 광주지방법원 목포지원 2012타기 부동산인도명령

이 정본은 피신청인 최 에 대한 강제집행을 실시하기 위하여 신청인 이현 에게 내어 준다.

2012. 12. 12.

광주지방법원 목포지원

법원주사 배

◇ 유 의 사 항 ◇

1. 이 집행문은 판결(결정)정본과 분리하여서는 사용할 수 없습니다.

강제집행문

③ 집행비용 예납

이때 집행관 사무원이 집행비용예납안내 접수증을 발급해줍니다. 접수증을 들고 법원 내 은행으로 가 수수료, 여비 등의 명목으로 예납을 해야 하는데, 이 방식은 법원마다 다릅니다. 예납금을 미리 받고, 본집행 때 추가 금액을 받는 곳이 있는가 하면, 예납 시 본집행 비용까지 납입해야 하는 곳도 있습니다. 접수증을 가지고 법원 내에 있는 은행에 가 납부하면 영수증을 발급해줍니다. 다음 예시를 보면 수수료, 여비, 우편료로 약 8만 5,590원이 지출되었네요.

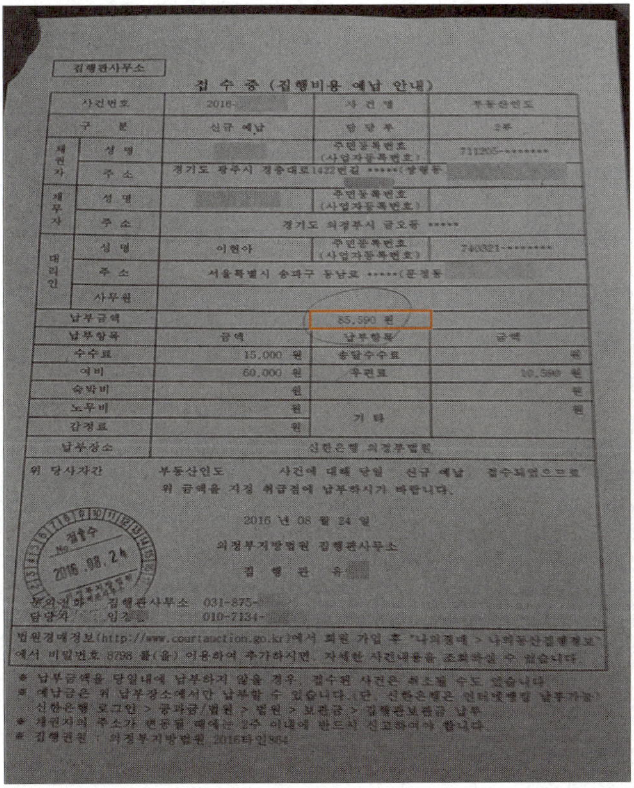

집행관사무소

접 수 증 (집행비용 예납 안내)

사건번호	2016-[illegible]	사 건 명	부동산인도
구 분	신규 예납	담 당 부	2부
채권자 성 명	[illegible]	주민등록번호 (사업자등록번호)	711205-*******
채권자 주 소	경기도 광주시 정송대로1422번길 *****(상평동 [illegible]		
채무자 성 명	[illegible]	주민등록번호 (사업자등록번호)	
채무자 주 소	경기도 의정부시 금오동 *****		
대리인 성 명	이현아	주민등록번호 (사업자등록번호)	740321-*******
대리인 주 소	서울특별시 송파구 동남로 *****(문정동 [illegible]		
대리인 사무원			
납부금액		85,590 원	
납부항목	금액	납부항목	금액
수수료	15,000 원	송달수수료	원
여비	60,000 원	우편료	10,590 원
숙박비	원		원
노무비	원	기 타	원
감정료	원		
납부장소	신한은행 의정부법원		

위 당사자간 부동산인도 사건에 대해 당일 신규 예납 접수되었으므로
위 금액을 지정 취급점에 납부하시기 바랍니다.

2016 년 08 월 24 일

의정부지방법원 집행관사무소

집 행 관 유[illegible]

문의전화 집행관사무소 031-875-[illegible]
담당자 임경[illegible] 010-7134-[illegible]

법원경매정보(http://www.courtauction.go.kr)에서 회원 가입 후 "나의경매 > 나의동산집행정보"에서 비밀번호 8798 를(을) 이용하여 추가하시면, 자세한 사건내용을 조회하실 수 있습니다.

* 납부금액을 당일내에 납부하지 않을 경우, 접수된 사건은 취소될 수도 있습니다
* 예납금은 위 납부장소에서만 납부할 수 있습니다.(단, 신한은행은 인터넷뱅킹 납부가능)
신한은행 로그인 > 공과금/법원 > 법원 > 보관금 > 집행관보관금 납부
* 채권자의 주소가 변경될 때에는 2주 이내에 반드시 신고하여야 합니다
* 집행권원 : 의정부지방법원 2016타인864

집행비용예납안내 접수증

④ 강제집행 계고

법원은 실제 강제집행을 하기 전에 계고(예고)를 합니다. 법원에서 이제 곧 강제집행을 할 것이라고 알리는 최후 통첩과 같죠. 법원 집행관 2명과 낙찰자 본인 그리고 증인 2명이 함

께 집을 방문하는데 이때 열쇠기술자를 불러 강제로 집에 들어갈 수 있습니다. 집행관은 집 안을 살펴보고 강제집행에 필요한 인부의 수와 차량의 크기를 가늠해 비용을 계산합니다. 집행관이 문을 열 때 낙찰자도 점유자의 생활 상태를 확인할 수 있습니다.

이때 집에 사람이 있는 경우가 더 유리합니다. 법원 집행관까지 대동한 낙찰자를 보면 협상이 잘될 가능성이 높기 때문이죠. 집에 사람이 없어도 괜찮습니다. 집행관은 신발장같이 잘 보이는 곳에 강제집행예고장을 붙입니다. 점유자가 집에 돌아와 곧 강제집행이 된다는 법원의 예고장을 보면 심리적 압박을 느끼게 됩니다. 이 과정에서 점유자는 백기를 들고 명도에 응할 가능성이 높죠.

강제집행예고장을 붙였는데도 점유자와 명도가 원만하게 이루어지지 않으면 이후 본집행을 진행합니다.

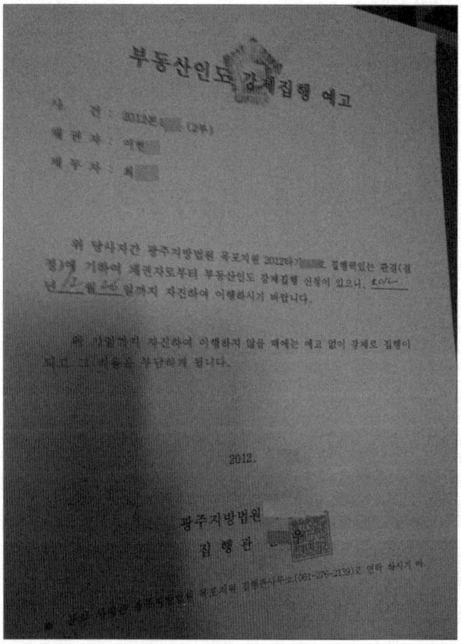

잘 보이는 곳에 집행관이 붙이는 강제집행예고장

⑤ 강제집행 실시

점유자가 부재중이거나 집행하는 날까지 명도 협의가 되지 않으면 강제집행이 실시됩니다. TV에서 험악한 강제집행 모습을 본 적이 있을 것입니다. 하지만 우리가 다루는 일반 물건에서 강제집행을 할 때는 그런 경우가 거의 없습니다. 실제 강제집행을 하는 물건은 점유자의 소재를 알 수 없거나 만날 수 없는 경우가 대부분이기 때문이죠. 입찰 시 미리 명도의 난이도가 높은 물건을 피했기 때문입니다.

강제집행일이 되면 예고할 때와 마찬가지로 법원 집행관 2명, 증인 2명과 함께 집행할 집 앞에서 만납니다. 열쇠기술자가 문을 열면 인부들이 일사불란하게 움직입니다. 일반적인 이사보다 더 많은 인원이 투입되어 2~3시간이면 모든 물품을 컨테이너에 싣습니다. 이 물건은 물류보관센터에 보관되며, 3개월분의 보관비용은 낙찰자가 예납합니다. 이 기간이 지나도 물건을 찾아가지 않으면 물건들은 동산경매로 처리합니다. 이 비용을 추후 점유자에게 청구할 수 있지만, 경매를 당해 잠적한 점유자에게 청구하는 건 쉽지 않습니다. 가능한 한 강제집행 전에 명도 협의를 하는 것이 낙찰자와 점유자 모두에게 도움이 됩니다.

권리분석도 명도도 어렵다면, 경매컨설팅업체를 찾아보자!

경매 과정에 어려움을 느끼는 초보자를 위해 경매컨설팅업체는 권리분석과 입찰 방법 등에 대해 상담을 진행하고, 입찰 대행도 합니다. 그렇더라도 입찰자가 경매에 대해 아예 몰라서는 안 됩니다. 경매컨설팅업체는 경매 과정에서 문제가 생기면 해결 방법을 찾아줄 수는 있지만, 문제 자체를 없애줄 수는 없습니다. 경매에 대해 전혀 모르는 상태에서 경매컨설팅업체를 이용하면 지도 없이 여행하는 것과 같은 답답함을 느낄 수 있습니다.

경매컨설팅업체의 수수료는 대체로 낙찰가의 1~2% 정도입니다. 보통 입찰 전에 준비비용으로 일부 금액을 받고, 낙찰 후에 잔금을 받습니다. 해결해야 할 문제가 많고 명도가 까다로우면 더 높은 수수료를 받기도 합니다. 명도비는 별도이고, 해결해야 할 문제가 생기면 추가비용이 듭니다. 경매 과정 중 권리분석, 명도 등 필요한 과정에서만 일을 맡기는 것도 방법입니다.

일곱째 마당

단숨에 팔리는 매도 전략

경 매 이 야 기

대통령상을 받았던 유망 수출업체의 몰락

명도를 하기 위해 상가 문을 열었을 때, 타임머신을 타고 과거로 돌아간 것 같았어요. 마치 이곳만 세월이 멈춘 듯했죠.

전용면적 50평의 넓은 상가에는 온갖 원단과 사무집기가 그대로 있었어요. 한쪽 벽에는 다양한 샘플 원단이 가지런히 걸려 있었고, 창고에는 팔지 못한 섬유 더미가 그대로 쌓여 있었죠. 반대쪽 책상에는 먼지를 잔뜩 뒤집어쓴 오래된 컴퓨터들이 있었고, 구석에는 이미 죽어버린 커다란 화분이 그대로 놓여 있었습니다.

사장실 벽에는 '2015년 최우수 수출 대통령상', '해외 시장 개척 1위'라고 적힌 상패들이 장식되어 있었습니다. 빛은 바랬지만, 그 안에 담긴 영광은 선명했어요.

이곳은 한때 섬유업계에서 가장 잘나가던 회사 중 하나였습니다. 사진 속 사장님은 열정적으로 보였고, 환한 함박웃음을 짓고 있었죠. 계약을 따내고 직원들과 함께 성과를 축하하며 자부심으로 가득 차 있었을 거예요.

그때만 해도 이 회사가 무너질 거라고는 아무도 생각하지 않았을 것입니다. 세상이 바뀌면서 섬유 산업은 빠르게 하락했고, 이 회사도 결국 몰락했어요. 회사가 소유한 이 상가는 법원 경매로 넘어오고 말았고, 결국 제가 낙찰받아 새로운 주인이 되었죠.

저는 벽에 걸려 있는 상패를 보며 이렇게 생각했어요.

'아무리 잘되더라도 상황이 달라지면 이렇게 경매로 나올 수 있구나.'

누구나 경매를 당할 수 있어요. 상황은 언제든 바뀔 수 있으니까요. 경매를 당하는 점유자들도 한때는 물건의 소유주였던 사람들이잖아요. 오늘의 성공이 영원할 거라고 생각하지만, 현실은 그렇지 않은 경우가 더 많습니다.

명도를 하다 보면 점유자가 말도 안 되는 요구를 할 때가 있어요. 터무니없는 이사비를 요구하기도 하고, 감정에 휩싸여 과도하게 대응하기도 하죠. 소유주에서 명도 대상자가 된 그들의 상황을 생각해보면 어느 정도 이해가 되기도 합니다. 돈 앞에서는 우아함을 유지하기 어렵죠.

경제적 자립은 단순히 먹고사는 문제가 아니에요. 자존감이죠. 우아함을 유지하기 위한 필수 조건이에요.

054

팔리는 인테리어의 법칙

매도용 인테리어의 핵심은 밝고 깨끗함

경매는 낙찰이 아니라 매도차익에서 완성됩니다. 아무리 좋은 가격에 낙찰을 받아도 원하는 시점과 가격에 매도하지 못하면 수익은 나지 않습니다. 경매투자자의 마지막 매도 단계는 단순히 집을 파는 것이 아니라, 어떻게 하면 매수를 원하는 사람의 마음을 단숨에 사로잡을 것인가에 달려 있습니다.

초보 투자자들이 흔히 하는 실수는 인테리어를 내 집 꾸미기처럼 하는 것입니다. 매도용 인테리어는 실거주 인테리어와 완전히 다릅니다. 실거주는 나의 취향과 만족도를 중심에 두지만, 매도용은 철저하게 매수자의 눈높이에 맞춰야 합니다. 집을 보러 온 사람이 현관에 들어서자마자 '와, 당장 입주해야겠다'라는 느낌을 받는다면 매도는 성공입니다.

매도용 인테리어는 화려할 필요가 없습니다. 불필요한 색상이나 과도한 자재는 비용만 늘릴 뿐이죠. 중요한 건 집이 밝고, 환하고, 깨끗해 보이는 것입니다. 기본만 충족되어도 매수자는 바로 결정을 합니다.

매수자가 집중하는 공간

매수자는 집을 볼 때 모든 공간을 꼼꼼히 확인하지 않습니다. 몇 가지 포인트만 집중적으로 확인하고, 거기서 만족스러운 인상을 받으면 매수할 가능성이 높습니다. 우리의 예산은 한정되어 있기에 최대한 중요한 부분을 우선순위로 리모델링해야 합니다.

매수자에게 깊은 인상을 남기는 공간은 다음과 같습니다.

① 현관

집의 첫인상을 결정합니다. 현관문 안쪽 필름 시공, 현관 손잡이, 신발장 필름만으로도 집 전체의 격이 올라갑니다.

② 욕실

오래된 변기나 세면대, 곰팡이 핀 실리콘은 집의 가치를 단숨에 깎아내립니다. 도기를 교체하고 실리콘만 보수해도 새집 같다는 인상을 줄 수 있습니다. 욕실 타일도 교체하면 좋지만 비용이 많이 드니 신중하게 결정하세요.

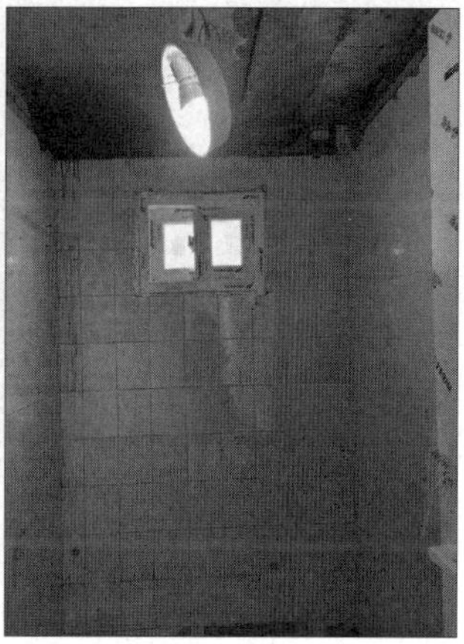

③ 주방

전체 교체가 부담된다면 상·하부장 문짝만 필름 시공하고, 손잡이만 교체해도 신축 느낌을 낼 수 있습니다.

④ 조명

집을 넓고 화사하게 보이게 하는 가장 강력한 장치입니다. 오래된 백열등을 LED로 교체하고, 포인트 조명을 더하면 사진도 잘 나오고 공간이 살아납니다.

⑤ 도배와 몰딩

전체 분위기를 결정하는 요소입니다. 밝고 환한 아이보리나 화이트 계열로 마감하세요. 누구나 선호하는 무난하고 깔끔한 집이 잘 팔립니다.

잠깐만요 단숨에 팔리는 매도 전략 5계명

첫째, 첫인상에 투자하세요. 깨끗한 현관과 환한 조명은 매수자의 마음을 사로잡습니다.

둘째, 욕실과 주방의 손 닿는 곳은 힘을 줍니다. 수도꼭지 수전은 좋은 제품으로 교체할 것을 추천합니다.

셋째, 깔끔함이 곧 경쟁력입니다. 화려한 집보다 밝고 깨끗한 집이 더 잘 팔립니다.

넷째, 예산은 핵심에 집중하세요. 반드시 필요한 공사에 우선 투자하고, 불필요한 과시는 줄입니다.

다섯째, 매수자의 눈으로 보세요. 내 취향보다 사는 사람의 기준에 맞추세요.

055

돈 되는 인테리어 vs. 돈 낭비 인테리어

예산별 인테리어 전략

내 집이 아닌 매도를 목적으로 한 인테리어라면 예산은 적게 그러나 효율은 뛰어난 가성비 인테리어를 찾게 됩니다. 그러나 무조건 최저 예산만을 고집할 순 없습니다. 결국은 매도가 되어야 하니까요.
물건별로 가성비 인테리어 효과를 볼 수 있는 예산을 책정해보았습니다. 가이드 삼아 인테리어를 완성해보세요.

① 저예산 전략: 약 250만 원

원룸, 소형 빌라, 오피스텔 등 10평 이하의 건물에 적합합니다. 도배, 조명 교체, 손잡이·스위치 커버 교체, 욕실 실리콘 보수만 해도 충분히 깔끔해집니다. 소액으로도 임대 세팅이나 급매도에 효과적입니다.

② 중간 예산 전략: 800만~1,000만 원

투룸이나 20평대 소형아파트 리모델링이 가능합니다. 주방 문짝 필름, 욕실 액세서리 교체, 바닥 교체, LED 조명 업그레이드로 신축 대비 가성비 좋은 대안을 만들 수 있습니다. 매수자 입장에서는 리모델링 고민 없는 집이라는 점이 매력적입니다.

③ 고예산 전략: 1,500만~3,000만 원

20~30평대 아파트 매도에 적합합니다. 욕실 한두 개와 주방 전면 교체, 현관 중문과 몰딩을 새로 하면 실거주 수요자의 마음을 단숨에 사로잡을 수 있습니다. 이렇게 전부 리모델링한 뒤 시세보다 5,000만 원 이상 높은 가격에 거래된 사례가 많습니다.

돈 낭비 인테리어는 무엇일까?

반드시 돈을 들여 인테리어를 해야 하는 부분도 있지만, 굳이 손을 댈 필요가 없는 공사도 있습니다. 먼저 꼭 필요한 인테리어를 정리하면 다음과 같습니다.

돈 되는 인테리어(필수 공사)

- 새시 교체: 오래되어 단열·결로 문제가 있다면 교체해야 합니다.
- 욕실 공사: 방수와 배관을 점검합니다. 변기와 세면대 교체는 효과가 좋습니다.
- 도배·몰딩: 전체 분위기를 새집처럼 만듭니다.
- 조명 교체: 비용 대비 효과가 가장 큰 항목입니다.
- 현관 정비: 첫인상을 좌우하는 핵심 포인트입니다.

반면 손을 대지 않아도 되는 불필요한 공사는 다음과 같습니다.

돈 낭비 인테리어(불필요 공사)

- 전면 강마루, 수입 타일: 비용은 크지만 매도·매도가격에는 큰 영향을 미치지 않습니다.
- 고가의 시스템 주방: 본인 만족용일 뿐입니다. 매수자에게는 매력이 크지 않습니다.
- 불필요한 구조 변경: 공사비만 늘어나고 매도 효과는 미미합니다.

매도는 기본적으로 수익을 위한 작업입니다. 본인의 상황과 예산에 맞춰 매도용 인테리어를 완성해보세요.

056

내 집 꾸며줄 인테리어업자 고르기

인테리어업자를 구하는 방법은 크게 세 가지가 있습니다. 부동산 인근에 있는 인테리어업체를 검색해 찾는 방법, 온라인 인테리어 카페에서 찾는 방법, 전문가를 연결해주는 서비스를 활용하는 방법이 바로 그것이죠.

1. 지역 인테리어업체

네이버 등 포털 사이트에 '인테리어', '리모델링' 등을 검색합니다. 업체 홈페이지, 블로그, 인스타그램 등에서 시공 사진과 과정 그리고 고객의 후기를 확인합니다. 최소 2~3곳에 방문해 상담을 받거나 전화로 견적을 받아 비교합니다.

① 장점

지역 인테리어업체를 활용하면 직접 소통이나 현장 미팅이 쉽고, 문제가 생겼을 때 방문해 빠르게 대응할 수 있습니다. 지역 기반이라 A/S와 추가 상담 등이 비교적 수월하고, 교통비 등 추가비용 부담이 없으며, 일정 관리가 수월합니다.

② 단점

일반적으로 오프라인에서 인테리어업체를 구할 때 주변의 소개를 받는 경우가 많습니다. 보통 실력이 괜찮은 업체, 신뢰할 만한 업체를 소개해주기 때문에 문제가 발생할 가능성이 적습니다. 그러나 경매로 낙찰받은 경우 현재 살고 있는 동네의 물건을 낙찰받은 것이 아니라면 괜찮은 업체를 소개받을 만한 지인이 없을 때가 많습니다. 따라서 오프라인 업체의 평판이나 신뢰도를 보증하기 어렵고, 가격 및 서비스 차이가 커 결과를 예측하기 어렵습니다.

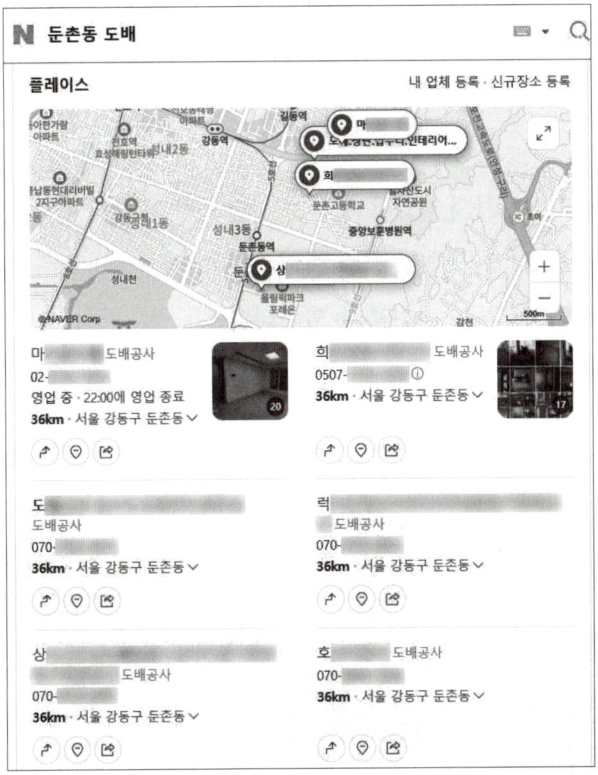

2. 인테리어 커뮤니티

네이버 등 포털 사이트에서 인테리어 전문 카페(인기통, 셀프인테리어, 박목수의 열린견적서 등)에 가입한 뒤 카페 내 게시판에 시공을 의뢰하는 글이나 견적을 문의하는 글을 남기는 방법입니다. 공사 범위와 예산, 원하는 스타일을 최대한 구체적으로 작성해야 적합한 견적을 받을 수 있습니다. 2곳 이상에서 견적을 받아보는 것이 좋습니다.

① 장점

커뮤니티에는 전문가 집단이 많이 있고, 분야별로 기술자와 업체가 다양하게 활동하기 때문에 원하는 조건에 맞춰 비교할 수 있습니다. 또한 후기, 시공 사진, 계약 경험 등 정보를 투명하게 확인할 수 있어 신뢰할 수 있는 업체인지 판단하기 쉽습니다. 셀프 인테리어나 부분 시공(철거, 도배, 조명 등) 등 맞춤형 진행이 가능해 선택지가 넓은 것도 장점입니다.

② 단점

카페 활동 내역이나 후기만으로 인테리어업자의 실력을 완벽히 판단하기 어렵고, 광고성 게시글도 많으니 주의해야 합니다. 견적 비교와 계약, 사전 협의가 직접 이루어지므로 전문 용어, 공사 절차 등 이해가 부족할 경우 진행이 어려울 수 있습니다.

3. 인테리어 매칭 앱

숨고 등의 앱에서 인테리어업자를 찾을 수도 있습니다. 앱을 통해 원하는 작업 정보를 입력하면 여러 업체가 견적을 보내주고, 리뷰와 조건을 비교해 직접 선택하는 방법입니다.
앱에 접속해 회원가입을 한 뒤 원하는 시공 분야(예: 도배, 욕실, 전체 리모델링 등)를 선택합니다. 집 구조, 시공 희망 품목, 예산 등을 최대한 구체적으로 입력하고, 업체들의 견적과 포트폴리오, 리뷰를 보고 비교합니다.
리뷰가 많은 업체, 실제 시공 사진을 제공하는 업체를 우선적으로 검토합니다. 업체 선정 시 반드시 기술력, 자격증 소지 여부, 시공 후기, 책임 A/S 여부를 체크하고, 필요하다면 업체 사무실 방문이나 전화 상담을 진행합니다.

① 장점

여러 업자의 견적을 한 번에 받아 효율적으로 비교하는 경쟁 견적 구조로, 저렴한 가격에 의뢰할 수 있습니다. 사용자 리뷰와 실제 사진, 포트폴리오를 확인할 수 있어 신뢰성 검토가 가능합니다. 집 근처 업체, 분야별 고수 등 원하는 조건에 따라 선택할 수 있고, 출장, 온라인 상담, 현장 방문 등 옵션이 다양합니다.

② 단점

후기와 견적만으로 업자의 기술 수준을 완벽히 파악하기 어렵고, 광고와 허위 정보가 있습니다. 앱은 단순 중개만 하기 때문에 계약 후 문제(하자, 추가금, 사기 등)에 대해서는 책임지지 않아 문제 해결이 어려울 수 있습니다.

057

판매율을 높이는 홍보 전략

내 물건을 적극적으로 알리는 방법

매도의 마지막 단계는 홍보입니다. 집을 깔끔하게 만들어도 매수자의 눈에 띄지 않으면 매도가 이루어질 수 없으니까요. 매수자가 이 물건을 절대 놓치면 안 되겠다고 느끼게 만들어야 합니다.

① 인테리어가 완료된 직후 첫인상을 노려라

마음은 급하지만 인테리어가 끝나기 전에는 집을 보여주지 마세요. 특히 명도 중에 점유자가 집을 오픈해준다고 해도 이때는 거래가 잘 이루어지지 않습니다. 적합한 타이밍은 따로 있습니다.

인테리어 공사가 끝나면 집은 가장 빛나는 순간을 맞이합니다. 도배와 조명이 교체된 상태, 욕실과 주방이 반짝이는 상태에서 사진을 찍고 방문객을 맞이하면 같은 집이라도 1,000만 원 이상의 더 좋은 인상을 남길 수 있습니다.

사진은 집이 넓어 보이게 각도를 잡고, 조명을 켜 공간이 밝아 보이도록 찍는 것만으로도 충분합니다. 당근부동산에 올릴 때는 영상을 올리면 더 상단에 노출됩니다.

② 집을 잘 파는 공인중개사를 찾아라

집을 매도할 때는 공인중개사의 역할이 결정적입니다. 잘 파는 공인중개사는 따로 있습니다.

잘 파는 공인중개사는 매물 사진을 직접 촬영해 깔끔하게 광고를 올립니다. 그리고 온라인 광고 채널(네이버페이 부동산, 직방, 다방 등)에 적극적으로 노출합니다. 매수자와의 가격 조율을 원활하게 하고, 다른 공인중개사와의 협업도 적극적입니다.

툭 터놓고 공인중개사에게 물어보세요.

"광고는 어디에 올리나요?"

"최근 거래는 어땠나요?"

단순히 가까운 공인중개사무소가 아니라 적극적인 공인중개사를 선택해야 합니다.

③ 여러 공인중개사에게 동시에 내놓아라

한 곳에만 매물을 맡기는 것보다 여러 공인중개사에게 동시에 의뢰하는 것이 좋습니다. 처음 2주 정도는 독점을 줘도 상관없지만, 그 기간 내에 거래가 되지 않으면 더 기다릴 필요가 없습니다. 적극적으로 홍보하는 공인중개사들에게 의뢰하는 것이 더욱 효과적입니다.

④ 온라인 홍보 채널을 적극 활용하라

최근 매수자들은 현장보다 온라인에서 먼저 집을 봅니다. 네이버페이 부동산은 기본이고, 피터팬의 좋은방 구하기, 직방, 다방 등 주요 플랫폼을 살핍니다. 요즘에는 당근마켓, 지역 맘카페에도 부동산 광고가 올라옵니다. 공인중개사에게만 의존하지 말고, 직접 온라인 채널을 활용해보세요.

⑤ 깨끗함을 유지하고 향기까지 배치하라

매수자가 처음 방문했을 때 좋은 느낌을 주어야 합니다. 신발을 신고 들어오지 않도록 깨끗하게 청소한 뒤 현관에 발깔개를 깔고, 디퓨저로 은은한 향이 풍기게 하세요. 창이 더럽거나 뷰가 좋지 않으면 커튼을 달아 따뜻한 분위기를 연출합니다.

무작정 따라하기

'피터팬의 좋은방 구하기'로 내 집 광고하기

피터팬의 좋은방 구하기를 이용하면 네이버페이 부동산에 광고를 올릴 수 있습니다. 웹과 모바일 두 가지 방법으로 글을 작성할 수 있는데, 먼저 웹을 통해 등록하는 방법을 알아볼게요.

① 피터팬의 좋은방 구하기(peterpanz.com)에 접속합니다.

② 회원가입을 한 뒤 로그인하면 오른쪽 상단에 [방 내놓기] 버튼이 활성화됩니다.

③ 내놓고자 하는 물건의 정보를 구체적으로 입력합니다. 이때 주의해야 할 사항은 다음과 같습니다.

· 매물 등록 시 매물 정보와 계정 정보(가입된 아이디, 이름, 연락처의 안심번호 등)가 노출됩니다.
· 경매, 공매, 국가 소유, 분양 홍보성, 소유권 이전 신청 건, 중복 매물, 직거래 사칭 중개 매물, 원룸텔, 셰어하우스 등은 등록할 수 없습니다.
· 네이버페이 부동산에는 동일한 주소와 거래 유형(전월세 등)의 매물을 중복으로 광고할 수 없습니다.
· 광고 중인 매물의 종류, 주소를 수정할 수 없습니다.
· 네이버페이 부동산 광고 시 건물 형태, 거래 정보, 주소(동호수 정보 포함), 면적 정보, 최초 등록가 ±20%를 벗어나는 가격(월세 제외)은 수정이 불가합니다.

이번에는 앱을 통해 등록하는 방법을 알아볼게요.

1. 회원가입을 한 뒤 로그인하면 오른쪽 상단에 [방 내놓기] 버튼이 활성화됩니다.

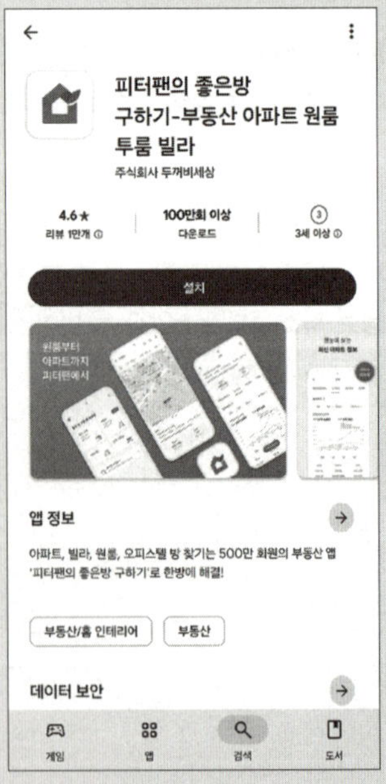

② 로그인을 한 뒤 홈 화면 하단에 있는 [방 내놓기]를 터치합니다.

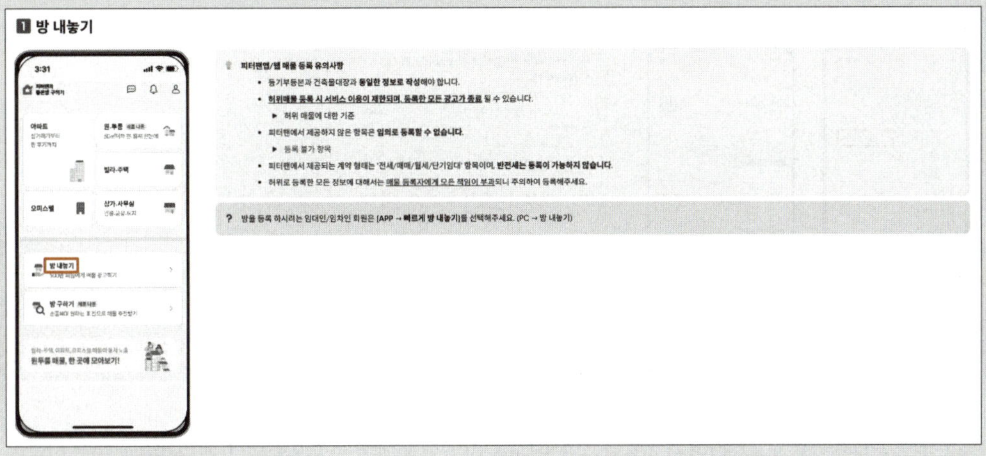

③ 물건 정보를 입력합니다.

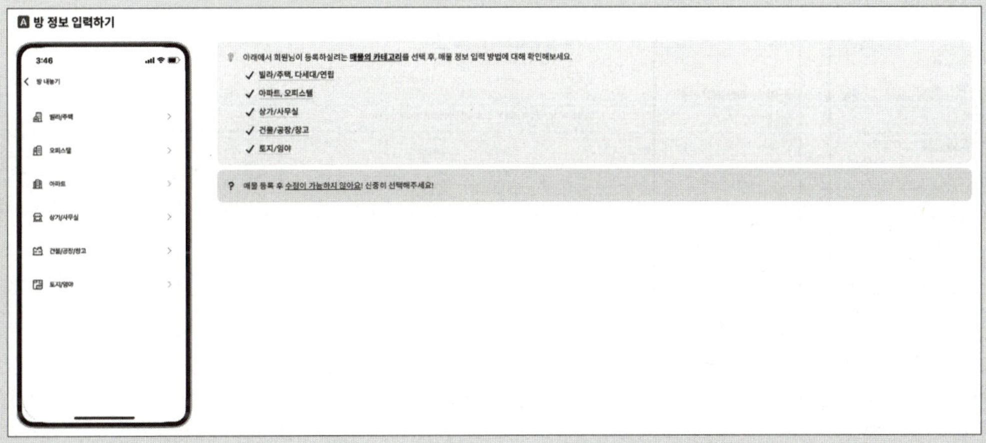

④ [매물 관리]에서 내놓은 매물 정보를 수정·변경할 수 있습니다.

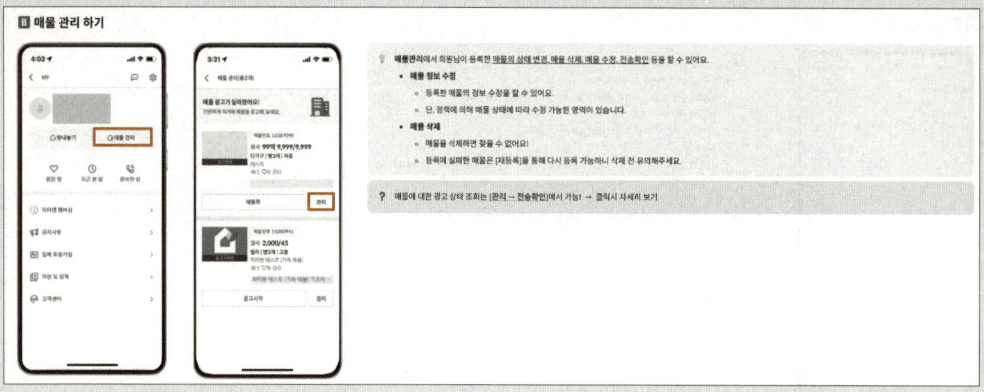

⑤ 매물 정보를 모두 등록했다면 광고를 할 수 있습니다. 이는 웹과 앱 둘 다 동일합니다. 광고 방식에 따라 다르지만 광고를 하면 '피터팬의 좋은방 구하기' 웹과 앱, 네이버페이 부동산에 노출됩니다.

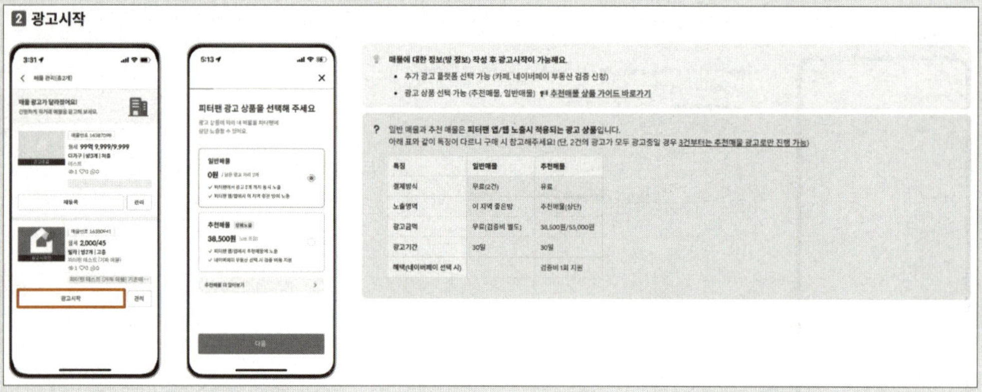

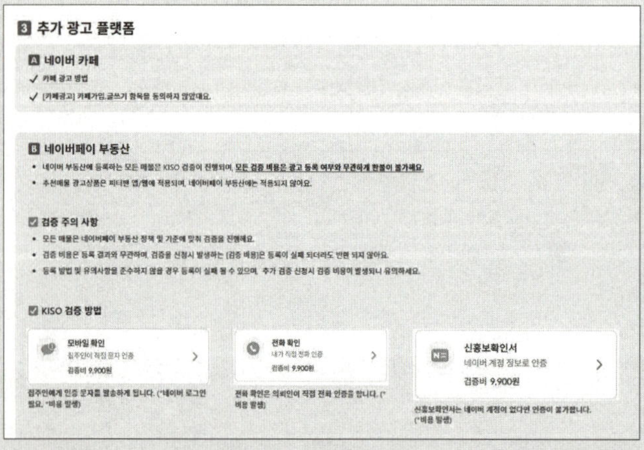